SÛFÎ-ZÂDE SEYYÎD HULÛSÎ

MECMÂ'-UL-ÂDÂB

Bugünkü Dilimize Çeviren
NÂİM ERDOĞAN

AKPINAR YAYINEVİ
Adres : Çatalçeşme Sokak No. : 21/1
Cağaloğlu — İstanbul
Telefon : 528 03 91

ÖNSÖZ

Asrımızda yaşayan bir çok müslümanlar, İslâmın terbiye sistemlerini, adap ve usülünü bilmemektedir. Allah'a ve resülüne karşı, Resülüllah'ın eshabına karşı nasıl davranacaklarını bilmiyorlar. Hele küçüklerin büyüklere; büyüklerin küçüklere; çocukların ebeveynine; ebeveynin de çocuklarına; kadınların kocalarına, kocaların hanımlarına, hülasa tüm müslümanların birbirlerine karşı nasıl hareket edeceklerini bilmemektedirler.

Bunun açık bir neticesi olarak, insanlar birbirlerine olan sevgi ve saygıyı yitirmişlerdir. Sevgi ve saygı olmıyan yerde nefret ve kin olur; nefret ve kin ise huzursuzluğa yol açar, kötülüğü tevlid eder. İşte ülkemizdeki yürekler acısı manzara da bu iddiamızı isbatlamaktadır.

Eski Çarşamba müftilerinden Merhum Sofizade Seyyid Hasan Hulusî Bey efendi'nin kaleme aldığı (Mecmau'l-adâb) adındaki kitabı dilimize sadeleştirip halkımızın istifadesine sunmakla, önemli bir hizmeti icra ettiğimize inanmaktayız. Çünkü bu eseri okuyanlar; Allah'a, Resülüllah'a ve yekdiğerlerine karşı nasıl davranacaklarını öğreneceklerdir. Bu kitabda ayrıca, Namaz, Oruç, Zekât, Hac ve Kelime-i Şehadet gibi İslâmın ana esasları hakkında da doyurucu bilgiler sunulmuştur.

Gaye; İslâm'a ve müslümanlara hizmettir...
Çalışmak bizden, Tevfik Allah'dan...

Nâim ERDOĞAN

Rahman ve Rahim olan Allahın adıyla,

Hamd bizleri tertemiz şeriatin terbiye sistemleriyle terbiye edip yetiştiren Allaha mahsustur. Salat-ü selam Allahın, en üstün ahlakî güzellikle süslediği Muhammede ve onun yüce ahlâk ile ahlâklanan Âl ve Eshabına olsun...

Vâcib-ül-vücûd olan Allah, bütün insanları ve cinleri muhakkak ki zatı ecell-ü âlâsına ibadet etmek için yaratmıştır. Bu gerçeği bizlere :

«Ben insanları ve cinleri ancak bana ibadet etmeleri için yarattım» (1) Lafs-ı celili ile ilân etmiştir. Ona tam ma'nâsıyla kulluk etmek ise, yüce olan zatını bilmeğe bağlı olduğu, hiç şüphesiz hakikat ehlince sabit ve bariz olmuştur.

Şurası da bir gerçektir ki, Cenab-ı Hakka layıkı vechiyle kulluk etmek gibi sermaye, ve ma'rifetullah'ı denk şeref ve meziyyet hiç bir şeyde yoktur. Bu da bizlere ve

---

(1) Zariyât Sûresi, âyet: 56

tüm insanlığa bir çok açık ve son derece seçik delillerle ve pek mukaddes beyanlarla anlatılmıştır.

Ma'rifetullah ne ile elde edileceğini yeni bize açık olarak bildirilmiştir :

Ma'rifetullah, tertemiz bir niyet ve son derece ihlâs üzere, âdâp ve erkânına riayet etmek kayd-ü şartıyle kulluk vazifelerini hakkıyle ifâ etmekle elde edilir. Kulluk vazifelerinin ifâsı ise hiç şüphe yok ki dînî bilgilerle teçhiz edilmeğe bağlıdır. Dinî bilgilerle teçhiz edilmeden kullar, gereği gibi ibâdet yapamazlar. Öyleyse Ma'rifetullah'a vâsıl olmak ve her iki âlemin saâdet ve selâmetini elde etmek ancak o sayede mümkün olmaktadır. Böylece insanlar ve bütün yaratıklar ne için yaratıldıklarını anlatmakta en ufak bir sıkıntı ve güçlük çekmezler...

Şimdi şu dinî bilgileri sırasıyla arz etmeye çalışalım:

Herşeyden önce şunu iyi bilmek gerekir; Şeri hükümlerden mükelleflerin fiillerine tealluk eden gerek bedeni ve gerekse mali ibâdetler, Farz, Vâcib, Sünnet, Müstehab ve âdâb olmak üzere başlıca beş'e ayrılır.

Bunların her birerleri yekdiğerlerinin bulunmasıyla kaimdir. Ya'ni hepisi birbirlerinin lâzım-ı gayrı müfarığı (ayrılmaz bir parçası) dır. Şöyle ki, farzı vacip tamamlar. Vâcibi Sünnet; Sünneti Müstehab; Müstehabı da âdâb tamamlar.

Bu sıralamadan anlaşılıyor ki, malen ve bedenen farz olan ibâdetlerin tam mânâsıyla gerçekleşmesi Vâcib, Sünnet, Müstehab ve âdâba riâyet etmeğe mütevakkıftır. Şu halde bir insan âdaba ne kadar itina gösterirse bütün amel ve davranışları o nisbette mükemmel ve şer'i şerifin ölçülerine uygun olur. Bunun aksine kişi âdabın terkine cesaret edip önemsemezse, onun bu lâ-kayd oluşu zaman zaman Müstehab, Sünnet ve Vâcibi hattâ belki de Farzın terkine cesaret etmesini tevlid edeceğinden korkulabilir. Bu itibarla Âdâb, filvâkî Farzlar, Vâcibler, Sünnetler ve Müstehabların anahtarı olduğu meydana çıkmış olur. Hatta gerçek ve ulvî yolların Âdab üzerine te'sis edildiği söylenebilir. «Bütün yollar Serâpa âdap (edepler) üzerine kurulmuştur» hikmeti bu da'vanın canlı bir delilidir.

Bundan da anlaşılıyor ki her şeyin âdabını bilip hakkıyle ifasına dikkat ve riayet etmek, ibadet ve ubudiyetin temel taşı olduğu, eski ve yeni bilginlerin, Erbab-ı keşf ve yakînin (Allah kabirlerini nurlandırsın) vücuda getirdikleri cildler dolusu son derece beliğ ve etkin eserlerinde ifade edilmiştir.

Bu hususla ilgili en küçük mesele dahi terk edilmemiştir. Ne var ki yazılan eserlerin hemen bir çoğu Arapça ve Farsça olduğu için halk tarafından anlaşılması güç ve imkânsız olmuştur. O kıymetli eserlerden istifade etmekten çoğunluk mahrum olmuştur. Bu babta Türkçe bir eser yazıp, İslâmî edep ve esasları anlamak için adeta can atan din kardeşlerin, özellikle Müslüman yavrularına bir hizmet etmiş olacağına inanan bu sermayesiz fakir (Sabık Çarşamba Müftüsü Sofî zâde Seyyid Hasan Hulusi), bu Durer-i Mensûre —serpilmiş inciler— ve Fevaid-i Me'süre —derilmiş faydalar—yi efrâdını câmi, eğyarını mâni bir şekilde derleyip toplamağa gücü yetiyorsa da «Tümü anlaşılmayanın tümü terk edilmez» kaidesine binaen, kusurları bağışlamak ve örtmekle nitelenmiş olgun âlimlerin bu babta vâki' kusurları afvedeceklerine güvenerek bu konuda küçük bir kitap tercüme edip halkın istifadesine sunmaya karar vermiştir. Ve bu kitaba (Mecmâ'ül-Âdâb) ismini vermiştir.

Bu kitabı seksen dokuz bab'a ayırmıştır. Ayrıca bir çok çeşitli meselelere de temas etmiştir. Fiil ve kullanılması sakıncalı olan bazı hususlar da derc ve ilâve edilmiştir.

Adı geçen kitabda ameller ve sair hususlarla ilgili konular işlenirken, münasip görüldüğü yerlerde, bazı fâideli mes'eleler dahi ilâve edilmiş ve ma'hazleri olan: (Buhar-i Şerif, Camii Sağir, Meşarık ve Mesabih, Şir'a Şerhi, Mefatihul Cinan, Avarifu'l Maarif, Ruhul-beyan Tefsiri, İhya-i Ulûm, Bustanu'l Arifin, Halisatu'l Hakaik, Münye Şerhi, Durri Muhtar, Mülteka, Vikaye, Günyet'ul Fetava, Şerhu'l-mecma') adındaki muteber kitaplardan faydalanılmış ve ardında hemen isimleri yazılarak kaynak gösterilmiştir...

Tevfik ve İsmet Allah'tan...

Sâbık Çarşamba Müftüsü
SOFÎ-ZÂDE SEYYİD HASAN HULÛSİ

Birinci Bâb

İmânın Âdâbı

Bu kitab, her ne kadar Âdab hususlarını dile getirmek için yazılmak isteniyorsa da, iman meselesi, dinin en önemli ve zarurî konusu bulunmak ve İslâmın diğer bütün konularına esas olmak vasfını haiz bulunduğu için, herşeyden önce ona değinilmiştir. Kitabın birinci ve başlıca konusu olarak ele alınıp şöyle izah edilmiştir:

İMÂNIN ANLAMI

İmân: inanmak demektir. Farsçada buna (Yâveriden ve Gervîden) denilir.

İmanın lugât mânası budur. Şer'î mânâsına gelince; Peygamberimiz dünya ve âhirette yegâne güvencemiz efendimiz sallellahu aleyhi ve sellem hazretleri ile diğer bütün peygamberlerin (Allah'ın selâmı üzerlerine olsun) Cenâb-ı Hak tarafından her ne getirip haber vermişlerse hepsine yürekten inanmaktır...

Bu tariften anlaşılıyor ki iman kalp işidir. Buhari'de:

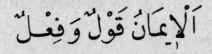

«İman söz ve fiildir.»

diye tarif buyurulan fiil'den maksad kalb fiilidir, diye açıklanmıştır. İmanın kavl (söz) olması yani dil ile söylenmesi, mü'minin kalbinde bulunan mâ'nayı ifadeye tercüman olmasındandır. Hatta eski arap şairlerinden Ahtel adındaki o ünlü ve beliğ şairin: «Şüphesiz söz yürektedir, dil sadece o yürektekini ifade etmek için bir delil (kılavuz) dur» sözü ile, Mütekellimin akaid kitaplarında istidlal etmişlerdir. (Yani bu sözü delil olarak göstermişlerdir.) Çünkü Cenab-ı Hakkın birliği, büyüklüğü ve kudreti ilâhiyesi:

$$\text{قُلْ هُوَ اللهُ اَحَدٌ . وَاِلٰهُكُمْ اِلٰهٌ وَاحِدٌ . لَوْ كَانَ فِيهِمَا اٰلِهَةٌ اِلَّا اللهُ لَفَسَدَتَا ...}$$

«De ki: O Allah'tır. Birdir (1). İlâhınız tek olan ilâhtır (2). Eğer onlarda (yer ile gökte) Allah'tan başka ilâhlar olsaydı, her ikisi de fesada uğrardı..» (3)

gibi âyet-i kerimeler ve Hadis-i şerifeler ve diğer güneş kadar açık ve kesin olan delillerle isbat edilmiştir.

Öyleyse aklı başında olan her mü'minin, Allah'ın varlığını, birliğini ve kemalât sıfatıyla müttasıf olduğunu yakînen sapasağlam bir inanç içinde bilmesi ve isbat etmesi son derece mühim ve elzemdir...

Bir Müslüman, Allah'ın bir olduğunu, bütün varlıkların Hâlik'i ve Râzık'ı, mülkün gerçek sâhibi olduğunu, hiç bir ortağı ve benzeri bulunmadığını, kâinatın mükemmel bir nizam ve insicam üzerinde seyrettiğini daha ilk bakışta anlar; yerlerin ve göklerin ihtişamına, bilhassa

---
(1) İhlâs Sûresi'nden.
(2) Bakara Sûresi'nden.
(3) Enbiyâ Sûresi'nden.

kendi vücuduna bakarak gayet güzel bir uslûp ve fevkalâde bir nizam içinde yaratıldığını düşünerek Allah'ın birliğini o tür aklî delillerle istidlâl edip idrak etmekte bir lâhza dahi o gecikmez. İslâmın en önemli âdâb ve prensiplerinden biri de şüphesiz ki kulun böyle davranmasıdır.

İşte bu kaide, bütün din büyükleri ve muhakkık âlimler nezdinde makbul ve müsellemdir. Onlara göre bütün ehl-i tevhidin iman ve İslâm üzere sebat etmesi farzların en başında gelmekte, âdabın en büyüğü olmaktadır. Şu halde bir mü'mine:

— Sen mü'min misin, Müslüman mısın? diye sorulduğunda, hiç tereddüd göstermeden hemen:

— Evet ben gerçek bir mü'min ve müslümanım! diye cevab verir.. Böyle cevab vermesi farzdır...

Yine ona:

— Mü'min ve müslüman kime derler? diye sorulursa, hemen:

— İman ve İslâm ile mevsuf olan (bu niteliği taşıyan) şahsa derler, diye cevab vermesi gerekir...

— Ya iman ve İslâm neye derler? diye sorsalar, tereddüdsüz şu cevabı verir:

— İman ve İslâm (ikisi) birdir.. İmam A'zam indinde lisanla ikrar edip kalble tasdik etmekten ibarettir. Yani dil ile söylemek ve kalb ile inanmaktır.

— Peki dil ile neyi söylemek ve kalb ile neye inanmak lâzım gelir? diye sorulacak bir soruya da şu cevabı verir:

— Amentü'nün içinde anlatılan altı şeye inanmak, yani bunları dili ile söyleyip, kalb ile yakinen tasdik edip itikat etmektir.

— İtikadda mezhebin kimdir? sorusunu şöyle cevaplandırır:

— Anir zaman peygamberi ve onun eshabı hangi itikadda olmuşlarsa ben de o itikat üzereyim..

— Amelde imamın ve mezhebin kimdir? diye sorduklarında, şöyle der:

— İmam Azam Ebu Hanife hazretleridir...

— İtikadda İmamın kimdir? denildiğinde ise şöyle der:

— Hanefî imamlarından olup İtikadî meseleleri İmam Azam hazretlerinden öğrenen ve ictihad eden İmam Ebu Mansur Maturidi hazretleridir.

— Buluğ çağına ermiş bir mükellef mü'minin ef'aline teallük eden Ahkâm-ı şer'iyye (Şer'î hükümler) kaçtır? sorusuna, şu cevabı verir:

— Beştir: Vücûb, Hurmet (bir şeyin haram olması), Kerahet, Nedip, İbaha..

— Peki bu şer'î hükümleri isbat eden şer'î deliller kaçtır? sorusuna şöyle cevablar:

— Bu şer'î deliller dörttür:
1) Kitab (Kur'ân-ı Kerîm),
2) Sünnet (Resûlullah efendimizin sözleri, davranışları ve ikrarları),
3) İcmaı Ummet,
4) Kıyası Fukahâ...

Mü'min olan bir kişinin imanını kemale erdirmesi, itikadını yakîn derecesine ulaştırması için, devamlı olarak İslâmî bilgilerle techiz edilmesi ve mükemmel bir müslüman olmaya çalışması gerekmektedir. Böyle yapması şüphe yok ki İslâmî âdâbdandır. Nitekim bir hadîs-i şerîfte şöyle buyurulmuştur:

$$
اَلْإِيمَانُ بِضْعٌ وَسِتُّونَ شُعْبَةً فَأَفْضَلُهَا
قَوْلُ لَا إِلٰهَ إِلَّا اللّٰهُ وَأَدْنَاهَا إِمَاطَةُ الْأَذَى عَنِ الطَّرِيقِ
$$

«Îmân ağacının altmış dokuz kadar şu'besi (dal ve budakları) vardır. Bunun en efdali ve a'lâsı (Lâ ilâhe İllellah) kelimesidir. En edna derecesi ise: insanlara eziyet veren şeyleri yoldan kaldırmaktır.»

Hulâsa mü'min olan kişinin İslâmî vasıflarla tam anlamıyla vasıflanması, İslâmın üstün ahlâk prensiplerine sarılması ve zinet-i İslâm ile süslenmesi âdab'ın en ileri safhalarındandır. Bunun en ileri ve üstün derecesi de Allah ve Resûlüllah sevgisidir. İkincisi, kendi nefsi için sevdiğini mü'min kardeşi için de sevmesi, üçüncüsü küfre dönmekten, ateşe atılmasından nasıl nefret ediyorsa öyle nefret etmesidir. İşte bu üç vasfı kendisinde bulunduran mü'min imanın gerçek zevkine erer ve onun tadını bulur. Nitekim bu husus şu hadiste şöylece dile getirilmiştir:

$$
ثَلَاثٌ مَنْ كُنَّ فِيهِ وَجَدَ حَلَاوَةَ الْإِيمَانِ
أَنْ يَكُونَ اللّٰهُ وَرَسُولُهُ أَحَبَّ إِلَيْهِ مِمَّا
سِوَاهُمَا وَأَنْ لَا يُحِبَّ الْمَرْءُ لِأَخِيهِ إِلَّا لِلّٰهِ وَأَنْ
يَكْرَهَ أَنْ يَعُودَ إِلَى الْكُفْرِ كَمَا يَكْرَهُ
أَنْ يُقْذَفَ فِي النَّارِ
$$

«Şu üç hususu kendinde bulunduran kişi imanın tadını bulur: Allah ve onun Resûlü, kendisinde başkalarından daha sevimli olmak.. Kişi kardeşi için sevdiğini ancak Allah için sevmek, küfre dönmeği, ateşe atılmak kadar kerih görüp nefret etmek...»

Mü'minin kimseye zararı dokunmaz.

Evet bir mü'mine yakışan husus, diğer mü'minlerin ondan emin olmasıdır.

Sahabîler Resûlullah sallellahu aleyhi vesellem efendimize:

— Hangi müslüman daha üstündür? diye sorduklarında şu cevabı vermişlerdir:

«Müslüman (ın en üstünü) O kimsedir ki, (diğer) müslümanlar O'nun hem dilinden hem de elinden selâmet üzere bulunurlar (zarar görmezler).»

Bir müslümana yakışan ve yaraşan hususlardan biri de; yemek yedirmek ve tanıdığına da tanımadığına da bol bol selâm vermektir. Bir şahıs gelip Resûlüllah (aleyhissalatü vesselam) efendimize:

— İslâm hasletlerinin hangisi daha üstündür? diye sorduklarında, şöyle buyurmuşlardır:

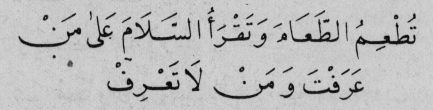

«Yemek yedirirsin, tanıdığın ve tanımadığın kimselere selâm verirsin.»

Eshab-ı Kiram'ı sırasıyla sevip saymak da mü'mine yakışan hususlardandır.

Mesela: Peygamber Aleyhisselâmın eshâbındaki üstünlük derecesine şöyle inanır: önce Ebu Bekr, sonra Ömer el-Faruk, ondan sonra Osman Zinnureyn, ondan sonra da Ali (r. anhum).. Bunlardan sonra diğer Sahabîler gelir. Böyle itikad ettikten sonra onlar dahil tüm sahabileri kalben sever ve onlara, aralarında geçen münakaşa ve kavgalarından ötürü katiyen dil uzatmaz. Nitekim Hadis-i Şerifte şöyle buyurulmuştur:

سَاَلْتُ رَبِّي فِيمَا يَخْتَلِفُ فِيهِ اَصْحَابِي مِنْ بَعْدِي فَاَوْحَى اِلَىَّ يَا مُحَمَّدُ اِنَّ اَصْحَابَكَ عِنْدِي بِمَنْزِلَةِ النُّجُومِ فِي السَّمَاءِ بَعْضُهَا اَوْضَاَ مِنْ بَعْضٍ فَمَنْ اَخَذَ بِشَيْءٍ مِمَّا هُمْ عَلَيْهِ مِنْ اِخْتِلَافٍ فِهِمْ فَهُوَ عِنْدِي عَلَى هُدًى

«Ben sonra, eshabım arasında vukua gelecek anlaşmazlıktan Rabbime sordum. Buyurdu ki; «Ya Muhammed, eshabın benim nezdimde gökteki yıldızlar gibidir. Birbirlerinden (kemalde) derece farkları vardır. Bir kimse eshabının ihtilâf ettiği meselelerden hangisini tercih edip uyarsa, nezdimde hidayet üzre olur.»

Diğer bir hadisde şöyle buyurulmuştur:

اَصْحَابِي كَالنُّجُومِ بِاَيِّهِمْ اِقْتَدَيْتُمْ اِهْتَدَيْتُمْ

«Sahâbilerim yıldızlar gibidir, hangisine uyarsanız

(Uyun) hidayete erersiniz (doğru yolu bulmuş olursunuz).»

Diğer bir Hadîste ise şöyle geçer:

$$سَابِقُنَا سَابِقٌ وَمُقْتَصِدُنَا نَاجٍ وَظَالِمُنَا مَغْفُورٌ لَهُ$$

«(Amelde) ileri merhaleyi kat'edenimiz ileridir! Orta yolu takip edenimiz kurtulmuştur. Günah işleyip nefsine zulm edenimiz ise (tevbe yaptığı takdirde) afva uğramıştır.»

Görülüyor ki, bu hadisler anlamca birbirlerini desteklemektedir..

Eshaba söven kimselerin şefaat edilmiyeceklerini açıklayan bir hadis ise, durumu şöyle kayd eder:

$$شَفَاعَتِي مُبَاحَةٌ اِلَّا لِمَنْ سَبَّ اَصْحَابِي$$

«Şefâatım, eshâbıma sövenlerden başkasına mubahdır...»

Yâni şefâatım, eshâbıma sövenlerden başka bütün mü'minlere mübahtır demektir.

Diğer bir hadiste şöyle buyurulur:

$$شِرَارُ اُمَّتِي اَجْرَؤُهُمْ عَلَى اَصْحَابِي$$

«Ümmetimin en kötüleri, eshabım hakkında (kötü) söz söylemeğe cür'et edenlerdir.»

Bir mü'mine lâyık olan hususlardan birisi de, Kureyşe ve Araba muhabbet besleyip, onlara karşı kin gütmemektir. Bir hadiste bu, şöyle dile getirilir:

حُبُّ قُرَيْشٍ إِيمَانٌ وَبُغْضُهُمْ كُفْرٌ وَحُبُّ الْعَرَبِ إِيمَانٌ وَبُغْضُهُمْ كُفْرٌ فَمَنْ أَحَبَّ الْعَرَبَ فَقَدْ أَحَبَّنِي وَمَنْ أَبْغَضَ الْعَرَبَ فَقَدْ أَبْغَضَنِي

«Kureyşi sevmek kemalı imandandır, onlara buğz etmek küfürdür. Arabı sevmek kemalı imandandır, onlara kin beslemek küfürdür. Arabı seven beni sevmiş; araba buğz eden bana buğz etmiş olur.»

Mü'mine yakışan işlerden birisi de sabah-akşam imanını tecdid etmeğe çalışmasıdır. Nitekim Resûlüllah sallellahu aleyhi vesellem efendimiz buna dikkatımızı çekmişlerdir:

إِنَّ الْإِيمَانَ لَيَخْلَقُ فِي جَوْفِ أَحَدِكُمْ كَمَا يَخْلَقُ الثَّوْبُ فَاسْأَلُوا اللهَ تَعَالَى أَنْ يُجَدِّدَ الْإِيمَانَ فِي قُلُوبِكُمْ

«Şüphesiz birinizin içinde iman, elbisenin eskiyip köhnelendiği gibi eskir. Onun için Allah'tan kalblerinizde imanı tecdid buyurmasını niyaz ediniz.»

Başka bir hadiste bu hususta şöyle tavsiye edilir:

$$\text{اِنَّ لِلْقُلُوبِ صَدَاءً كَصَدَاءِ الْحَدِيدِ وَجِلَاؤُهَا الْاِسْتِغْفَارُ}$$

«Gerçekten kalblerin, demirin pas tutması gibi pas tutması mümkündür. Onun yegâne cilâsı (parlatıcısı) ise istiğfardır..»

İmanın beka ı ve son nefeste imanla gidip hüsn-ü hatimeye mazhar olması için bir mü'min, sabah namazının farzı ile sünneti arasında şu duayı üç kere okumalıdır:

$$\text{يَا حَيُّ يَا قَيُّومُ يَا ذَا الْجَلَالِ وَالْاِكْرَامِ اَسْئَلُكَ اَنْ تُحْيِىَ قَلْبِى بِنُورِ مَعْرِفَتِكَ اَبَدًا يَا اَللّٰهُ يَا اَللّٰهُ يَا بَدِيعَ السَّمٰوَاتِ وَالْاَرْضِ}$$

«Ya Hayyu ya Kayyumu ya zelcelali vel-ikram.. Es'elüke en tuhyiye kalbî bi Nuri ma'rifetike ebeden. Ya Allah! Ya Allah! Ya Allah! Ya bediassemavati vel-ardı.»

Anlamı:

«Ey Hay, ey Kayyûm, ey Celâl ve ikram sahibi olan (Rabbim) ilelebed kalbimi ma'rifetinin nuru ile dipdiri kılmanı senden niyaz ederim! Ey Allah! Ey Allah! Ey Allah! Ey göklerin ve yerin yaradıcısı!»

İmansız gitmeye sebeb olacak şeylerden kaçması bir mü'min için başlıca görev olmalıdır.

İmansız gitmesine yol açacak hususlar, mufassal kitablarda yirmi iki olarak kayd edilmiştir. Biz bu kitabta bunların en önemlilerini kayd etmekle yetineceğiz: İslâm nimetine şükretmekten gafil olmak, son nefeste imansız gitmekten korkmamak, namazı tehavunen (önemsemeden) terk etmek, ana-babaya asi gelmek, Müslümanlara zulmetmek...

Mü'min için gerekli olan hususlardan birisi de küfür sözlerden korunmaktır. Kendisini bu gibi sözlerden koruması için sabah-akşam üç defa şu duayı okur:

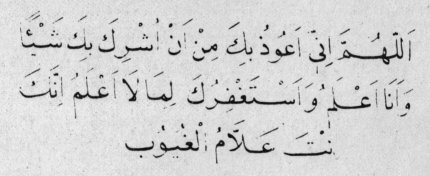

«Ellahümme inni euzu bike min en üşrike bike şey'en ve en a'lemü ve estağfürüke lima la A'lemu. İnneke ente allâmü'l-ğuyub...»

Anlamı:

«Allahım sana bilerek herhangi bir şey ortak koşmaktan sana sığınırım. Bilmediğim hususlardan dolayı da senden mağfiret talep ederim. Şübhe yok ki sen gayiplerin ziyadesiyle bilicisisin.»

Bir mü'minin her gün yüz kere: (Estağfirullah!) demesi gayet güzel ve yerinde bir davranış olur... (4)

---

(4) Müellif birinci bâbta İmân'dan bahsetti. Gerçekten imân konusu son derece önemlidir. Asrımızın insanları imân konusunda pek az şey bilmektedir. Halbuki iman gibi pek mühim bir mevzu ihmal edilmemelidir. Kişi o cevherin kalblerde korunması için Allah'a devamlı olarak niyaz etmeli ve imanın gerektirdiği ibadetleri de harfiyen tatbik etmelidir. Dini bilgilerle techiz edilmeli, çocuklarına ve yakınlarına bildiklerini öğretmelidir. (m)

İkinci Bâb

Tahâret Hakkındadır

Taharet, temizlik demektir. Şeriatteki mâna ı ise; elbisesini, bedenini ve namaz kıldığı yeri hakiki ve hükmî necasetten temizleyip pak etmektir..

Taharet abdestin anahtarıdır.. Demek oluyor ki taharet yani temizlik netice olarak cennetin anahtarı olmaktadır.

Tahâretin onyedi âdâbı vardır:

1 — Taharetin namaz için yapıldığına niyet etmek,

2 — Büyük veya küçük abdest bozarken insanlardan kendini gizlemek,

3 — Sahrada abdest bozarken, kıbleye, güneşe, ay'a önünü ve arkasına çevirmemek,

4 — Helâda kıbleye önünü ve arkasını çevirmemek,

5 — Helâya girerken istiazede bulunarak şöyle demek:

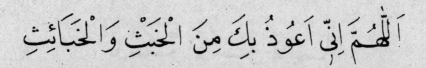

«Ellahümme innî euzu bike minel-hubsi vel-hebâisi.»

Anlamı:

«Allahım, sana Cinlerin erkek ve dişilerinden sığınırım...»

Cinlerin erkekleri ve dişileri kişiye helâda musallat oldukları için, helâya girerken onların şerrinden Allah'a sığınmak gerekir.

6 — Helâya sol ayağı ile girmek,

7 — Helâda konuşmamak. Çünkü helâda konuşmak Hafeze meleklerini rahatsız eder.

8 — Helânın içine tükürmemek, ve sümkürmemek. Çünkü helâyı, insanlara tiksinti verecek şeylerden temiz tutmak gerekir. Bu hususta şöyle buyurulmuştur:

$$\text{تَنْظِيفُ الفِنَا يَجْلِبُ الرِّزْقَ وَيُورِثُ الْغِنَا}$$

«Hanenin etrafını temiz tutmak rızkı celb eder, zenginlik elde ettirir.»

Bunun aksi olarak helâyı pis halde bırakıp bir takım kazuratla her tarafı kirletmek, insanlara eziyet olduğu gibi, fakirliğe de sebebtir, demişlerdir.

9 — Helâda otururken sol tarafına meyl edip sol elini sol çenesi altına koymak.

10 — Helâda avret yerine bakmamak. Çünkü avret mahalline bakmak, unutkanlığa yol açar.

11 — Ayakta küçük su dökmekten kaçının. Nitekim Fahr-i Âlem efendimiz, Ömer bin el-Hattab (r.a.) yı bundan alıkoyup şöyle buyurmuştur:

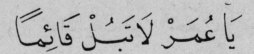

«Ey Ömer, ayakta küçük su dökme!»

Yani ayak üzre küçük abdestini bozma, demektir.

12 — Avret yerini sağ eliyle tutmamak,

13 — Helâda istinca ettikten sonra (taharetlendikten sonra) taharet bezi kullanmak,

14 — Helâ'dan çıkarken sağ ayağını ileri atıp şu duayı okumak:

اَلْحَمْدُ لِلّٰهِ الَّذِى اَذْهَبَ عَنِّى مَا يُؤْذِينِى وَ
اَمْسَكَ عَلَىَّ مَا يَنْفَعُنِى غُفْرَانَكَ رَبَّنَا وَاِلَيْكَ الْمَصِيرُ

«Elhamdu lillahillezî ezhebe annî ma yu'zinî ve emseke aleyye ma yenfaunî Ğufraneke Rabbena ve ileykelmasîr.»

Anlamı :

«Hamd, bana eziyet vereni benden gideri:, bana fayda temin edeni vücudumda bırakan Allah'a mahsustur. Ey Rabbimiz bizi bağışla! Dönüş ancak sanadır!»

15 — Helâ'dan çıktığında, abdest suyu hazır ise abdest almak, şayet hazır değilse su hazırlanıncaya kadar teyemmüm etmektir. Çünkü Fahr-i Âlem sallellahu aleyhi ve sellem böyle yaptığında, sebebi sorulmuş ve şu cevabı vermiştir: «Ölüm insana gayet yakın olduğundan, şayet abdest suyu hazırlanıncaya kadar vefâtım vukû' bulursa (ölürsem) abdestli olarak ölürüm.»

16 — Yer ve duvar deliklerine bevl etmekten kaçınmak. Çünkü o delikler zehirli hayvanların ve cinlerin barınağı olduğundan, onlardan gelmesi muhtemel olan zararlardan uzak durmak gerekir. Hatta Ensar'dan Hazreç kabilesinin reisi Sa'd b. Ubade (r.a.) hazretleri bir deliğe

küçük abdestini bozduğu için, cinler onu öldürdüler ve o delikten şöyle bir ses duyuldu:

«Hazrec'in reisini Sa'd b. Ubade'yi öldürdük. Ona iki ok attık tam kalbine isabet ettirdik...»

17 — Meyva veren ya da insanların altında gölgelendiği ağaç altında, umûmî yolda, su, ırmak kenarlarında def'i-hâcet (aodest yapmaktan) kaçının. Bu hususta Allahın sevgilisi yüce peygamberimiz Muhammed aleyhisselâm bütün insanlığı uyarmış ve şöyle buyurmuştur:

$$\text{مَنْ قَضَى حَاجَتَهُ تَحْتَ شَجَرَةٍ مُثْمِرَةٍ أَوْ عَلَى طَرِيقٍ عَامٍ أَوْ شَفِيرِ نَهْرٍ جَارٍ فَعَلَيْهِ لَعْنَةُ اللهِ وَالْمَلَائِكَةِ وَالنَّاسِ أَجْمَعِينَ}$$

«Her kim, meyve veren ağaç altında, ya da umumi yol ortasında ve yahut akar su kenarında kaza-i hacet ederse, Allahın, meleklerin ve bütün insanların lâneti onun üzerine olsun.»

Abdest

Taheretin en önemli ve faziletli kısımlarından birisi de hiç şüphe yok ki abdesttir. Zira abdest hakkında: «Abdest imanın cüz'üdür» buyurulmuştur.

İman lâfzı bazan namaza da itlak olunduğu (Kur'ân-ı Kerîm'de) görülmüştür.

Şu halde «İmanın bir parçası» demek, namazın bir parçası demektir.

Hatta Ka'beyi muazzama henüz kıble yapılmadan önce, peygamber efendimiz ve eshabı kiramı namazlarını eda ettikleri zaman, Beyt-i mukaddes tarafına dönerlerdi. Medine'ye hicret buyurduktan onaltı ay sonra, Ka'beyi Muazzama'ya dönmeleri kendilerine emredilmiştir.

Yahudiler bunu duyunca gelip istihza yollu Eshabı kirama sataştılar ve dediler ki: Bundan önce, Beyt-i Mukaddese doğru kıldığınız namazlar eğer sahih ise, şimdi neden yönünüzü Kâ'beye doğru çevirdiniz? Şayet sahih değilse, bundan önce vefat eden arkadaşlarınız ve yakınlarınız cehalet ve hata üzerine ölmüşlerdir.

Eshab bu sözleri duyunca, gayet büyük bir telaş ve endişe içinde Resûlullah sallellahu aleyhi ve sellem efendimizin huzuruna gelip endişelerini açıklayınca Bakara sûresindeki şu âyet nâzil oldu:

$$\text{وَمَا كَانَ اللّٰهُ لِيُضِيعَ إِيمَانَكُمْ}$$

«Allah sizin imanınızı (namazınızı) zayi edecek değildir.»

Ancak ondan sonradır ki eshabı kiramın içi rahat etti. Çünkü hayatta olanların namazları zayi olmayınca, vefat edenlerin namazları da zayi olmayacağı bilbedahe anlaşıldı.

İman kelimesinin namaza itlak olunduğuna yukarıdaki hadis delâlet ettiği gibi, bu âyet dahi delâlet etmiştir. Demek oluyor ki abdest namazın bir parçası mesabesindedir. Onun için abdest almak namazın şartı olmuştur.

ABDESTİN ÂDÂBI

Abdestin âdabı on altıdır:

1 — Devamlı abdestli gezmek. Bu haslet son derece güzel ve faydalıdır. Çünkü abdestle işlenmesi lâzım gelen ibadetlere tesadüf ettiği zaman hazır vaziyette olur ve derhal o ibadetleri zamanında yerine getirir. Bu ibadetlerin bazılarını şöyle sıralıyalım: Cemaatle namaz, cenaze namazı, Tilâvet secdesi, Mushafı tutmak, Güneş ve Ay tutulması namazı, İstiska (yağmur duası) namazı...

Abdestli olarak ölen kişi şehadet mertebesini elde eder. Nitekim Peygamber sallellahu aleyhi ve sellem efendimiz Hazret-i Enes'e hitaben şöyle buyurmuşlardır:

يَا أَنَسُ إِنْ أَتَاكَ مَلَكُ الْمَوْتِ وَأَنْتَ عَلَى وُضُوءٍ لَمْ تَفُتْكَ الشَّهَادَةُ

«Ey Enes, ölüm meleği (Azrail) sana geldiğinde, şayet abdestli olursan şehadet mertebesini kaçırmamış olursun.»

TAHÂRET HAKKINDADIR

Abdestli Yatmanın Fazîleti :

Abdestli yatan kimse için Melekler İstiğfarda bulunur. Nitekim bir hadisde bu müjde verilmiştir:

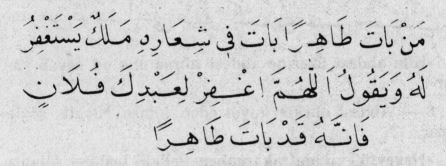

«Bir insan abdestli yatarsa Allah ona bir melek tahsis eder ve o melek şu duada bulunur: Allahım falan kulunu bağışla, o, o gün, abdestli olarak yattı.»

Allah Musa aleyhisselâma şöyle buyurmuştur:

«Ey Mûsâ, abdestsiz olduğun halde şayet başına bir belâ gelirse, kendinden başkasını kınama!»

Abdestli yatan kimse şu yedi hasleti elde etmiş olur:

1) Melekler onun sohbetine rağbet gösterirler.
2) Kalem (Melekler) devamlı olarak ona sevab yazar.
3) Bütün uzuvları tesbih eder,
4) İftitah tekbirine ulaşmayı başarır,
5) Melekler, geceleri onu korur,
6) Ölümü kolay olur.
7) Cenab-ı Hakkın hıfz-ü himayesinde olur...

Şimdi yine Abdestin âdabına dönüyoruz ve ikincisi ile başlıyoruz:

2 — Abdest üzerine abdest almak... Ne varki abdest üzerine abdest almak, bir önceki abdestten sonra iki rek'at

namaz, yâhût tilâvet secdesi gibi ibâdetleri ifâ ettikten sonra almak demektir. Abdest üzerine abdest almanın fazileti şu hadis-i şerifte belirtilmiştir :

$$مَنْ تَوَضَّأَ عَلَى طُهْرٍ كُتِبَ لَهُ عَشْرُ حَسَنَاتٍ$$

«Kim abdest üzerine abdest alırsa ona on sevab yazılır».

3 — Abdest alırken niyet eden kimse. Niyeti şöyle yapar :

«Neveytü'l-vudua takarruben ilellahi teâlâ = Allah'a takarrub etmek için abdest almaya niyet ettim. (Niyet ettim, Allah rızası için abdest almaya)».

4 — Abdest alırken, başında besmele çekmek. Hadiste şöyle buyurulmuştur :

$$مَنْ تَوَضَّأَ وَذَكَرَ اسْمَ اللهِ كَانَ طَهُوراً لِجَمِيعِ بَدَنِهِ وَمَنْ تَوَضَّأَ وَلَمْ يَذْكُرِ اللهَ تَعَالَى كَانَ طَهُوراً لِاَعْضَاءِ طُهُورِهِ$$

«Kim Allahın adını anarken abdest alırsa, bütün bedenini pak etmiş olur. Kim de Allahın adını zikretmeden abdest alırsa sadece abdest azalarını pak etmiş olur».

5 — Abdest alırken kıbleye karşı dönmek,

6 — Mai müsta'mel (Kullanılmış su)dan korunmak için, yüksek yerde abdest almak,

7 — Abdest alırken konuşmamak,

8 — Azalarını yıkarken belirli duaları okumak. Mesela ellerini yıkarken: Şu duayı okur:

$$\text{بِسْمِ اللهِ الْعَظِيمِ وَالْحَمْدُ لِلهِ عَلَى دِينِ الْإِسْلَامِ}$$

(Bismillahil-azimi vel-hamdu lillahi ala dinil-islâmi) = Büyük olan Allahın adı ile. İslâm dînine beni erdirdiği için Allah'a hamd olsun.)

Ağzına su alırken

$$\text{اَللّٰهُمَّ اَعِنِّي عَلَى تِلَاوَةِ ذِكْرِكَ وَشُكْرِكَ وَحُسْنِ عِبَادَتِكَ}$$

«(Allahümme einnî ala tilaveti zikrike ve şükrike ve husni ibadetike =) Allahım, Kur'anını okumam, sana şükretmek, sana güzel bir ibadette bulunmam için bana yardım et!» der.

Burnuna su verirken

$$\text{اَللّٰهُمَّ اَرِحْنِي مِنْ رَايِحَةِ الْجَنَّةِ وَارْزُقْنِي مِنْ نَعِيمِهَا وَلَا تُرِحْنِي مِنْ رَايِحَةِ النِّيرَانِ}$$

«Ellahümme erihnî min Rayihetil - cenneti verzuknî min naimiha vela turihnî Min raihetin-nîran.) = Allahım, bana cennet kokusunu koklat, onun nimetlerinden beni rızıklandır; bana ateşlerin kokusunu koklatma!»

der; Yüzünü yıkarken:

اَللّٰهُمَّ بَيِّضْ وَجْهِى بِنُورِكَ يَوْمَ تَبْيَضُّ وُجُوهُ اَوْلِيَائِكَ وَلَا تُسَوِّدْ وَجْهِى بِذُنُوبِى يَوْمَ تَسْوَدُّ وُجُوهُ اَعْدَائِكَ

«Ellahümme beyyid vechi bi nurike yevme tebyeddu vucuhu evliyaike vela tüsevvid vechi bi zunuûbî yevme tesveddü vücûhu a'dâike) = Allahım, yüzümü, velîlerinin yüzlerinin aydınlandığı günde, Nurunla aydınlat; Düşmanların yüzlerinin kapkara kesildiği günde, yüzümü günahlarım sebebiyle karartma!» der.

Sağ kolunu yıkarken:

اَللّٰهُمَّ اَعْطِنِى كِتَابِى بِيَمِينِى وَحَاسِبْنِى حِسَابًا يَسِيرًا

«Ellahümme a'tinî kitabî bi yeminî ve hasibnî hisâben yesira = Allahım, amel defterimi sağ yanımdan ver ve beni kolay bir hesabla geçiştir!»
der. Sol kolunu yıkarken:

اَللّٰهُمَّ لَا تُعْطِنِى كِتَابِى بِشِمَالِى وَلَا مِنْ وَرَاءِ ظَهْرِى وَلَا تُحَاسِبْنِى حِسَابًا شَدِيدًا وَلَا تَجْعَلْنِى مِنْ اَصْحَابِ السَّعِيرِ

«Ellahümme la tu'tinî kitabî bi şimali vela min verai zahri vela tuhaşibnî hisaben şediden vela tec'alnî min eshabissair.) = Allahım, amel defterimi sol tarafımdan ve ardımdan verme! Beni çetin bir hesaba çekme ve beni Cehennem ehlinden eyleme!» der.

Başına mesh verirken:

اَللّٰهُمَّ حَرِّمْ رَأْسِى وَشَعْرِى وَبَشَرِى عَلَى النَّارِ وَاَظِلَّنِى يَوْمَ لَاظِلَّ اِلَّا ظِلُّ عَرْشِكَ

«Ellahümme harrim re'si ve şa'rî ve beşeri alennari ve ezilleni yevme la zille illa zullu arşike) = Allahım, başımı, saçımı, derimi ateşe haram kıl ve beni, arşının gölgesinden başka hiç bir gölgenin bulunmadığı günde gölgelendir!»
der.

Kulaklarımı mesh ederken:

اَللّٰهُمَّ اجْعَلْنِى مِنَ الَّذِينَ يَسْتَمِعُونَ الْقَوْلَ وَيَتَّبِعُونَ اَحْسَنَهُ

«Ellahümmec'alni minellezîne yestemi ûnel - kavle fe yettebiune ehseneh.) = Allahım, beni, sözü dinleyip de en iyisine uyanlardan kıl!»
der.

Boynunu mesh ederken:

$$\text{اَللّٰهُمَّ اَعْتِقْ رَقَبَتِي مِنَ النَّارِ وَاحْفَظْنِي مِنَ السَّلَاسِلِ وَالْاَغْلَالِ}$$

«Ellahümme a'tik rakâbetî minennâri vehfazni minesselâsilî vel-eğlâli) = Allahım boynumu ateşten azat et, ve beni zinci rve bukağılardan koru!» der.

Sağ ayağını yıkarken:

$$\text{اَللّٰهُمَّ ثَبِّتْ قَدَمَيَّ عَلَى الصِّرَاطِ يَوْمَ تَزُولُ فِيهِ الْاَقْدَامِ}$$

«Ellâhümme sebbit kademeye alessırâti yevme tezûlü fihil-ekdam» Allahım, ayaklarımı, sırat köprüsünde, ayakların kayacağı günde sâbit kıl (kaydırma) der.

Sol ayağını yıkarken:

$$\text{اَللّٰهُمَّ اجْعَلْنِي سَعْيًا مَشْكُورًا وَذَنْبًا مَغْفُورًا وَعَمَلًا مَقْبُولًا وَتِجَارَةً لَنْ تَبُورَ بِعَفْوِكَ يَا عَزِيزُ يَا غَفُورُ بِرَحْمَتِكَ يَا اَرْحَمَ الرَّاحِمِينَ}$$

«Ellâhümmec'alnî sa'yen meşkuren ve zenben mağfunen, ve amelen makbûlen ve ticâreten len tebûre bi afvike yâ Azîzu Yâ Fafûrû, bi rahmetike yâ erhamerrahimîn.» Allahım beni afv'ınla sa'yi meşkûr, günâhı afvedilmiş, ticâreti kesad bulmamış kimselerden kıl! Ey Azîz, ey Ğafûr olan Allahım. Birâhmetike ya Erhâmerrahimîn!»

Abdest alan kişi eğer bu duaları bilmiyorsa, her azâsını yıkarken:

«Eşhedu en lâ ilahe illellah! ve eşhedu enne Muhammeden abduhu ve Resûlüh.» der.

Abdest bittikten sonra yüzünü kaldırıp:

$$\text{سُبْحَانَكَ اللّٰهُمَّ وَبِحَمْدِكَ اَشْهَدُ اَنْ لَا اِلٰهَ اَنْتَ وَحْدَكَ لَاشَرِيكَ لَكَ وَاَسْتَغْفِرُكَ وَاَتُوبُ اِلَيْكَ وَاَنْتَ عَلٰى كُلِّ شَيْءٍ قَدِيرٌ وَاَشْهَدُ اَنَّ مُحَمَّدًا عَبْدُهُ وَرَسُولُهُ}$$

«Sübhanekellahümme ve bi hamdike eşhedu en la ilahe illa ente vahdeke laşerikeleke ve estağfiruke ve etubu ileyke ve ente alâ kulli sey"in kadîr.) = Allahım, seni noksan sıfatlardan hamdinle tenzih ederim. Senden başka hiç bir ilâh olmadığına, birliğine ve ortağın bulunmadığına şehâdet ederim. Senden mağfiret dilerim. Sana yönelip (günahlarıma tevbe ederim.) Sen her şeye kadirsin. Yine şahadet getiririm ki, Muhammed onun kulu ve elçisidir!» der.

9 — Kullanılmış suyun üzerine bulaşma vesvese ve endişesini bertaraf etmek için ellerine su alıp kucağına serpmek. Nitekim Hadiste şöyle buyurulmuştur :

اَتَانِى جِبْرِيلُ فِى اَوَّلِ مَا اُوحِىَ اِلَىَّ فَعَلَّمَنِى الْوُضُوءَ وَالصَّلٰوةَ فَلَمَّا فَرَغَ الْوُضُوءَ اَخَذَ غُرْفَةً مِنَ الْمَاءِ فَنَضَحَ فَرْجَهُ

«Cebrail aleyhisselâm, bana ilk vahyedildiğinde gelip abdest ile namazı öğretti. Abdesti bitirdikten sonra eline bir avuç su alıp fercine (kucağına) serpti.»

10 — Üç kere (İnnâ Enzelnâhû) sûresini okumak.

«Kişi, abdestten sonra bir defa (İnna enzelnahu) sûresini okursa, amel defterine elli yıllık sevab yazılır. İki kere okursa peygamber ve sıddıklarla haşredilir. Üç kere okursa ona cennet ihsan edilir.»
diye eser varit olmuştur.

11 — Abdestten artan suyu ayak üzere içmek.. Ayakta su içilebilir. Fakat gerek abdestten artan suyu ve gerekse Zemzem suyunu ayakta içmek müstehabdır. Mahz-ı şifadır. Onun için her iki suyun ayakta içilmesinde hiç bir sakınca görülmemiştir.

Bir Hadiste abdestten artan su hakkında şöyle buyurulmuştur :

فِيهِ شِفَاءٌ عَنْ سَبْعِينَ دَاءً وَاَدْنَاهَا الْبَهْرُ

«Onda (abdestte artan suyu içmekte) yetmiş hastalığa karşı şifâ vardır. Bunun en ednâsı astım hastalığıdır.»

Hazret-i Ali (r.a.) ayakta su içtiğinde şöyle derlerdi:

«Peygamber sallellahu aleyhi ve sellem benim yaptığım gibi yaparlardı.»

Abdestten artan suyun şifa olduğuna dair bir beyt:

«Delikanlı, eğer ebedi yurtta Allah'a kavuşmak istiyorsan abdest al. İyice abdest aldıktan sonra kapta kalan suyu iç! Zira abdest artığını içmek yetmiş türlü hastalığa müessir bir şifadır!»

12 — Abdestten sonra bir havlu ile kurulanmak. Nitekim bir hadis-i şerifte şöyle açıklanmıştır:

يُؤْتَى رَجُلٌ يَوْمَ الْقِيَمَةِ فَتُوزَنُ اَعْمَالُهُ فَتَرْجَحُ سَيِّئَاتُهُ عَلَى حَسَنَاتِهِ فَتُؤْتَى بِالْخِرْقَةِ الَّتِى كَانَ يَمْسَحُ بِهَا وَجْهَهُ وَاَعْضَائَهُ فَتُوضَعُ فِى كَفَّةِ حَسَنَاتِهِ

«Kıyamet gününde kişi getirilir, amelleri tartılır. Günahları sevablarına ağır basınca bu defa abdestten sonra kurulandığı havlu getirilir ve sevab keffesine onun sevapları da ilave edilerek konur».

Bu hadiste, herkesin kendi zatına ait bir havlu edinmesine, birbirlerinin havlularını kullanmamalarına işaret vardır.

13 — Abdestten sonra sakal taramak. Nitekim bir hadiste:

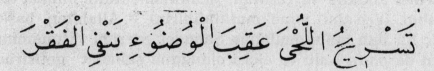

«Abdestin akabinde sakal taramak fakîrliği giderir!» buyurulmuştur.

Diğer bir hadiste de : Kim her gece sakalını tararsa, bütün belalardan afiyet bulur» buyurulmuştur.

Bu hususta bir hadis meâli daha: «Kim ayakta sakal tararsa borçtan kurtulmaz.»

14 — Kaşlarını taramak, Hadis-i şerifte şöyle buyrulur :

مَنْ اَدْمَنَ عَلَى حَاجِبَيْهِ بِالْمِشْطِ عُوفِىَ مِنْ جَمِيعِ الْبَلَايَا

«Bir kimse kaşlarını taramağa devam ederse bütün belâlardan kurtulur.»

15 — Abdestten sonra şu duayı okumak :

اَشْهَدُ اَنْ لَا اِلٰهَ اِلَّا اللهُ وَاَشْهَدُ اَنَّ مُحَمَّدًا عَبْدُهُ وَرَسُولُهُ اَللّٰهُمَّ اجْعَلْنِى مِنَ التَّوَّابِينَ وَاجْعَلْنِى مِنَ الْمُتَطَهِّرِينَ

«Eşhedü en lâ ilâhe illellah ve eşhedü enne Muhammeden abduhu ve resûlüh. Ellâhümmec'alnî minnet-tevvabin. Vec'alni minel-mutatahhirin) = Allah'tan başka hiç bir ilah bulunmadığına Şahadet ederim. Muhammedin de onun kulu ve elçisi olduğuna şahadet getiririm!

Allahım beni çok çok tevbe edenlerden kıl. Beni çok çok temizlenenlerden eyle!»

Bir insan abdestten sonra adabına riayet ederek bu duayı okursa ona sekiz cennet kapısı açılır. İstediği kapıdan girer, diye şöyle bir hadîs vârid olmuştur:

$$
\text{مَنْ تَوَضَّأَ فَاَحْسَنَ الْوُضُوءَ ثُمَّ قَالَ اَشْهَدُ}
$$
$$
\text{اَنْ لَا اِلٰهَ اِلَّا اللّٰهُ وَاَشْهَدُ اَنَّ مُحَمَّدًا عَبْدُهُ}
$$
$$
\text{وَرَسُولُهُ اَللّٰهُمَّ اجْعَلْنِي مِنَ التَّوَّابِينَ وَاجْعَلْنِي}
$$
$$
\text{مِنَ الْمُتَطَهِّرِينَ فُتِحَتْ لَهُ ثَمَانِيَةُ اَبْوَابِ}
$$
$$
\text{الْجَنَّةِ وَيَدْخُلُ مِنْ اَيَّهَا شَاءَ}
$$

«Kim âdabına riayet ederek güzelce bir abdest alıp da sonra (eşhedü en lâ ilahe illellah ve eşhedü enne Muhammeden abduhu ve Resûlüh. Ellahümmec'alnî minettevvabîn. Vec'alnî minel-muttahhirin) derse ona cennetin sekiz kapısı da açılır, istediğin kapıdan gir denir, istediği kapıdan girer».

16 — Abdest ibriğini doldurmak.

Gelecek namaza hazır olmak ve namazı geciktirmeğe çalışan şeytanın umudunu kesmek için böyle yapmakta fayda mülahaza edilmiştir.

Bir defâsında Abdullah b. Abbas (r.a.) Resûlüllah Efendimizin ibriğini doldurup hazırladı. Ve efendimizin: «Allahım onu dinde fakîh kıl!» duâsına mazhar oldu.

Resûlüllah sallellahu aleyhi ve sellem efendimizin bu duası hemen kabul edilmiş olacak ki, İbni Abbas Fukehanın piri olmuş ve asırlar boyu fakihliği ile meşhûr olmuştur.

Peygamber aleyhisselâmın hizmetinde bulunan Enes (r.a.) Bir defa onun ibriğini doldurup hazırladılar ve duasına mazhar oldular. Onun ömrünün, malının ve evladının çoğalması, günahlarının afvedilmesi için dua buyurdular. Ve hepsinin eserleri görüldüğü anlatılmıştır.

Abdest alırken günahların azalardan nasıl döküldüğünü bizlere efendimiz şöyle müjdelemişlerdir:

اَيَّمَا رَجُلٍ قَامَ اِلَى وُضُوءٍ يُرِيدُ الصَّلاةَ ثُمَّ غَسَلَ كَفَّيْهِ نَزَلَتْ خَطِيئَتُهُ مِنْ كَفَّيْهِ مَعَ اَوَّلِ قَطْرَةٍ فَاِذَا غَسَلَ وَجْهَهُ نَزَلَتْ خَطِيئَتُهُ مِنْ سَمْعِهِ وَبَصَرِهِ مَعَ اَوَّلِ قَطْرَةٍ فَاِذَا غَسَلَ يَدَيْهِ اِلَى الْمِرْفَقَيْنِ وَرِجْلَيْهِ اِلَى الْكَعْبَيْنِ سَلِمَ مِنْ كُلِّ ذَنْبٍ هُوَ لَهُ وَمِنْ خَطِيئَتِهِ كَيَوْمٍ وَلَدَتْهُ اُمُّهُ فَاِذَا قَامَ اِلَى الصَّلوٰةِ رَفَعَهُ اللهُ عَزَّ وَجَلَّ بِهَا دَرَجَةً وَاِنْ قَعَدَ قَعَدَ سَالِمًا

«Herhangi bir kişi, namaz kılmak gâyesiyl abdest almağa başladığında, ellerini yıkarken ellerinden düşen ilk damla ile birlikte günahları düşer. Yüzünü yıkadığında günahları kulağından ve gözlerinden (yere) dökülür, ilk düşen damla ile birlikte. Dirseklere kadar kollarını, topuklara kadar ayaklarını yıkadığında her bir günahından ve hatâsından sâlim olur, annesinden doğduğu gibi olur... Namaza kalktığı zaman Allah onun bir derece (sini) yükseltir. Namazda oturduğunda, (her türlü müsibet ve bela) dan salim olarak oturur.»

(Mefatihu'l-Cinan, Münyetu'l Musalli, Şerhu'l munye)

Üçüncü Bâb

Misvâk Âdâbı

Misvak kullanmak, İslamın en güzel âdab ve usûlündendir.

Hadis-i şerifte şöyle buyurulmuştur:

$$\text{اَلسِّوَاكُ نِصْفُ الْإِيمَانِ وَالْوُضُوءُ نِصْفُ الْإِيمَانِ}$$

«Misvâk kullanmak imanın yarısıdır... Abdest almak ta imanın yarısıdır».

Diğer bir hadiste ise Peygamber aleyhisselam şöyle buyurmuştur:

$$\text{لَوْلَا أَنْ أَشُقَّ عَلَى أُمَّتِي لَأَمَرْتُهُمْ بِالسِّوَاكِ عِنْدَ كُلِّ وُضُوءٍ}$$

«Ümmetimi maşakkatli görmeseydim, her abdestte misvâk (kullanmalarını) emrederdim».

Diğer bir hadis:

$$\text{اَلسِّوَاكُ مُطَهِّرَةٌ لِلْفَمِ مَرْصَاةٌ لِلرَّبِّ مُجَلَاةٌ لِلْبَصَرِ}$$

«Misvâk, ağzı temizler, Rabbi râzı kılar, gözleri cilâlandırır..»

Misvâğın önemini anlatan bir peygamber sözü daha:

$$\text{اَلسِّوَاكُ يَزِيدُ الرَّجُلَ فَصَاحَةً}$$

«Misvâk, kişinin fesahat (güzel konuşma yeteneği)ni artırır».

Bir hadis daha:

$$\text{اَلسِّوَاكُ شِفَاءٌ مِنْ كُلِّ دَاءٍ اِلَّا السَّامُ وَالسَّامُ الْمَوْتُ}$$

«Misvâk, ölümden başka her derde şifadır.»

Misvâk kullanarak alınan abdestle namaz kılmanın fazileti:

Resûlüllah efendimiz şöyle buyururlar:

$$\text{رَكْعَتَانِ بِسِوَاكٍ خَيْرٌ مِنْ سَبْعِينَ رَكْعَةً بِغَيْرِ سِوَاكٍ}$$

«Misvâkle kılınan iki rek'at namaz, misvâksız kılınan yetmiş rek'at namazdan hayırlıdır».

Misvâk kullanmaktaki hasseler yetmiş kadar sayılmıştır. Bu küçük kitabta bazı hasselerle yetinildi: Misvâk imanla gitmeğe sebeb olur, dişleri temizler ve sağlamlaştırır. Ağza güzel koku getirir. Balgama iyi gelir; bâsûr, diş ve göz ağrılarını dindirir.

Misvâğın en makbulü, en acı olanıdır.

Misvâk, bir karış uzunluğunda, küçük parmak kalınlığında olmalıdır

Misvâk kullanılırken, altından küçük, yukarısından baş, ortasından sebbâbe (Şehâdet), orta ve serçe parmağının yanındaki parmak(lar) tutulur, kullanılışında tüm parmaklarla tutulmamalıdır. Bütün parmaklar kullanılırsa bâsûr hastalığına yol açar, demişlerdir.

Misvâk kullanıldıktan sonra başı aşağı asılır. Çünkü misvâkta kalan yaşlık (rutûbet) tan dişler zarar görür, demişlerdir.

Misvâk kullanmakta riâyet edilecek sayı, tek sayıdır. Çünkü peygamber aleyhisselâm şöyle buyurmuşlardır:

$$\text{اِسْتَاكُوا وَتَنَظَّفُوا وَاَوْتِرُوا فَاِنَّ اللهَ عَزَّ وَجَلَّ وِتْرٌ يُحِبُّ الْوِتْرَ}$$

«Misvâk kullanınız, temizleniniz, ve tek ediniz (sayıyı). Zirâ Cenâb-ı Hak tektir ve tek'i sever.»

Abdest alırken, namaza başlarken, yatarken, uykudan kalkarken misvâk kullanmak müstehabtır.

Kadınların misvâkına gelince:

Onların misvâkları sakız çiğnemektir..

Çiğnedikleri sakız misvâk yerine geçer. (1)

---

(1) Misvâk'ın tıbbi ve sıhhî faydaları sayılamayacak kadar çoktur. Bugünkü modern fırçalar onun yerini kat'iyyen tutamaz. Tabii fırça kullanmak da dişleri temizler, diş sağlığını te'min eder. Fakat misvâk kadar ma'nevi ve maddi fayda sağlayamaz. (m)

Dördüncü Bâb

Guslün Âdâbı

Gusl: Lugatta mutlak yıkanmak demektir.

Şer'î anlamı ise, cunup olan kimsenin tertemiz olması için bütün cesedine su dökmek suretiyle yıkanıp pak olmasıdır. Hatta sünnetsiz olan kimse, sünnet mahalline, kaş, kirpik, sakal, saç, bıyık tırnak hulâsa suyu ulaştırmakta dikkat edilecek yerlerin tümüne suyu ulaştırmak farzdır.

Bir kimsenin cesedinde su isabet etmemiş kuru bir yeri kalırsa elle ıslanmadıktan sonra cunupluğu çıkmaz. Gerek vücudundaki yaşlıkla, gerekse başka bir su ile ıslansın, ikisi de cevazda eşittir. Çünkü gusulda bütün cesed tek aza hükmündedir. Binaenaleyh suya müsta'mel (kullanılmış) hükmü verilmez. Hangi azanın yaşlığı ile ıslanırsa ıslansın, caizdir.

Eğer bir kimse unutarak su içerse, mazmaza yerine kaim olur. (Ağzına su vermiş gibi olur). Eğer sünnet vechiyle yudum yudum içerse mazmaza yerini tutmaz.

Gusulda bütün bedeni yıkamak farz olduğu gibi taharetlenmek te farzdır. Her ne kadar istinca mahallinde hakiki necaset yok ise de hükmî necaset olduğundan istinca ile tathir etmek (temizlemek) lâzımdır.

Guslün (yıkanmanın) âdabı beştir:

1 — Yıkanmadan evvel niyet etmek. (Neveytül-Gusle Lirefil Cenabeti) Cünüplüğün giderilmesi için yıkanmaya niyet ettim.) der.

2 — Vücûdunda menî veya mezi gibi nesneler varsa onları gidermek.

3 — Avret yerini mümkün mertebe gizlemek.

4 — Yıkanmadan önce, namaz abdesti gibi abdest almak. Ne varki, ayaklarını bastığı yerde, vücûdundan akan su birikmezse; ayaklarını hemen yıkar, eğer su birikirse ayaklarını yıkamayı tehir edip, yıkamayı tamamladıktan sonra yıkar.

5 — Sağ omuzundan, sonra sol omuzundan daha sonra başından üç kere su döküp, her birinde dikkatlice vücudun her yerini ovalamak. Bu şekilde yani, farzlara, sünnetlere ve âdaba riayetle yerine getirilen gusülden sonra tekrar abdest almak icab etmez. (Şerh'ül-Münye)

Beşinci Bâb

Câmi'ye Devam Etme Âdâbı

Namaz vakitlerinde olsun ve diğer vakitlerde olsun, câmiyi sevmek, câmi'ye devam etmek, İslâmî edep ve geleneğin en şereflisidir. Nasıl şerefli bir şey olmasın ki, Resûlüllah sallellahu aleyhi ve sellem efendimiz, devamlı olarak câmi'ye girmeği âdet edinen, câmi'de ibâdet etmekten zevk alan kişileri îmân ile tebşir et, buyurmuştur. Nitekim bir hadis-i nebevîde şu açıklamayı yapmışlardır :

إِذَا رَأَيْتُمُ الرَّجُلَ نَعَتَ الْمَسْجِدَ فَاشْهَدُوا لَهُ بِالْإِيمَانِ فَإِنَّ اللّٰهَ تَعَالَى قَالَ اِنَّمَا يَعْمُرُ مَسَاجِدَ اللّٰهِ مَنْ اٰمَنَ بِاللّٰهِ وَالْيَوْمِ الْاٰخِرِ

«Câmi'ye girmeği âdet edinen kişiyi gördüğünüzde, ona gerçek bir mü'min olduğuna tanıklık ediniz. Çünkü Allah : (Allahın mescidlerini ancak Allah'a ve ahiret gününe îmân eden (ler) i'mâr eder) buyurmuştur.»

«İ'mâr etme» kelimesi, mescid yapmak anlamına geldiği gibi, orada namaz kılmak, Kur'ân okumak suretiyle mânevî i'mârında bulunmak ma'nâsına da gelir.

Camide ibadet edenler hiç şübhe yok ki, onu manen imar etmiş sayılırlar.

Yine bir hadiste şöyle buyurulmuştur:

$$\text{مَنْ غَدَا اِلَى الْمَسْجِدِ اَوْرَاحَ اَعَدَّ اللهُ لَهُ نُزْلَةً فِي الْجَنَّةِ كُلَّمَا غَدَا اَوْرَاحَ}$$

«Kim, sabah-akşam mescide devam ederse, Sabah-akşam -gidip geldikçe- Allah onun için cennette bir köşk hazırlar.»

Bir kûdsî hadîste de şöyle buyurulur:

$$\text{اِنَّ بُيُوتِي فِي الْاَرْضِ الْمَسَاجِدُ وَاِنَّ زُوَّارِي فِيهَا عُمَّارُهَا فَعُلُوَّتِي لِعَبْدٍ يُطَهِّرُ فِي بَيْتِهِ ثُمَّ زَارَ لِي فَحَقَّ عَلَى الْمَزُورِ اَنْ يُكْرِمَ زَائِرَهُ}$$

«Yeryüzünde benim evlerim, mescidlerdir. O mescidleri İmar edenler ise benim ziyaretçilerimdir. Evinde abdest alıp da ziyaretime gelen kimse gerçekten büyük mutluluk elde etmiştir. Ziyaret edilen kimsenin ziyaretçiye ikram etmesi gerekir. (ben de ziyaretçimi mutlaka lutf-ü ihsanıma gark ederim).»

Mescidlere devam edenlerin şu husûslara dikkat etmeleri gerekir:

1 — Mescidlerin Allahın evleri olduğunu düşünmek ve ona göre âdâbına riâyet etmek,

CÂMİ'YE DEVAM ETME ÂDÂBI

2 — Câmiye devam edenlerin kıyâmette şefaate nâil olacaklarını düşünmek ve buna böyle inanmak. Zira Kur'an-ı kerimde şöyle buyrulmuştur:

لَا يَمْلِكُونَ الشَّفَاعَةَ اِلَّا مَنِ اتَّخَذَ عِنْدَ الرَّحْمٰنِ عَهْدًا

«**Rahmanın nezdinde ahd edinen kimselerden başkası şefaat etmeye malik olamazlar.**» (Meryem sûresi; âyet 87)

Bu ayet-i kerimenin tefsirinde Allah nezdinde ahd edinen ve şefaata ehliyet kesb edenlerin, cemaâtle namaz kılanlar olduğu açıklanmıştır.

Müfessirlerin bazıları bu yorumu yapmışlardır.

3 — Cennet ehlinin cennette, cemaatle namaz kılanların nail oldukları büyük mükâfatları görünce, «Ah keşke hiç çıkmasaydık, devamlı olarak orada namaz kılsaydık!» diye temenni de bulunacaklarını düşünmek ve ona göre hazırlanmak.

Evet cennet ehli cemaatle namaz kılanların cennetteki sevinçli ve pek mes'ut durumlarını aynel-yakin gördüklerinde böyle diyecekler.

4 — Allahın davetine hemen icabet etmeği ve derhal camiye koşmayı kast etmek. Zira, Al-i İmran sûresindeki:

وَسَارِعُوا اِلٰى مَغْفِرَةٍ مِنْ رَبِّكُمْ وَجَنَّةٍ عَرْضُهَا السَّمٰوَاتُ وَالْاَرْضُ اُعِدَّتْ لِلْمُتَّقِينَ

«Rabbinizden olan mağfirete, gökler ve yer kadar genişliği olan, ve takvaya erenler için hazırlanan Cennete

koşun!» âyetindeki «Mağfiret» kelimesinden murad cemaatle kılınan namazdır, demişlerdir. Tefsir ehlinden bir çoğu bu kelimeyi böyle açıklamıştır.

5 — Mevla'ya yapacağı hizmet, Mevlanın en çok sevdiği yerlerde yapmayı istemektir. Şurası bir gerçektir ki, Allahın en çok sevdiği yerler, mescidlerdir!

6 — Kıyamet gününde ilahi azabı dindirecek olan bir ameli düşünmek. Bir Kudsi hadiste şöyle buyurulmuştur:

«Kıyamet gününde kullarıma azab etmeği murat ettiğimde, cemaatle namaz kılanları, Kur'an okuyanları, Müslümanlıkta bulunup birbirlerini sevenleri seher vaktinde tevbe ve istiğfara devam edenleri görünce gadabım hemen dinecektir».

7 — Emr-i bil-Ma'ruf ve nehy-i anil-münker görevini yapacağına niyet etmek.

Yani İslama uygun olan hareketleri emretmek ve islama aykırı olan hususları görünce alıkoymak vazifesini yapacağına azm etmek demektir bu.

Meselâ, bir Müslüman; Mescid-i şerife ayakkabı ile girenleri ve saflarda lâ-kayd duranları, mescidde dünya kelâmı edenleri, hulâsa cami adâbına uymayan hareketleri gördüğü zaman derhal müdahale edip önler. Mescidin etrafına ve avlusuna tüküren ve sümküren kişileri gördüğü zaman yine müdahale eder, böyle çirkin davranışlarda bulunanları ikaz eder. Çünkü mescide tükürmek caiz değildir, kabir âzâbına mucibdir. Nitekim kabir âzâbından kurtulmanın yegâne çaresi, mescide tükürmek olduğunu Resûlüllah sallellahu aleyhi ve sellem efendimiz pek açık olarak şöyle ifade buyurmuşlardır:

CÂMİ'YE DEVAM ETME ÂDÂBI

$$\text{مَنْ أَرَادَ أَنْ يَنْجُوَ مِنْ عَذَابِ الْقَبْرِ}$$
$$\text{فَلَا يَبْزُقَنَّ حَوْلَ الْمَسْجِدِ}$$

«Kim kabir âzâbından kurtulmak isterse, sakın mescid etrafına tükürmesin!»

Kişi, mescidin âdâbına riâyet etmeyen kimseleri u yarması gerekir. Camiye giden kimselerin vazifesi yalnız namaz kılmak değildir. Nâhoş hareketlerle karşılaştığı zaman derhal ikaz etmek de görevlerinden sayılır.

Bakınız Cânab-ı Hak Muhammed ümmeti hakkında Âli İmrân sûresinde ne buyurmuştur:

$$\text{كُنْتُمْ خَيْرَ أُمَّةٍ أُخْرِجَتْ لِلنَّاسِ}$$
$$\text{تَأْمُرُونَ بِالْمَعْرُوفِ وَتَنْهَوْنَ عَنِ الْمُنْكَرِ}$$

«Siz insanlar için çıkarılan en seçkin ümmet oldunuz (zira) iyiyi emredersiniz, kötüden nehyedersiniz.»

8 — İslâmî esaslardan ayrılmayacağına, her işinde Müslümana yakışır şekilde hareket edeceğine niyet eder. Zirâ cemaâtle namaz kılanların îmânına şahâdet edileceğini mübeyyin bir hadîs-i şerîf yukarıda nakledilmiştir. Onun için davranışlarından kâmil bir mü'min olduğu anlaşılsın..

9 — Dostlar arasında bulunup cemaâtı çoğaltmaya azmetmek. Böyle yapan kişiler şu mübarek hadiste müjdelenmişlerdir:

مَنْ كَثَّرَ سَوَادَ الْقَوْمِ فَهُوَ مِنْهُمْ

«Kim cemaâtı çoğaltırsa o, onlardandır».

10 — Bir kaç mü'mine sebep olup onları da camiye teşvik etmeye gayret etmek. Kişi camiye giderken yalnız kendisini değil, oğullarını, yakınlarını ve diğer müslüman kardeşlerini de düşünmesi gerekir. Onları da camiye, cemaate teşvik etmelidir. Çünkü Peygamber efendimiz:

اَلدَّالُّ عَلَى الْخَيْرِ كَفَاعِلِهِ

«Hayre delâlet eden, onu işleyen gibidir!» buyurmuştur..

11 — Allah'ın emrini yerine getirenlerin zümresine katılacağını düşünmek.

12 — Mü'minlerle yardımlaşmağı kast etmek. Çünkü cemaatle namaz kılmak son derece zevkli ve kolaydır. Cemaat arasında tanımadıklarını tanır ve onları kendine dost edinip, mânevî yardımlaşmada bulunur.

13 — Sehiv ve noksan bir harekette bulunduğu zaman kendisine bir şey gerekmiyeceğini düşünmek. Zira cemaatle kılınan namazda, cemaatten birine sehiv vaki olursa, ona secde-i sehv gerekmez.

14 — Kötü amel ve kendini ilgilendirmeyen hususlardan uzak duracağına gayret göstermek. Çünkü kişi mescidde bulunduğu sürece, dışarda işlenen bütün kötü ve lüzumsuz hareketlerden uzak olur. İşte bir mü'min bunu bir fırsat ve ganimet bilmelidir.

15 — Kıyamette tüm yaratıklara secde emredildiğinde, kendisinin de secde eden mü'minler arasında olacağını mülahaza etmek.

16 — Cemaatle namaz kılmanın müekket sünnet olduğunu bilmek ve böyle bir sünnete yürekten sarıldığını düşünmek.

17 — Allah'ın Rahmetinin cemaât üzerine ineceğini düşünmek.

18 — Ecir ve sevabta müminlere ortak olacağını düşünmek.

19 — İnsanların zarar vermelerinden, eziyet etmelerinden kurtulacağını düşünmek. Çünkü mescidde bulunan kişi, insanların ezasından, cefasından emin olur.

20 — İbâdetini, melekler saffına benzer bir safta edâ edeceğini düşünmek.

Çünkü cemaatle kılınan namazların safları meleklerin saflarını andırır. Onun için safların gayet sık ve muhkem olması gerekmektedir. Hadis-i şerifte şöyle buyurulmuştur:

رُصّوا صُفُوفَكُمْ وَقَارِبُوا بَيْنَهَا تَقَارَبَ
اَشْيَاحِكُمْ فَوَالَّذِى نَفْسِى بِيَدِهِ اِنِّى لَاَرَى
الشَّيْطَانَ يَدْخُلُ مِنْ خَلَلِ الصَّفِّ كَاَنَّهَا
الْحَذَفُ وَالْخَلَلُ

«Saflarınızı gayet muhkem ve sık ediniz! Ve boyunlarınızı birbirine yaklaştırınız. Nefsim yed-i kudretinde olan (Allah)a yemin ederim ki, saflar arasında bulunan açık yerlerde Şeytanın (beyaz koyunlar arasında) siyah koyun gibi girip (durduğunu) görüyorum».

$$سَوُّوا صُفُوفَكُمْ لَا تَخْلَفْ قُلُوبُكُمْ$$

Diğer bir hadîs-i şerîfte de şöyle açıklanmıştır:

«Saflarınızı doğrultunuz, kalbleriniz ihtilâfa düşmesin!» yani aranıza şıkak ve nıfak girmesin, demektir.

21 — Allah'a kendini adayarak ve teslim ederek adım atmak.

22 — Birinci saffa yetişmeğe gayret etmek.

23 — Birinci safta imâmın hizâsını kasd etmek. Zira cemaâte rahmet indiği zaman, önce birinci saffa iner. İmamın hizasında bulunan kimseye yüz namaz, sağında bulunana yetmiş beş namaz, solunda bulunan kimseye elli namaz ecri yazılır. Cemaatın diğer kısmına da yirmi beşer ecir verilir. Nitekim bir hadiste bizlere bu bilgi verilmiştir :

$$يُكْتَبُ لِلَّذِى خَلْفَ الْإِمَامِ مِائَةُ صَلَاةٍ وَلِلَّذِى فِى جَانِبِ الْأَيْمَنِ خَمْسَةٌ وَسَبْعُونَ صَلَاةً وَلِلَّذِى فِى جَانِبِ الْأَيْسَرِ خَمْسُونَ صَلَاةً وَلِلَّذِى فِى سَائِرِ الصُّفُوفِ خَمْسَةٌ وَعِشْرُونَ صَلَاةً$$

«İmamın arkasında, hizasında durana yüz namaz, sağ tarafında durana yetmiş beş namaz, sol tarafında durana elli namaz, diğer saflarda duranlara yirmi beş namaz sevabı yazılır».

24 — Allah'ın hıfz-ü himayesinde olacağını düşünmek. Zira kıyamet gününde üç taife vardır ki. Allah'ın himayesinde olur.

1) Allah yolunda savaşanlar,
2) Evlerine girdiklerinde selam verenler,
3) Cemaatle namaz kılanlar...

25 — Çok sevab kazanacağını düşünmek.

26 — Evinden çıkarken :

$$\text{بِسْمِ اللهِ تَوَكَّلْتُ عَلَى اللهِ وَلَا حَوْلَ وَلَا قُوَّةَ اِلَّا بِاللهِ الْعَلِيِّ الْعَظِيمِ}$$

«Bismillahi Tevekkeltü alellahi vela havle vela kuvvete illa billahilaliyyil-azîm..» demek..

27 — Sağ ayağı ile çıkmak. Bu âdaba riayet eden kimseyi üç melek müjdeler; Biri : «Her işini başardın!» diğeri : «Her bela ve musibetten kurtuldun», üçüncüsü de : «Doğru yola sulük ettin!» der.

28 — Gayet sükünet ve vekar içinde yürümek. Giderken acele etmemek ve koşmamak. Zira hadis-i şerifte şöyle buyurulur :

$$ اِذَا قُمْتُمْ اِلَى الصَّلٰوةِ فَأْتُوهَا وَعَلَيْكُمُ السَّكِينَةُ وَالْوَقَارُ وَلَا تَأْتُوهَا وَاَنْتُمْ تَسْرَعُونَ فَمَا اَدْرَكْتُمْ فَصَلُّوا وَمَا فَاتَكُمْ فَاقْضُوا $$

«Namaza giderken gayet sakin ve ağır yürüyün, koşarak gitmeyin. Yetişebildiğinizi kılın! Yetişemediğinizi (İmam selam verdikten sonra) eda edin!»

29 — Mescide girdiğinde (Tahiyyet'ül mescid) denilen iki rek'at namazı kılmak. Çünkü bu, caminin hakkıdır. Ne varki bu namazı kılmak için, zeval vakti, güneşin doğma batma zamanı gibi kerehet vakti olmaması gerekmektedir.

Bu namaz bir hadiste şöyle tavsiye edilir:

$$ اِذَا دَخَلَ اَحَدُكُمُ الْمَسْجِدَ فَلَا يَجْلِسْ حَتَّى يُصَلِّيَ رَكْعَتَيْنِ $$

«Biriniz mescide girdiğinde, iki rek'at namaz kılmadıkça oturmasın!»

30 — Mescide girdiği zaman nâfile i'tikâfa niyet etmek. Zira nâfile i'tikâfda oruçlu olması şart değildir. Böyle bir niyetle, mescidde durduğu sürece i'tikâf sevâbını elde eder. Mecbur olmadıkça konuşmaz. Zaruret icabı konuşursa ma'zur sayılır.

31 — Mescidde oturduğu sürece zikir ve tesbih'ten hâli kalmamak.

CÂMİ'YE DEVAM ETME ÂDÂBI

Bir Hadis-i şerifte şöyle buyurulmuştur:

$$\text{اِذَا مَرَرْتُمْ بِرِيَاضِ الْجَنَّةِ فَارْتَعُوا}$$

«Cennet bahçelerine uğradığınızda otlayın. (faydalanın)».

Sahabe: «Cennet bahçeleri nedir ya Resülallah?» diye sorduklarında, «**Mescitlerdir**» buyurdu. «Otlamak'tan neyi kasdediyorsunuz?» diye sorduklarında, «**Subhanellahi velhamdülillahi ve lâ ilâhe illellahû vellahû ekber**»dir diye cevap verdiler.

32 — Mescide gidip gelirken adımlarını sıkça atmak. Nitekim Hadis-i Şerifte şöyle buyurulmuştur:

$$\text{مَنْ مَشَى اِلَى مَسْجِدٍ مِنْ مَسَاجِدِ اللهِ تَعَالَى لِطَلَبِ الْجَمَاعَةِ فَلَهُ بِكُلِّ خُطْوَةٍ يَخْطُوهَا ذَاهِبًا وَرَاجِعًا عَشْرُ حَسَنَاتٍ وَمُحِيَ عَنْهُ عَشْرُ سَيِّئَاتٍ}$$

«Kim, Allah mescitlerinden bir mescide cemaatle namaz kılmak gayesiyle yürürse, gelip gitmekte her adım başına on sevap alır. Ve on günahı silinir».

33 — Mescide girdiği zaman şu duayı okur:

«Allahümmeftah aleyna Ebvabe Rahmetike Vağfir zunübena bi fadlike ve keremike.» (Allahım, bize rahmetinin kapılarını aç, fazlı Kereminle günâhlarımızı bağışla.)

Şayet cemaat namazda değilse (Esselâmu aleyna ve âlâ ibadillahissalihin) ile selâm verir.

34 — Ezan okunmadan camiye girmeye gayret etmek. Çünkü ezandan önce camiye giren kimseye üçyüz yirmibeşbin kabul olunmuş namaz sevabı verilir. Ezan zamanı gidene yirmibeş bin namaz sevâbı verilir, diye rivayet edilmiştir.

35 — Namaz için Camiye girenin kıbleye karşı oturması. Çünkü namaz kılıncaya kadar namazda gibi sayıldığından kıbleye karşı oturması, hatta parmaklarını birbirlerine kenetlemesi gerekmektedir. Namazda yapılması hoş karşılanmayan şeyleri yapmak âdaba muhaliftir.

36 — Camiden çıkarken sol ayağını atarak çıkmak ve şu duayı okumak:

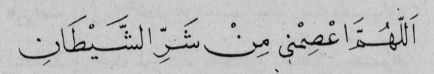

«Ellahümma' sımnî minşeriş-şeytanî.»

Manası:

«Allahım, beni şeytanın şerrinden koru.»

(Mafatihul-Cinan ve Halviyyat)

Altıncı Bâb

Ezân'ın Âdâbı

Farz namazlar için ezân okumak Müekket sünnettir. İslâm şiârı (usûl ve gelenekleri)nin en şerefli ve efdali olanlarındandır. Bu öyle bir ibadettir ki, bir ülke ehalisi (halkı) ezanın terkinde söz ve fikir birliği yapsalar, İmam Muhammede göre onlara savaş ilan etmek caiz olur. İmam Ebu Yusuf'a göre onlarla savaşılmaz, ancak te'dip edilmeleri için dövülüp haps edilirler.

Ezâna icâbet etmenin âdâbı dörttür:

1 — Müezzinin dediğini aynen (onu takip ederek) söylemek. Müezzin ezan okurken : (**Eşhedu enne Muhammeden Rasûlüllah**) dediği zaman, şahadet parmağının üstüne bakıp öptükten sonra (habibim ve gözlerimin Nuru!) diyerek öperse ve öptükten sonra gözlerine sürerse, katiyen göz ağrısı görmez, diye nakledilmiştir.

2 — Müezzin (Hayye alesselah. Hayye alel-felâh.) derken, (ve la havle vela kuvvete illa billâhil-aliyyil-azim) demek.

3 — Sabah namazında müezzin : (**Essalatu hayrun minennevm** : namaz uykudan hayırlıdır) derken, (**sadakta ve bererte ve bilhakki natakta**: doğru söyledin, gerçeği dile getirdin!) demek.

4 — Ezanın sonunda şu duayı okumak:

اَللّٰهُمَّ صَلِّ عَلٰى مُحَمَّدٍ وَعَلٰى اٰلِ مُحَمَّدٍ
اَللّٰهُمَّ رَبَّ هٰذِهِ الدَّعْوَةِ التَّامَّةِ وَالصَّلَاةِ
الْقَائِمَةِ آتِ مُحَمَّدًا الْوَسِيلَةَ وَالْفَضِيلَةَ
وَالدَّرَجَةَ الرَّفِيعَةَ وَابْعَثْهُ مَقَامًا
مَحْمُودًا الَّذِى وَعَدْتَهُ

«Ellahümme sallî ala Muhammedin ve ala âli Muhammedin. Ellahümme Rabbe hazihidda'vetit-tâmmeti vassalatil-kâimeti âti Muhammeden il-vesîlete vel-fazîlete vedderecater-rafiate veb'ashu makamen Muhmuda ellezi vaadtehu.»

Manası:

(Allahım, Muhammed ve Âline Salât et! Ey şu tastamam çağrının ve kılınacak namazın sahibi bulunan Allahım, Muhammede Vesileyi, fazileti ve yüksek dereceyi ver, onu va'd ettiğin makam-ı Mahmud'a vardır.)

Ezan bittikten sonra bu duayı okuyan kimsenin hakkında Peygamber sallallahu aleyhi ve sellem: «**Ona şefaatım helal olur!**» diye vad buyurmuşlardır.

Resûlüllahın şefaati yalnız Müslümanlara mahsus olduğu için, bu duayı okuyan kimsenin imanla gitmesine ve imansızlıktan kurtulmasına açık bir işaret vardır.

Ezan okunurken bir kimse ayakta ise oturur. Oturuyorsa kalkar. Hulâsa ezan için gereken saygıyı göstermek her mü'minin başlıca vazifesi olmalıdır. Zira ezana riayet etmek hüsn-i hatimeye sebeb olduğu gibi, ezana saygısızlıkta bulunmak ta maazellah imansız olarak gitmeye vesiyle olabilir. Nitekim bir hadis-i Şerifte bu husus açıklanmıştır :

$$\text{مَنْ تَكَلَّمَ فِي وَقْتِ الْأَذَانِ خِيفَ عَلَيْهِ مِنْ زَوَالِ الْإِيمَانِ}$$

«Kim ezan okunurken konuşursa, imanının zevalinden korkulur».

Mühim bir işi olan kimsenin sağ kulağına ezan, sol kulağına kamet okunursa, Allah o kişinin o önemli hacetini verir, diye eserde varit olmuştur.

$$\text{عَلَيْكَ بِالدُّعَاءِ بَيْنَ الْأَذَانِ وَالْإِقَامَةِ فَإِنَّهَا لَا تُرَدُّ}$$

Ezan ile kamet arasında yapılacak olan dua müstecabtır. Nitekim hazreti Ali (k.v.) ye hitaben bir hadiste şöyle buyurulmuştur:

«Ezan ile kamet arasında dua yapmalısın. Çünkü o (anda) yapılan dua red edilmez».

Ezanı bir fırsat ve ganimet bilmeli. Zira hadiste şöyle açıklanmıştır :

$$\text{الْمُؤَذِّنُونَ أُمَنَاءُ الْمُسْلِمِينَ فِي فِطْرِهِمْ وَسُحُورِهِمْ}$$

«Müezzinler iftarda ve sahurda müslümanların emin (kimse) leridir».

Diğer bir hadiste müezzinler şöyle övülmüşlerdir:

$$\text{اَلْمُؤَذِّنُ اَطْوَلُ النَّاسِ اَعْنَاقاً يَوْمَ الْقِيٰمَةِ}$$

«Kıyamet gününde müezzin halk arasında boyu en uzun olandır».

Bir hadiste de şöyle buyurulur:

$$\text{مَنْ أَذَّنَ اِثْنَتَيْنِ عَشَرَةَ سَنَةً وَجَبَتْ لَهُ الْجَنَّةُ بِتَأْذِينِهِ فِى كُلِّ يَوْمٍ سِتُّونَ حَسَنَةً وَبِاِقَامَتِهِ ثَلَاثُونَ حَسَنَةً}$$

«Kim on iki sene ezan okursa ona cennet vâcib olur. Beher gün her ezan için altmış sevab, ikameti için de otuz sevap yazılır (amel defterine).»

(Câmiu's-sagîr, Mefatihu'l-cinan, Şerhu'l mülteka Dâmâd)

Yedinci Bâb

Namazın Âdâbı

İslamın ana temellerinden biri olan namaza başlarken, onun en önemli adabı olan huşu'a riayet etmek gerekir. Çünkü huşu namazın en mühim âdâbındandır.

Bir müslüman, namaza başladığı andan itibaren selam verinceye kadar, Rabbinin huzurunda olduğunu düşünmesi ve ona göre hareket etmesi gerekir.

Namazda hudu, ve huşu şöyle temin edilir:

Namaz kılan kişi, Allah'tan korkacak... İlahî haşyet bütün varlığını saracak... Kemal-i tezellül ve tevazû içinde olacak. Sesini fazla çıkartmayacak, yani yüksek sesle okumayacak. (Cemaâtle kılınan namazlarda yüksek sesle okunur).

Sağına, soluna bakmayacak... Sağında ve solunda kimseleri fark edemiyecek kadar istiğrak içinde olacak...

Ayaktayken, secde edeceği yere, Rukua varınca ayaklarının üstüne, secdedeyken burnunun ucuna, celseye oturduğunda ellerinin üzerine, selam verirken omuzlarına bakmak sûretiyle gereken huşû ve huduû sağlayacak. İşte böyle şart ve erkanı, adab ve usûlüne riayet ederek namaz kılan kişileri Cenâb-ı Hak Kur'ân-ı Kerîminde:

قَدْ أَفْلَحَ الْمُؤْمِنُونَ الَّذِينَ هُمْ فِي صَلَاتِهِمْ خَاشِعُونَ

«Namazlarda huşû içinde olan mü'minler muhakkaki felaha ermiştir!» (1) buyuyarak övmüştür.

İşte bu âyet-i kerîmede, huşû içinde namaz kılanların, ebedî saâdet ve refaha kavuşacakları tebşir edilmiştir.

Hazreti Aişe validemiz, efendimize, namazda sağa sola bakmaktan sual ettiği zaman, cevaben şu izahta bulundular:

$$ \text{اِخْتِلَاسٌ يَخْتَلِسُهُ الشَّيْطَانُ مِنْ صَلَاةِ الْعَبْدِ} $$

«O, şeytanın kulun namazından yaptığı bir hırsızlama (kapma) dır».

Bu bâbta son derece mânidâr bir hadîsi de serd edelim:

$$ \text{لَا يَزَالُ اللهُ تَعَالَى مُقْبِلاً عَلَى الْعَبْدِ مَادَامَ فِى صَلَاتِهِ مَالَمْ يَلْتَفِتْ فَاِذَا الْتَفَتَ اَعْرَضَ عَنْهُ} $$

«Kul namazında sağa, sola bakmadıkça, Allah ona devamlı olarak ihsan ve ikramı ile tecelli eder. Kul (sağa, sola) bakınca, Hak teala ondan iraz eder».

Namazda sakalı ile oynayan birini, Rasûlüllah sallellahu aleyhi ve sellem görünce, şöyle buyurdular:

$$ \text{لَوْخَشَعَ قَلْبُ فُلَانٍ لَخَشَعَتْ جَوَارِحُهُ} $$

«Falan kimsenin kalbi eğer huşu içinde olsaydı, diğer azaları da huşu içinde olurdu».

---

(1) El-mü'minûn sûresî; âyet: 1-2.

Demek ki vücud organlarının en kıymetli uzvu olan kalb huşu duyarsa, diğer azalar da huşu içinde olur. Kalb ma'sivâ ile meşgûl olursa, bunun tabiî bir neticesi olarak diğer azalar da huşu ve hudu'dan yüz çevirirler.

Namaza başlarken, yakalarını kapamak, ve düğmeleri iliklemek te namazın âdâbındandır. Çünkü yakasını kapayan kimsenin kıldığı namaz, yakası açık olarak namaz kılanın namazından yetmiş derece üstündür. Bir hadîste bu hakikat şöylece dile getirilmiştir:

مَنْ صَلَّى وَجَيْبُهُ مَشْدُودٌ خَيْرًا مِمَّنْ صَلَّى سَبْعِينَ صَلَاةً وَجَيْبُهُ مَكْشُوفٌ

«Yakası kapalı olarak namaz kılan kimsenin namazı, yakası açık olarak kılan kimsenin yetmiş namazından daha efdaldır».

Namaz kılan kişi, namaz kılarken sanki Allah'ı görüyormuş gibi kılmalıdır.

Çünkü biz onu her ne kadar göremiyorsak da şüphesiz ki O bizi görmektedir. Bunu böyle bilmek lâzımdır. Nitekim hadis-i şerifte bu konu şöyle açıklanmıştır:

اَلْاِحْسَانُ اَنْ تَعْبُدَ اللهَ كَاَنَّكَ تَرَاهُ فَاِنْ لَمْ تَكُنْ تَرَاهُ فَاِنَّهُ يَرَاكَ

«İhsan: Allah'a, sanki onu görüyormuşun gibi ibadet etmendir; eğer sen onu göremezsen, muhakkak ki O seni görür».

Kişi münferiden namaz kılarken, kendini huzuri Beride olduğunu his eder. Ve bu duygu içinde namaz kılar. İşte böyle kılınan namazda huşu ve hudu elde edilmiş olur. Cemaatle kılınan namazda ise İmamın durumuna vakıf olarak huşu ve huduu elde etmek mümkündür.

Bir defasında Kâinatın efendisi sallellahu aleyhi ve sellem, namazdan sonra eshab-ı kirama: **«Namazda ne okuduğumu biliyor musunuz?»** diye sordu. Eshâb ses çıkarmadı, süküt ettiler. Aralarında Ubey İbn Ka'b (r.a.), Efendimizin sorusuna uygun cevab verince onu tahsin buyurdular, diğerlerini de tevbih ettiler.

Huşû ve Hudû

Namazda tadili erkâna riayet etmekle elde edilir. Ruku, sücud ve namazın diğer rükünlerini ağır ağır, âdabına riayet ederek, yerine getirmek gerekir. Aksi halde namazından çalmış olur. Bu husûsta Peygamber Aleyhisselam bizleri şöyle uyarmışlardır :

اَسْوَءُ النَّاسِ سِرْقَةً اَلَّذِى يَسْرِقُ مِنْ صَلَاتِهِ

«İnsanların an azılı hırsızı, namazından çalandır.» Sahabe (r. anhum) bunu duyunca endişeye kapıldılar ve: «Ey Allahın Resûlü kişi namazından nasıl çalar?» diye sorduklarında şöyle buyurdular:

لَا يُتِمْ رُكُوعَهَا وَلَا سُجُودَهَا وَلَا خُشُوعَهَا

«Namazın rukuunu, sucudunu ve huşuunu tamamlamaz (işte bu vechle namazından çalmış olur)».

NAMAZIN ÂDÂBI

Para çalmak namazdaki hırsızlıktan ehvendir. Zirâ namazda olan hırsızlık dîne ihânet sayılacağı için, Resûlüllah Efendimiz «en kötü hırsız» ifâdesini kullanmıştır.

Namaza başlarken, dünyada nasibi kalmayıp, bu kıldığı namaz artık son namazı olacakmış gibi düşünmesi de namazın âdâbındandır. Nitekim bir hadîs-i şerifte şöyle buyurulmuştur :

$$\text{اِذَا صَلَّى اَحَدُ كُمْ فَلْيُصَلِّ صَلَاةَ مُوَدِّعٍ صَلَاةَ مَنْ يَظُنُّ اَنَّهُ لَا يَرْجِعُ اَبَدًا}$$

«Biriniz namaz kıldığında, veda eden, artık bir daha dönüp dönmiyeceğini kestiremiyer kimsenin kıldığı namaz gibi namaz kılsın».

Gerek ruku ve gerekse secde de tesbihleri üçten fazla söylemek te namazın adabındandır. Lâkin adedin tek olmasına dikkat etmelidir. Mesela beş, yedi ve dokuz gibi...

Namazda niyet farz olduğu cihetle, kalb ile niyet ettikten sonra dil ile de niyeti bilfiil söylemek gerekir Mesela münferiden namaz kılan kişi sabah namazının sünnetini eda ederken, kalb ile niyet ettikten sonra dili ile de:

$$\text{نَوَيْتُ اَنْ اُصَلِّيَ لِلّٰهِ تَعَالَى سُنَّةَ هٰذَا الْفَجْرِ اَدَاءً مُسْتَقْبِلَ الْقِبْلَةِ اَللّٰهُ اَكْبَرُ}$$

«Neveytu en usalliye lillâhi teâlâ sünnete hâzel-fecri edâen müstekbilel-kıbleti Ellahu ekber!» : Niyet eyledim.

·Allah rızası için bu sabahın sünnetini kılmaya, durdum kibleye Ellahu ekber» der.

Sabah namazının farzında:

$$نَوَيْتُ اَنْ اُصَلِّيَ لِلّٰهِ تَعَالٰى فَرْضَ هٰذَا الْفَجْرِ اَدَاءً مُسْتَقْبِلَ الْقِبْلَةِ اَللّٰهُ اَكْبَرْ$$

«Neveytu en usalliye lillahi teâla farze hazel-fecri edaen müstekbilel-kibleti ellahu ekber»

Niyet eyledim Allah rızası için sabah namazının farzını kılmaya durdum kıbleye Allah'u ekber der.

Öğlen namazının Sünnetinde:

$$نَوَيْتُ اَنْ اُصَلِّيَ لِلّٰهِ تَعَالٰى سُنَّةَ هٰذَا الظُّهْرِ اَدَاءً مُسْتَقْبِلَ الْقِبْلَةِ اَللّٰهُ اَكْبَرْ$$

«Neveytu en usalliye lillahi teâlâ sünnete hâzez-zuhri edâen müstakbilel-kibleti Ellahu ekber.»

«Niyet eyledim Allah rızası için bu öğlen namazının sünnetini kılmaya durdum kıbleye Ellahu ekber», der.

Farzını kılarken:

$$نَوَيْتُ اَنْ اُصَلِّيَ لِلّٰهِ تَعَالٰى فَرْضَ هٰذَا الظُّهْرِ اَدَاءً مُسْتَقْبِلَ الْقِبْلَةِ اَللّٰهُ اَكْبَرْ$$

«Neveytu en usalliye lillahi teâla farze hazezzuhri edaen müstakbilel-kibleti Ellahu ekber»

«Niyet eyledim Allahı rızası için bu öğlen namazının farzını kılmaya durdum kibleye Ellahu ekber» der.

İkindi namazının sünnetini kılarken :

$$\text{نَوَيْتُ اَنْ اُصَلِّيَ لِلّٰهِ تَعَالٰى سُنَّةَ هٰذَا الْعَصْرِ اَدَاءً مُسْتَقْبِلَ الْقِبْلَةِ اَللّٰهُ اَكْبَرْ}$$

«Neveytu en usalliye lillahi teâla sünnete hazel-asrı edaen müstakbilel-kibleti Ellahu ekber»

«Niyet eyledim Allah rızası için bu ikindinin sünnetini kılmaya durdum kibleye Ellahu ekber» der.

Farzını kılarken :

$$\text{نَوَيْتُ اَنْ اُصَلِّيَ لِلّٰهِ تَعَالٰى فَرْضَ هٰذَا الْعَصْرِ اَدَاءً مُسْتَقْبِلَ الْقِبْلَةِ اَللّٰهُ اَكْبَرْ}$$

«Neveytu en usalliye lillahi teâla farze hazel-asrı edaen müstakbilel-kibleti Ellahu ekber»

«Niyet eyledim Allah rızası için bu ikindinin farzını kılmaya durdum kibleye Ellahu ekber.» der.

Akşam namazının farzında :

$$\text{نَوَيْتُ اَنْ اُصَلِّيَ لِلّٰهِ تَعَالىٰ فَرْضَ هٰذَا الْمَغْرِبِ اَدَاءً مُسْتَقْبِلَ الْقِبْلَةِ اَللّٰهُ اَكْبَرُ}$$

«Neveytu en usalliye lillahi teâla farze hazel-mağribi edaen müstekbilel-kib'eti Ellahu ekber.»

«Niyet eyledim Allah rızası için bu akşamın farzını kılmaya durdum kibleye Ellahu ekber» diye niyet eder.

Sünnetini kılarken :

$$\text{نَوَيْتُ اَنْ اُصَلِّيَ لِلّٰهِ تَعَالىٰ سُنَّةَ هٰذَا الْمَغْرِبِ اَدَاءً مُسْتَقْبِلَ الْقِبْلَةِ اَللّٰهُ اَكْبَرُ}$$

«Neveytu en usalliye lillahi teâla sünnete hazel-meğribi edaen müstakbilel-kibleti Ellahu ekber.»

«Niyet eyledim Allah rızâsı için bu akşamın sünnetini kılmaya durdum kibleye Ellahu ekber» der.

Yatsı namazının sünnetinde :

$$\text{نَوَيْتُ اَنْ اُصَلِّيَ لِلّٰهِ تَعَالىٰ سُنَّةَ هٰذَا الْعِشَاءِ اَدَاءً مُسْتَقْبِلَ الْقِبْلَةِ اَللّٰهُ اَكْبَرُ}$$

«Neveytu en usalliye lillahi teâla sünnete hazel-işâi edaen müstakbilel-kibleti Ellahu ekber.»

«Niyet eyledim Allah rızâsı için bu yatsının sünnetini kılmaya durdum kibleye Ellahu ekber» der.

Farzını kılarken :

$$\text{نَوَيْتُ اَنْ اُصَلِّيَ لِلّٰهِ تَعَالَى فَرْضَ هٰذَا الْعِشَاءِ اَدَاءً مُسْتَقْبِلَ الْقِبْلَةِ اَللّٰهُ اَكْبَرُ}$$

«Neveytu en usalliye lillahi teâla farze hazel-işâi edaen müstakbilel-kibleti Ellahu ekber.»

«Niyet eyledim Allah rızası için bu yatsının farzını kılmaya durdum kibleye Ellahu ekber» der.

Vitir namazını kılarken :

$$\text{نَوَيْتُ اَنْ اُصَلِّيَ لِلّٰهِ تَعَالَى صَلَاةَ الْوِتْرِ اَدَاءً مُسْتَقْبِلَ الْقِبْلَةِ اَللّٰهُ اَكْبَرُ}$$

«Neveytu en usalliye lillahi teâla salatel-vitri edaen müstakbilel-kibleti Ellahu ekber.»

«Niyet eyledim Allah rızası için vitir namazını kılmaya durdum kibleye Ellahu ekber» der.

Nâfile namazı kılarken.

$$نَوَيْتُ اَنْ اُصَلِّيَ لِلّٰهِ تَعَالٰى صَلَاةَ التَّطَوُّعِ اَدَاءً مُسْتَقْبِلَ الْقِبْلَةِ اَللّٰهُ اَكْبَرْ$$

«Neveytu en usalliye lillahi teâla salatet-tatavvui eda en müstakbilel-kibleti Ellahu ekber.»

«Niyet eyledim Allah rızası için nâfile namazı kılmaya durdum kibleye Ellahu ekber» der.

İşrak namazında:

$$نَوَيْتُ اَنْ اُصَلِّيَ لِلّٰهِ تَعَالٰى صَلَاةَ الْإِشْرَاقِ اَدَاءً مُسْتَقْبِلَ الْقِبْلَةِ اَللّٰهُ اَكْبَرْ$$

«Neveytu en usalliye lillahi teâla salatel-işrakı edaen müstakbilel-kiblete Ellahu ekber.»

«Niyet eyledim Allah rızâsı için işrak namazını kılmaya durdum kibleye Ellahu ekber» der.

Teheccüd namazında:

$$نَوَيْتُ اَنْ اُصَلِّيَ لِلّٰهِ تَعَالٰى صَلَاةَ التَّهَجُّدِ اَدَاءً مُسْتَقْبِلَ الْقِبْلَةِ اَللّٰهُ اَكْبَرْ$$

«Neveytu en usalliye lillahi teâla salatet eheccüdi edaen müstakbilel-kibleti Ellahu ekber.»

«Niyet eyledim Allah rızası için teheccüd namazını kılmaya durdum kibleye Ellahu ekber» der.

Kuşluk namazında:

نَوَيْتُ اَنْ اُصَلِّي لِلّٰهِ تَعَالٰى صَلَاةَ الضُّحٰى اَدَاءً مُسْتَقْبِلَ الْقِبْلَةِ اللّٰهُ اَكْبَرُ

«Neveytu en usalliye lillahi teâla salatet-duha edaen müstakbilel-kibleti Ellahu ekber.»

«Niyet eyledim Allah rızası için kuşluk namazını kılmaya durdum kibleye Ellahu ekber» der.

Evvâbîn namazını kılarken:

نَوَيْتُ اَنْ اُصَلِّي لِلّٰهِ ذَا لٰى صَلَاةَ الْاَوَّابِينَ اَدَاءً مُسْتَقْبِلَ الْقِبْلَةِ اللّٰهُ اَكْبَرُ

«Neveytu en usalliye lillahi teâla salatel - evvâbîne edaen müstakbilel-kibleti Ellahu ekber.»

«Niyet eyledim Allah rızası için Evvabin namazını kılmaya durdum kibleye Ellahu ekber» diye niyet eder.

CEMAATLE KILINAN NAMAZLARDAKİ NİYET

Sabah namazının farzında:

نَوَيْتُ اَنْ اُصَلِّيَ لِلّٰهِ تَعَالٰى فَرْضَ هٰذَا الْفَجْرِ اَدَاءً مُقْتَدِيًا بِهٰذَا الْاِمَامِ مُسْتَقْبِلَ الْقِبْلَةِ اَللّٰهُ اَكْبَرْ

«Neveytu en usalliye lillahi teâla farze hazel - fecri edaen, muktediyen bi hazel-imami müstekbilel-kibleti Ellahu ekber.»

«Niyet eyledim Allah rızası için bu sabahın farzını kılmaya durdum kibleye uydum İmama Ellahu ekber» der.

Öğlen namazının farzında:

نَوَيْتُ اَنْ اُصَلِّيَ لِلّٰهِ تَعَالٰى فَرْضَ هٰذَا الظُّهْرِ اَدَاءً مُقْتَدِيًا بِهٰذَا الْاِمَامِ مُسْتَقْبِلَ الْقِبْلَةِ اَللّٰهُ اَكْبَرْ

«Neveytu en usalliye lillahi teâla farze hazezzuhri edaen, müktediyen bi hazel-imami müstakbilel-kibleti Ellahu ekber.»

«Niyet eyledim Allah rızası için bu öğlenin farzını kılmaya durdum kibleye uydum İmama Ellahu ekber» der.

İkindi namazının farzında :

نَوَيْتُ اَنْ اُصَلِّيَ لِلّٰهِ تَعَالٰى فَرْضَ هٰذَا الْعَصْرِ اَدَاءً مُقْتَدِيًا بِهٰذَا الْاِمَامِ مُسْتَقْبِلَ الْقِبْلَةِ اَللّٰهُ اَكْبَرْ

«Neveytu en usalliye lillahi teâlâ farze hâzel-asrı adâen, müktediyen bi hazel-imami, müstakbilel-kibleti Ellahu ekber.»

«Niyet eyledim Allah rızası için bu ikindinin farzını kılmaya durdum kibleye uydum imama Ellahu ekber» der.

Akşamın farzında :

نَوَيْتُ اَنْ اُصَلِّيَ لِلّٰهِ تَعَالٰى فَرْضَ هٰذَا الْمَغْرِبِ اَدَاءً مُقْتَدِيًا بِهٰذَا الْاِمَامِ مُسْتَقْبِلَ الْقِبْلَةِ اَللّٰهُ اَكْبَرْ

«Neveytu en usalliye lillahi teâla farze hazel-mağribi edaen müktediyen bi hazel-imami, müstakbilel-kibleti Ellahu ekber.»

«Niyet eyledim Allah rızası için bu akşamın farzını kılmaya durdum kibleye uydum imama Ellahu ekber.» der.

Yatsı namazının farzında :

نَوَيْتُ اَنْ اُصَلِّيَ لِلّٰهِ تَعَالٰى فَرْضَ هٰذَا الْعِشَاءِ اَدَاءً مُقْتَدِيًا بِهٰذَا الْاِمَامِ مُسْتَقْبِلَ الْقِبْلَةِ اَللّٰهُ اَكْبَرُ

«Neveytu en usalliye lillahi teâla farze hazel-işai eda-en, müktediyen bi hazel-imami, müstakbilel kibleti Ellahu ekber.»

«Niyet eyledim Allah rızası için bu yatsının farzını kılmaya durdum kibleye uydum imama Ellahu ekber» der.

TERÂVİH NAMAZINDA

نَوَيْتُ اَنْ اُصَلِّيَ لِلّٰهِ تَعَالٰى صَلَاةَ التَّرَاوِيحِ اَدَاءً مُقْتَدِيًا بِهٰذَا الْاِمَامِ مُسْتَقْبِلَ الْقِبْلَةِ اَللّٰهُ اَكْبَرُ

«Neveytu en usalliye lillahi teâla salatet-teravihi eda-en müktediyen bi hazel-imami, müstakbilel-kibleti Ellahu ekber.»

«Niyet eyledim Allah rızası için taravih namazını kılmaya, durdum kibleye uydum imama Ellahu ekber.» der.

CUMA NAMAZINDAKİ NİYET

Cuma namazının sünnetini kılarken:

$$\text{نَوَيْتُ اَنْ اُصَلِّيَ لِلهِ تَعَالَى سُنَّةَ هٰذَا الْجُمْعَةِ اَدَاءً مُسْتَقْبِلَ الْقِبْلَةِ اللهُ اَكْبَرُ}$$

«Neveytu en usalliye lillâhi teâlâ sünnete hâzel-cümati edâen müstakbilel-kibleti Ellahu ekber» der. der.

Farzında :

$$\text{نَوَيْتُ اَنْ اُصَلِّيَ لِلهِ تَعَالَى صَلَاةَ الْجُمْعَةِ اَدَاءً مُقْتَدِيًا بِهٰذَا الْاِمَامِ مُسْتَقْبِلَ الْقِبْلَةِ اللهُ اَكْبَرُ}$$

«Neveytu en usalliye lillahi teâla salatel-cum'ati edaen, muktediyen bi hazel-imami, müstakbilel-kibleti Ellahu ekber.»

«Niyet eyledim Allah rızası için cuma namazını kılmaya durdum kibleye uydum imama Ellahu ekber» der.

Dört rek'at Zuhr-i ahir namazını kılarken :

$$\text{نَوَيْتُ اَنْ اُصَلِّيَ لِلهِ تَعَالَى آخِرَ ظُهْرٍ اَدْرَكْتُ وَقْتَهُ وَلَمْ تَسْقُطْ عَنِّي بَعْدُ اَدَاءً مُسْتَقْبِلَ الْقِبْلَةِ اللهُ اَكْبَرُ}$$

«Neveytu en usalliye lillahi teâla Ahire zuhri edrektu vaktehu velem teskut annî ba'du edâen müstakbilel-kiblet' Ellahu ekber.»

«Niyet eyledim Allah rızası için, vaktine erişip te henüz üzerimden düşmeyen Zuhr-i ahir namazını kılmaya, durdum kibleye Ellahu ekber» der.

CENAZE NAMAZINDAKİ NİYET

Cenaze namazını kılarken:

نَوَيْتُ اَنْ اُصَلِّى لِلّٰهِ تَعَالٰى وَدُعَاءً لِلْمَيِّتِ اَدَاءً وَمُقْتَدِيًا بِهٰذَا الْاِمَامِ مُسْتَقْبِلَ الْقِبْلَةِ اللّٰهُ اَكْبَرْ

«Neveytu en usalliye lillahi teâla ve duaen lilmeyyiti edaen ve muktediyen bi hazel-imami, müstakbilel-kibleti Ellahu ekber» der.

RAMAZAN BAYRAMINDAKİ NİYET

Ramazan bayramı namazını kılarken:

نَوَيْتُ اَنْ اُصَلِّى لِلّٰهِ تَعَالٰى صَلَاةَ عِيدِ الْفِطْرِ اَدَاءً مُقْتَدِيًا بِهٰذَا الْاِمَامِ مُسْتَقْبِلَ الْقِبْلَةِ اللّٰهُ اَكْبَرْ

«Neveytu en usalliye lillahi teâla salate idil-fıtrı edaen muktediyen bi hazel-imami, müstakbilel-kıbleti Ellahu ekber» der

KURBAN BAYRAMI

Kurban bayramı namazını kılarken :

$$نَوَيْتُ اَنْ اُصَلِّيَ لِلّٰهِ تَعَالَى صَلَاةَ الْعِيدِ الْاَضْحِيَّةِ اَدَاءً مُقْتَدِيًا بِهٰذَا الْاِمَامِ مُسْتَقْبِلَ الْقِبْلَةِ اَللّٰهُ اَكْبَرْ$$

«Neveytu en usalliye lillâhi teâlâ salatel-idi-ud'hiyyeti edâen, müktediyen bi hâzel-imâmi, müstakbilel-kibleti Ellahu ekber» der.

TAVÂF NAMAZI

Tavaf namazında :

$$نَوَيْتُ اَنْ اُصَلِّيَ لِلّٰهِ تَعَالَى صَلَاةَ الطَّوَافِ اَدَاءً مُسْتَقْبِلَ الْقِبْلَةِ اَللّٰهُ اَكْبَرْ$$

«Neveytu en usalliye lillahi teâla salate-tavafi edaen mustakbilel-kibleti Ellahu ekber» der.

Yağmur duasına çıkıldığı zaman, gerek cemaatle ve gerekse münferiden kılınan istiskâ namazında, ay ve güneş tutulduğu zaman kılınan ikişer rek'at Hüsûf ve küsûf (ay ve güneş tutulması) namazında (Salat'ül-istiska, Salâtü'l-Hüsûf, Salâtü'l küsûf) diyerek niyet eder.

Bir kimse sabah namazını kıldıktan sonra, güneş iki mızrak boyu çıkıncaya kadar oturup zikir ve fikirle meşgul olup ta sonra kalkıp iki rek'at işrak namazı kılarsa bir tam hac sevabını alır. Hadis-i şerifte bu husus şöyle ifade buyurulmuştur :

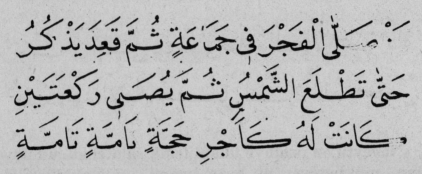

«Bir kimse, cemaatle sabah namazı kılıp, güneş doğuncaya kadar (iki mızrak boyu yükselinceye kadar) oturup zikrederse, sonra (kalkıp) iki rek'at namaz kılarsa, Tam evet tam bir hac sevabını alır».

YİNE NAMAZIN ÂDÂBINA GEÇİYORUZ

Kalben ve lisânen namaza niyet ettikten sonra ellerini kaldırıp. Parmakları kendi halinde bırakır. Ne çok açar ve ne de çok yumar. Sonra baş parmaklarını erkek ise, kulaklarının yumuşağına, kadar, kadın ise göğsünün hizasına kadar kaldırır.

Esneme geldiği zaman, mümkün mertebe esnemesini önler. Eğer şiddetli esneği gelirse sağ elinin arkasıyla ağzını kapayıp önler. Eğer elini ağzına koymazsa, şeytan onun ağzına girer. Nitekim hadîs-i şerifte şöyle buyurulmuştur :

اِذَا تَثَائَبَ اَحَدُكُمْ فَلْيَضَعْ يَدَهُ فِى فَمِهِ فَاِنَّ الشَّيْطَانَ يَدْخُلُ مَعَ التَّثَاؤُبِ

«Biriniz esnediğinde, elini ağzına koysun. Çünkü şeytan esnemekle birlikte ağzına girer».

Esnemek şeytanın iğvasiyle husûle geldiği için, ondan Allah'a sığınmak gerekir. Peygamberimize hiç esnemek ariz olmamıştır. Bir kimsenin esnemesi geldiği zaman, eğer peygamber aleyhisselâmı hatırlarsa esnemesi derhal gider...

Secdeye varırken önce dizlerini sonra ellerini, daha sonra da başını koymak namazın adabındandır.

Secdeden kalkarken önce, başını, sonra ellerini, sonra da dizlerini kaldırır.

Bu da namazın adabındandır..

(Münyetü'l Musallî, Camiü's-sağîr)

Sekizinci Bâb

Duâ'nın Âdâbı

En üstün duâ, en hayırlı duâ, en kabûle şayân olan, gösterişten en uzak olan duâ, yalvara yakara ve gizli yapılan duâdır. Cenâb-ı Hakk (C.C.)

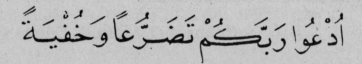

«Rabbinize yalvara yakara gizlice duâ ediniz!» buyurmuştur.

Bu ve benzeri âyetlerde, kulların Allah (C.C.)'a nasıl duâ edeceklerini, nasıl yalvarıp yakaracaklarını Allah (C.C) beyân etmiştir. Onun için duâ edecek kişinin her şeyden önce duânın âdâb ve erkânına riâyet etmesi lâzımdır.

Hayber harbinde, Eshâb-ı kirâm yüksek bir yere çıkarak yüksek sesle tekbir getirdiklerinde, Peygamber (S.A.V) Aleyhisselam onları bundan menetti ve şöyle buyurdu :

«Siz ne sağıra ve ne de gâibe duâ etmiyorsunuz! Duâ ettiğiniz zât vacibül-vücûd teâlâ ve takaddes hazretleridir. O sizinle berâberdir. Kalblerinizde olanı kemâliyle bilir.»

Nitekim bir hadîste bu, şöyle açıklanmıştır:

$$\text{اَرْبِعُوا عَلَى اَنْفُسِكُمْ اِنَّكُمْ لَا تَدْعُونَ اَصَمَّ وَلَا غَائِبًا اِنَّكُمْ تَدْعُونَ سَمِيعًا قَرِيبًا وَاِنَّهُ مَعَكُمْ}$$

«Kendinize gelin! Siz ne sağıra ve ne gâibe duâ etmiyorsunuz! Şüphesiz siz, fevkalâde işitici ve (size) pek yakın olan Allah (C.C.)'a duâ ediyorsunuz. O sizinle berâberdir.»

İnsanoğlu, daimâ müsîbet ve belâ ile karşılaşabilir. Hiç kimse bundan hâli değildir. Böyle bir müsîbetle karşılaştığı zaman, ya başına gelene sabr eder, yâhûd da def'i için duâ eder. Cenâb-ı Hakka (C.C) yalvarır. Bu bâbta en evlâ ve efdâl olan belânın önlenmesi için Allah (C.C)'a duâ etmesidir. Çünkü duâ, başlı başına bir ibâdet sayılır. Nitekim Peygamberimiz Sellellâhu Aleyhi ve Sellem:

$$\text{اَلدُّعَاءُ هُوَ الْعِبَادَةُ}$$

«Duâ, ibâdetin tâ kendisidir.» buyurmuştur.

Yine Aleyhissâlâtu Vesselâm Efendimiz Hazretleri. Hazret-i Enes (R.A.)'e hitâben:

$$\text{يَا اَنَسُ اَكْثِرْ مِنَ الدُّعَاءِ فَاِنَّ الدُّعَاءَ يَرُدُّ الْقَضَاءَ الْمُبْرَمَ}$$

F.: 6

«Ey Enes, duâyı çokça yap! Çünkü duâ, mübrem kazâyı önler!» buyurmuştur.

Yine, duânın, ibâdetin özü, mü'minin silâhı, yerlerin nûru, dînin direği olduğu rivâyet edilmiştir.

Hadîs-i şerîfte :

$$\text{اَلَا اَقُلُّكُمْ مَا يُنْجِيكُمْ مِنْ عَدُوِّكُمْ وَلَا يَدُرُّكُمْ اَرْزَاقَكُمْ تَدْعُونَ اللّٰهَ فِي لَيْلِكُمْ وَنَهَارِكُمْ فَاِنَّ الدُّعَاءَ سِلَاحُ الْمُؤْمِنِينَ}$$

«Size, düşmanınızdan kurtaracak, rızkınızı genişletecek bir şeyden haber vereyim mi? Gece-gündüz Allah (C.C)'a duâ ediniz. Çünkü duâ mü'minlerin silahıdır.»

Diğer bir hadîste de şöyle buyurulmuştur:

$$\text{اَلدُّعَاءُ يَنْفَعُ مِمَّا يَنْزِلُ وَمِمَّا لَمْ يَنْزِلْ وَاِنَّ الْبَلَاءَ لَيَنْزِلُ فَيَلْقَاهُ الدُّعَاءُ فَيَعْتَلِجَانِ اِلَى يَوْمِ الْقِيَامَةِ}$$

«Duâ, gelmiş ve henüz gelmemiş müsîbetlere yarar sağlar. Şüphesiz (belâya uğrayan kişi onun def'i için duâ eder) O duâ, o belâ ile karşılaşır. Tâ kıyâmete kadar savaşırlar.»

DUÂ'NIN ÂDÂBI

Bir Suâl; belâ ve kazâ Allah (C.C)'nın takdiri değil midir? Buna şöyle cevap verilir: «Evet Duâ ile gelen belâ ve kazânın def'i de Allah (C.C.)'ın bir takdiri iledir.»

Yâni gelen kazâ ve belânın duâ ile bertaraf edilmesi de Allah (C.C.)'ın bir takdiridir. Bu sûretle gelen kazâyı yine karşılığındaki kazâ (takdir) önlemiş olur.

DUÂ'NIN KABÛLÜ

Duâ'nın kabûl edilmesi için bir kaç şeye baş vurmak lâzımdır:

1 — Harâmdan kaçınıp helâl lokma yemek.

Eshâb'tan Sa'd b. Vakkas (R.A.) Huzûr-i saâdete gelerek, duâsının kabûl olmadığından yakınınca, Allah (C.C.) ın elçisi kendisine şöyle hitâb etmiştir:

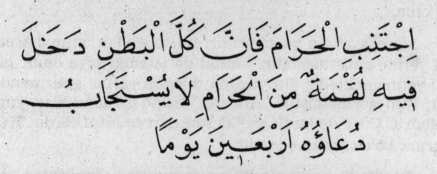

«Harâmdar uzak dur. Çünkü içinde harâmdan bir lokma giren bir karın sâhibinin duâsı tam kırk gün kabûl olunmaz».

Evet, duâ hâcetleri açan bir anahtardır. O anahtarın dişleri ise helâl lokma, helâl elbisedir.

Bir acam âriflerden birine gelip duâsının kabûl olmadığından yakınırdı.

O ârif şöyle öğüt verdi :

— Helâl lokma, helâl elbise olmayınca yapılan duâların te'siri olmaz!„

— Bu zamanda helâl lokma yemek, helâl elbise giymek mümkün müdür?

— Sen, üzerindeki bütün elbiseleri çıkar ve suya gir. Çünkü su hem mübahtır hem de temiz!

Bu dediklerimi yaptıktan sonra duâ et, göreceksin duân müstecab olacaktır, İnşâellah!

2 — Duâ edecek kimsenin tertemiz bi. i'tikâd ve ihlâs üzere olması, duânın kabûl edileceğinden emîn olması, hiç şüphe etmemesi.

Kişi bir insandan bir dilekte bulunduğu zaman, o insanın o dileğini yerine getirmemesinin elbetteki bir sebebi olur.

Meselâ, adam ya cimridir; bu sebebden onun hâcetini yerine getirmemiştir. Yâhûd da istediği şeye onun gücü yetmemektedir. Bu yüzden dileğini yerine getirmemiştir, işini görmemiştir. Amma, Vâcibü'l vücûd olan yüce Allah (C.C.) öyle midir ya? O son derece lütûfkârdır. Kullarına bolca ihsân edendir.

Kendisine yalvaran kulun durumunu herkesten daha iyi bilmektedir. Kullarının istediği şeyi vermeğe de fevkalâde gücü yetendir.. Öyle ise kul neden şüphe etsin? Allah (C.C.)'ın kendisine mutlaka vereceğine neden emîn olmasın? Demek ki duâda mutlaka Allah (C.C.)'a inanması ve güvenmesi gerekmektedir. Tam bir ihlâsla O'na yalvarması lâzımdır. Hâceti tarâf-i İlâhiyyeden görüleceğine dâir zerre kadar tereddüt ve şüpheye düşmemesi lâzımdır. Nitekim bir hadîsde :

«Allah (C.C.)'a (mutlaka isteklerinizin ve. ...eceğine) inanarak ve güvenerek duâ edin!»

3 — Tevbedir. Yâni günâhlardan tevbe etmek sûretiyle arındıktan sonra tam bir ihlâs içinde Allah (C.C.)'a yönelip yalvarmaktır.

4 — Duânın biran önce kabûlünü istemektir. Şâyet isteği Hak Teâlâ tarafından geciktirilirse mutlaka bunda Allah (C.C.)'ın bir hikmeti vardır, deyip, sonunu beklemektir. Hadîsi şerîfte şöyle buyurulur:

يُسْتَجَابُ لِلْعَبْدِ مَا لَمْ يَدْعُ بِاثْمٍ وَلَا قَطِيعَةِ رَحِمٍ وَمَا لَمْ يَسْتَعْجِلْ

«Günâh olan şeyi ve akrabalık bağının koparılması için duâ etmeidkçe, bir de duâsının kabûlü için acele etmediği sürece kulun duâsı kabûl olunur.»

Meselâ, günâh olan şeyin duâsı şöyle olur: Yâ Rabbi falan kadınla zinâ etmeği, akraba-i taâllûkâtımı ziyâret etmememi bana nâsip et! İşte bu tür duâlar kabûl olunmaz. Bir de isteğimi hemen ver, gibi duâ da doğru değildir. Bu ve benzeri duâlar kabûl olunmaz.

Bu husûsu aydınlatacak bir hadîs-i şerîf:

إِذَا أَحَبَّ اللهُ عَبْدًا ابْتَلَاهُ لِيَسْمَعَ تَضَرُّعَهُ

«Allah (C.C.) bir kulunu sevdi mi, onun yakarışını duymak için bir müsîbete (onu) düçâr eder».

5 — İstediği şeyin geç elde edilmesini istememek. Hulâsa, matlûbun hâsıl olması için ne çok acele etmek doğru dur, ne de geç hâsıl olmasını istemek... Duânın kabûlü için tam bir tevekkülle Allah (C.C.)'a teslim olmak en yerinde ve doğru bir davranıştır.

6 — Duânın kabûl edilmesinde Cenâb-ı Hakkı (C.C.) muhayyer kılmaktır: Yâ Rabbi, işteğimi dilersen ver, demek gibi..

7— Duâya devam etmek... Hattâ duâ için yedi vakit ayırıp, o vakitlerde üçer kerre duâyı tekrar eder. Bu her ne kadar ısrâr, ibrâm ve âcizlik sayılırsa da, bu mahlûk hakkında düşünülebilir, Halık hakkında değil... Çünkü Allah (C.C.) ısrârla isteyen kullarını sever. Nitekim bir hadîste :

$$ \text{اِنَّ اللهَ يُحِبُّ الْمُلِحِّينَ} $$

«Şüphesiz Allah (C.C.) ısrârla isteyenleri sever.» buyurulmuştur.

8 — Duâ uzun zaman kabûl edilmezse, üzülmemek, za'fa ve umutsuzluğa düşmemek. Çünkü isteği hemen verilmediği zaman, ya istemekte ısrâr etmesi arzu edildiği içindir, yâhûd da istediği husûs dünyada kendisi için

zararlı olduğundan âhirette verilmesi münâsip görüldüğü içindir. Yâhud da başına gelecek bir belânın önlenmesi içindir. Hulâsa duânın te'hirini bu üç sebebe yorumlamak en isâbetli bir hareket tarzı olur. Hattâ kıyâmet gününde kul amel defterinde bir takım sevâblar görecek. Cenâb-ı Hak (C.C.) ona şöyle buyuracak:

«Sen dünyada falan falan işler hakkında duâ etmiştin. Ben ise dünyada o isteklerini vermeyip bugüne te'hir ettim. Şimdi şu defterinde gördüğün sevâblar, dünyada ettiğin duâların semeresidir.»

Bunun üzerine kul, «Keşke dünyada yaptığım duâların hiç biri kâbul olmasaydı da mükâfatını bugün amel defterimde hazır bulsaydım!» temennisinde bulunacak...

9 — **Rahat ve refah vaktinde duâyı çoğaltmak ve tekrar tekrar etmek.** Zirâ Peygamber (S.A.V.) şöyle buyurmuştur:

«Şiddet anlarında duâsının kabulünden hoşlanan kişi, rahat anında çok duâ etsin.»

10 — **Duâ'ya başlarken Besmele ve (Elhamdü lillâhi) ile başlamak.** Yâni, duâya başlarken şöyle der:

(Bismillâhirrahmânirrahîm, Elhamdü lillâhi Rabbil-âlemîn. Vessalatu vesselamü alâ Muhammedin ve âlihi ecmaîn.)

11 — **Duâ'dan önce abdest almak veyâ boy abdesti almak.**

Bir hadisde şöyle buyurulmuştur:

مَنْ كَانَ لَهُ حَاجَةٌ اِلَى اللهِ اَوْ اِلَى اَحَدٍ مِنْ بَنِى آدَمَ فَلْيَتَوَضَّأْ وَلْيُحْسِنِ الْوُضُوءَ ثُمَّ لِيُصَلِّ رَكْعَتَيْنِ ثُمَّ لِيُثْنِ عَلَى اللهِ وَلْيُصَلِّ عَلَى النَّبِىِّ صَلَّى اللهُ عَلَيْهِ وَسَلَّمَ ثُمَّ لِيَقُلْ لَا اِلٰهَ اِلَّا اللهُ الْحَلِيمُ الْكَرِيمُ سُبْحَانَ اللهِ رَبِّ الْعَرْشِ الْعَظِيمِ وَالْحَمْدُ لِلّٰهِ رَبِّ الْعَالَمِينَ اَسْأَلُكَ مُوجِبَاتِ رَحْمَتِكَ وَعَزَائِمَ مَغْفِرَتِكَ وَالْغَنِيمَةَ مِنْ كُلِّ بِرٍّ وَالسَّلَامَةَ مِنْ كُلِّ اِثْمٍ لَا تَدَعْ لِى ذَنْبًا اِلَّا غَفَرْتَهُ وَلَا هَمًّا اِلَّا فَرَّجْتَهُ وَلَا حَاجَةً هِىَ لَكَ رِضًا اِلَّا قَضَيْتَهَا يَا اَرْحَمَ الرَّاحِمِينَ

«Kimin Allah (C.C.)'a veya Âdemoğullarından her hangi bir kimseye bir işi düşerse, güzelce bir abdest alsın, iki rek'at namaz kılsın, Peygamber (S.A.V.) sallellâhu Aleyhi ve Selleme salât-ü selâm getirsin, sonra Allah (C.C.)'a yalvarsın. Şu duâyı söyleyip (okusun) :

(Lâ ilâhe illellâhul-hâlimül-kerîmi. Sübhânellâhi ve Rabbü'larşil-azîm. Velhamdü lillâhi Rabbi'l-âlemîn. Es'-

eluke mûcîbâti rahmetike, ve azâime mağfiretike vel-ğanîmete min külli berrin vesselâmete min külli ismin lâ teda'lî zenben illâ ğafertehu ve lâ hammen illâ ferrectehu ve lâ hâ ceten hiye leke rıdan illâ kadayteha)».

12 — Duâ ederken kıbleye dönmek.

13 — Duâda anne ve babasını zikr etmek. Çünkü onları duâda anmazsan fakîrlikten kurtulamaz, demişlerdir.

14 — Duâsında bütün mü'minleri zikretmek. Müslüman olan kişi yalnız kendisi için değil, diğer mü'min kardeşleri için de duâ eder. Uzakta olan bir mü'min kardeşine duâ eden kimsenin başı ucunda bir Melek durup: «Aynısı sana da» diye duâ eder. Yâni, Allah (C.C.) ona verdiğini sana da versin, diye duâda bulunur. Onun için Müslümanları da duâsına dâhil eden kişi, netice olarak kendisine duâ etmiş olur. Nitekim bir hadîs-i şerîfte şöyle buyurulmuştur:

دَعْوَةُ الْمَرْءِ الْمُسْلِمِ لِأَخِيهِ بِظَهْرِ الْغَيْبِ مُسْتَجَابَةٌ عِنْدَ رَأْسِهِ مَلَكٌ مُوَكَّلٌ كُلَّمَا دَعَا لِأَخِيهِ قَالَ الْمَلَكُ الْمُوَكَّلُ وَلَكَ بِمِثْلِهِ

«Bir Müslümanın (din) kardeşine gıyâbında duâ etmesi müstecabtır. Baş ucunda bir melek görevlendirilir, o duâ ettikçe görevli melek şöyle der: (Aynısı senin için olsun!).»

15 — Duâyı bitirdikten sonra ellerini yüzüne sürmek. Nitekim bir hadîste şöyle tavsiye edilmiştir:

فَاِذَا فَرَغْتُمْ فَامْسَحُوا بِوُجُوهِكُمْ

«(Duâyı) bitirdikten sonra (ellerinizi) yüzünüze sürün!»

16 — Duânın sonunda (Sübhâne Rabbike Rabbil-izzeti ammâ yesîfûn. Ve selâmun alel-mürselîn. Velhamdü lillâhi Rabbil-âlemîn..) demek.

17 — Duânın sonunda (Âmin) demek.

Ka'bu'l ahbar'dan:

«(Âmîn) kelimesi, Allah (C.C.)'ın mühürüdür. Kullarının duâsının sonunu onunla mühürlemiştir!» diye rivâyet edilmiştir.

Bir hadîsde de:

اٰمِينْ خَاتَمُ رَبِّ الْعَالَمِينَ عَلَى لِسَانِ عِبَادِ الْمُؤْمِنِينَ

«(Âmîn). Rabbül-âlemînin, mü'min kullarının dilleri üzerindeki mühürüdür.» buyurulmuştur.

18 — Kendi duâsına dahi (âmin) demek. Zirâ bir kimse, duâ ederken kendi duâsına (âmin) derse, melekler dahi âmîn derler. Nitekim hadîs-i şerîfte:

اِذَا دَعَا اَحَدُكُمْ فَلْيُؤْمِنْ عَلَى دُعَاءِ نَفْسِهِ اٰمَنَتِ الْمَلَائِكَةِ

«Biriniz duâ ettiği zaman kendi duâsına da âmîn desin. Melekler de âmîn derler.» diye rivâyet edilmiştir.

19 — Ellerini yukarıya kaldırıp, avuçlarını duâ'nın kıblesi olan arş tarafına açmak. Şiddet ve âfeti önlemek amacı ile olursa o zaman ellerin arkası yukarıya tutulur.

Evet, eli kaldırarak duâ etmek, duâ'nın hemen kabûl edilmesine sebeb olur.

Nitekim bir hadîs-i şerîfte şöyle buyurulur:

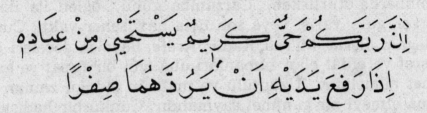

«Rabbiniz Hay (diri) ve kerîmdir... Kulları ellerini kaldırıp O'na yalvarsalar, onların ellerini boş çevirmeyi keremine lâyık görmez.»

20 — Açık ve geniş yürekli olarak yapılan duânın mutlaka kabûl edileceğine inanmak... Zirâ kalbin geniş ve sevinçli olması, Cenâb-ı Hakk (C.C.)'ın ilâhi teveccüh ve ihsânına mazhar olmanın başlıca belirtisidir. Nitekim bu gerçek bir hadîsde şöyle ifâde edilmiştir:

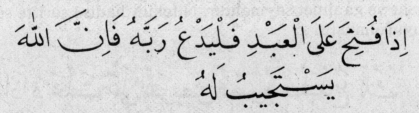

«Kul, kalben olgunlaşınca Rabbine duâ etsin, mutlaka Allâh (C.C.) onun duâsını kabul eder».

Şayet duânın eseri yakın zamanda görülürse Cenâb-ı Hakk (C.C.)'a:

«Bütün hayırlı işlerin izzeti sâyesinde tamamlandığı Allah (C.C.)'a hamd olsun» diye şükr eder. Duâsının kabûlü eğer uzarsa yine de hamd eder ve şöyle der: «Her hâl-ü kârda Allah (C.C.)'a hamd olsun!»

Duâ'nın âdâbından birisi de; vakitlerin en fazîletli ve şereflisini seçmektir.

Cum'a günü, Cum'anın ikinci ezânı ve iki ezân arası, her namazdaki ezân ile kamet arası, gurup vakti, hatip minberde otururken, Çarşamba günü, öğlen ile ikindi arası, gece yarısı veyâ son üçte biri, seher vakti, Cum'a Regaip, Berat, Mi'rac, Kadir, Arefe, Bayram geceleri gibi eşref ve efdâl olan zamanları duâ için bir fırsat ve ganîmet bilmelidir. Üzüntülü ve mahzûn olduğu zaman da duâ etmeyi bir ganîmet saymalıdır. Çünkü bir hadîste:

$$\text{اِغْتَنِمُوا الدُّعَاءَ عِنْدَ الرَّأْفَةِ فَاِنَّهَا رَحْمَةٌ}$$

«Mahzûn ve üzüntülü zamanda duâyı bir ganîmet bilin. Çünkü O serâpa rahmettir.»
buyurulmuştur.

Ziyaret ettiği hastanın kendisine edeceği duâyı da bir fırsat ve ganîmet saymalıdır. Nitekim hadis-i şerifte şöyle buyurulmuştur:

$$\text{اِذَا دَخَلْتَ عَلَى الْمَرِيضِ فَمُرْهُ فَلْيَدْعُ لَكَ فَاِنَّ دُعَاءَهُ كَدُعَاءِ الْمَلَئِكَةِ}$$

«Hastanın yanına girdiğin zaman, emret, sana duâ etsin Çünkü onun duâsı Meleklerin duâsı gibidir»

Gurbette olan kişi, gurbetliği bir ganîmet saymalıdır. Çünkü onun gönlü ve kalbi dâimâ mahzûn olduğu için, yapacağı duânın kabûlü ümid edilir, diye rivâyet edilmiştir.

Çocuklar da ana ve babalarının duâsını yürekten bekleyip, gönüllerini almalıdırlar. Nitekim bir hadîste anne-baba duâsının kıymet ve ehemmiyeti şöyle anlatılmıştır :

دُعَاءُ الْوَالِدِ لِوَلَدِهِ كَدُعَاءِ النَّبِيِّ لِأُمَّتِهِ

«Babanın oğluna duâsı, Peygamber (S.A.V.)'in ümmetine yaptığı duâsı gibidir».

Namazlardan sonra, Kur'ân hatm edildikten sonra, yağmur yağarken, Kâ'beyi gördüğü zaman, yapılacak duâlar da makbûldür.

Kezâ, Hacer-i Esved, Makâm-ı İbrâhim, Kâ'be ile Makâm-ı İbrâhim arası, Altun oluk, Zemzem Kuyusu, Rükn-ü Yemânî, Rükn-i Şâmî ve Irakî, Safâ, Merve, Müzdelife, Mina, Cemreler, Arafat ve Peygamberlerin türbeleri yanında yapılacak duâlar da müstecab olur. Onun için o yerlerde duâ etmeyi bir fırsat ve ganîmet bilmelidir.

İkramda ve iyilikte bulunduğu insanın duâsını da bir ganîmet saymalıdır.

Bir hadîste kendisine iyilik edilen kişinin duâsının reddedilmeyeceği müjdelenmiştir:

دُعَاءُ الْمُحْسَنِ اِلَيْهِ لِلْمُحْسِنِ لَا يُرَدُّ

«İyilik edilen kimsenin kendisine iyilik edene yaptığı duâ geri çevrilmez.»

Zulme uğrayan kimsenin duâsını da bir fırsat ve ganimet bilmelidir. Çünkü mazlûmlar mahzûndurlar, mahzûnların duâsı ise makbûl ve müstecabdır. Nitekim bir hadîste bu hakîkat şöyle anlatılır :

$$دَعْوَةُ الْمَظْلُومِ مُسْتَجَابَةٌ وَاِنْ كَانَ فَاجِرًا فَفُجُورُهُ عَلَى نَفْسِهِ$$

«Mazlûm'un duâsı, fâcir olsa dahi, müstecabtır. Çünkü Fücuru (günâhkâr olması) başkasının zararına değil, kendi zararınadır.»

Mazlûmun duâsından istifâde ederken, bedduâsından da şiddetle kaçınmalıdır.

Zirâ bir hadîste, bu husûsta bize îkâz ve uyarma vardır :

«Mazlûmun duâsından kaçının, çünkü onunla Allah (C.C.) arasında bir perde yoktur (hemen kabûl edilir).»

Duâ eden kimse, son derece şumüllü kelime ve cümlelerle duâ etmelidir.

Meselâ :

«Allâhım, senden, dinde, dünyada ve âhirette afvı ve afiyeti niyâz ederim.»
diye duâ etmelidir. Bu tür duâlar çok şumullüdür.

Meselâ :

«Ey Rabbimiz, bize dünyada da âhirette de iyilik bahşet, bizi ateş âzâbından koru!» diye duâ etmek de çok yararlıdır.

«Âfiyet» kelimesi, dünya, din ve âhirete, bütün faydalara hattâ ni'metlerin en büyüğü olan Cemâlullâhı müşahadeye kadar, her şeye şâmildir. Gayet şümûllü bir kelime olduğu için duâda mutlaka Allah (C.C.)'tan bu istenmelidir.

Peygamberimiz (S.A.V.)'in bu yolda bizlere şöyle bir tavsiyesi bulunmaktadır:

سَلْ رَبَّكَ الْعَفْوَ وَالْعَافِيَةَ فِي الدِّينِ وَالدُّنْيَا وَالْاٰخِرَةِ

«Rabbin'den, dinde, dünyada ve â. iret'te afv ve âfiyeti niyâz et!»

Yine Peygamber Aleyhisselâm'ın çoğu defâ duâsı şöyle olurdu:

«Ey Rabbimiz! Bize dünyada da âhirette de iyilik ba. şet. Bizi ateşin azâbından koru!»

Enes b. Mâlik, Ebu Umâme (R. Anhümâ)'dan nakl dilmiştir:

«Kim duâda üç kere (Erhamerrâhimin) derse, O üzerine tahsis edilen Melek (Merhâmet edenlerin merhamet edeni olan Allah sanâ lütfû ile tecelli eyledi. Ne istiyorsan haydi durma iste!» der. Yine bir kimse duâda iki kere (Yâ Rabbi, yâ Rabbi!) derse, Cenâb-ı Hakk o kimseye: «Buyur ey kulum, iste, isteğin verilecektir!) der.»

Yine Enes (R.A.) dan:

«Medîne halkından bir zât ticâret maksadiyle Şam'a hareket etmiş. Yolda önüne bir hırsız çıkmış hem malına hem canına kasd etmiş. Hırsıza:

— Ne olur! İşte mallarım, paralarım! Al hepsini, yeter ki canıma kıyma! diye yalvarmış ise de hırsız, râzı olmamış. Bunun üzerine hırsızdan abdest alıp iki rek'at namaz kılmasına müsaade etmesini ricâ etmiş. Hırsız buna müsaade edince kalkıp abdest almış, iki rek'at namaz kıldıktan sonra ellerini açıp Cenâb-ı Hakka üç defa şu niyazda bulunmuş :

يَاوَدُودُ يَاوَدُودُ يَاذَا الْعَرْشِ الْمَجِيدِ يَامُبْدِئُ يَامُعِيدُ يَافَعَّالٌ لِمَا يُرِيدُ اَسْئَلُكَ بِنُورِ وَجْهِكَ الَّذِى اَضَاءَ اَرْكَانَ عَرْشِكَ وَاَسْئَلُكَ بِقُدْرَتِكَ الَّتِى قَدَرْتَ بِهَا عَلَى خَلْقِكَ وَبِرَحْمَتِكَ الَّتِى وَسِعَتْ كُلَّ شَىْءٍ لَا اِلٰهَ اِلَّا اَنْتَ يَا مُغِيثُ اَغِثْنِى يَا مُغِيثُ اَغِثْنِى

«Yâ Vedûdu, Yâ Vedûdu, Yâ Zel-arşıl-mecîdi. Yâ Mubdiû, Yâ Muidû, Yâ Fe'âlün limâ yuridu'l es'elüke bi nûri vechikellezi edâe erkâne arşike ve es'elüke bi kudretikelleti kadert bihâ âlâ halkike ve bi rahmetikelleti vesiat külle şey'in Lâ ilâhe illâ ente, Yâ Muğisu eğisnî, Yâ Muğisu eğisnî (Ey Vedûd, Ey Vedûd, Ey yüce arşın sâhibi, Ey mubdi, Ey istediğini tam yapan, arşının temellerini aydınlatan Cemâlinin nûri ile senden diliyorum! Mahlukâtına güç yetirdiğin kudretinle, ve her şeyi kapsayan rahmetinle senden niyâz ediyorum! Ey imdâda yetişici imdâdıma yetiş! Ey imdâda yetişici imdâdıma yetiş (beni kurtar)!..»

Bu duâyı okuyup ellerini yüzüne sürdükten sonra, âniden gayet heybetli, ve güçlü bir ata binmiş yeşil elbiseli elinde mızrağı bulunan bir yiğit belirmiş. Hırsızla savaşa başlamış. Hırsızın başına bir darbe indirmiş ve onu yere sermiş. Gelip tâcire haydi gel, öldür bu hırsızı, demiş ise de tâcir korkudan yerinden kımıldayamamış.. Bunun üzerine yine kendisi ikinci bir derbe indirip hırsızı öldürmüş. Hırsızın öldüğünü gören tâcir gelip o yiğite teşekkür etmiş ve sormuş:

— Nereden geldin! Beni bu gözü dönmüş hırsızın elinden kurtardın?

Yiğit konuşmuş:

— Ben üçüncü kat göğün meleklerindenim! Sen bu duâyı bir kere okuduğun zaman gök kapıları yıldırım çarpmış gibi oldu! İkinci defa okuduğun zaman, göğün kapıları açılıverdi, ve bir takım ateş ve kıvılcımlar etrafa saçılıverdi. Üçüncü kez okuduğunda, hemen Cebrâîl Aleyhisselâm Allah tarafından bir ferman ile gelip, bana bu hırsızı öldürmemi emretti. Ben de verilen emir yerine getirdim. Hepsi o kadar...

Tâcir Medîne'ye döndüğü zaman başından geçen bu ilginç hadiseyi Efendimiz Sallellahu Aleyhi ve Selleme anlatınca, Peygamberimiz (S.A.V.) ona şöyle hitâb etti:

«Allah sana Esmâ-i hüsnâyı öğretmiş... Zirâ bu isimlerle, kim Allah'tan bir şey isterse Allah ona verir. Duâ ederse kabûl eder.»

Yetimlerin göz yaşından da sakınmalıdır. Nitekim bir hadîste şöyle buyurulmuştur:

اِيَّاكُمْ وَدَعْوَةَ الْمَظْلُومِ وَدَعْوَةَ الْاَيْتَامِ فَاِنَّهُمَا تَسِيرَانِ وَالنَّاسُ نِيَامٌ

«Mazlûmun ve yetimlerin âhından kaçınınız. Zirâ insanlar uyurken, onların âhları yürür!»

Demek ki mazlûm ve yetimlerin âhı tutmaktadır... Düşmanlarını bir lâhza da helâk edip yutmaktadır..

Kişi, kendine, âilesine ve çocuklarına bedduâ etmemelidir. Belânın dile verildiği rivâyet edilmiştir. Dil, farkına varmadan söyler fakat, söylediği yürürlüğe girince bu defa üzülür. Fakat ah vahlar o zaman bir fayda vermez.

Duâ ederken aksırmak, duânın kabûlüne delâlet eder, demişlerdir. Nitekim bir hadîste:

«Duânın kabûlünü sağlayan husûslardan birisi de aksırmaktır!»

İnsan duâdan hâli kalmamalıdır. Basit bir şey olsa dahi Allah (C.C.)'a yalvarmalıdır. İsteklerini Cenâb-ı Hakk'a sunmalıdır. El açıp ona karşı tazarru ve niyâzda bulunmalıdır. Çünkü duâya rağbet etmeyen, onu benimsemiyen kişiye Allah gazab eder. Bu gerçek şu mübârek hadîste şöylece ifâde edilmiştir:

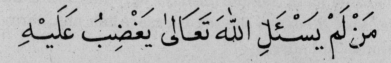

مَنْ لَمْ يَسْئَلِ اللهَ تَعَالَى يَغْضِبُ عَلَيْهِ

«Allh'tan istemeyene, Allah gazab eder.»

Allah (C.C.)'tan istemeyen kişi ya kibir ve gururundân dolayı istemiştir, yâ da ondan ümidini kestiği için, el açmaktan imtinâ etmiştir .Her ikisi de dînen harâmdır. Zirâ İslâm hem kibri ve hem de umutsuzluğu yasak kılmıştır.

Onun için duâ'dan çekinmemeli. Her fırsatta Allah (C. C.)'a yalvarmalı, tüm dilekler O'na sunulmalıdır.

(Mefatîhu'l-Cinan)

Dokuzuncu Bâb

Yahûdî ve Nasrânilere Duâ Etmek

Yahudî ve Nasrânîlerden bir iyilik ve ikrâm gördüğümüz zaman hiç olmazsa onları dil ile mükâfatlandırmak icâb eder. Hattâ Risâletpenâh Efendimiz, deve sütü sağan bir Yahûdî'ye şöyle duâ etmiştir:

«Allah'ım sen bunu güzelleştir!»

O duânın sâyesinde Yahûdî yetmiş yaşına girdi ve sakalında bir kıl bile beyazlanmadı.

Yalnız gerek Yahûdî ve gerekse Nesrânilere duâ edildiğinde, evlâd ve mallarının çoğalması için duâ etmelidir. Nitekim bir hadîsi şerîfte bize şöyle bildirilmiştir:

اِذَا دَعَوْتُمْ لِأَحَدٍ مِنَ الْيَهُودِ وَالنَّصَارَى فَقُولُوا اَكْثَرَ اللّٰهُ مَالَكَ وَوَلَدَكَ

«Yahûdî ve Nasrânîlerden birine duâ ettiğiniz zaman şöyle deyin: Allah malını ve evlâdını artırsın!»

Çünkü Yahûdî ve Nasrânîler öldüğü zaman, mîrâsçıları bulunmadığı takdirde, bıraktıkları bütün servet Beytu'l mâl'e (Hazineye) intikâl eder. Çocukları küçük ise istirkak olunur (köle edinilir).(1) Geride kalan çocuklar büyük olurlarsa cizyeye tâbi tutulurlar.

Onların sıhhat ve âfiyeti için duâ etmenin de câiz olduğu, mu'teber kitablarda açıklanmıştır.. (Rûhü'l-Beyân, Câmîü's-Sağîr, Şir'a-Şerhi)

---

(1) O zaman kölelik devri idi. İslâmiyet köleleri hürriyetlerine kavuşturmak için çok gayret etmiş, mensûblarını müteaddid vesilelerle buna teşvik etmiştir.

Onuncu Bâb

Allah (C.C.)'ı Zikretmek

Olgun bir Müslüman için, en önemli husûs, kalbınden Allah (C.C.)'ın zikrini ve Ma'rifetini kat'iyen çıkarmamaktır. Devamlı O'nu hatırlamak, ma-sivâdan yüz çevirmek bir mü'mine en yakışan ve vaz geçilmesi imkânsız bir şeydir. Çünkü hem ma'rifetullâh hem de ma-sivâyı sevmek bir arada olmaz.

Kişi dünyada nasıl yaşarsa öyle ölür; nasıl ölürse öyle dirilir. İşte bu husûstaki Peygamber (S.A.V.) beyânı:

$$تَمُوتُونَ كَمَا تَعِيشُونَ وَتُبْعَثُونَ كَمَا تَمُوتُونَ$$

«Yaşadığınız gibi ölürsünüz; öldüğünüz gibi (şekilde) dirilirsiniz!»

İzâhı :

Yâni, dünyada hangi şekilde ve amelde iseniz o şekil üzere ölürsünüz. Hangi sıfat ve hâl üzere ölürseniz öyle dirilirsiniz demektir. Bu sebebledir ki, mü'minin kalbi, daima Cenâb-ı Hakk'ı zikir ve ma'rifetiyle meşbû ve meşgûl olmalı, ölüm ânında dahi o hâl üzere olmalı...

Bedevîlerden biri Resûlüllah Sallellahu Aleyhi ve Sellem'in huzûruna çıkar ve:

ALLAH (C.C.)'I ZİKRETMEK

— Ey Allah'ın Resûlü, amellerin hangisi daha efdal ve hayırlıdır? diye sorar. Resûlüllah Efendimiz (S.A.V) ona şu açıklamayı yapar:

اَنْ تُفَارِقَ الدُّنْيَا وَلِسَانُكَ رَطْبٌ مِنْ ذِكْرِ اللهِ

«Dilin henüz Allah'ın zikrinden kurumamış bir halde iken, dünyadan ayrılmandır.»

Diğer bir hadîste şöyle buyurulmuştur:

اَحَبُّ الْأَعْمَالِ اِلَى اللهِ اَنْ تَمُوتَ وَلِسَانُكَ رَطْبٌ مِنْ ذِكْرِ اللهِ

«Allah'ın en sevdiği amel, dilin henüz Allah'ın zikrinden kurumadan ölmendir.»

Bir Hadîs-i şerif daha:

اُذْكُرُوا اللهَ ذِكْرًا كَثِيرًا حَتَّى يَقُولُونَ الْمُنَافِقُونَ اِنَّكُمْ تُرَاؤُنَ

«Münâfıklar sizi mürâî sanıp (Mürailer!) deyinceye kadar Allah'ı zikredin (çokça!)»

Bir Hadîste yine zikrin ehemmiyeti şöyle anlatılmıştır:

اَلَا اُنَبِّئُكُمْ بِخَيْرِ اَعْمَالِكُمْ وَاَزْكَاهَا عِنْدَ مَلِيكِكُمْ وَاَرْفَعِهَا فِى دَرَجَاتِكُمْ وَخَيْرٌ مِنْ اِعْطَاءِ الذَّهَبِ وَالْوَرِقِ وَاَنْ تَلْقَوْا عَدُوَّكُمْ فَتَضْرِبُوا اَعْنَاقَهُمْ فَتَضْرِبُوا اَعْنَاقَكُمْ قَالُوا وَمَاذَا يَا رَسُولَ اللّٰهِ قَالَ ذِكْرُ اللّٰهِ

«Dikkat edin: size amellerinizin en hayırlı ve Mevlânızın katında en temizini, derecelerinizin en yükseğini; harbe katılıp, düşmanlarınızın boynunu vurmaktan veya boyunlarınız vurulup şehid düşmekten, (Allah yolunda) Altun ve gümüş infâk etmekten daha hayırlı olan bir şey bildiriyorum!» deyince.

— Ey Allahın Resûlü acaba nedir? diye sordular: «Allah'ı zikretmek!» diye cevab verdi..

Zikrin fazîletini beyân eden bir hadîs daha:

لَا يَقْعُدُ قَوْمٌ يَذْكُرُونَ اللّٰهَ صَفَّتْهُمُ الْمَلَائِكَةُ وَغَشِيَتْهُمُ الرَّحْمَةُ وَاَنْزِلَتْ عَلَيْهِمُ السَّكِينَةُ وَذَكَرَهُمُ اللّٰهُ فِيمَنْ عِنْدَهُ

ALLAH (C.C.)'I ZİKRETMEK

«Allah'ı zikretmek amaciyle bir topluluk oturduğu zaman, melekler gelip hemen o topluluğun etrafında halka olur. Allah'ın rahmeti onları kaplar. Üzerlerine sukûnet (ve huzur) iner. Ve Allah onları yanındaki (Mukarreb Melekler) içinde anar.»

Bir özür sebebiyle bazı amellerin te'hiri veyâhûd terki mümkündür ama Zikrullah'ın terki aslâ! Allah'ı zikretmek hiç bir sebebple ertelenmez ve terk edilmez. Çünkü kişi her hâl-ü kârda Allah'ı zikredebilir. Çünkü Allah'ı zikretmek için belirli bir yer yoktur; kişi hem dil ile hem de kalbi ile Allah'ı rahatça anabilir. Nitekim Kur'ân-ı Kerîm'de Nisâ Sûresinde, bu durum bizlere şöyle bildirilmiştir:

$$فَاذْكُرُوا اللهَ قِيَامًا وَقُعُودًا وَعَلَى جُنُوبِكُمْ$$

«Ayakta, oturarak ve yanlarınız üzerine (yatarak) Allah'ı zikrediniz!»

Demek ki kişi Allah'ı her ne vechle olursa olsun zikredebiliyor! Şu halde aklı başında olanların Allah (C.C.)'ı hiç unutmamaları, devamlı olarak zikretmeleri gerekir. Amma, akılları başlarından gidip mecnûn olurlarsa, o takdirde ma'zur sayılırlar..

(Mefâtihü'l-Cinan, Câmiü's-Sağîr.)

Onbirinci Bâb

Peygamber Aleyhisselâm'a Tâbi Olmak

Kâinatın Efendisine tâbi olmak demek, O'nun izinden gitmek, demektir. O'nun efal (fiiller) ve akvâline gönül verip emirlerini dinlemek, yasaklarından kaçmak, sünnet-i seniyyesine yürekten temessük etmekle mümkündür. O'na itâat etmekle yükümlüyüz. Çünkü Allah onun itâatını kendi itâatı ile birlikte zikretmiştir. Nitekim Kur'ân-ı kerîm'in Nisâ Sûresinde bu hususta açık bir emir vardır:

$$يَا أَيُّهَا الَّذِينَ آمَنُوا أَطِيعُوا اللَّهَ وَأَطِيعُوا الرَّسُولَ$$

«Ey îmân edenler! Allah'a itâat edin ve Resûlüne de itâat edin!»

O'nun yolundan gitmek için bazı âdâb ve usûle riâyet etmek gerekir:

1 — Önce Ashâbının tâkip ettiği yoldan gitmek. Çünkü bu husûs hadîs-i Nebevî'de şöyle îzâh edilmiştir:

$$أَصْحَابِي كَالنُّجُومِ بِأَيِّهِمْ اِقْتَدَيْتُمْ اِهْتَدَيْتُمْ$$

«Eshâbım, yıldızlar gibidir; hangisine uyarsanız (uyun) doğru yolu bulmuş olursunuz!»

Yâni Ashâb-ı Kirâm'ım, halkı cehâlet karanlığından kurtarıp, hidâyet aydınlığına sevketmekte tıpkı yıldızlar gibidir, hangisini önder edinirseniz mutlaka aydınlığa kavuşursunuz, demektir.

2 — Sünnet-i Seniyyelerine sarılmaktır. Bir hadîste şöyle buyurulmuştur:

مَنْ اَحْيَى سُنَّتِى فَقَدْ اَحْيَانِى وَمَنْ اَحْيَانِى
فَقَدْ اَحَبَّنِى وَمَنْ اَحَبَّنِى كَانَ مَعِى
فِى الْجَنَّةِ يَوْمَ الْقِيَامَةِ

«Kim sünnetimi canlandırırsa, Beni canlandırmış olur. Kim de Beni canlandırırsa Beni sevmiş olur. Beni seven ise kıyâmette cennette muhakkak benimle olur.»

3 — Bid'atçılardan uzak durmak.

4 — İyi kimselerle oturup sohbet etmek. İyi kimselerle sohbet etmenin önemi şöyle belirtilmiştir:

مَثَلُ الْجَلِيسِ الصَّالِحِ وَالْجَلِيسِ السُّوءِ كَمَثَلِ
صَاحِبِ الْمِسْكِ وَكِيرِ الْحَدَّادِ لَا يَعْدِمُكَ
مِنْ صَاحِبِ الْمِسْكِ اِمَّا تَشْتَرِيهِ اَوْ تَجِدُ رِيحَهُ
وَكِيرُ الْحَدَّادِ يَحْرِقُ يَدَكَ اَوْ ثَوْبَكَ اَوْ
اَوْ تَجِدُ مِنْهُ رِيحًا خَبِيثًا

«İyi kimse ile oturup sohbet etmek misk ve güzel koku satan kimsenin dükkânında oturmak gibidir. Bir kimse misk ve güzel koku satan kimsenin dükkânında oturursa, yâ o güzel kokudan satın alır, yâhût da (satın almazsa) koklanarak zevk ve lezzet alır. Kötü kimse ile arkadaşlık etmek, demirci dükkânında oturmak gibidir; Demirci dükkânında oturan kimseye, yâ bir kıvılcım isâbet edip elini veya elbisesini yakar, yâhût (yakmazsa) oradaki kerih kokuyu koklanarak rahatsız olur.»

Yâni kötü kişilerle düşüp kalkan zarara uğramaktan hâli kalmaz. Onun için kişi kendine fenâ adamları değil, iyi adamları dost edinmelidir...

5 — Cemiyet ahlâken bozulup tefessüh ettiği zaman, Sünnet-i Senîyyeye sarılmak. Çünkü böyle bir devirde Resûlüllah Efendimiz (S.A.V.)'in sünnetlerinden herhangi birini ayakta tutmak kişiye yüz şehid ecrini kazandırır. Nitekim bir hadîs-i şerîfte şöyle buyurulmuştur:

اِنَّ الْمُتَمَسِّكَ بِسُنَّةِ سَيِّدِ الْمُرْسَلِينَ عِنْدَ فَسَادِ الْخَلْقِ وَاخْتِلَافِ الْمَذَاهِبِ وَالْمِلَلِ كَانَ لَهُ أَجْرُ مِائَةِ شَهِيدٍ فَإِنَّهُ كَالْقَابِضِ عَلَى الْجَمْرَةِ

«Halkın bozulduğu, mezhepler ve milletlerin ihtilâfa düştüğü bir devirde, kim Peygamberlerin ulusunun sünnetine temessük ederse yüz şehid ecrini alır. Çünkü, o şahıs ateş közünü (avucuna) almış gibidir.»

PEYGAMBER ALEYHİSSELÂM'A TÂBİ OLMAK

6 — Sünnet-i Senîyye'ye sarıldığından dolayı Cenâb-ı Hak (C.C)'dan lutûf ve ihsân beklemesi. Sünnete kendisini adayanların Allah (C.C) tarafından mükâfatlandırılacakları müjdelenmiştir:

مَنْ حَقِطَ سُنَّتِي اَكْرَمَهُ اللهُ بِاَرْبَعِ
خِصَالٍ اَلْمَحَبَّةُ فِى قُلُوبِ الْبَرَرَةِ وَالْهَيْبَةُ
فِى قُلُوبِ الْفَجَرَةِ وَالسَّعَةُ فِى الرِّزْقِ
وَالثِّقَةُ فِى الدِّينِ

«Kim, Benim sünnetime kendini adayıp onu korursa, Allah ona dört haslet ikram eder:

1 — İyilerin kalplerinde sevgiye mazhar olur.

2 — Kötülerin kalbleri ondan korkar.

3 — Rızkı bol olur.

4 — Dinde gayet itimatlı ve kendine güvenilir bir kimse olur.»

(Mefâtihü'l Cinan, Buhârî Şerîf)

Onikinci Bâb

Peygamber Aleyhisselâma Salât-u Selâm Getirmek

Peygamber Aleyhisselâm'a salât-ü selâm getirmek müslümanların önemli görevlerinden biridir. Cenâb-ı Hak Ezhab Sûresinde bu bâbda şöyle buyurur :

$$\text{يَا أَيُّهَا الَّذِينَ آمَنُوا صَلُّوا عَلَيْهِ وَسَلِّمُوا تَسْلِيمًا}$$

«Ey îmân edenler! Siz O'na salât edin tam bir teslimiyetle selâm verin.»

Bu Âyet-i Kerîme'den anlaşıldığına göre, Peygamber Sallallahü Aleyhi ve Sellem Efendimiz Hazretlerine ömründe bir kere salâvat getirmek herkese farzdır.

Bir mecliste İsm-i Şerîfleri anıldığı zaman salâvat-ı şerîfe getirmek vâcibtir. Aynı mecliste mübârek ismi tekrarlandıkça, birden fazla salâvat-ı şerîfe getirmek âdâbtandır.

Salâvat-ı Şerîfe'nin anlamı, Peygamberimizin mübârek şânının âli ve şerefinin devamlı olması için duâ etmektir. Bu itibarla Peygamber (S.A.V)'in türbesinde Efendimizin üzerine getirilen salâvat-ı şerîflerin gerçekte se-

PEYGAMBER ALEYHİSSELÂ'A SALÂT-U SELÂM GETİRMEK

vâbı şahsa râcidir. Bir toplantıda mübârek ismi anıldığı zaman Salâvat-ı Şerîfe getirmeyen kişi, gerçekten bedbâhttır. Çünkü O, İslâmî ve insanî görevini yapmamıştır. Bu husûsta Peygamberimizin (S.A.V.) bir ihtârı da vardır:

مَنْ ذُكِرْتُ عِنْدَهُ فَلَمْ يُصَلِّ عَلَىَّ دَخَلَ النَّارِ

«Yanında anıldığım zaman bana salât-ı selâm getirmeyen cehennem'e girer.»

Salâvat-ı Şerîfeye çokça devam etmek tavsiye edilmiştir. Nitekim, Peygamber Efendimiz (S.A.V.) şöyle buyurmuşlardır:

اِنَّ اَوْلَى النَّاسِ بِي يَوْمَ الْقِيَمَةِ اَكْثَرُهُمْ عَلَىَّ صَلَاةً

«Kıyâmet gününde, halk arasında bence en kıymetli olanlar, bana en çok salât-ü selâm getirenlerdir.»

Süfyân es Sevrî Rahmetullahi aleyh anlatıyor: Kâ'beyi ziyâret ediyordum; her adım başı salât-ü selâm getiren birine rasladım. Ona : «Her yerin belirli bir duâsı vardır; Neden bu duâları okumuyor da devamlı olarak Peygambere salât-ü selâm getiriyorsun?» diye sordum. Cevap verdi : «Babamla birlikte hac yolculuğuna çıkmıştık. Yolda babam vefât etti. Bir anda yüzü simsiyah kesilmiş, gözleri kör olmuş ve başı hınzır başına dönüşmüş olarak gördüm. Bu durumdan çok sıkılmıştım. Kimseye bu sırrı ifşâ edemedim. Gayet üzgün bir halde akşamı yaptım. Babamın yüzünü örtüp öyle derin derin düşünürken uykum geldi, yattım. Rüyâ gördüm : İçeriye çok güzel biri girdi.

Son derece güzel koku etrafı bir anda sarmıştı O zât gelip babamın başı ucunda oturdu. Ve yüzündeki perdeyi kaldırdı. Mübârek elini babamın yüzüne sürdü. Mâtem sevince, karanlık aydınlığa dönüşmüştü. Çünkü babam güzelleşmiş, eski hâlinden daha alımlı olmuştu. O mübârek zât oradan ayrılırken hemen eteğine yapıştım, kendisine :

— Kimsiniz? Babamı o perişanlıktan kurtardınız. Beni de halk içinde rüsvay olmaktan korudunuz, deyince şu cevabı verdiler :

— Beni tanımadınız mı? Ben Sâhibü'l Kur'ân Muhammed Mustafa'yım... Baban gerçi günahkâr ve fâsık idi fakat, beni çok severdi ve üzerime bolca salâvat-ı şerife getirirdi. Baban ölüp bu şekli aldığı zaman; vaktiyle onun bana getirdiği salâvat-ı şerîfeyi bana ulaştıran melek gelip haber verdi. Bunun üzerine gelip babanı o feci durumdan kurtardım...

Uykudan uyanınca, hemen babamın yüzünü açtım ve baktım ki, babamın yüzü eskisinden daha güzel olmuş, etrafı güzel bir koku sarmış. Çok hayret etmiştim... İşte o gün bugün ben salât-ü selâmdan bir lâhza dahi geri durmam, devamlı olarak o yüce Peygambere salât-ü selâm getiririm ki, âhirette şefâatına nâil olayım... Ona karşı olan ümmetlik görevimi de hakkiyle yerine getirmiş olayım...

Bir adam salât-ü selâma karşı çok tembel davranırdı. Bir gece rüyâsında Resûlüllah Efendimizi gördü; Ona hiç yüz vermediğini görünce, o biçâre sebebini öğrenmek için sordu :

— Ey Allah'ın Resûlü, neden bana gazab ettiniz, bunun sebebi acaba ne ola ki?

Cevab verdiler :

— Sizi tanımıyorum!

— Nasıl olur bu, siz ümmetimi, kişi evlâdını tanıdığından daha iyi tanırım, demediniz mi?

— Gerçi öyledir, amma ben insanları, bana salât-ü selâm getirdikleri nisbette tanırım! buyurdu..

Çok üzülmüş bir halde uyandım... Ondan sonra salât-ü selâm getirmeyi kendime vazife yaptım. Ve salât-ü selâma devam ettim... Aradan çok geçmeden Efendimizi tekrar rüyâmda gördüm ve bana şöyle buyurdular :

— İşte şimdi seni tanıdım! Âhirette sana şefâat edeceğim, müsterih olabilirsin!...

Anlattıklarına göre, salâvat-ı şerîfeye riâyet eden bir zât, beşyüz dirhem borca girdi. Bir gece Aleyhisselâtu Vesselâm Efendimiz Hazretlerini rüyâsında gördü. Ona, «Haydi git, Ebûl-Hasan Kesaî'ye söyle borcunu versin», dedi. Eğer bu vakanın doğruluğuna bir alâmet isterse şunu anlat : O, her gece yüz kere salâvat-ı şerîfe getirirdi. Bu gece unuttu. Ona bunu hatırlat, diye beyân buyurdu. O da bu alâmetle gidip Ebû'l-Hasan'a haber verdi ise de (sözüne pek) iltifat etmedi. Bunu görünce, O, her gece yüz kere salât-ü selâm getirdiğini ancak, o gece getirmesini unuttuğunu ona hatırlatınca, Ebû'l Hasan durumun farkına vardı ve kendini tahtından aşağı atıp, şükür secdesi yaptı. Ve dedi ki, «Bu sırrı Allah'tan gayri kimse bilmezdi, sen bunu haber verdiğin için bin dirhem, buraya kadar zahmet ettiğin için de bin dirhem ve O Seyyidü'l-beşer (olan Muhammed Mustafa Sallellahu Aleyhi ve Sellemin) emri için de beşyüz dirhem hak ettin.» Sonra Uşaklarına mezkûr, meblâğın derhal kendisine teslim edilmesini emir etti, ve ona dönerek şöyle dedi :

— Bundan sonra ne gibi ihtiyacın olursa, gel ben karşılarım!

Peygamber Sallellahu Aleyhi ve Sellem'in ismi, yazıldığı zaman, ardından hemen (Sellellahu Aleyhi ve Sellem) cümlesi de yazılmalıdır. Bu da salâvat-i şerifenin âdâbındandır.

Vaktiyle Kûfe'de halkın mektublarını yazan bir kâtip vefât etti... Onu rüyâda görenler, hâlini sordular. O da şu cevabı verdi: «Muhammed ismini yazdığım zaman mutlaka ardından (Sallellahu Aleyhi ve Sellem)i yazardım, bunu katiyen ihmal etmezdim. Bu davranışım, afv-i ilâhiye'ye mahzar olup, âhiret saâdetine kavuşmama vesile oldu. Nitekim bir hadîs-i şerîfte bu hakîkat müjdelenmiştir:

$$\text{مَنْ صَلَّى عَلَىَّ فِي الْكِتَابِ لَمْ يَزَلِ الْمَلَائِكَةُ يَسْتَغْفِرُونَ لَهُ مَادَامَ اسْمِي فِي الْكِتَابِ}$$

«Kim benim ismimi yazdığı zaman, beraberinde salâvat-ı şerîfe'yi de kayd ederse, o ismim, o kitabda bulunduğu sürece melekler onun için istiğfar ederler.»

(Câmîi sağîr, Mefâtihü'l-Cinan)

On üçüncü Bâb

Kur'ân Okumanın Âdâbı

Kur'ân-ı Kerîmi okumak mü'minin Allah (C.C.)'la konuşmasıdır. Nitekim hadîs-i şerîfte

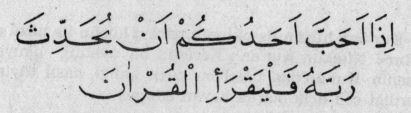

«Biriniz Rabbi ile konuşmak arzu ederse, Kur'ân okusun!» buyurulmuştur.

Yalnız Kur'ân okumanın bir çok âdâbı vardır. Okurken mutlaka o âdâba riâyet etmek gerekir.

Şimdi Kur'ân okuma âdâbını izâha çalışalım:

1 — Kur'ân okumadan önce güzelce abdest almak,

2 — Kıbleye karşı, tıpkı namazda oturur gibi oturmak,

3 — Eûzü Besmele çekmek,

4 — Tecvid üzere okumak,

5 — Ma'nâsını düşünmek,

6 — Ma'nâsını anlamıyorsa, anlayan kimsenin takındığı tavrı takınarak son derece huşu içinde olmak

7 — **Hazin ve yanık sesle okumak.** Çünkü hazin sesle okumak, huşû duymasına ve gözyaşı akıtmasına vesile olur. Sert sesle okumamaya dikkat etmelidir. Ayrıca hazin bir sesle okumak insanı çok daha başka duygulandırır. Zâten Resûlüllah Sallellahu Aleyhi ve Sellem Efendimiz bize, hazin sesle okumayı tavsiye buyurmuşlardır:

اِقْرَؤُا الْقُرْآنَ بِالْحَزَنِ فَاِنَّهُ نَزَلَ بِالْحَزَنِ

«Kur'ân-ı hüzün ile okuyun, zirâ o hüzün ile nâzil olmuştur». Nitekim Kur'an-ı Kerîmin bir âyetini, okuyan kimsenin, Kur'an'dan nasıl bir zevk aldığı, nasıl tüyleri ürperdiği çok açık olarak beyân edilmiştir :

اَللَّهُ نَزَّلَ اَحْسَنَ الْحَدِيثِ كِتَابًا مُتَشَابِهًا مَثَانِيَ تَقْشَعِرُّ مِنْهُ جُلُودُ الَّذِينَ يَخْشَوْنَ رَبَّهُمْ

«Allah, sözün en güzelini—(âyetleri birbiriyle) ahenkdar, katmerli (tıklım büklüm hakikatlerle dolu) **bir kitab hâlinde indirmiştir, ki Rablerine derin saygısı olanların ondan derileri (tüyleri) ürperir»** (1)

Görüldüğü gibi, bu âyeti kerîmede Kur'ân-ı Kerîmi okuyanların duydukları haz anlatılmakta, Allah korkusundan tüyleri nasıl diken diken olduğu belirtilmektedir.

8 — **Kur'ân okurken ağlamak,**

---

(1) Ez-Zümer Sûresi, âyet: 23.

9 — **Ağlayamazsa, kendini ağlar gibi yapmak.** Nitekim bir hadîs-i şerifde şöyle buyurulmuştur:

$$اِبْكُوا بِالْقُرْآنِ فَاِنْ لَمْ تَبْكُوا فَتَبَاكُوا$$

«Kur'ân (okurken) ağlayın, ağlayamazsanız ağlamaklı olun!»

10 — **Kur'ân-ı Kerîmi ezberlemeye çalışmak.** Zirâ ezbere Kur'ân okuyanlar Ebrar (iyiler) ile haşrolunurlar. Nitekim bir hadîste bu gerçek şöyle ifâde edilmektedir:

$$اَلْمَاهِرُ بِالْقُرْآنِ مَعَ الْكِرَامِ الْبَرَرَةِ$$

«Kur'ân-ı Kerîmi okumakta mâhir olan pek kıymetli ve şerefli insanlarla olacaklardır.»

11 — **Kur'ân okurken** (iyi beceremediği için) **zorlanırsa, yine de elden bırakmayıp okumaya devam etmek.** Çünkü o halde okumaya devam eden kişi iki ecir alır.

Nitekim Resûlüllah Efendimiz (S.A.V) heceleye heceleye, meşakkat içinde Kur'ân okuyanlara şu müjdeyi vermiştir:

$$اَلَّذِى يَقْرَأُ الْقُرْآنَ يَتَعْتَعُ وَهُوَ عَلَيْهِ شَاقٌّ فَلَهُ اَجْرَانِ$$

«Heceleye heceleye fevkalade bir metle Kur'ân okuyan kişi için iki ecir

Bu ecirlerden biri, Kur'ân okuduğu için, diğeri ise çektiği zahmetten ötürü verilmiştir... Çünkü meşakkatla okurken sabır ve tahammül göstermiştir, sabır ise katiyen karşılıksız kalmaz...

12 — Kur'âna çalışırken Mushâf-ı şerife bakmak. Nitekim bir hadîste şöyle buyurulmuştur :

اَفْضَلُ عِبَادَةِ اُمَّتِي قِرَاءَةُ الْقُرْآنِ نَظَرًا

«Ümmetimin ibâdetinin en efdali, Kur'ânı bakarak okumaktır.»

13 — Kur'ân okurken esnemesi gelirse, Mushâfı şerîfi kapayıp okumaya ara verir Nitekim bir hadîste şöyle buyurulur:

اَلتَّثَاؤُبُ مِنَ الشَّيْطَانِ

«Esnemek, Şeytandandır».

14 — Kur'ân okurken her âyet başında durmak,

15 — Rahmet âyeti geldiğinde Allah (C.C.)'a niyâzda bulunmak,

16 — Azâb âyetleri geldiği zaman, Cenâb-ı Hakk (C.C.)'a iltica edip istiâze etmek (sığınmak),

17 — (<div dir="rtl">وَقُلِ الْحَمْدُ لِلّٰهِ الَّذِي لَمْ يَتَّخِذْ وَلَدًا</div>)

gibi tenzîh âyeti geldiğinde Cenâbı Hakk (C.C.)'ı tenzîh ve takdîs etmek, yâni (Sübhânellah) demek.

Huzeyfetül-Yemân (R.A.) dan:

«Resûlüllah Sallellahu Aleyhi ve Sellem ile namaz kıldım; Bakara sûresinden başladı (okumaya). Azâb âyeti okuduğunda Allah'a iltica; rahmet âyetine rastladığında rica; tenzih âyeti okuduğunda (Sübhânellah) diyerek tenzîh ve takdîs ettiğini gördüm.»

18 — Kur'ânı tane tane, ağır ağır okumak. O kadar tane tane ve ağır ağır okumalı ki, biri Kur'ân'ın harflerini ve kelimelerini saymağa kalksa, rahatlıkla sayabilmeli. Zirâ bu şekilde okunan Kur'ân'ın her harfine karşılık tam yirmi sevâb verilir. Çabuk okuyan kimse ise her harf başında (yirmi değil) sadece on sevâb alır. Bir hadiste bu gerçek açıklanmıştır:

مَنْ اَعْرَبَ الْقُرْآنَ كَانَ لَهُ بِكُلِّ حَرْفٍ عِشْرُونَ حَسَنَةً وَمَنْ قَرَأَ بِغَيْرِ اِعْرَابٍ كَانَ بِكُلِّ حَرْفٍ عَشْرُ حَسَنَاتٍ

«Kim, Kur'ânı harf ve kelimelerini izhâr ederek (ayırarak tane tane) okursa, her harfine karşılık yirmi sevâb alır. Kim de izhâr etmeden (ayırmadan) okursa (tane tane okumazsa) her harfine karşılık (sadece) on sevâb alır.»

Onun için Kur'ânı mümkün olduğu kadar ağır ağır okumalı, okuma âdâbına son derece itinâ göstermelidir.

19 — Kalbinde itminan ve huşû gerektiği gibi, âzâlarında dahi sukûnet ve vakarın gerekli olduğunu bilmek ve bunlar riâyet etmek ve o şekilde oturmak.

20 — Gayr-i tabii bir ses çıkararak son derece tiz ve kulakları tırmalar bir tarzda okumaktan kaçınmak Haz-

reti Âişe (R. Anhâ.) Valîdemiz böyle okuyan birini gördüğü zaman kendini şöyle demekten alamadı :

«Kur'ân, insanların akıllarını başından çıkarmaktan berîdir! Lâkin Allah'ın (Ondan, Rablerinden korkan kimselerin tüyleri ürperir) kavli celîlinin tavsiyesi doğrultusunda okunmalıdır».

21 — **Fâtiha'yı okuduğunda Besmele'yi (Elhamdü) kelimesine vasl etmek.** Yâni Besmele ile beraber okumaktır.

Hadîs-i Kudsî'de böyle tavsiye edilmiştir. Hattâ böyle okuyanların büyük ecir ve mükâfatlara nâil olacakları bildirilmiştir:

قَالَ اللهُ تَعَالَى يَا اِسْرَافِيلُ بِعِزَّتِي وَجَلَالِي وَوُجُودِي وَكَرَمِي مَنْ قَرَأَ بِسْمِ اللهِ الرَّحْمٰنِ الرَّحِيمِ مُتَّصِلَةً بِفَاتِحَةِ الْكِتَابِ مَرَّةً وَاحِدَةً اِشْهَدُوا عَلَى اَنِّي غَفَرْتُ لَهُ وَقَبِلْتُ مِنْهُ الْحَسَنَاتِ وَتَجَاوَزْتُ عَنْهُ السَّيِّئَاتِ وَلَا اَحْرِقُ لِسَانَهُ بِالنَّارِ وَاُجِيرُهُ مِنْ عَذَابِ الْقَبْرِ وَالنَّارِ وَعَذَابِ الْقِيَامَةِ وَالْفَزَعِ الْاَكْبَرِ وَبِلِقَائِي قَبْلَ الْاَنْبِيَاءِ وَالْاَوْلِيَاءِ اَجْمَعِينَ

«Allah Teâlâ buyurdu: Ey İsrâfil! İzzetim, Celâlim, Varlığım ve Keremim hakkı için, kim (Bismillâhirrahmânirrahîm) i Fâtihatü'l kitâbla (Fâtiha ile) birleştirerek o bir kerre okursa, şâhid olun: O'nu ben bağışlarım, yaptığı iyi işleri kabûl ederim, kötü hareketlerini de afv ederim, ateşle dilini katiyen yakmam, O'nu hem kabir azâbından hem de ateş azâbından kurtarırım, Büyük korku (kıyâmmet kopmasından meydana gelecek büyük korku), kıyâmet azâbından da kurtarırım. Peygamberler ve bütün veliler'den önce, onu kendime kavuştururum!»

22 — Kur'ân okurken bazı âyetlerini anlamak ve kalbini dâimâ uyanık tutmak amaciyle, o âyetleri tekrar tekrar okumak.

Kâinatın Efendisi Sallellahu Aleyhi Vesellem Efendimizin Besmeleyi yirmi bir kere;

اِنْ تُعَذِّبْهُمْ فَاِنَّهُمْ عِبَادُكَ وَاِنْ تَغْفِرْ لَهُمْ فَاِنَّكَ اَنْتَ الْعَزِيزُ الْحَكِيمُ

«İn tuazzibhum fe innehüm ibâdük. Ve in tağfirlehüm fe inneke entel-azîzül-hâkim» âyetini bir kaç defa tekrarladığı nakledilmiştir.

Saîd b. Cübeyr (R.A.)'ın dahi;

«Vemtâzülyevme eyyühel-mücrîmûn» âyeti kerîmesini bir kaç defa tekrarladığı nakledilmiştir.

Bu bâbtaki hadîsler şöyledir:

$$\text{رُوِىَ اَنَّهُ صَلَّى اللهُ عَلَيْهِ وَسَلَّمَ قَرَأَ بِسْمِ اللهِ الرَّحْمٰنِ الرَّحِيمِ فَرَدَّدَهَا عِشْرِينَ مَرَّةً وَاِنَّمَا رَدَّدَهَا لِيُدَبِّرَ مَعَانِيهَا}$$

«Rivâyet olundu ki, Peygamber (S.A.V.) (bismillâhirrahmânirrahîm)i okudu ve onu sırf ma'nâsını tedebbür ve tefekkür etmek için yirmi kere tekrarladı».

$$\text{عَنْ اَبِي ذَرٍّ رَضِىَ اللهُ عَنْهُ قَالَ قَامَ رَسُولُ اللهِ صَلَّى اللهُ تَعَالَى عَلَيْهِ وَسَلَّمَ بِنَا لَيْلَةً فَقَامَ بِآيَةٍ يُرَدِّدُهَا (اِنْ تُعَذِّبْهُمْ فَاِنَّهُمْ عِبَادُكَ وَاِنْ تَغْفِرْ لَهُمْ فَاِنَّكَ اَنْتَ الْعَزِيزُ الْحَكِيمُ)}$$

Ebû Zer (R.A.)'dan:

«Peygamber (S.A.V.) bir gece kalkıp bize namaz kıldırdı:

$$\text{اِنْ تُعَذِّبْهُمْ فَاِنَّهُمْ عِبَادُكَ وَاِنْ تَغْفِرْ لَهُمْ فَاِنَّكَ اَنْتَ الْعَزِيزُ الْحَكِيمُ}$$

«İn tuazzibhum fe innehüm ibâdük. Ve in tağfirlehüm fe inneke entel-azizül-hakîm» âyetini tekrar tekrar okudu.»

Bir gece Saîd b. Cübeyr (R.A.) kalktı:

$$وَامْتَازُوا الْيَوْمَ اَيُّهَا الْمُجْرِمُونَ$$

«Vemtâzül-yevme eyyühel-mücrîmün» âyetini tekrar tekrar okudu.»

23 — Yüzünden Kur'ân okumayı unutmamak. Çünkü bu husûsta Peygamber Aleyhisselâm'ın büyük bir ihtârı vardır :

$$عُرِضَتْ عَلَىَّ ذُنُوبُ اُمَّتِى فَلَمْ اَرَ ذَنْبًا اَكْبَرَ مِنْ اٰيَةٍ اَوْ سُورَةٍ اُذْنِيهَا الرَّجُلُ فَنَسِيهَا$$

«Ümmetimin günâhları bana sunuldu; (Kur'andan) bir âyet veya bir sûreyi öğrenip okuduk (tan sonra) onları unutmasından daha büyük bir günâh görmedim.»

Buradaki unutmaktan murad, ezberleyip de sonra unutmak değil... Çünkü ezberleyen kişi unutabilir. Lâkin, tekrar bakmak ve okumakla hıfzını yine kavîleştirebilir. Onun için buradaki unutmaktan murad, yüzünden okumayı öğrenip de sonra unutmaktır ki, bunun ne kadar büyük bir günâh olduğunu yine Peygamberimiz(S.A.V.)'in dilinden anlamış olduk.

24 — Oturulan evde Kur'ân okunmaya devam edilmesi. Zirâ Semâvat ve yerin (Mukarrebleri) Kur'ân okunan evi görürler ve tanırlar. Nitekim bir hadîs-i şerifte bizlere bu bilgi verilmiştir :

اِنَّ فِى الْاَرْضِ بُيُوتًا لِلْمُسْلِمِينَ فِيهَا مَصَابِيحُ اِلَى الْعَرْشِ يَعْرِفُهَا مُقَرَّبُوا السَّمٰوَاتِ السَّبْعِ وَالْاَرَضِينَ السَّبْعِ يَقُولُونَ هٰذَا النُّورُ مِنْ بُيُوتِ الْمُؤْمِنِينَ الَّتِى يُتْلٰى فِيهَا الْقُرْاٰنُ

«Yeryüzünde Müslümanların öyle evleri vardır ki, orada kandiler yanar bulunur: Yedi kat göklerin ve yerlerin mukarreb melekleri (o kandillerden) dolayı o evleri tanırlar ve şöyle derler:

(İşte bu nûr, içinde Kur'ân okunan Müslümanların evlerinden yükselmektedir!)»

Hazret-i Ebû Hüreyre (R.A.) dan:

اِنَّ الْبَيْتَ الَّذِى يُتْلٰى فِيهِ كِتَابُ اللهِ اِتَّسَعَ بِاَهْلِهِ وَكَثُرَ خَيْرُهُ وَحَضَرَتْهُ الْمَلَائِكَةُ وَخَرَجَتْ مِنْهُ الشَّيْطَانُ وَاِنَّ الْبَيْتَ الَّذِى لَا يُتْلٰى فِيهِ كِتَابُ اللهِ ضَاقَ بِاَهْلِهِ وَقَلَّ خَيْرُهُ وَخَرَجَتْ مِنْهُ الْمَلَائِكَةُ وَحَضَرَتْهُ الشَّيْطَانُ

«İçinde Allah kitabı okunan eve Melekler girer, (ondan) şeytanlar çıkar, o ev halkının mâlî ve maddî imkânları genişler (mutlu olurlar); içinde Allah kitabı okunmayan ev ise; içindekiler sıkıntı içinde kıvranırlar, mâlî imkânları azalır. Melekler çıkıp gider, şeytanlar (gelip) girer.»

25 — Kur'ân-ı Kerîm'i tecvîd üzere okuyarak tam kırk günde bir hatim yapmak. Çünkü, Âdem Aleyhisselâm'ın balçığı kırk günde yoğrulmuştur. Ana rahmindeki çocuğun; nutfe, kan pıhtısı ve mudğa olarak her birerlerinin şekillenmesi kırk gün almaktadır.

İnsan rûhundaki tekâmül de ancak kırk günde elde edilebilir. Evet, bir kimse kırk gün ihlâs içinde Allah (C. C.)'a niyâzda bulunursa, kalbinden diline doğru hikmet pınarları fışkırır. Bu yazdıklarımızın isbâtına gelince; Kudsî hadîste şöyle buyurulmuştur:

خَمَرْتُ طِينَةَ اٰدَمَ بِيَدَىَّ اَرْبَعِينَ صَبَاحًا

«Âdem'in çamurunu kendi iki (kudret) ellerimle kırk gün (de) yoğurdum.»

Ana karnındaki çocuğun oluşması hakkındaki hadîs:

اِنَّ خَلْقَ اَحَدِكُمْ يُجْمَعُ مِنْ بَطْنِ اُمِّهِ اَرْبَعِينَ يَوْمًا نُطْفَةً ثُمَّ يَكُونُ عَلَقَةً مِثْلَ ذٰلِكَ ثُمَّ يَكُونُ مُضْغَةً مِثْلَ ذٰلِكَ

«Birinizin anne karnındaki yaradılışı kırk gün nutfe olarak, bir o kadar zamanda da kan pıhtısı olarak, sonra bir o kadar süre içinde de mudğe olarak tamamlanır.»

Rûhî tekâmül hakkındaki hadîs:

مَنْ اَخْلَصَ لِلّٰهِ اَرْبَعِينَ صَبَاحًا ظَهَرَتْ مَنَابِيعُ الْحِكْمَةِ مِنْ قَلْبِهِ عَلٰى لِسَانِهِ

«Kim, Allah'a tam bir samîmiyet ve ihlâs içinde kırk gün ibâdet ederse, kalbinden diline doğru hikmet pınarları fışkırır.»

26 — Tüm yararlı ilimleri, baş döndürücü sırları ve ilâhî füyûzâtı elde etmek için Kur'ân'a sarılmak. Nitekim Ashâb'dan İbn-i Mesûd (R.A.)'ın şöyle buyurduğu anlatılır:

اِذَا اَرَدْتُمُ الْعِلْمَ فَاثِرُوا الْقُرْاٰنَ فَاِنَّ فِيهِ عِلْمَ الْاَوَّلِينَ وَالْاٰخِرِينَ

«İlim isterseniz, kendinizi Kur'ân'a verin. Çünkü evvelkilerin ve sonrakilerin ilmi ondandır.»

Âriflerden biri:

يَخْرُجُ رُوحُ الْمُؤْمِنِ مِنْ جَسَدِهِ كَمَا تَخْرُجُ الشَّعْرَةُ مِنَ الْعَجِينِ

«Mü'min'in rûhu cesedinden, hamurdan çıkan kıl gibi (kolayca) çıkar.» Hadîsini mütalaa edince, bu hadîsin

Kur'ân-ı Azimüşşâna uyup uymadığını araştırdı. Bulamayınca telâşa kapıldı. Sonra aynı düşünceyle uyudu. Peygamberimiz Sallallahu ve Sellem'i rüyâsında gördü ve sordu :

— Ey Allah'ın elçisi, Cenâb-ı Hak En'am Sûresinde:

$$وَلَا رَطْبٍ وَلَا يَابِسٍ اِلَّا فِي كِتَابٍ مُبِينٍ$$

«Hiç bir yaş, hiç bir kuru yoktur ki, Kitab-ı Mübînde olmasın.» buyurmuştur. Halbuki ben Kur'ân-ı baştan sonuna kadar okudum, buyurduğunuz hadîsin anlamına uygun bir âyet bulamadım. Peygamberimiz Sallallahu Aleyhi ve Sellem buyurdular ki :

— Sûre-i Yûsuf'da ararsanız bulursunuz..

Uyandığı zaman abdest alıp Kur'ân'a başvurdu, Sûre-i Yûsuf'u okudu ve şu âyet-i kerîmeyi gördü :

$$فَلَمَّا رَأَيْنَهُ اَكْبَرْنَهُ وَقَطَّعْنَ اَيْدِيَهُنَّ$$

«Vaktaki onu gördüler. Kendisini büyük bir varlık olarak tanıdılar, (hayranlıklarından) ellerini kestiler.»

Peygamber Sallallahu Aleyhi ve Sellem'in hadîsinin bu âyete tam ma'nâsiyle muvâfık olduğunu görünce memnun kaldı ve Allah'a şükretti. Çünkü, âyette de belirtildiği gibi, Zelihâ'nın dâvetlisi olarak gelen Mısırlı hanımlar, Yûsuf Aleyhisselâm'ı gördüklerinde, ellerindeki bıçaklarıyla ellerini kesmişlerdi de farkında bile olmamışlardı. İşte bir mü'min ölürken cennetteki yeri kendisine gösterilince, o yere hayran kalacak, istiğrak içinde olacak ve bu sebeble rûhunun nasıl kabzedildiğini anlayamıyacak.

27 — Kur'ân-ı Kerîm'de soru ve tevbih ifâde eden âyetleri okuduğu zaman «belâ» yâni (evet) lâfzı ile cevab verip tasdik etmek. Meselâ (vettînî sûresini okurken:

$$\text{اَلَيْسَ اللهُ بِاَحْكَمِ الْحَاكِمِينَ}$$

«Eleysellâhu bi ahkemil hâkîmîne» âyetini okuduğu (belâ) ve (ene alâ zâlike mineşşahidîn) «Evet, ben de buna şehâdet edenlerdenim» diye cevab verir.

Yine Sûre-i Kıyame'deki:

$$\text{اَلَيْسَ ذَلِكَ بِقَادِرٍ عَلَى اَنْ يُحْيِىَ الْمَوْتَى}$$

«Eleyse zâlike bi kadirin alâ en yuhyiyel-mevtâ» (O ölüyü diriltmeye kâdir değil midir?) âyetini okuyunca «Belâ innehû alâ külli şeyin kâdir (Evet, şüphesiz, O her şeye kâdirdir)» diye tasdik edip cevab verir.

Mürselât sûresindeki:

$$\text{فَبِاَىِّ حَدِيثٍ بَعْدَهُ يُؤْمِنُونَ}$$

«Fe bieyyi hadîsin ba'dehû yu'minûn (Bundan sonra hangi söze îmân ederler)» âyetini okuyunca: «Âmennâ billâh. (Allah'a îman ettik!)» der. Vakiâ sûresindeki:

$$\text{اَفَرَاَيْتُمْ مَا تُمْنُونَ ءَاَنْتُمْ تَخْلُقُونَهُ اَمْ نَحْنُ الْخَالِقُونَ . اَمْ نَحْنُ الزَّارِعُونَ اَمْ نَحْنُ الْمُنْزِلُونَ اَمْ نَحْنُ الْمُنْشِرُونَ}$$

«Eeferey'tüm mâ tumûn. Eentüm tahlukünehu em nul-Halikun. Em nahnuz zariûn. Em nahnul-münzilûn. Em nahnul-münşiun (Eğer siz bir menîden yaratıldığınızı iddiâ ediyorsanız) Ohalde (rahimlere) dökmekte olduğunuz (o) menî nedir? Bana haber verin. Onu siz mi (düzgün bir insan) sûretine getiriyorsunuz, yoksa (o sûrete getirip) yaratan biz miyiz? Yoksa ekiciler biz miyiz? (buluttan) su indirenler Biz miyiz? Yoksa yaratanlar biz miyiz?)» gibi âyetleri okuduğu zaman da, «Belâ ente (evet sensin Yarabbi)» der. Hazreti Ali (R.A.)den nakl edilen rivâyete göre bunlar üçer kerre söylenir.

El-İnfitar sûresindeki : Peygamber Efendimiz(S.A.V.)

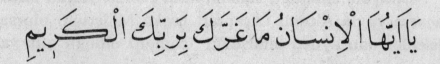

«Yâ Eyyühel-insanû ğarreke bi rabbikel-kerîmi (Ey insan, o (lütf-û) kerimi bol Rabbine karşı seni aldatan ne?)» âyeti kerîmesini okuduğunda, «Garre cehluhu (onu cehaleti aldattı.)» buyurduğu rivâyet edilmiştir.

Bunlar hakkında ayrı ayrı hadîs varid olmuştur, yukarıda sert ettiğimiz âyetlerden sonra, yerinde belirttiğimiz sözleri söylemenin lüzûmu anlatılmıştır :

«Kim (Tin) sûresinin (eleysellahu bi ahkemil-hakimin) âyetini okursa (belâ ve enne alâ zâlike minesşahidîn.) desin; Kim Kıyâme sûresinin (Eleyse zâlike bi kadirin alâ en yuhyiyel-mevtâ) âyetini okursa (Belâ innehû alâ külli şey'in kadir) desin; kim Mürselat sûresini okursa, (Fe bi eyyi hadîsin ba'dehû yu'minûn) âyetine gelince ve onu okuyunca (Âmenna billâhi) desin!» buyurulmuştur.

28 — Kur'ân-ı Kerîmi hatmettiği zaman şu duâyı üç kere okumak:

«Ellahümme enis vahşeti fi kabri (Allahım, beni kabirde yalnız bırakma!)»

Kur'ân okuyan kişi, bilmeyerek hatâ etse, yâhût azıcık teğanni yapsa, yâhûd gereği gibi tashîhi hurufa gücü yetmezse, sevâb yazan melekler sevâbını yine tam olarak kaydederler. Yâni, nâzil olduğu gibi okumuş sayılır ve ona göre sevâb yazarlar. Nitekim bir hadîs-i şerîfte bu, açık olarak ifâde edilmiştir:.

«Okuyan, okuduğu zaman, hatâ ederse, yâhud lahne kaçarsa ya da A'cemî (Araptan başka Milletten) olursa, Melekler onu aynen indirildiği (zaman) olduğu gibi yazar.»

Bir hadîste şöyle buyurulmuştur:

İzzet âyeti şudur:

اَلْحَمْدُ لِلّٰهِ الَّذِى لَمْ يَتَّخِذْ وَلَدًا وَلَمْ يَكُنْ لَهُ شَرِيكٌ فِى الْمُلْكِ وَلَمْ يَكُنْ لَهُ وَلِىٌّ مِنَ الذُّلِّ وَكَبِّرْهُ تَكْبِيرًا

«Elhamdu lillâhillezi lem yettehiz veleden velem yekün lehû şerîkün filmülki velem yekün lehû velîyyün minezzulli ve kebbirhu tekbîrâ»

Her kim:

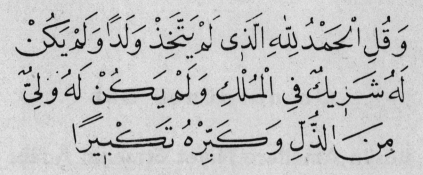

«Ve kulil-hamdu lillâhillezi lem yettehiz veleden velem yekün lehû şerîkün fi'l-mülki velem yekün lehü veliyyun minezzulli ve kebbirhu tekbirâ» âyetini, sabah-akşam üçer kerre okursa, Allah (C.C.) onu halk içinde cesur ve heybetli kılar.

(Câmiü's-Sağîr, Gunyetü'l-Fetâvâ, Mefâtihü'l Cinan)

On dördüncü Bâb

Bütün Amellere Niyet Etmenin Âdâbı

Namaz, Oruç, Hac ve Zekât gibi, edâlarında kurbiyyet kasdedilen farzların başında niyet etmek farzdır. Bu gibi farzlar niyetsiz yerine getirilirse mûteber sayılmaz. Fâsid olur. Ne varki bu farzların yerine getirilmesinde önemli rolü olan ne kadar amel varsa, onlar hadd-i zâtında farz olsalar bile, kendilerinden kurbet kasdedilmediği için, başlarında niyet etmek farz değildir: Abdest almak, (cünûblükten) yıkanmak gibi.. Bunlar her ne kadar Kur'ân'ın açık delilleri ile sâbit birer farz iseler de, ifâ edilmelerinin asıl gâyesi namaz olduğundan, başlarında niyet etmek farz değildir, sünnettir. Bu husûsta geniş bilgi, abdest âdâbı bahsinde geçmiştir... Hulâsa, mü'min olan kişiye, dînî olsun, dünyevî olsun bütün işlerinde, Allah(C. C.) rızâsını tahsil etmek için niyet etmesi gerekir ki, yapacağı her işten matlûb olan mükâfat ve sevâbı alabilsin. Zirâ insanın, dînî olsun, dünyevî olsun, her işinde Cenâb-ı Hakk(C.C.)'ın rızâsına vesile ittihaz edecek bir gâyesi ve sebebi bulunur. Hele ibâdet ve tâat dînî amellerden olduğu için, onlarda mutlaka Allah(C.C.) ın rızâsı kasdedilmelidir. Bu amellerin Allah(C.C.)'ın rızâsına dayanması artık herkesçe mâlûmdur.

Yemek, içmek, uyumak, evlenmek, Câriyesiyle cinsî ilişkide bulunmak, sahrâlarda gezmek, ata binmek, gemi ile seyahat etmek, güzel giyinmek, avlanmak, güzel kokular sürünmek, gözlerine sürme çekmek, tırnak kesmek, traş olmak, koltuk ve etek traşı olmak, hamama gitmek, ticâret yapmak, san'atkâr olmak, çiftçilikle meşgûl olmak, dostları ziyâret etmek ve sohbetlerinde bulunmak, ev yaptırmak gibi, insanın zarûrî ihtiyâçlarına gelince; bunlarda da Allah (C.C.)'ın rızâsını tahsile sebeb ittihaz olunacak husûslar vardır. Yâni, bu işler nefsin arzusunu, insanın maddî zevkini tatmin etmeleri yanında, başlarında niyet yapılırsa, hem nefsinde maddî zevki tatmin olunmuş olur, hem de yaptığı niyetten dolayı sevâb ve mükâfât elde edilmesine vesile olur. Yâni, bunlar da Allah (C.C.)'ın rızâsı, edilecek niyete göre tahsil edilebilir.

Meselâ, yemek yerken, ibâdet ve tâatta daha mukavîm olmak; uyurken ibâdet ve tâatta husûle gelecek zaaf ve futûru önlemek; Eşiyle cinsî temâsta harâmdan korunmak; sahrâlarda gezmekte ilâhî eser ve kudreti temâşa edip ibret almak; ata ve gemiye binmekte, bunların Allah (C.C.) tarafından kulların emrine verildiğini düşünmek, avlanmakta, av hayvanlarının Allah (C.C.) tarafından bize helâl kılındığını ve bunların serâpa birer ni'met olduklarını idrâk etmek; tırnak kesmek, etek traşı olmak, sürme çekmek gibi işlerde de bunların sırf Resûlüllah Sallellahu Aleyhi ve Sellem'in birer sünneti olduklarını düşünmek ve sırf bu yüzden bu işleri yapmak gâyesi güdülürse, tabii ki insan karşılığında ecir ve mükâfat alır..

Hamama girdiği zaman, cehennem sıcağını hatırlamak; ticâret, ziraat, san'at gibi işlerde, çoluk çocuğunun nafakasını helâl yollardan temin etmek, yoksullara ve hayır işlerine harcamak; ahbab ve dostları ziyâret etmekte, Müslümanların birbirlerine kardeş olduklarını düşünmek; onlarla yapılacak sohbet ve muhabbetlerin kin, hased gibi iç hastalıkların izâlesine birer vesile olacağını mülâhaza etmek; ihtiyacı kadar binâ yapmakta, çoluk çocuğunu soğuktan sıcaktan ve yabancıların tasallutundan korumayı kast etmek niyeti ve gâyesi güdülürse, karşılığında muhakkak ki sevâb alır. Bunların tümünde inceden inceye düşünüldüğü takdirde, ehl-i basîrete göre dînî ve şer'i faydalar ve güzellikler mevcûddur.

Hakikat ehli bunları azıcık düşünürse hemen idrak edebilir.

Demek oluyor ki her şeyde bir niyet vardır. Amma bu niyetin samimî ve ihlâslı olması gerekir. Nitekim bir hadîs-i şerîfte şöyle buyurulmuştur:

$$ وَمِنْ سُنَّةِ الْاِسْلَامِ اِخْلَاصُ النِّيَّةِ $$

«Niyyeti samîmî ve hâlis kılmak, İslâmın Sünneti (usûlü ve âdâbı) ndendir.»

Amellerde yapılacak niyetin hâlis ve samîmî olması lâzımdır. Çünkü Allah (C.C.) için yapılan amel riyâ (gösteriş) ten berî olur. Öyle bir amele riâyet ârız olsa bile kat'iyen etkisi olmaz, mûteber sayılmaz. Çünkü O, ihlâsa dayanmıştır, ihlâsa dayalı olan amelde riyânın hiç bir rolü olamaz! Meselâ birisi, tam bir ihlâs içinde niyet ederek, namaza başlarsa, sonra namaz kılarken kalbine gösteriş duygusu ârız olsa, o duygu tutunamaz, hemen çıkıp gider. Şerhu'l-Münye'de şöyle geçer: (Bir kimse namaza ihlâsla başlayıp da sonra riyâ karışsa, nazarı itibara alınacak olan riyâ değil, ondan önceki ihlâstır!)

Şurası da bir gerçektir ki, niyet ile yapılan amel, niyetsiz yapılan amelden efdal ve evlâdır. Çünkü niyet edilip de yerine getirilmiyen amelden dahi sevâb almak mümkündür. Nitekim bir hadîs-i şerîfte, Peygamber Aleyhisselâm tarafından, bu müjde tüm Müslümanlara verilmiştir:

$$ نِيَّةُ الْمُؤْمِنِ خَيْرٌ مِنْ عَمَلِهِ $$

BÜTÜN AMELLERE NİYET ETMENİN ÂDÂBI

«Mü'minin niyeti, amelden daha hayırlıdır!»

Nâfile ibâdetlere gelince; bunlar eğer niyetsiz yapılırsa, karşılığında sevâb alınır. Lâkin işlenmedikçe karşılığında sevâb ve mükâfat yoktur. Meselâ : Cami'i Şerîfe gitmek, hayırlı işlerdendir. Gittiğinde muhakkak ki ecir ve sebâba nâil olur. Lâkin «Cami'i şerîfe gideyim, orada namazı bekleyeyim, Ezânı şerîfi ca'mideyken dinliyeyim, Câmi'de kaldığım müddetçe nâfile i'tikâf niyet edeyim, kalbimi Rabbime rabt edeyim, Allah'ın Beytini ziyâret etmiş'erden olayım, Kur'ân, zikir, tesbih ve tehlille meşgûl olayım, kulağımı lüzûmsuz söz ve dedikodulardan uzak tutayım, gözlerimi harâma bakmaktan koruyayım, gibi, hayırlı niyetlerde bulunup da, meydana gelen herhangi bir mâni sebebiyle câmi'i şerîfe gidemezse, az önce sıralanan hayırlı amellerin sevâbına nâil olur.

Bunu, bir örnek vererek isbât edelim :

Eshâb-ı Kîrâm'dan bir zât, bir yere köprü yapmak istemiş. Ve buna ihlâsla niyet etmiş... Tam yapmaya koyulacağı zaman, O köprüyü falan Yahûdî yaptırdı, dediler, çok üzüldü. Böyle bir hayrı yapmaktan mahrûm kaldığı için, derin bir kederle Mü'minlerin Emîri Hazreti Ömer (R.A.)e geldi, durumu arz etti.

Hazreti Ömer (R.A.) ona :

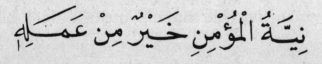

«Mü'minin niyeti, amelinden daha hayırlıdır» hadîsini okuyup tebşir ve teselli buyurdular. Yâni hem binâyı yapmaya muvaffak olmadığına üzülmekten, hem de ihlâs içinde köprü yapmak istediğinden dolayı iki ecir aldığını tebşirle, teselli buyurdular.

Bir insan; içki içilen, kumar oynanan bir meclisde tesadüfen bulunsa, fakat onların hareketine katılmayıp, kalben onlara nefret duysa, o mecliste bulunmamış gibi addedilir. Onların işledikleri günâhla onun hiç bir ilgisi olmaz. Amma, o menhiyâtın işlendiği yere bile bile giderse, oturup onları seyrederse, o zaman günâhkâr olur.

Mâsiyet ve menhiyâtın irtikâb edildiği meclisten uzak olup da, o mecliste işlenen hezeyân ve lehviyâtı, oyun ve na-meşrû eğlentileri duyduğu zaman:

«Ah! Keşke ben de orada bulunsaydım da onları doya doya seyretseydim!» temennisinde bulunursa, o meclisten her ne kadar uzak ise de, orada bulunmuş ve o menhiyâtı işlemiş gibi günâh irtikâb etmiş olur. Bunu da bir örnekle anlatmaya çalışalım :

İsrâiloğulları Tih sahrâsında Hazreti Mûsâ (A.S.)'a âsî oldular. Onun emrinden dışarı çıktılar. Bir Ağu'ya ibâdet ettiler. Bu yüzden onlar takbîh ve tevbîh edildiler. Yânî, Allah (C.C.) tarafından azarlandılar. Benî Kurayza ve Benî Nadr gibi Hazreti Mûsâ (A.S.)'nın asrına yetişemiyen Yahûdîler, kitablarında mütâlaa ettikleri o haberleri okuduklarında, her ne kadar onların yaptıkları o çirkin işlere cesâret edememişlerse de, gönüllerinden o işlere râzı oldukları ve temenni ettikleri için, Allah (C.C.) tarafından azarlanmayı hak ettiler. Kur'ân-ı Kerîm'de, «Siz Mûsâ'ya âsî geldiniz, onu dinlemediniz,» gibi, muâmele ve tevbîhe (azarlanmaya) tâbi tutuldular.

Yine yukarıda belirttiğimiz husûsla ilgili bir hadis-i şerîf :

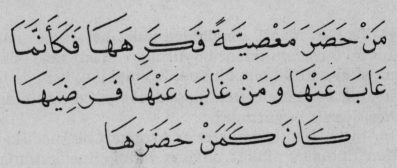

«Kim bir ma'siyet (in irtikâb edildiği) yerde bulunup da ondan nefret ederse, sanki oradan uzak durmuş gibi olur. Kim de bir ma'siyet (in işlendiği) yerden uzak olup da o ma'siyeti kalben benimserse, sanki o yerde bulunmuş gibi olur».

(Câmiüs'-sağîr, Mefâtihü'l-Cinan)

On beşinci Bâb

Cum'â Âdâbı

Cum'a günü, günlerin efendisi olduğu için, hem gecesine hem de gündüzüne saygı göstermek, İslâmî âdâbdandır. Zirâ Âdem Aleyhisselâm Cum'a günü yaratıldı. Cum'a günü cennete girdi. Cum'a günü yeryüzüne indi. Kıyâmet Cum'a günü kopacak, haşr ve neşr Cum'a günü vukûa gelecek

Allah (C.C.) ve Melekleri katında Cum'a'nın ismi: Allah (C.C.) ve melekleri katında Cum'a gününün adı: «Yevm-i Mezîd»dir.

Cenâb-ı Hak (C.C.) mekândan münezzeh olarak, mü'min kullarına Cennette cemâlini Cum'a günü gösterecektir. Nitekim bir hadîs-i şerîfte bu gerçek şöyle ifâde edilir:

خَيْرُ يَوْمٍ طَلَعَتْ عَلَيْهِ الشَّمْسُ يَوْمُ الْجُمُعَةِ فِيهِ خُلِقَ أَدَمُ وَفِيهِ أُدْخِلَ الْجَنَّةَ وَفِيهِ أُهْبِطَ إِلَى الْأَرْضِ وَفِيهِ تَقُومُ السَّاعَةُ وَهُوَ عِنْدَ اللّٰهِ يَوْمُ الْمَزِيدِ يُسَمِّيهِ الْمَلٰئِكَةُ فِي السَّمَاءِ وَهُوَ يَوْمُ النَّظَرِ إِلَى اللّٰهِ فِي الْجَنَّةِ

«Güneşin üstüne doğduğu en hayırlı gün : Cum'a günüdür; çünkü Âdem O günde halk olundu, o günde cennete girdi, o günde yeryüzüne indi, kıyamet de O gün kopacaktır. Allah katında O günün adı: (Yevm-i Mezîd)dir. Gökte melekler de o güne aynı ismi verirler. Cennette, mü'minler Allah'ı, mekândan münezzeh olarak O günde görecekler.»

CUM'A GÜNÜ YIKANMAK

Cum'anın âdâbından birisi de, o gün boy abdesti almaktır. Nitekim hadîs-i şerîfte bu, bize tavsiye edilmiştir:

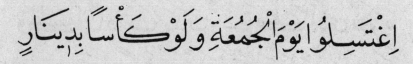

«Bir Ka'se suyun fiatı bir dinar olsa dahi, Cum'a günü yıkanınız!»

Cum'a günü yıkandıktan sonra şayet abdesti bozulursa yine abdest alır. Fakat önceden aldığı boy abdestinin sevâbından yine de mahrûm olmaz.

Bir kimse Cuma günü ihtilâm olsa, yâhûd hanımı veya câriyesiyle cinsî ilişki kurup, sonra yıkanırsa, o kimse hem cünüblükten pâk olmuş olur, yâni farz yıkanma ameliyesini yerine getirmiş, hem de Cum'a için yıkanmış olur. Ayrıca Cum'a namazı için yıkanması gerekmez. Fazîlet ve sevâb bakımından bir kere yıkanması yetişir. Bununla ilgili mes'eleler (Niyyetin Âdâbı) bahsinde geçmiştir.

Bir kadın kocasıyle cinsî münâsebette bulunduktan sonra, henüz yıkanmadan önce, hayz olursa, hayzı kesildikten sonra yalnız bir kere yıkanır. O tek yıkanma hem hayz için hem de cünüblük için kâfî gelir.

Mes'ele yine böyledir: Cum'a ile Bayram aynı güne tesâdüf ederse, kişi bir kere yıkanırsa, hem Bayram ve hem de Cum'a için yıkanmış olur. Cum'a için ayrı yıkanması gerekmez. İki defa yıkanmış gibi sevâb ve mükâfat alır.

CUM'A NAMAZINA ERKEN GİTMEK

Cum'a namazına erken gitmekde Cum'a'nın âdâbındandır. Erken gitmenin fazîleti şu hadîste gâyet güzel açıklanmıştır:

$$
\text{اِنَّ مَنْ رَاحَ اِلَى الْجُمْعَةِ فِى السَّاعَةِ الْأُولَى فَكَاَنَّمَا قَرَّبَ بَدَنَةً ثُمَّ كَالَّذِى بَقَرَةٌ ثُمَّ كَبْشًا ثُمَّ يَتَصَدَّقُ دَجَاجَةً ثُمَّ بَيْضَةٌ فَاِذَا خَرَجَ الْاِمَامُ ثُمَّ طُوِيَتِ الصُّحُفُ وَ رُفِعَتِ الْاَقْلَامُ وَاجْتَمَعَتِ الْمَلَائِكَةُ عِنْدَ الْمِنْبَرِ وَيَسْتَمِعُونَ الذِّكْرَ فَمَنْ جَاءَ بَعْدَ ذَلِكَ فَاِنَّمَا جَاءَ لِحَقِّ الصَّلَاةِ لَيْسَ لَهُ مِنَ الْفَضْلِ شَئٌ}
$$

«Cum'anın ilk saatinde (câmiye) giden bir deve, ikinci saatinde giden bir sığır, üçüncü saatinde giden bir koç boğazlamış (gibi) sevâb alır. Dördüncü saatinde giden bir tavuk kesmiş gibi, beşinci saatinde giden ise bir yumurta tasadduk etmiş gibi sevâb alır. İmâm minbere çıkınca, artık sahifeler dürülür, kalemler kaldırılır, Melekler minberin yanında toplanır, hutbeyi dinlemeye koyulurlar. O anda gelen, artık sadece namaz için gelmiş olur, fazîletten bir şeye hakkı olmaz.»

TIRNAK KESMEK VE ETEK TRAŞI OMAK

Cum'anın âdâbından birisi de Cum'a günü tırnak kesmek ve etek traşı olmaktır.

Cum'a gecesi veya günü hanımı ile cimâ etmek de Cum'anın âdâbındandır. Bu cimâda üç haslet düşünülebilir:

1 — Yabancı, yâni nâ-mahrem kadına bakmaktan emîn olmak,

2 — Rûhen müsterih olmak,

3 — Hanımı ile birlikte Cum'anın fazîletine nâil olmak. Çünkü cimâ sebebiyle o mübarek günde her ikisi de yıkanmış, paklanmış oluyorlar,

Bir hadîste şöyle buyurulur:

رَحِمَ اللهُ مَنْ بَكَّرَ وَابْتَكَرَ وَغَسَّلَ وَاغْتَسَلَ

«Kim erken kalkarsa (câmiye) erken gitmeye gayret ederse, hanımını yıkanmaya teşvik ederse ve kendisi de yıkanırsa. Allah onu esirgesin!»

İşte bu hadîs'den murat, âilesini de Cum'a günü yıkanmaya teşvik etmektir, demişlerdir..

Cum'a günü Duhan sûresini okumak da Cum'anın âdâbındandır. Bir hadîs-i şerîfte şöyle buyurulmuştur:

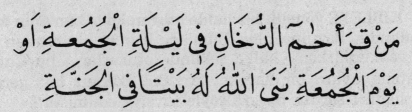

«Kim Cum'a gecesi veya günü Hamimi Duhan (Duhan sûresini) okursa, Allah onun için cennette bir köşk yapar.»

Diğer bir hadîsde o gece veya o gün Kehf sûresi tavsiye edilmektedir.

مَنْ قَرَأَ سُورَةَ الْكَهْفِ لَيْلَةَ الْجُمُعَةِ اُعْطِىَ نُورًا مِنْ حَيْثُ يَقْرَؤُهَا اِلى مَكَّةَ وَغُفِرَ لَهُ اِلَى الْجُمْعَةِ الْاُخْرَى وَفَضْلَ ثَلَاثَةَ اَيَّامٍ وَصَلَّى عَلَيْهِ سَبْعُونَ اَلْفِ مَلَكٍ حَتَّى اَلْفِ مَلَكٍ حَتَّى يُصْبِحَ وَعُوضَ مِنَ الدَّاءِ وَالدَّبِيلَةِ وَذَاتِ الْجَنْبِ وَالْبَرَصِ وَالْجُذَامِ وَفِتْنَةِ الدَّجَّالِ

«Kim Cum'a gecesi Kehf sûresini okursa, bulunduğu yerden Mekkeye kadar Ona bir Nûr verilir; diğer Cum'aya kadar üç gün de fazlasıyla, mağfiret olunur; Sabaha kadar yetmişbirbin Melek de onun için Allah'tan mağfiret dilerler; [Hastalıktan muâf tutulur, Sıraca, Zatü'l Cenb, Baras, Cüzzam hastalığından, Deccal'in fitnesinden de emîn olur».

KIBLEYE yönelik bir halde oturmakda Cum'anın âdâbındandır. Bazı insanlar, Cum'ada Kur'ân okunurken veya va'z edilirken halka şeklinde otururlar, bu Cum'a âdâbına aykırı bir hareket tarzıdır. Bakınız bu gerçek bir hadîs-i şerîfte bizlere şöyle tavsiye edilmiştir:

لَا يَزَالُ أَحَدُكُمْ فِي الصَّلَاةِ مَادَامَ يَنْتَظِرُهَا فَيَجِبُ أَنْ يَكُونَ هَيْئَاتُهُمْ عَلَى هَيْئَةِ اجْتِمَاعِ الْمُصَلِّينَ ...

«Biriniz, namazı beklediği sürece namazda sayılır. Onun için oturuş tarzları, namaz kılmak için toplanıp da saf olmuş kimselerin şeklinde olması gerekir.»

(Buhârî, Miftahü'l-Cinan, Câmîüs-Sağîr)

On altıncı Bâb

Orucun Âdabı

Savm, oruç tutmak ma'nâsınadır. Oruç nefs ile cihat etmenin en büyük rüknüdür.

Bir Müslümanın, Ramazan ayı girmeden bir kaç gün önce, aşağıda zikredilecek olan bazı âdâba riâyet etmesi ve Ramazana tam hazır vaziyette bulunması gerekir:

Tırnaklarını keser. Sakalının bir kabzadan (bir tutamdan) fazlasını kesip bıyıklarını da kırkar.

Başını traş eder. Koltuk altlarını ve eteğini (kasıklarını) traş eder.

Yıkanıp temizlenir... Tertemiz bir halde mübarek ayı karşılar...

Sahura kalkmak da Oruc'un âdâbındandır. Onun için Sahuru aslâ terk etmemeli.

Çünkü Sahurda yenecek yemeğe «Mübârek bir gıdâ» adı verilir. Nitekim Sahur yemeğinin serâpa bereket olduğunu iki cihan serveri Sallellahu Aleyhi ve Sellem Efendimiz bizlere bildirmiştir:

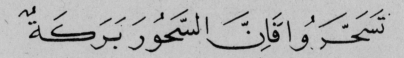

«Sahura kalkın; çünkü Sahur berekettir!» buyurmuştur.

EZÂN OKUNUR OKUNMAZ HEMEN İFTAR ETMEK

İftarda acele davranmak da Orucun âdâbındandır.

Peygamber (A.S.)'den üç şey sünnet olarak bizlere intikal etmiştir :

1 — Acele iftar etmek,

2 — Sahuru tehir etmek, (Sahurda acele davranmamak).

3 — Misvak kullanmak.

Ramazan ayını, kendi hakkında Allah (C.C.) tarafından ihsan edilmiş büyük bir ni'met bilir ve şükreder. Çünkü Ramazan ayları arasında işlenen günâhlara, tutulan oruçlar birer keffâret olur.

Orucun önem ve faziîeti şu hadîs-i kudsîde ne güzel belirtilmiştir :

$$اَلصَّوْمُ لِي وَاَنَا اَجْزِي بِهِ$$

«Oruç benim Zât-i ulûhiyetim içindir. Onun mükâfatını bizzat kendim veririm!»

Bu Kudsî hadîsten de anlaşıldığı gibi, Orucun diğer ibâdetler arasında bambaşka bir fazîleti vardır. Bütün ibâdetler arasında Orucun Cenâb-ı Hak (C.C.)'a özel bir nisbetle nisbet edilmesi, muhakkak ki, bir çok hikmet ve sebebten ileri gelmiştir :

1 — Oruç Yaradan ile yaradılan arasında bir sırdır. Mahlûk'tan kimse kimin oruç tuttuğunu, kimin tutmadığını tam anlamıyla kestiremez. Zirâ kişi zâhirde oruç tutuyor görünür, fakat gizli bir yerde yer, içer de kimse

farkına varamaz... Bu itibarla Oruç Allah (C.C.) ile kul arasında bir sır olmuştur.

2 — Devr-i câhiliyette Hac ederlerdi, kurban keserlerdi, sadaka verirlerdi, fakat oruç tutmazlardı. Hâsılı Yahûdî ve Nasrânîler, kâfirler ve putperestler, her türlü ibâdeti (sahîh olsun bâtıl olsun) icrâ ederlerdi, lâkin oruç tutmazlardı. Bunun içindir ki Allah (C.C.) Savm (oruç)la ibâdet etmeyi ancak zât-i Ecelli a'lâsına tahsis etmiş ve :

$$اَلصَّوْمُ لِي وَاَنَا اَجْزِي بِهِ.$$

«Oruç benim içindir; onun mükâfatını ancak ve bizzat kendim vereceğim!» buyurmuştur.

3 — Peygamber Sallellahu Aleyhi ve Sellemin :
Allah'ın ahlâkıyla ahlâklanın! emrine (Bu oruç) ibâdetinde) imtisâl vardır. Şurası bir hakikattir ki, Allah (C.C.) yemek, içmek gibi noksan sıfatlardan münezzeh ve müberrâdır. Bu itibarla oruçlu olan kişi, Cenâb-ı Hak (C.C.)'ın ahlâkından birine oruç tutmak sûretiyle imtisâl etmiş olur.

4 — Orucun Allah (C.C.)'a izâfe edilmesi ta'zim ifâde eder. Bundan Orucun büyük bir ibâdet olduğu anlaşılmaktadır.

5 — Oruç ibâdetin kapısıdır. Hadîs-i şerifte şöyle buyurulmaktadır :

$$نَوْمُ الْعَابِدِ الصَّائِمِ عِبَادَةٌ وَنَفْسُهُ تَسْبِيحٌ وَدُعَاؤُهُ مُسْتَجَابٌ وَعَمَلُهُ مُضَاعَفٌ وَاِنَّ لِكُلِّ شَيْءٍ بَاباً وَبَابُ الْعِبَادَةِ صَوْمٌ$$

«Oruç tutan Âbidin (ibâdet eden kimsenin) uykusuda ibâdettir, nefesi tesbihtir. Duâsı müstecabdır, Ameli kat kattır. Her şeyin bir kapısı vardır, İbâdetin kapısı ise: Oruçtur!»

6 — **Oruç, bedeni sağlığa kavuşturur.** Sıhhat olmazsa, Allah (C.C.)'a ibâdet olmaz. Bu itibarla beden sağlığı, ibâdetin yapılmasına sebeb olmaktadır. Dolayısıyle ibâdetin ifâ edilmesi beden sağlığına bağlıdır. Nitekim bir hadîste şöyle buyurulur:

$$اَلصَّلَاةُ بُرْهَانٌ وَالزَّكَاةُ طَهُورٌ وَالصَّوْمُ صِحَّةُ النَّفْسِ$$

«Namaz burhandır. Zekât da (maddî ve mânevî) temizliktir. Oruç ise serâpâ beden sağlığıdır».

İbn-i Mes'ud (R.A.) dan:

$$أَصْلُ كُلِّ دَاءٍ اَلتُّخْمَةُ$$

«Her hastalığın başı; mideyi yemekle doldurup bozmaktır!»

Bir hadîste de bu hakîkat şöyle açıklanır:

$$اَلْحِمْيَةُ رَأْسُ كُلِّ دَوَاءٍ$$

«Perhiz her ilâcın (en) başda gelenidir!» Bunun tam ayrıntılı îzâhı (Yemek âdâbı) bahsinde gelecektir, İnşâellah!

Oruç ibâdetinde tam bir perhiz vardır. Onun için oruç ibâdeti beden sağlığını temin eden unsurların başında gelmektedir.

Muhammed b. el-Yemânî Hazretleri anlatıyor:

«Doktorlara, en iyi ilâc'tan; Hükemâ'ya, hikmetin nasıl elde edileceğinden; Âbidlere, İbâdetin sebebi ne olduğundan; Padişahlara, en makbûl şeyin ne olduğundan; Âlimlere, ilmin nasıl elde edileceğinden sordum. Bunların hepsi, aynî cevâbı verdiler: «Açlık ve az yemek).»

Oruç ibâdetinde bunların her ikisi de mevcûddur... Oruç tutan kişi günün belirli saatlerinde (yâni imsaktan iftara kadar) aç kalmaktadır. Dolayısıyla az yemektedir. Üç öğün yerine iki öğün yemektedir.

Oruçlu olan kişi, oruca niyet ettiği gibi, nefsini terbiye etmeğe de niyet eder. Bu da Oruc'un âdâbındandır. Zirâ Oruç, yemek, içmek ve cimâ etmekten kendini tutmak olduğu gibi, Allah (C.C.)'ın yasak kıldığı bütün harâm ve yasak şeylerden de kendini tutmak anlamına gelir..

Oruçlu kişi, özürsüz hamama girmekten, hanımı ile oruçlu iken oynaşmaktan, kaçınmalıdır.

İftarı namazdan önce etmek de Orucun âdâbındandır. Zirâ hadîs-i şerîfte şöyle buyurulmuştur:

$$\text{اِذَا حَضَرَ الْعَشَاءُ فَقَدِّمُوا الْعَشَاءَ عَلَى الْعِشَاءِ}$$

«Akşam yemeği hazırlandığı zaman, akşam yemeğini akşam namazından önce yiyiniz!»

Oruç tutanları iftara da'vet etmek de oruc'un âdâbındandır. Bir hadîste bunun ecri ve fazîleti şöyle anlatılmıştır:

$$\text{مَنْ أَفْطَرَ صَائِمًا أَوْ جَهَّزَ غَازِيًا فَلَهُ أَجْرُ مِثْلِهِ}$$

«Oruçluya iftar ettiren; bir Gâziyi techîz edip harbe hazırlayan, onların sevâbı kadar sevâb elde eder.»

Oruç tutankişi, her zamankinden fazla uyumaz ki, gerçek sevâb ve mükâfatı elde edebilsin!

İftara güzel yemekler hazırlamak. Bu da Orucun âdâbındandır. Zirâ kıyâmet gününde, üç tâife yemek ve içmek gibi husûslardan hesaba çekilmez:

1) İftar için hazırlanan yemek ve içmek,
2) Sahur için yapılan yemek ve içmek,
3) Misâfire ikram ve izazda bulunmak amaciyle hazırlanan yemek ve içmek..

Bu husûsu açıkça ifâde eden hadîs şöyledir:

«Üç kimse (lüks) yemek ve içmekten sorulmaz: İftar eden, Sahura kalkan bir de misâfire ikram eden ev sâhibi.»

İftar ederken (oruç açarken) şu duâyı okumak da Oruc'un âdâbındandır:

$$\text{اَللّٰهُمَّ لَكَ صُمْتُ وَبِكَ اٰمَنْتُ وَعَلَيْكَ تَوَكَّلْتُ وَعَلٰى رِزْقِكَ اَفْطَرْتُ}$$

«Ellahümme leke sumtu ve bike âmentü ve aleyke tevekkeltü ve âlâ rızkıke eftartu.» (Allahım, senin rızân için oruç tuttum, sana îmân ettim, sana tevekkül ettim. senin rızkın üzerine iftar ettim (orucumu açtım).

Hazreti Âişe (R.Anhâ)dan rivâyet edildiğine göre, şu duâyı da okumak Oruc'un âdâbındandır:

$$\text{اَللّٰهُمَّ اِنَّكَ عَفُوٌّ تُحِبُّ الْعَفْوَ فَاعْفُ عَنِّى}$$

«Ellahümme inneke afüvvün tuhibbü'l-afve fa'fu annî.» (Allah'ım, sen çok af edicisin, afvetmeyi seversin, beni afvet!)

Ramazandan sonraki durumu ile Ramazan öncesindeki durumunu şöyle bir mukâyese etmeli : Eğer kendisinde mânevî bir olgunluk görürse, Oruç'tan âzami derecede faydalandığını bilmeli ve hâline şükretmeli.. Şayet eksik görürse, hemen tevbe ve istiğfarda bulunmalı. Çünkü o, bu takdirde Oruç'tan gereği gibi faydalanamamıştır...

On yedinci Bâb

Bayramların Âdâbı

Senede iki Bayram vardır; birine îd-i fıtr, yâni Ramazan Bayramı, diğerine de îd-i Udhiyye, yâni Kurban Bayramı derler. Her mü'minin gücü yettiğince, bu Bayram gecelerini zikir, fikir, tesbîh, tehlîl, duâ, istiğfar ve diğer tâatlerle geçirmesi, İslâmî usûl ve âdâbdandır. Çünkü böyle yapmakla O geceleri ma'nen ihyâ etmiş olur. Nitekim bir hadîs-i şerîfte:

$$\text{مَنْ اَحْيٰى لَيْلَتَىِ الْعِيدَيْنِ لَمْ يَمُتْ قَلْبُهُ حِينَ يَمُوتُ الْقُلُوبُ}$$

«Her kim iki Bayram gecesini de ihyâ ederse, kalblerin öleceği zaman, onun kalbi (aslâ) ölmez» buyurulmuştur.

$$\text{اَوَمَنْ كَانَ مَيْتًا فَاَحْيَيْنَاهُ وَجَعَلْنَا لَهُ نُورًا يَمْشِي بِهِ فِي النَّاسِ كَمَنْ مَثَلُهُ فِي الظُّلُمَاتِ لَيْسَ بِخَارِجٍ مِنْهَا}$$

«Biri ölü iken kendisini dirilttiğimiz, ona insanların arasında yürüyecek bir nûr verdiğimiz kimse, içinden çıkamayacak bir halde karanlıklarda kalan kişi gibi olur mu hiç?» (1) Âyet-i kerîmesindeki «Ölü»den murad «Küfür»dür; «Diri»den murad ise «Îmân»dır diye tefsîr etmişlerdir. Bu anlama göre, Bayram gecelerini ihyâ eden kimselerin kalbleri ölmez, demektir. Yâni ölürlerken îmânla ölüp âhirete öyle îmân üzere giderler, demektir. Çünkü gerek biraz önce zikrettiğimiz hadîs ve gerekse bu âyet, bu anlama delâlet etmekte ve bütün Müslümanlara bu müjdeyi vermektedir.

YIKANMAK

Bayram geceleri yıkanmak da Bayramın âdâbındandır. Yeni elbiseler giymek, tırnak kesmek, tarş olmak, etek traşı olmak, da Bayramın âdâbındandır.

Bayram eğer Ramazan Bayramı ise, Bayram namazına çıkmadan önce, bir miktar tatlı yemek; Kurban Bayramı ise, yemeği Bayram namazından sonraya bırakıp Kurbanın ciğeri ile (yâni kavurma ile) iftar etmek âdâbdandır. Bunun hikmeti fakîrlere muvafakat etmektir. Çünkü Ramazan Bayramında fakîrlerin de tatlı yiyecek kadar maddî durum ve imkânları bulunması, Kurban Bayramında da kendilerine ihsan edilecek etlerden yararlanmaları imkân dahilinde olduğu için, böyle yapmak ve onlara uygun bir harekette bulunmak hiç şüphe yok ki mendûbdur.

Ramazan Bayramında câmi'ye sessiz çıkıp gitmek, Kurban Bayramında âşikâre tekbir getirerek gitmek ve Arasat Meydanını hatırlamak, sanki kıyâmet kopmuşda herkes Arasat Meydanına çıkıyormuş gibi bir tarzda yürümek ve o düşünce içerisinde olmak da Bayram âdâbındandır.

Mescid'in âdâbı anlatılırken, İzâh edilen bütün âdâba riâyet etmek de Bayram âdâbındandır.

(Mefatihü'l-Cinan, Halebi.)

---

(1) Araf Sûresi, âyet: 122

On sekizinci Bâb

Kurban Kesmenin Âdâbı

Kurban Bayramında en üstün amel, en güzel iş hiç şüphe yok ki Kurban kesmektir. Kurban kesmenin çok faziletli ve sevâblı bir iş olduğuna dâir Kur'ân-ı Kerim'de şöyle buyurulmuştur :

$$وَفَدَيْنَاهُ بِذِبْحٍ عَظِيمٍ$$

«Ona büyük bir kurbanlık fidye verdik» (1) Nassı Celîli ile bir çok hadîs delâlet etmiştir.

Kurban olarak kestiği hayvanın bütün âzâ ve parçaları, kıyâmet gününde terâzisine konacağına mübeyyin bir çok hadîs varid olmuştur. Onun için kesilecek hayvanın cüssesi ne kadar büyük ve semiz olursa o kadar yararlı olur.

Erkek olsun kadın olsun her kim kendi eliyle kurban kesmeğe müktedir değilse, o zaman başka birisini vekil ederek ona kestirir.

Kurban kesecek kimsenin, niyyeti iyi yapması da gerekmektedir. Yâni şöyle niyet eder : «Şu nefsim Allah'a isyan edip öylesine günahkâr oldu ki, o günâhı sebebiyle

---

(1) Saffat Sûresi, âyet: 107.

ölümü hak etti... Bir kimsenin kendi kendisini öldürmesi dînen yasak olduğu için, şu kesecek olduğum kurbanı kendi nefsime bedel olarak kesmeği arzuladım. Yâ Rabbi, onun her âzâsına mukâbil benim her âzâmı cehennemden âzâd edip kurtar.» İşte böyle diyerek kurbanını kesmeye başlar.

Kurban almaya giderken dahi bu niyetle gider ki attığı her adım karşılığında kendisi için bir sevâb yazılır, bir de günâhı silinir.

Pazarlığını da uzatır. Çünkü o husûsta söyleyecek olduğu her kelimesine bir tesbîh sevâbı yazılır.

Kurbanı getirirken gâyet iyi davranır, hayvana hiç eziyet etmez, ona en ufak bir zahmet dahi vermez. Kişinin böyle davranması da Kurban âdâbındandır.

Şu husûslar da Kurban âdâbındandır:

Boynuzları büyük, gözlerinin ve ayaklarının etrafı ve karnı siyah olan hayvanı seçmek... Kurbanı, kesmek yerine getirirken son derece yumuşak davranmak ve onu eziyet etmeden yatırmak. Bıçağı bileylerken hayvana göstermemek. Kesmek üzere Kurbanı yatırdığı zaman şu duâyı okumak:

اِنّى وَجَّهْتُ وَجْهِىَ لِلَّذِى فَطَرَ السَّمٰوَاتِ وَالْاَرْضَ حَنِيفًا وَمَا اَنَا مِنَ الْمُشْرِكِينَ...

قُلْ اِنَّ صَلَاتِى وَنُسُكِى وَمَحْيَاىَ وَمَمَاتِى لِلّٰهِ رَبِّ الْعَالَمِينَ وَلَا شَرِيكَ لَهُ وَبِذٰلِكَ اُمِرْتُ وَاَنَا اَوَّلُ الْمُسْلِمِينَ...

«İnnî veccehtu vechiye lillezî fataressemâvati velarda hanîfen ve mâ enne minel-müşrikîn... Kul inne salâtî ve nusuki ve mehyâye ve memâtî lillâhi Rabbil-âlemîn. Lâ Şerike lehu ve bi zâlike umirtu ve ene evvelül-müslimîn»

Ondan sonra: «Bismillâhi vellâhu Ekber» deyip keser.

Kesme işini bitirdikten sonra da: (Allahım, bunu benden kabûl eyle!) der. Şâyet Kurban Peygamberimiz (S.A.V.)'in nâmına, yâni onun rûhu için kesilmiş ise şöyle der: (Allahım bunu Sevgilin ve Peygamberin olan Muhammed Sallellahu Aleyhi ve Sellemin nâmına kabûl eyle!)

Kurbanın işkembesini ve sâir yaramaz âzâlarını topraktan bir çukur açıp içine doldurur ve üstünü kapar. Kurban etini üçe taksim eder: Bir hissesini fukarâya, ikinci hissesini konu komşu ve dostlara, üçüncü hissesini de kendisine ve çoluk çocuğuna ayırır.

(Tenvirül-absar. Mefatihü'l-Cinan)

On dokuzuncu Bâb

Haccın Âdâbı

Namaz, Oruç ve Zekâttan sonra amellerin efdali hiç şüphe yok ki Hacc farîzasıdır.

Hac, hem mâlî hem de bedenî bir ibâdettir... Hacca gidecek kimse, çoluğundan, çocuğundan, akrabâ'i teâllukâtından ve vatanından muvakkat bir zaman için dahi olsa uzaklaşmakta, bir sıkıntı ve yorgunluk, bir o kadar da zahmet ve meşakkat çekerek gurbete çıkmakta, yâni Mekke-i Mükerreme'ye gitmektedir. Bu itibarla Haccın fazîleti büyüktür, karşılığında sevâb da sonsuzdur.

Mâlî durumu iyi olanlara Hacc farzdır. Bu ibâdetin hâli vakti yerinde mâlî gücü elverişli olanlara farz olduğuna delîl:

$$\text{وَلِلّٰهِ عَلَى النَّاسِ حِجُّ الْبَيْتِ مَنِ اسْتَطَاعَ اِلَيْهِ سَبِيلًا وَمَنْ كَفَرَ فَاِنَّ اللّٰهَ غَنِيٌّ عَنِ الْعَالَمِينَ}$$

«Ona bir yol bulabilenlerin Beyti Hac (ve ziyâret) etmesi, Allah'ın insanlar üzerinde bir hakkıdır. Kim de bunu inkâra kalkışırsa (da bu görevi yapmazsa bilsin ki) Allah âlemler'den müstağnidir (kimseye ve hiç bir şeye ihtiyacı yoktur)».

Bu âyette Haccın, yol ve imkân bulanlara farz olduğu, âyetin son kısmında ise imkânları olduğu halde, bu farzın lüzûmsuzluğuna kâil olup da Hacca gitmeyenlerin tehdit edildiği görülmektedir. İşte bütün bu hakîkatlerden Haccın çok ulvî ve kudsî bir ibâdet olduğu anlaşılmaktadır.

HACCIN FAÎDELERİ :

Her şeyden önce Hacc bütün geçmiş günâhların bir anda silinmesine sebeb olur. Nitekim bir hadîs-i şerîfte:

$$\text{اَلْحَجُّ يَهْدِمُ مَا كَانَ قَبْلَهُ}$$

«Hac, önceden (yapılan günahları) yıkar (siler).» buyurulmuştur. Diğer bir hadîste de şöyle buyurulmuştur:

$$\text{حُجُّوا الْبَيْتَ يَغْسِلُ الْاِثْمَ كَمَا يَغْسِلُ الْمَاءُ الدَّرَنَ}$$

«Beyt (-i şerîfi) ziyâret edin! Çünkü bu, suyun ceseddeki kirleri yıkayıp temizlediği gibi, günâhları yıkar temizler.»

Lâkin kul hakları ve diğer zulümlerin Müzdelife'de afv olunacağı anlatılmıştır.. Bunlara dâir deliller mahallinde beyân olunacaktır, İnşâellah!

Dînimizin kemâle erdiğini beyân eden, Maide sûresindeki :

$$\text{اَلْيَوْمَ اَكْمَلْتُ لَكُمْ دِينَكُمْ}$$

«İşte dininizi sizin için bugün ikmâl ettim» âyet-i kerîmenin de Veda Haccında inmiş olması, Haccın faziletine ve şerefine delâlet etmektedir.

Eshâb'tan bir zât gelerek Peygamberimiz (S.A.V.)'e :

— Ey Allahın Resûlü, ben harbe gitmek istiyorum! diyerek hamiyyet izhâr ettiğinde, Resûlüllah Sallellahu Aleyhi Ve sellem ona şu açıklamayı yaptılar:

— Sana çarpışma bulunmayan bir husûsu anlatayım mı?

— Evet, ey Allah'ın Resûlü!

— İşte, O cihad, Hacc'dır, buyurdular.

Bir defasında Âişe vâlidemiz (R. Anhâ) Peygamberimiz (S.A.V.)'e «Erkekler harbe gidiyorlar, İzazı din ve ilâ-i Kelimetullah için çarpışıyorlar, biz kadınlar ise bu sevâbtan mahrûm kalıyoruz» diyerek üzüntülerini beyân edince, Allah (C.C.)'ın Resûlü Sallellahu Aleyhi Vesellem şöyle buyurdular:

«Sizin cihadınız Haccdır! Hacc ne güzel bir cihaddır!» Diğer bir hadîsde de bu husûs şöyle açıklanmıştır:

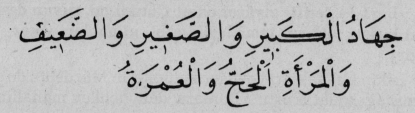

«Büyük, küçük, güçsüz ve kadınların cihadı : Hacc ile Umredir.»

Hacc yolculuğuna çıkan kimse, evinden çıktığı andan itibaren tekrar evine dönünceye dek, arada geçen zaman içinde yapacağı tüm duâları kabûl olunur, red olunmaz, diye eser varid olmuştur.

Allah (C.C.) tarafından, yeryüzünde insanların işini görmek için, gönderilen Melekler dahi, yeryüzüne inmezden önce, arşın altında boy abdesti alırlar, İhrâma bürünürler, (Lebbeyk!) deyip yeryüzüne inerler, Kâ'beyi yedi kere tavâf ederler, sonra gidip Mâkam-ı İbrâhim'de iki rek'at namaz kılarlar, ondan sonra işlerine başlarlar, diye nakledilmiştir.

Peygamberlerden biri kavmi tarafından yalanlanmış sonra, o kavim helâk olmuş.. Bunu müteâkip, o Peygamber gelip Beyt-i şerîfte i'tikâfa girmiş ve o hâl üzereyken vefât etmiş... Hattâ Rükn-ü Yemânî ile Hacer-i Esved arasında yetmiş Peygamberin vefât ettikleri, rivâyetler arasındadır...

Hazreti İsmâil (Aleyhisselam) ile Vâlidesi Hâcer'in kabirleri, altın oluk altında, Hazreti Nûh, Hûd, Şuayb ve Sâlih (Aleyhimüsselâm) Hazretlerinin Merkad-i şeriflerinin (kabirleri) Zemzem Kuyusu ile Mâkam-ı İbrâhim arasında olduğu nakledilir.

Mekke-i Mükerreme'de yapılan ibâdetlerin, sevâbça diğer yerlerde yapılan ibâdetlerden üstün olması:

Namazdan maâda Mekke'de yapılan her iyi işin karşılığında tam yüz sevâb verilir. Mekke'de bir gün oruç tutmak diğer yerlerde bir sene oruç tutmaktan efdaldır.

Her gün Mekke-i Mükerreme'ye yüzyirmi rahmet iner; altmışı ziyâret edenlere, kırkı namaz kılanlara, yirmisi de Kâ'be'ye bakanlara verilir. Zirâ Kâ'be'ye bakmak bile ibâdettir. Kişinin nifaktan kurtulmasını sağlar. Sekiz Cennet kapısı Mekke-i Mükerreme'ye doğru açılmıştır :

Sekiz Cennet kapısı şunlardır :

1 — Altın oluğun altıdır,
2 — Rükn'ün kapısıdır,
3 — Hacerü'l-Esved'dir,
4 — Mâkam-ı İbrâhim'in arkasıdır,
5 — Zemzem Kapısıdır,

6 — Safadır,
7 — Merve'dir,
8 — Kâ'be'nin içidir.

Mekke-i Mükerreme'de hastalanan kişinin cesedini Allah (C.C.) ateşe harâm kılar.

Mekke hâricinde, sıhhatli hâlinde yapacak olduğu altmış senelik ibâdetine bedel kılar.

Kim bir saat Mekke'nin sıcağına sabr ederse, Allah (C.C.) onun cismini beşyüz yıl cehennemden uzak tutar. Mekke'de ezel, belâ ve cefâya sabr eden kimse, kıyâmet gününde, Şehîdler ve şfâatçılar ile birlikte haşrolunur.

Mekke'de cemâatle kılınan namazın bir rek'atı, başka yerde bin kerre kılınan bin yüz rek'at namazından efdaldir, ki bu, yirmibeş sene, altı ay ve yirmi günlük namaz demektir.

Mekke'de bir Ramazan tutmak, diğer yerlerde bin Ramazan tutmaktan efdaldir.

Gerek Haccın ve gerekse Mekke-i Mükerreme'nin fazîleti ve ulvîyeti hakkında bir çok hadîs varid olmuştur. Hepsini bu kısa eserimizde zikretmek tabîi ki imkânsızdır.

Hacca gitmek âdâbı pek çoktur. Biz burada yapılması kolay olanlardan bahsedeceğiz. Bunları şöylece sıralayalım:

1 — Helâl para biriktirmek. Çünkü Hacc yolunda yapılan amelin çoğu paraya bağlıdır. Gemiye, hayvana (uçağa) trene, otomobile binmek, zarûrî harcamaları yapmak, fakîrlere infak etmek, güçsüzlere yardım etmek gibi husûslar, hiç şüphe yok ki paraya mütevakkıftır. Onun için paranın helâl olması gerekir...

Binerek Hacca gitmekten, yürüyerek hacca gitmek evlâdır. Mekkeliler ve Harem-i Şerîfte ikâmet edenler için, Hacca gitmek Cum'a namazına gitmek gibi olduğundan, yürüyerek gitmeleri daha evlâdır. Yine helâl paraya dönüyoruz :

Helâl para biriktirmekten maksad, helâl para ile edâ edilen Haccın efdal olduğunu anlatmaktır; yoksa helâl olmayan para ile Hacc sahîh olmaz, anlamına gelmez bu sözümüz... Çünkü ma'siyet, tâata mâni teşkil etmez..

Helâl para ile yapılan Haccın fazîleti hakkında Peygamber Aleyhisselatu Vesselâm Efendimiz şöyle buyurmuşlardır :

$$
\text{مَنْ حَجَّ بَيْتَ اللهِ مِنْ كَسْبِ الْحَلَالِ لَوْ يَخْطُ خُطْوَةً إِلَّا كَتَبَ اللهُ بِهَا سَبْعِينَ حَسَنَةً وَحَطَّ عَنْهُ سَبْعِينَ خَطِيئَةً وَرَفَعَ لَهُ سَبْعِينَ دَرَجَةً}
$$

«Kim helâl kazanç ile Hacca giderse, attığı her adım karşılığında mutlaka Allah ona yetmiş sevâb yazar yetmiş günâhını siler, yetmiş derecesini yükseltir.»

Bir mes'ele:

Zeyd, helâl mal ile Hacca gitmek istediğinde şayet kendi malında şüpheye düşerse ve başkasından ödünç para alıp, bilâhâre kendi malından bedelini o kimseye verirse, malını (parasını) şüpheden arındırmış olur mu?

El-cevâb : Olur!. (Gunyetü'l-Fetâvâ)

F : 11

2 — **Ticâretten kaçınmaktır.** Ticâretle iştiğal etmek, kalbin huzûruna mânî olduğu için, sevâbına noksanlık irâs eder, demişlerdir.

3 — **Varsa, borçlarını vermek.**

4 — **Dargın olduğu kimselerle barışmak,** üzerinde hakkı olan kimselerin hakkını fi'len vermek yâhûd helâl ettirmek.

5 — **Sanki dünyadan tamamen göçüyormuş gibi niyet etmek.**

6 — **Bütün yol boyu ve orada işlediği her amel esnasında, nereye gittiğini ve kimin için gittiğini düşünmekten hâli olmamak.** Nitekim Fazl b. İyaz (R.A.)'a Hacca gitmek isteyen bir zât gelip:

— Ben Mekke-i Mükerreme'ye gitmek üzereyim. Bana bir tavsiyede bulunurmusunuz? diye sorduğunda, şu cevâbı vermiştir:

— Nereye gittiğini ve kimin için gittiğini düşünmekten bir lahza bile geri durma!

Adam, bu sözü duyunca, hemen düşüp bayıldı, bir daha kalkamadan oracıkta rûhunu teslim eyledi, diye nakledilmiştir.

7 — **İyi arkadaş edinmek.** Bunun ayrıntılı bilgisi, (Sefer'in âdâbı) bahsinde gelecektir, İnşâellah!

8 — **Gücü yetiyorsa, sabî çocuğunu, köle ve câriyesini beraberinde götürmek.** Zirâ onların yapacakları amelden de kendisine sevâbdan hisse ayrılır.

9 — **Yola çıkmadan, sadaka vermek.**

10 — **Evinden çıkarken Pazartesi veya Perşembe günü çıkmak.** Lâkin Hacc yolculuğuna Perşembe günü çıkmanın fazileti hakkında eser varid olmuştur.

11 — Evden çıkarken iki rek'at nâfile namazı kılmak. Ancak bu namazın birinci rek'atında **(Fâtiha)**dan sonra **(Kul yâ eyyühel-kâfirûne)** sûresini üç kerre okur, ikinci rek'atında ise **(ihlâs)** sûresini okur. Ve namazdan sonra da şu duâyı okur:

اَللّٰهُمَّ اَنْتَ الصَّاحِبُ فِى السَّفَرِ وَاَنْتَ الْخَلِيفَةُ فِى الْاَهْلِ وَالْمَالِ وَالْوَلَدِ وَالْاَصْحَابِ اِحْفَظْنَا وَاِيَّاهُمْ مِنْ كُلِّ آفَةٍ وَعَاهَةٍ

«Ellâhümme entessahi bu fisseferi ve entel-halifetu fil-ehli vel mâlî vel veledi, vel- eshâbı ihfazna ve iyyâhüm min külli âfetin ve ahetin» (Allahım, yolculukta yegâne muînim sensin! Âileme, malıma çocuklarıma ve dostlarıma seni vekîl ediyorum, bizi ve onları her türlü âfetten ve hastalıktan koru!)

Hayvana veya her hangi bir bineğe binmek istediğinde şu duâyı okur:

بِسْمِ اللّٰهِ وَبِاللّٰهِ وَاللّٰهُ اَكْبَرُ تَوَكَّلْتُ عَلَى اللّٰهِ وَلَا حَوْلَ وَلَا قُوَّةَ اِلَّا بِاللّٰهِ الْعَلِيِّ الْعَظِيمِ مَاشَاءَ اللّٰهُ كَانَ وَلَمْ يَشَأْ لَمْ يَكُنْ اِنَّهُ عَلَى كُلِّ شَيْءٍ قَدِيرٌ

«Bismillâhi ve billâhi vellahu Ekber. Tevekkeltü alellâh. Velâ havle velâ kuvvete illâ billâhil aliyyil-azîm. Mâşaellâhu kâne ve mâ em yeşe'em yekün. İnnehû alâ külli şey'in kadîr.»

Hayvana veya her hangi bir bineğe bindikten sonra okuyacak olduğu duâ :

$$\text{سُبْحَانَ الَّذِي سَخَّرَ لَنَا وَمَا كُنَّا لَهُ مُقْرِنِينَ وَإِنَّا إِلَى رَبِّنَا لَمُنْقَلِبُونَ اَللّٰهُمَّ اِنِّي وَجَّهْتُ وَجْهِي اِلَيْكَ وَفَوَّضْتُ اَمْرِي اِلَيْكَ وَتَوَكَّلْتُ فِي جَمِيعِ اُمُورِي عَلَيْكَ اَنْتَ حَسْبِي وَنِعْمَ الْوَكِيلُ}$$

«Sübhânellezi sahhere lenâ hâza ve mâ künnâ lehû mukrinin ve innâ ilâ Rabbinâ le munkalibûn... Ellâhümme innî veccehtu vechi ileyke ve fevvaddu emri ileyke ve tevekkeltü fi cemîi umûrî aleyke ente hasbi ve ni'mel-vekîl.»

12 — Şu duâyı okumak :

$$\text{اَللّٰهُمَّ اِنَّا نَسْئَلُكَ اَنْ تَطْوِيَ لَنَا الْاَرْضَ تُهَوِّنَ عَلَيْنَا السَّفَرَ وَاَنْ تَرْزُقَنَا فِي سَفَرِنَا هٰذَا سَلَامَةَ الدِّينِ وَالْبَدَنِ وَالْمَالِ وَتُبَلِّغَنَا حَجَّ بَيْتِكَ وَزِيَارَةَ قَبْرِ نَبِيِّكَ مُحَمَّدٍ عَلَيْهِ السَّلَامُ}$$

«Ellâhümme innâ nes-elüke en tatviye lenel-erda ve tuhevvine aleynessefer ve en terzukenâ fi seferinâ hâza selâmeteddîni vel-bednî mâlî ve tübelliğena hacce beytike ve ziyârete kabri Nebiyyike Muhammedin aleyhisselâm.»

13—Yolculuk esnâsında konakladığı yerde, eğer gündüz ise:

$$\text{اَعُوذُ بِكَلِمَاتِ التَّامَّاتِ كُلِّهَا مِنْ شَرِّ مَا خَلَقَ}$$

«Eûzü bi kelimâtik-tammâti küllihâ min şerri mâ haleke»,

Gece ise:

$$\text{يَا اَرْضُ رَبِّي وَرَبُّكِ اللهِ اَعُوذُ بِاللهِ مِنْ شَرِّ كُلِّ اَسَدٍ وَاَسْوَدٍ وَحَيَّةٍ وَعَقْرَبٍ وَمِنْ سَاكِنِ الْبَلَدِ وَوَالِدٍ وَمَا وَلَدَ وَلَهُ مَا سَكَنَ فِي اللَّيْلِ وَالنَّهَارِ وَهُوَ السَّمِيعُ الْعَلِيمُ}$$

«Yâ Erâdu, Rabbi ve Rabbukillâhu. Eûzü billâhi min şerri külli esedin ve Esvedin ve hayyetin ve akrebin ve men sâkinil-beledi ve vâlidin ve mâ velede ve lehu masekene filleyli vennehâri ve huvessemîul-alîm» okur.

14 — Hacc arkadaşlarının birbirini nöbetle beklemesi. Korkulacak yerlerde «Âyete'l-Kürsî» ve «Şehidellâhu...» âyetlerini ve İhlâs-ı şerîfi ve Muavvizeteyn'i (Yâni Kul Eûzü bi Rabbil-felakı ile Kul eûzü bi Rabbinnâsi) okuduktan sonra şu duâyı okurlar:

بِسْمِ اللهِ مَاشَاءَ اللهُ لَاحَوْلَ وَلَاقُوَّةَ اِلَّا بِاللهِ
حَسْبِیَ اللهُ تَوَكَّلْتُ عَلَى اللهِ مَاشَاءَ اللهُ
لَا یَأْتِی بِالْخَیْرِ اِلَّا اللهُ مَاشَاءَ اللهُ لَا یَصْرِفُ
السُّوءَ اِلَّا اللهُ حَسْبُنَا اللهُ وَكَفَى سَمِعَ
اللهُ لِمَنْ دَعَا لَیْسَ وَرَاءَ اللهِ مُنْتَهَى وَلَادُونَ اللهِ
مَلْجَأً كَتَبَ اللهُ لَاَغْلِبَنَّ اَنَا وَ رُسُلِی
اِنَّ اللهَ قَوِیٌّ عَزِیزٌ ... تَحَصَّنْتُ بِاللهِ الْعَظِیمِ

«Bismillâhi ma-şaellah... Lâ havle ve lâ kuvvete illâ billâh. Hasbiyellâh! Tevekkeltü alellâh. Mâ-Şaellâh. Lâ ye'ti bilhayri illellâh. Mâ-şaellâh. Lâ yasrifussue illellâh. Hasbunellâh. Ve kefâ. Semiallâhulimen deâ. Leyse vera elâhi müntehha. Velâ dunellahi mef cea. Kete bellâhu le eğlibenne ene ve Resûli İnnellâhe kavîyûn azîz. Tahassantü billâhil-azîm.»

15 — Yüksek yere çıktıkça tekbir getirmek.

16 — Alçak yere indikçe, (Sübhanellâhi velhamdü lillâhi ve lâ ilâhe illellâhu vellâu Ekber. Velâ havle Ve lâ-kuvvete illâ billâhil-aliyyil-azîm) demek.

17 — Fakîrlerin Haccı arzulamalarına rağmen, terk etmeleri evlâdır. Çünkü fakîr olduğu halde Hacc yolculuğuna çıkarsa yolda bin bir türlü meşakkatlere dûçâr olur. Bir takım zâlım ve çelimsiz kimselerin kötü muâmelelerine uğrar.

Zenginlerin kapılarına gidip de: «Bana yardım edin, ben Hacca gidersem, size bol bol duâ ederim, orada biliyorsunuz ki duâlar kabûl edilir, ne olur bana himmet edin!» gibi sözlerle, zillet kokan davranışlardan, hulâsa her türlü riyâ, mudâhene ve tabassubtan uzak durmalıdır.

Hacc yolculuğunda şâyet böyle bir kimseye rastlanırsa ona :

— Sana Hacc farz olmadığı halde neden yola çıktın? diyerek çıkışmamalı.

Hanefî Mezhebinde böyle meşakkat içinde Hacca gitmek yoktur, bir daha böyle yapma gibi sözlerle nasihat etmek gerekir.

18 — **Karadan ya da deniz yoluyla Hacca giden kimse, Rabiğa yâhûd onun hizâsına geldiği zaman, Haccın ilk farzı olan ihrâmı giyer.** Ona şart, derler.

Yalnız Hacca niyet ederse, ona (Müfridü'l-Hacc) denir, eğer Umre'ye niyet ederse ve bu, Şevval ayını göremeden yani henüz O ay girmeden önce olursa, o zaman O'na : (Müfrid bil-Umre) derler. Eğer Şevval ayı görüldükten yani bu ay girdikten sonra olursa ona (Mütemetti') derler. Şayet Şevvâl-i şerîfin ayını görmeden önce İhrâm giyip de bilâhâre Ay girdikten sonra tavâf ederse, yine (mütemetti) olur. Eğer Hacc ve Umreye niyet ederse ona (Karn) derler.

Bu Hacc türlerinin hangisi olursa olsun, ihrâm giyecek olan kişi traş olur, yâni başını ve eteğini traş eder. Hanımı veya câriyesi yanında ise, harâmdan kendisini tam ma'nâsiyle korumak için, onlarla cinsî ilişkide bulunur. Ondan sonraki yıkanması, hem farz olan gusûl, hem de İhrâm için olan gusül yerine geçer. Nitekim bunun ayrıntılı îzâhı (Cum'a bâbında) geçmiştir.

19 — **Kerahet vakti değilse, iki rek'at namaz kılmak.** Bu namazın birinci rek'atında (Kul yâ eyyühel-kâfirûne..) yi, ikinci rek'atında ise (İhlâsı) okur.

20 — İhrâm kumaşı, beyaz ve yeni, yâhûd beyaz ve temiz olmak.

21 — İhrâm'ın uclarını düğüm yapmamaktır. Şayet yaparsa kötü yapmış olur, düğüm gerekmez.

22 — İki rek'at namazı kıldıktan sonra, hem kalbi ile hem de dili ile niyet etmek. Yalnız Hacca niyet ederse, yâni yalnız Hacca niyet ederek ihrâma bürünürse şöyle der :

$$\text{اَللّٰهُمَّ اِنِّى اُرِيدُ الْحَجَّ فَيَسِّرْهُ لِى وَتَقَبَّلْهُ مِنِّى نَوَيْتُ الْحَجَّ وَاَحْرَمْتُ بِهِ لِلّٰهِ تَعَالَى}$$

«Ellahümme innî urîdul-hacce fe yessirhu lî ve tekebbelhu minnî. Neşeytul-hacce ve ahremtu bihi lillâhi teâlâ» (Allahım. Hac etmek istiyorum, onu bana kolaylaştır ve onu benden kabul et. Niyet eyledim Allah rızâsı için Hacca ve bu sebeble ihrâma büründüm.)

Eğer Hacla birlikte Umre'ye de niyet ederse, yâni Hacc-ı kıran yapmak isterse şöyle der :

$$\text{اَللّٰهُمَّ اِنِّى اُرِيدُ الْحَجَّ وَالْعُمْرَةَ فَيَسِّرْهُمَا لِى وَتَقَبَّلْهُمَا مِنِّى نَوَيْتُ الْحَجَّ وَالْعُمْرَةَ وَاَحْرَمْتُ بِهِمَا لِلّٰهِ تَعَالَى}$$

«Ellahümme innî urîdul-hacce vel-umrete fe yessirhuma lî vetekebbelhuma minnî ne veytül-hacce vel-umrete ve ehremtü bihimâ lillâhi teâlâ» (Allahım, Haccı ve umreyi (yapmak) istiyorum. Onları bana kolaylaştır, onları benden kabul eyle. Allah rızâsı için Hacca ve Umre'ye niyet ettim ve onlar için ihrâma büründüm.) der.

İhrâmı giydikten sonra :

Lebbeyk Ellâhümme lebbeyk... Lebbeyk lâ şerîke leke lebbeyk İnne'l-hamde ve'n-ni'mete leke ve'lmülke lâ şerîkelek» diyerek telbiye eder. Bu telbiyeyi yaparken sesini yükseltir, yâni yüksek sesle yapar bu telbiyeyi...

23 — Namazlardan sonra, yüksek yere çıkarken, alçaklara inerken, yollarda ve cemâate rast geldiği zaman, seher vakitlerinde ve uykudan kalktığında **telbiyeye devam etmek**.

24 — **İhrâm ve teferruâtını mîkâta gelmezden önce icrâ etmek**.

25 — **Arasat Meydanına çıplak gideceğini hatırından çıkartmamak**.

26 — **Haccın ikinci farzı olan Arafat vakfesinde, sanki Arasat Meydanında Allah'ın huzurunda duruyormuş gibi durmak**.

27 — **Haccın üçüncü farzı olan Tavâf-ı Ziyârete giderken, Arasatta herkes yerine sevk edileceğini düşünmek**.

28 — **Haccın vâciblerini ifâ etmek**.

O VÂCİBLER ŞUNLARDIR :

1) Müzdelifede durmak,
2) Safa ile Merve arasında sa'y etmek,
3) Şeytan taşlamak,
4) Uzaktan gelen hacıların vedâ ziyâreti,
5) Traş olmak yâhud taksir etmek;
6) Mîkâtta ihrâm giymek,
7) Güneş batıncaya kadar Arafat'ta durmak,
8) Tavâfa Hacer-i Esved'den başlamak, Beyt-i Şerifi sol tarafa almak,

9) Sa'y ve tavâfta yürümek,
10) Sa'y ve tavâfta abdestli olmak,
11) Avret yeri görünmemek.
12) Sa'ye Safa'dan başlamak,
13) Haccı Kıran ve Haccı Temuttu edenlerin kurban kesmesi,
14) Tavâf içi niki rek'at Tavâf Namazı kılmak,
15) Kurban günü, ilk defa Cemre-i Akabe'yi atıp, sonra traş olmak. Ondan sonrada kurban kesip ihrâm'dan çıkmak. Ziyâret tavâfını kurban günlerinden sonraya bırakmamak. Tavâfı Hacer-i İsmâil'in arkasından yapmak... Bu anlatılan vâciblerden her hangi birini terk ederse, cinâyet kurbanı lâzım gelir. Bu kurbanı hemen kesmek gerekir.

29 — «Lebbeyk!» sedâsiyle nârada bulunduğu zaman, Cenâb-ı Hak (C.C.)'ın emriyle Hazreti İbrâhim Aleyhisselâm'ın çağrısına icâbet etmeyi niyet etmek. Çünkü Hazreti İbrâhim Aleyhisselâm; Allah (C.C.)'ın emri ile Kâbe'yi yapmağa başlayıp tamamladıktan sonra, tüm mahlûkâtı ona dâvet etmek için emrolundu. Nitekim Kur'ân-ı Kerîm'de şöyle buyurulmuştur :

$$وَأَذِّنْ فِي النَّاسِ بِالْحَجِّ يَأْتُوكَ رِجَالًا وَعَلَى كُلِّ ضَامِرٍ يَأْتِينَ مِنْ كُلِّ فَجٍّ عَمِيقٍ$$

«İnsanlar içinde Haccı ilân et. Gerek yaya gerek her uzak yoldan gelecek arık develerin üstünde (süvari) olarak sana gelsinler». (1)

Bu âyeti kerîmenin tefsîrinde anlatılmıştır : Hazreti İbrâhim Aleyhisselâm bu emri aldıktan sonra, Cebel-i

---

(1) Hacc sûresi, âyet: 27.

Kubeys'e çıkıp tepesinden bütün mahlûkâta şöyle seslenmiştir:

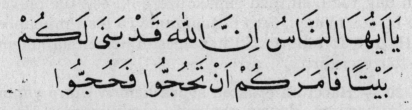

«Ey insanlar, Allah sizin için bir ev inşâ etmiştir. Ve size onu ziyâret etmenizi emretmiştir. Haydi (gelin) Hacc edin (ziyâret edin).»

İbrâhim Aleyhisselâm'ın bu çağrısına; babalarının sulbünde ve annelerinin rahminde olanlardan (Lebbeyk) sedâsı ile cevâb geldi. Bu cevâb bazılarından bir defa, bazılarından bir kaç kere zuhûr etti. Onun için bir defa cevâb verenler bir defa, bir kaç kere cevâb verenler ise bir kaç kere Hac yapanlar, denilmiştir. Hiç cevâb vermeyenlere ise Hacc, aslâ nasip olmamaktadır.

İbrâhim Aleyhisselâm bu sesleri işitince, Allah (C.C.)'a:

— Yâ Rabbi, bu sesler kimin sesleridir? diye niyâzda bulununca «Muhammed Ümmetinin sesleridir!» cevâbı geldi.

Evet, Muhammed Ümmeti'nin Beytullah'a karşı olan sevgisi tamdır. İbrâhim Aleyhisselâm son derece misâfirperver bir Peygamber olduğu için, böyle bir ümmete ziyâfet çekmek istedi. Fakat nasıl yapacağını düşünürken, hemen Cebrâil Aleyhisselâm gelip Allah (C.C.)'ın emrini tebliğ ederek şöyle dedi: Ümmet-i Muhammed'e sen şöyle ziyâfet çekebilirsin: Tüm mahlûkâtı Hacca çağırdığın yerden bir avuç kâfur al ve saç! Ondan Muhammed Ümmetinin yararlanacağı tuz ni'meti meydana gelir. Böylece bu, senin onlara yapmış olduğun bir ziyâfet olmuş olur. Hazreti İbrâhim (A.S.) bu emri yerine getirdi. Avucuna alıp saçmış olduğu o kâfur'u, rüzgâr yeryüzüne ulaştırdı; ondan bir parça suya, bir parça da dağlara düştü ve hemen dağ tuzu, su tuzu olmak üzere iki eşit tuz oluverdi. İşte bu tuz ni'meti, Beyt-i Muazzama'ya olan muhabbetin ve Hazreti İbrâhim (A.S.)'in çağrısını hemen kabûllenmenin bir eseridir...

30 — **Haccı ifâ ettikten sonra hemen Umre yapmak.** Çünkü her kim, Haccın akabinde geciktirmeden Umre'yi yaparsa günâhlardan arınır ve fakîrlikten de kurtulur.

Nitekim **Ömer b. el-Hattab (R. Anhüm) Hazretleri şöyle buyurmuşlardır :**

«Umre'yi hemen Hacc'dan sonra yapın. Çünkü bunların ikisi, Kir'in demir pasını yok edip giderdiği gibi, günâhları ve yoksulluğu giderirler».

Lâkin Ramazan-ı şerîfte yapılan bir Umre için bir Hacc sevâbı verilir, diye hadîs vârid olmuştur.

31 — **Hacer-i Esved'i öpmek.** Lâkin bu öpmekte iki husûsa riâyet edilmelidir:

1) Namazda, secdede iki elini koyduğu gibi, koyarak gayet sakin ve sessiz bir şekilde öpmek...

2) Bunu yaparken kimseye eziyet etmemek... Çünkü bir âdâbı yerine getirirken, harâm olan bir şeyi irtikâb etmekten kaçınmak lâzımdır. Şayet kalabalıktan dolayı Hacer-i Esved'i öpmek mümkün değilse, uzaktan elleriyle işâret eder. Yâni, ellerini Hacer-i Esved'e karşı tutup sonra yüzüne sürer. Bu da öpme yerine geçer.

32 — **Hacer-i Esved'i selâmlarken,** içinde saklı olan ahd-ı misâk emanetini hatırına getirerek şu duâyı okumak:

اَللّٰهُمَّ اِيمَانًا بِكَ وَتَصْدِيقًا بِكِتَابِكَ وَوَفَاءً بِعَهْدِكَ

«Allahım, Sana îmân ederek, Kitâbını tasdîk ederek ve Sana verdiğim sözü yerine getirerek (yapıyorum bunu).»

33 — Zemzem suyunu içerken, içinden geçirdiği niyeti dil ile söylemek.

Nitekim Peygamber Sallellahu Aleyhi ve Sellem Efendimizin :

$$\text{مَاءُ زَمْزَمَ شِفَاءٌ لِمَا يُشْرَبُ لَهُ وَهٰذَا اَشْرَبُهُ لِعَطْشِ الْقِيٰمَةِ}$$

«Zemzem suyu, ne niyetle içilirse ona şifâdır. İşte ben şimdi bunu kıyâmette susamamak için içiyorum» buyurduğu, Câbir (R.A.) Hazretlerinden nakledilmiştir.

Diğer bir hadîste şöyle buyurulur :

$$\text{لَا تَجْمَعُ مَاءُ زَمْزَمَ وَنَارُ جَهَنَّمَ فِى جَوْفِ عَبْدٍ اَبَدًا}$$

«Zemzem ile cehennem ateşi bir kulun karnında kat'iyen ve aslâ bir araya gelemez».

Zemzemi içmek, mü'min ile münâfığı ayırt eder. Bir hadîs-i şerîfte bu gâyet güzel açıklanmıştır :

$$\text{آيَةٌ بَيْنَنَا وَبَيْنَ الْمُنَافِقِينَ أَنَّهُمْ لَا يَتَضَلَّعُونَ مِنْ زَمْزَمَ}$$

«Bizimle münâfıklar arasındaki alâmet şudur: Onların kaygusu zemzem içmekten dolmaz».

34 — Arafat dağındaki vakfedan sonra diğer bütün vâcip ve sünnetleri ifâ ettikten sonra, günâh'tan tertemiz olduğu hakkında en ufak bir şüpheye düşmemek. Zirâ, kıyâmet gününde insanlar arasında en suçlu olan kişi, Arafatta vakf edip de hâlâ Allah (C.C.)'ın afvına uğramadığını sanan kişidir. Bu husûs ta şu hadîs-i şerîfte açık olarak ifâde edilmiştir:

$$\text{اَعْظَمُ النَّاسِ ذَنْبًا يَوْمَ الْقِيَامَةِ مَنْ وَقَفَ بِعَرَفَةَ فَظَنَّ اَنَّ اللهَ لَمْ يَغْفِرْ}$$

Kıyâmet gününde günâh bakımından en suçlu olan kişi, Arafatta durup da hâlâ Allah tarafından mağfiret buyurulmadığını sanan kişidir.»

BİR RİVAYET:

Bir adam zinâ suçunu irtikâb etmiş. Bu günâhının afv ve mağfireti için münâsip bir yer ve zaman aramış... Derken O sene Hacca gitmiş... Arafat'ta vakf ettikten sonra Müzdelife'ye gelmiş... Fakat kıymetli eşyâlarından bir tanesini Arafat'ta unuttuğunu fark etmiş. Hemen kölesini oraya yollamış, haydi git falan şeyimi al getir! demiş... Köle gitmiş ve o şeyi almış tam dönerken, bir takım topluluğun ellerine süpürge alıp devamlı olarak Arafat dağını süpürdüğünü görmüş... Onlara bunun sebebini sorunca şu cevâbı vermişler:

— Arafatta vakf edenlerin günâhları burada kaldı. Şimdi onları süpürmekle emrolunduk.

— Peki burada duranların hepsi afvedildi mi?

— Evet hepsi afvedildi... Hattâ zinâ yapanlar bile afvedildi... demişler; köle gelip durumu efendisine bildirince, efendisi buna çok sevinmiş... «Zinâ yapanlar da afvedildi» sözünü duyunca, gözleri yaşarmış Allah'a şükretmiş ve kölesine: «Ey köle, Rabbim beni afvetmiş, ben de seni âzâd ediyorum!» diye hitap etmiş... Tabii kölesi onun o hâlini bilmiyordu. Sevinçle birlikte, kendisini hayretten alamamış...

35 — Kâ'beye girmek... Ancak Kâ'beye girmenin bir çok şartları vardır :

1) Kâ'beye girmek için ücret vermemek... Çünkü ücret alınmakta veya verilmekte, Beyt-i Muazzama'yı ticâret alanına çevirmek gibi bir anlam taşır ki, bu câiz değildir.

2) Girerken, çıkarken, Beyt-i Muazzama'da dururken kimseye eziyet etmemek. Çünkü oralarda insanlara eziyet etmek kesinlikle yasaktır.

3) Sağına, soluna, Kâ'be'nin tavanına bakmayıp, sanki namazdaymış gibi, son derece huşû ve hudû içinde olmak. Yâni Kâ'be'ye bu şekilde girip çıkmak...

4) Peygamber Efendimizin namaz kıldığı yeri kast etmek. Yâni Kâ'be kapısını arka tarafına alıp karşısındaki Kâ'be duvarına üç arşın mesâfede durup, orada iki rek'at namaz kıldıktan sonra, yüzünü Kâ'be duvarına koyup istiğfar ve hamd-ü senâda bulunmak ve çokça salâvat-ı şerîfe getirmek; annesine, babasına ve tüm ehli îmâna duâ etmek ve her köşede bu tertip üzere ziyâreti icra ettikten sonra şu duâyı okur:

رَبِّ أَدْخِلْنِي مُدْخَلَ صِدْقٍ وَأَخْرِجْنِي مُخْرَجَ صِدْقٍ وَاجْعَلْ لِي مِنْ لَدُنْكَ سُلْطَانًا نَصِيرًا

«Rabbi edhilnî müdhele sıdkîn ve ahricnî muhrâce sıdkîn vec'alli min ledünke Sültânen nasîrâ». Sonra şu duâyı okur :

اَللّٰهُمَّ ادْخِلْنِي بَيْتَكَ فَادْخِلْنِي جَنَّتَكَ اَللّٰهُمَّ يَارَبَّ الْبَيْتِ الْعَتِيقِ اِعْتِقْ رِقَابَنَا وَرِقَابَ آبَائِنَا وَاُمَّهَاتِنَا مِنَ النَّارِ ۰ يَاعَزِيزُ يَاغَفَّارُ اَللّٰهُمَّ يَا خَفِيَّ الْاَلْطَافِ اٰمِنَّا مِمَّا نَخَافُ اَللّٰهُمَّ اِنِّي اَسْأَلُكَ مِنْ خَيْرِ مَا سَأَلَكَ مِنْهُ نَبِيُّكَ مُحَمَّدٌ صَلَّى اللّٰهُ عَلَيْهِ وَسَلَّمَ وَاَعُوذُ بِكَ مِنْ شَرِّ مَا اسْتَعَاذَكَ مِنْهُ نَبِيُّكَ مُحَمَّدٌ صَلَّى اللّٰهُ عَلَيْهِ وَسَلَّمَ رَبَّنَا تَقَبَّلْ مِنَّا اِنَّكَ اَنْتَ السَّمِيعُ الْعَلِيمُ وَتُبْ عَلَيْنَا اِنَّكَ اَنْتَ التَّوَّابُ الرَّحِيمُ ...

«Ellâhümme edhelnî beyteke, fe edhilnî cenneteke, ellâhümme yâ Rabbel-beytil-atiki İtik Rikabenâ ve rikâbe abâîna ve ümmehatinâ minennâr. Yâ Azizu, Yâ Gaffar! Ellahumme yâ hafiyyel'eltaf! Âminna mimmâ nehaf... Ellâhümme innâ es'elûke min hayri mâ seeleke minhu nebiyyüke Muhammedün Sallellahu Aleyhi ve Sellem. Ve eûzü bike minşerri mâ iste azeke münhu nebiyyüke Muhammedün sallallahü aleyhi ve sellem. Rabbenâ tekabbel minnâ inneke entes-semiul-alîm. Ve tub aleynâ inneke entettevvâburrahîm.»

Yukarıda açıklanan şartlara riâyet etmek mümkün değilse, o zaman girmekten vaz geçmek daha yerinde olur. Ta'zime münâfi hareket etmesinden korkulduğu için, içeriye giremedim, diye üzülmesine bir sebeb yoktur. Çünkü Altın Oluk altı, yâni Hacer-i İsmâil diye bilinen yerde Beyt-i Şerîfden sayılır. Onu ziyâret etmek aynen Kâ'be'ye girmek gibidir.

Hazreti Âişe (R. Anhâ) vâlidemizden rivâyet edildiğine göre Peygamber Aleyhisselâm ona şöyle tavsiye etmiştir:

يَا عَائِشَةُ صَلِّي فِي الْحِجْرِ اِنْ اَرَدْتِ دُخُولَ الْبَيْتِ فَاِنَّمَا هِيَ قِطْعَةٌ مِنَ الْبَيْتِ وَلٰكِنْ قَوْمُكِ اِسْتَقْصَرُوهُ حِينَ بَنَوُا الْكَعْبَةَ

«Ey Âişe, Beyt(-i şerîfe) girmek istersen, Hacer-i (- İsmâil yanında) namaz kıl. Çünkü O, beytten bir parçadır. Ne var ki kavmin (Kureyş) Kâ'beyi (yeniden) inşâ ettiklerinde, onu ondan ayırıp çıkardılar (ifrâz eylediler).»

36 — Duâ'nın kabûl edileceği yerleri fırsat bilip o yerlerde duâ etmeğe çalışmak ki, o yerler şunlardır: Kâ'be'nin içi.. Hacer-i Esved.. Rükn-i Irakî.. Rükn-i Şâmî.. Rükn-i Yemânî.. Altın oluk altı.. Mültezim.. Tavâf ânı.. Makâm-ı İbrâhim.. Zemzem suyunu içerken.. Arafat.. Müzdelife.. Mina.. Cemerât-i Selâse, yani üç taşlama zamanı.. Peygamberlerin türbeleri. Hülasâ bütün bu yerleri ve zamanları değerlendirmek gerekir..

37 — Ziyâret edilen mübarek yerlerde, hadîste varid olan ve tavsiye edilen duâları okumak. Mekke-i Mükerreme'yi gördüğünde:

F : 12

اَللّٰهُمَّ افْتَحْ لِى اَبْوَابَ رَحْمَتِكَ وَمَغْفِرَتِكَ وَاَدْخِلْنِى فِيهَا

«Ellahümmeftahli ebvâbe rahmetike ve mağfiretike ve edhilni fiha» (Allah'ım bana Rahmet ve mağfiretinin kapılarını aç ve beni oraya koy!).;»

Bâbüs-selâm'a gelmeden önce, Kâ'beyi gördüğünde şu duâyı okur:

اَللّٰهُمَّ اِنَّ هٰذَا بَيْتُكَ عَظَّمْتَهُ وَكَرَّمْتَهُ وَشَرَّفْتَهُ اَللّٰهُمَّ زِدْهُ تَشْرِيفًا وَتَكْرِيمًا وَزِدْهُ مَهَابَةً وَزِدْ مَنْ حَجَّهُ بِرًّا وَكَرَامَةً اَللّٰهُمَّ افْتَحْ لِى اَبْوَابَ رَحْمَتِكَ وَاَدْخِلْنِى جَنَّتَكَ وَاَعِذْنِى مِنَ الشَّيْطَانِ الرَّجِيمِ

«Ellahümme inne hâza beytüke ve azzemtehu ve kerremtehu ve şerreftehu ellâhümme zidhu teşrîfen ve tekrîmen ve zidhü mehabeten ve zid men haccehu berren ve kerameten. Ellahümmeftah lî ebvâbe rahmetike ve edhilni cenneteke ve eiznî mineşşeytânirracîm» (Allahım, işte bu senin evindir; onu yüce kıldın, şerefli ve kerâmetli eyledin.. Allahım, şeref ve kerâmetini artır! Muhabbetini de artır.. Onu ziyâret edenin iyiliğini ve şerefini artır. Allahım, bana rahmetinin kapılarını aç. Beni cennetine koy. Beni huzûrundan koğulmuş olan şeytandan da muhafaza et!»

Başını kaldırıp Kâ'be'ye bakarak bütün isteklerini Allah (C.C.)'a sunar ve şu duâyı okur:

اَللّٰهُمَّ اَنْتَ السَّلَامُ وَمِنْكَ السَّلَامُ فَحَيِّنَا رَبَّنَا بِالسَّلَامِ وَاَدْخِلْنَا بِفَضْلِكَ وَكَرَمِكَ دَارَكَ دَارَ السَّلَامِ

«Ellahümme entes-selamu ve minkesselâm.. Fe hayyinâ Rabbenâ bis-selâm. Ve edhilnâ bi fadlike ve keremike Darel dares-selâm» (Allahım, sensin selâm! senden dir selâm. Ey Rabbimiz bizi selâmla yaşat, fazlü kereminle bizleri Selâm yurdu olan yurduna koy!»

Benî Şeybe kapısı ki, hâlen ona (Eski Bâbüsselâm) derler. İşte O kapıdan içeriye girdiğinde şu niyâzda bulunulur:

اَللّٰهُمَّ هٰذَا حَرَمُكَ وَمَأْمَنُكَ قُلْتَ وَقَوْلُكَ حَقٌّ (وَمَنْ دَخَلَهُ كَانَ اٰمِنًا) اَللّٰهُمَّ حَمِي وَدَمِي عَلَى النَّارِ وَقِنَا عَذَابَكَ يَوْمَ تَبْعَثُ عِبَادَكَ الَّذِي اَلْحَمْدُ لِلّٰهِ الَّذِي بَلَغَنِي بَيْتَ الْحَرَامِ

«Ellahümme hâza haremüke ve me'menuke kulte ve kavluke hakkun. Ve men dehelehu kâne âmîne. Ellahümme harrif lahmi ve demî alennâri. Ve kınâ azâbeke yevme teb'esu ibâdeke Elhamdu lillâhillezi beleğeni Beytel-ʌerâmı» (Allahım, bu, senin haremindir. Herkesin güven duyacağı yerindir. Sen: (kim oraya girerse emniyet içinde olur) buyurdun, bu sözün Hak ve gerçektir. Allah'ım, etimi, kanımı ateşe yasak et. Bizi kullarını dirilttiğin gün, azâbından koru! Hamd, beni Beyt-i harâma ulaştıran Allah'a mahsûstur!»

Kâ'benin karşısına gelince şu duâyı okur:

$$\text{اَللّٰهُمَّ اِنَّ هٰذَا الْبَيْتَ بَيْتُكَ وَالْحَرَامُ حَرَمُكَ وَالْاَمْنُ اَمْنُكَ وَهٰذَا الْمَقَامُ مَقَامُ الْعَائِذِ مِنَ النَّارِ فَحَرِّمْ لَحْمِى وَجَسَدِى عَلَى النَّارِ}$$

«Ellâhümme inne hâzel-beyte beytüke vel-harâmu haremüke vel-emnu emnuke ve hâzel-makâmu makâmü'l-aizi bike minennâr. Fe harrim lahmî ve cesedî alennâr.» (Allahım, bu senin evindir, bu harem senin haremindir. Bu emniyet yurdu senin emniyet yurdundur. Bu makam, ateşten sana sığınanın makamıdır; etimi, cesedimi ateşe yasak et.»

Hacer-i Esved ile Rükn-i Yemânî arasında, Kâ'be'ye karşı durup kalbi ile tavâfa niyet ettikten sonra, dil ile yapılacak duâları okur. Mutlak tavâfı niyet ederse şöyle der:

$$\text{اَللّٰهُمَّ اِنِّى اُرِيدُ طَوَافَ بَيْتِكَ الْحَرَامِ فَيَسِّرْهُ لِى وَتَقَبَّلْهُ مِنِّى سَبْعَةَ اَشْوَاطٍ لِلّٰهِ عَزَّ وَجَلَّ}$$

«Ellâhümme innî uriydü tavâfe beytikel-harâmi fe yessirhu lî ve takabbelhu minnî seb'ate eşvâtin lillâhi azze ve Celle» (Allahım, ben Beyt-i Harâmını tavâf etmek istiyorum. Onu bana kolaylaştır ve onu benden yedi şavt olarak senin rızân için kabûl eyle!»

Şâyet Hacc-ı İfrâd yapmak isterse, ihrâma da girmişse o zaman : (Seb'ate eşvâtin tavâfel-kudûmî lillâhi ezze ve Celle) der; Eğer Umre veya Temettu yapmak istiyorsa ve ihrâma girmiş ise: (Seb'ate eşvâtin tavâfel-umreti lillâ) hi ezze ve Celle) der; Eğer Hacc-ı Kıran yapıyorsa ve ihrâm da giymiş ise ona iki tavâf ve iki sa'y lâzım gelir. Birinci tavâfta : (Seb'ate eşvâtin tevâfel-kudûmî lillâhi Azze ve Celle) der. Ondan sonra onun sa'yını da yapar..

Böylece tavâf'a niyet ettikten sonra, Hacer-i Esved karşısına gelip, namazda İftihâh Tekbiri için ellerini kaldırdığı gibi, kaldırıp (Bismillâhi Ellâhu Ekber) der ve salıverir.. Ve sağ elini Hacer-i Esved'e sürer. Yukarıda açıklandığı şekilde, mümkünse öper, değilse işâretle yetinip şu duâyı okur :

$$\text{اَللّٰهُمَّ اَمَانَتِي اَدَّيْتُهَا وَمِيثَاقِ تَعَاهَدْتُهُ اِشْهَدْ لِي بِالْوَفَاءِ}$$

«Ellahümme emâneti eddeytuha ve misâki teahhadtuhu işhed lî bil-vefâi» (Allah'ım, emânetimi yerine getirdim. Verdiğim sözü de yerine getirdim.. Sözümde durduğuma şâhit ol!)» Ondan sonra şu duâyı okur :

«Lâ ilâhe illellâhu vehdehu la şerikelehü, lehül-mülkü ve lehül-hamdü ve hüve alâ külli şey'in kadîr.»

«Ellâhümme îmânen bike, ve tasdiken bi kitâbike ve vefâen bi ahdike vettibaen li sünneti Nebiyyike Muhammedin Sallellahu Teâlâ Aleyhi Vesellem..»

Ondan sonra, Sağ omuzunu açıp, ihrâmın ucunu sağ koltuğunun altından çıkarıp sol omuzu üzerine atarak, tavâfın üç şavtında reml eder (adımlarını sıkça ve geniş atarak yürür). Bunun sebebi şudur:

Mekke'nin fethinde Peygamber Aleyhisselâm eshâbı ile birlikte Kâ'be'yi tavâf ederlerken. Kureyş'ten bazı beyinsizler, «Biz neden bunlarla savaşıyoruz. Medine sıtması bunları güçsüz bırakmış..» diyerek dil uzattılar. Peygamber Aleyhisselâm onların bu sataşmalarını duyunca, mübarek sağ omuzu açık bir halde, tavâflarının üç şavtında cesûrâne yürüdüler (dolaştılar) ve onlara celâdet ve muhabbetini izhâr buyurdular..

Evet kişi üç şavtında böyle hızlı adımlar atarak gider, geride kalan dört şavtında ise, ihrâmı normal hâline sokar son derece vakar ve sukûnet içinde yürür (dolaşır, Kâ'be'nin etrafını)..

Mültezim-i Şerîfin yanına geldiğinde şu duâyı okur:

«Ellâhümme inne leke hukûkan fe tasadduk bihâ aleyye» (Allahım üzerimde bir çok hakların var, ne olur onları bana bağışla!)»

Kâ'be kapısı karşısında ise şu duâyı okur:

(Ellâhümme inne hâzel-beyte beytuke, velharâme haremuke, vel-emne emnuke, ve hâza makâmü'l-aizi bike minennâri, fe harrim lehumenâ ve beşeretena alennâri) (1)

Yalnız bu duâyı okurken gözleri ile Makâm-ı İbrâhim'e işâret eder..

---

(1) Bu duânın Arapça metni ve anlamı yukarıda geçtiği için, burada yalnız Türkçe okunuşunu yazmakla yetindik. (N. Erdoğan)

Sonra şu duâyı da okur:

$$\text{اَللّٰهُمَّ بَيْتُكَ هٰذَا اَعْظَمُ وَجْهُكَ كَرِيمٌ وَاَنْتَ اَرْحَمُ الرَّاحِمِينَ فَاَعِذْنِي مِنَ الشَّيْطَانِ الرَّجِيمِ}$$

«Ellahümme beytuke hâza a'zemu. Vechuke kerimun ve ente erhamurrahimin fe eizinî mineşşeytânirrecîmi.» (Allahım, senin şu evin pek yücedir! Cemâlin kerîmdir! Ve sen erhâmurrâhimînsin! Beni (huzûrundan) kovulan şeytan'dan koru!»

Rükn-i Irâkî'ye tesbîh, tahmîd ve salâvat-i şerîfe ile meşgûl olur.

Sonra Rükn-i Irâkî'ye geldiğinde şu duâyı okur:

$$\text{اَللّٰهُمَّ اِنِّي اَعُوذُ بِكَ مِنَ الشِّرْكِ وَالْكُفْرِ وَالشَّكِّ وَالنِّفَاقِ وَسُوءِ الْاَخْلَاقِ وَسُوءِ الْمُنْقَلَبِ وَسُوءِ الْمَنْظَرِ فِي الْاَهْلِ وَالْمَالِ وَالْوَلَدِ}$$

«Ellahümme inni euzü bike mineşşirki velküfri veşşekki vennifâkı ve sûil-ahlâkı ve suil-munkalebi ve suil-manzari filehli velmâlî velveledi» (Allahım, sana; şirk, küfür, şüphe, nifâk, âilede, malda ve çoluk çocukta kötü hâl ve kötü manzaradan sığınırım».

Altın oluğa kadar yine tesbih tahmîd ve salâvat-i şerîfe ile meşgûl olur.

Altın oluğun hizâsına gelince şu duâyı okur:

$$\text{اَللّٰهُمَّ اَظِلَّنِي تَحْتَ ظِلِّ عَرْشِكَ يَوْمَ لَا ظِلَّ اِلَّا ظِلُّهُ اَللّٰهُمَّ اسْقِنِي بِكَأْسِ نَبِيِّكَ مُحَمَّدٍ صَلَّى اللّٰهُ عَلَيْهِ وَسَلَّمَ شَرْبَةً لَا اَظْمَأُ بَعْدَهُ اَبَدًا}$$

«Ellahümme ezilleni tahte zıllı arşike yevme la zille illâ zillehu, ellahüm meskini bi ke'si nebiyyike Muhammedin Sallellahu Aleyhi ve Sellem. Şerbeten la ezmeu ba'dehu ebeden» (Allahım, arşının gölgesinden başka hiç bir gölgenin bulunmadığı günde beni onun gölgesinde gölgelendir. Allahım, bana Peygamberin Muhammed Aleyhisselâm'ın ka'sesinden öyle bir şerbet içir ki bir daha susamayayım).»

Rükn-i Şâmî'ye kadar yine tesbîh, tahmîd ve salâvat-i şerîfe ile meşgûl olur. Oraya gelince şu duâyı okur:

$$\text{اَللّٰهُمَّ اجْعَلْهُ حَجًّا مَبْرُورًا وَسَعْيًا مَشْكُورًا وَذَنْبًا مَغْفُورًا وَعَمَلًا مَقْبُولًا وَتِجَارَةً لَنْ تَبُورَ بِعَفْوِكَ يَا عَزِيزُ بِرَحْمَتِكَ يَا اَرْحَمَ الرَّاحِمِينَ رَبِّ اغْفِرْ وَتَجَاوَزْ عَمَّا تَعْلَمُ اِنَّكَ اَنْتَ الْاَعَزُّ الْاَكْرَمُ}$$

«Ellahümmec'alhu haccen mebruren ve sa'yen meşkûren ve zenben mağfuren ve amelen makbulen ve ticâreten len tebûre bi afvike. Yâ Aziyzu yâ Gâfuru bi Rahmetike ya erhâmerrahimîn. Rabbiğfir ve tecâvez amma ta'lemu inneke entele azzul-ekremu.»

Rükn-i Ymânî'ye dek tesbîh ve tahmîd ve salâvat-ı şerîfe ile meşgûl olur.

Sonra bu duâyı okur:

اَللَّهُمَّ اِنّي اَسْئَلُكَ الْعَفْوَ وَالْعَافِيَةَ فِي الدِّينِ وَالدُّنْيَا وَالْاٰخِرَةِ

«Ellahümme innî es'elukel-afve vel-âfiyete fiddîni veddünya vel-âhireti»

Mümkün ise Rükn-i Yemânî'ye sağ elini sürer.. Zirâ Rükn-i Yemânî'de duâ ederken onlar âmîn derler, diye rivâyet edilmiştir. Yemânî ile Hacer-i Esved arasında şu duâyı okur: (Rabbenâ a'tinâ fiddünya haseneten ve fil âhireti haseneten ve kınâ azâbennâr..) Hacer-i Esved'e geldiğinde şu duâyı okur:

اَللَّهُمَّ اغْفِرْ لِي بِرَحْمَتِكَ وَاَعُوذُ بِكَ مِنَ الْحَجَرِ مِنَ الدِّينِ وَالْفَقْرِ وَضِيقِ الصَّدْرِ وَعَذَابِ الْقَبْرِ

«Ellahummeğfir lî bi rahmetike ve eûzü bike minel Haceri mineddîni vel-fakri ve dıkıssadri ve azâbil-kabri» (Allahım beni rahmetinle bağışla! Dinden alıkonmamdan, fakîrlikten, göğüs darlığı ve kabirin azabından sana sığınırım!)»

İşte bu minvâl üzere yedi şavtı tamamladıktan sonra Mültezim-i şerîfe'ye gelip, beyti seâdete kapanır. Sağ yanağını Mültezim-i şerîf'e koyup sağ eliyle Kâ'be örtüsüne sarılır. Günâhlarına tevbe eder; Allah'tan bütün murat ve maksûdatını niyâz eder yalvarır, yakarır. Sonra şu duâyı okur:

«Ellâhümme Yâ Rabbel-beytil-atîk. İtik rakabeti minennâri ve eiznî mineşşeytanirracîm.» «Ve eiznî Min külli sûin ve kanni'ni bi mâ razaktenî ve bârik lî fimâ a'teytenî Ellahümme inne hâzel-beyte beytuke, vel-abde abduke ve hazâ makâmul-aizi büke minennâri. Ellahümmec'alnî ekreme vefdike aleyke!»

Ondan sonra Makâm-ı İbrâhim'de vâcib olan iki rek'at namazı kılar: Birinci rek'atında (Kul yâ eyyühel-kâfirûne..), ikinci rekatında ise (İhlâsı) okur. Selâm verdikten sonra okuyacağı duâ şudur:

اَللّٰهُمَّ اِنَّكَ تَعْلَمُ سِرّى وَعَلَانِيَتى فَاقْبَلْ مَعْذَرَتى وَتَعْلَمُ حَاجَتى فَاعْطِنى سُؤَالى وَتَعْلَمُ مَا فى نَفْسى فَاغْفِرْ لى ذُنُوبى اَللّٰهُمَّ اِنّى اَسْئَلُكَ اِيمَانًا يُبَاشِرُ قَلْبى وَيَقِينًا صَادِقًا حَتَّى اَعْلَمَ اَنَّهُ لَا يُصِيبُنى اِلَّا مَا كَتَبْتَ لى وَرِضًى بِمَا قَسَمْتَ اَللّٰهُمَّ اِنّى اَنَا عَبْدُكَ وَابْنُ عَبْدِكَ اَتَيْتُكَ بِذُنُوبٍ كَثِيرَةٍ

وَاَعْمَالٍ سَيِّئَةٍ وَهٰذَا مَقَامُ الْعَائِذِ بِكَ
مِنَ النَّارِ فَاغْفِرْ لِي فَاِنَّكَ اَنْتَ الْغَفُورُ الرَّحِيمُ
اَللّٰهُمَّ اغْفِرْ لِلْمُؤْمِنِينَ وَالْمُؤْمِنَاتِ وَقَنِّعْنِي
بِمَا رَزَقْتَنِي وَبَارِكْ لِي فِيمَا اَعْطَيْتَنِي وَاخْلُفْ
عَلٰى كُلِّ غَائِبَةٍ لِي مِنْكَ بِخَيْرٍ

«Ellahümme inneke ta'lemü sırrî ve alaniyetî fakbel ma'ziretî ve ta'lemu hacetî fe atini suâlî, ve ta'lemü mâ fi nefsî fağfir lî zunûbî.. Ellâhümme innî es'elûke îmânen yubaşiru kalbî ve yakînen sadıkan hatta a'lemu ennehu la yusibunî İllâ mâ ketebte lî ve rıdan mimmâ kasemte. Ellahümme inni ene abduke vebnu abdike eteytuke bi zunubin kesiretin ve a'malin seyyietin ve haza makamul-aizi bike minennâri fağfir lî fe inneke entel-ğafurur-rahîm. Ellâhümmeğfir lil-mü'minine vel-mü'minât.. Ve kanni'nî bimarazakteni ve bârik lî fimâ ateytenî Vehlef ala kulli ğaibetin lî minke bi hayrin!»

Bundan sonra yine Hacer-i Esved'i istilâm edip Zemzem-i Şerîf'e gider, Allah (C.C.)'dan dileğini niyâz ederek o mübârek sudan bol bol içer. Sonra da şu duâyı okur:

اَللّٰهُمَّ اِنِّي اَسْئَلُكَ عِلْمًا نَافِعًا وَرِزْقًا وَاسِعًا
وَشِفَاءً مِنْ كُلِّ دَاءٍ وَسَقَمٍ

«Ellâhümme innî es'eluke ilmen nafian ve rızkan vasiân şifâen min külli dâin ve sakemin» (Allahım, senden yararlı bir ilim, bol bir rızık ve her türlü rahatsızlık ve hastalıktan da şifâ niyâz ederim!)»

Ondan sonra Safa kapısından çıkıp kâ'beye teveccuh eder ve şu ayeti okur:

$$\text{اِنَّ الصَّفَا وَالْمَرْوَةَ مِنْ شَعَائِرِ اللهِ فَمَنْ حَجَّ الْبَيْتَ اَوِ اعْتَمَرَ فَلَا جُنَاحَ عَلَيْهِ اَنْ يَطَّوَّفَ بِهِمَا فَمَنْ تَطَوَّعَ خَيْرًا فَاِنَّ اللهَ شَاكِرٌ عَلِيمٌ}$$

«İnnessefa vel-mervete min şeâirillah.. Femen haccelbeyte evi'temere fela cunahe aleyhi en yattavvefe bihima femen tetavvea hayren fe innellahe şakirun alim..» Ondan sonra Allah'tan isteyeceğini ister.. Sa'ye niyet ederek dili ile de şu duâyı okur:

$$\text{اَللّٰهُمَّ اِنِّي اُرِيدُ اَنْ اَسْعٰى مَا بَيْنَ الصَّفَا وَالْمَرْوَةِ}$$

«Ellahümme inni uridu en es'a ma beynessefa vel-merveti» (Allahım ben Safa ile Merve arasında sa'y etmek istiyorum).» Eğer Hacc-ı İfrâd yapıyorsa, (Sayel-kudum lillâhi ezze ve celle) der; Eğer yalnız Umre yapıyorsa yâhud yalnız temettu' yapıyorsa: (Sa'yel - umre) der; Şayet Hacc-ı Kıran yapıyorsa birincisinde: (Sa'yel-umre) ikincisinde ise (Sa'yel-kudum) der. Sonra namazdaki İftitah Tekbiri gibi ellerini kaldırıp (Ellahü Ekber) der. Ellerini salıverdikten sonra da : (Ellahu Ekber ve lillâhil-hamd) der.

Bunu müteakib şu duâyı okur:

اَللهُ اَكْبَرُ عَلَى مَا هَدَانَا وَالْحَمْدُ لِلّٰهِ عَلَى مَا اَوْلَينَا لَا اِلٰهَ اِلَّا اللهُ وَحْدَهُ لَا شَرِيكَ لَهُ لَهُ الْمُلْكُ وَلَهُ الْحَمْدُ وَهُوَ عَلَى كُلِّ شَىْءٍ قَدِيرٌ لَا اِلٰهَ اِلَّا اللهُ مُخْلِصِينَ لَهُ الدِّينَ وَلَوْ كَرِهَ الْكَافِرُونَ . لَا اِلٰهَ اِلَّا اللهُ وَحْدَهُ وَنَصَرَ عَبْدَهُ وَاَنْجَزَ وَعْدَهُ وَهَزَمَ الْاَحْزَابَ وَحْدَهُ اَللّٰهُمَّ اِنَّكَ قُلْتَ وَقَوْلُكَ الْحَقُّ (اُدْعُونِي اَسْتَجِبْ لَكُمْ) وَاَنْتَ لَا تُخْلِفُ الْمِيعَادَ وَاِنِّي اَسْئَلُكَ كَمَا هَدَيْتَنِي لِلْاِسْلَامِ اَنْ لَا تَنْزِعَهُ مِنِّي حَتَّى تَوَفَّانِي وَاَنَا مُسْلِمُونَ (فَسُبْحَانَ اللهِ حِينَ تُمْسُونَ وَحِينَ تُصْبِحُونَ وَلَهُ الْحَمْدُ فِي السَّمٰوَاتِ وَالْاَرْضِ وَعَشِيًّا وَحِينَ تُظْهِرُونَ يُخْرِجُ الْحَيَّ مِنَ الْمَيِّتِ وَيُخْرِجُ الْمَيِّتَ مِنَ الْحَيِّ وَيُحْيِي الْاَرْضَ

بَعْدَ مَوْتِهَا وَكَذٰلِكَ تُخْرَجُونَ) اَللّٰهُمَّ اِنِّي
اَسْئَلُكَ اِيمَانًا دَائِمًا وَيَقِينًا صَادِقًا وَعِلْمًا نَافِعًا
وَقَلْبًا خَاشِعًا وَلِسَانًا ذَاكِرً وَاَسْئَلُكَ الْعَفْوَ
وَالْعَافِيَةَ وَالْمُعَافَاتِ فِي الدُّنْيَا وَالْاٰخِرَةِ

«Ellahu ekber alâ mâ hedana, Velhamdü lillâhi alâ mâ evlana lâ ilâhe ilte lellahu vehdehu laşerikeleh. Lehülmülkü ve lehül-hamdü vehüve alâ kulli şey'in kadîr.. Lâ ilâhe illâllahu muhlisine lehuddîne ve lev kerîhel-hafîrûn.. Lâ ilâhe illellahu vehdeh. Ve nasare abdeh. Ve enceze va'deh. Ve hezemel-ahzabe vahdeh. Ellahümmeinneke ku!te ve kavlukel-hakku : (Ud'ûni estecib leküm) ve ente lâ tuhliful-miâd. Ve inni es'elüke kemâ hedeyteni lil-İslâmi en lâ tenza'ahu minni hatta teteveffani ve ene müslîmün. (Fe sübhânellâhi hinetümsüne ve hine tusbihune velehulhamdü fissemâvati vel-ardı ve aşiyyen ve hine tuzhirune yuhricul- hayye minel-meyyiti ve yuhricul-meyyite minelhayyi ve yuhyil-erde ba'de mevtiha ve kezâlike tuhrecun) Ellahümme inni es'elüke îmânen dâimen, ve yakînen sâdıkan ve ilmen nâfian ve kalben hâşian ve lisânen zâkiren ve es'elûkel-afve vel-âfiyete vel-muafati fiddünya vel-âhireti.»

Bundan sonra iki yeşil direk arasında tavâftaki gibi üç şavtında hızlı adımlar atarak dolaşır. Ve şu duâyı okur:

(Rabbiğfir ve tecâvez ammâ ta'lemu ve lâ na'lemu inneke entel-eazzül-ekremu! Neccinâ minennâri salimine ve edhilnel-cennette Âmînine... Rabbene atinâ fiddünya hâseneten ve fil-âhireti heseneten ve kınâ azâbennâr.)

Bunun sebebi şudur : Hazreti İbrâhim Aleyhisselâm

Hâcer vâlidemizi ekinsiz çorak bir vadide bıraktığı zaman, Allah'ın hıfzına tevdi buyurdular. Bir müddet sonra suları kalmadı. Oğlu İsmâil (A.S.)'i Zemzem kuyusunun olduğu yere bırakıp su aramağa başladı. Safa dağına, çıktı, indi. Merve tarafına giderken işbu iki meyilli yer arasına geldiğinde, Hazreti İsmâil (A.S.)'i gördü ve ona şefkat ve muhabbet duydu ve bu duygu içinde yürümeye başladı. İşte Safa ile Merve arasındaki yürüme bundan kalmıştır. Ne varki kadınlar hızlı adımlarla yürümezler. Sesleri de nâ-mahrem olduğu için telbiyeyi gizli söylerler.

38 — **Zil-hicce'nin sekizinci günü olan Terviye günü, sabah namazını kıldıktan sonra, güneş doğarken Arafat'a gitmek.** Yalnız Arafat'a giderken son derece sükûn ve vakar içinde gider..

39 — **Arasata gideceğini ve orada Allah (C.C.)'ın huzûrunda durup hesâb vereceğini düşünerek telbiye getirmek.**

40 — **Arefe gecesi Mina'da gecelemek.**

41 — **Güneş doğarken Mina'dan Arafat'a yola çıkmak.**

42 — **Arafatta vakfe için yıkanmak.**

43 — **Öğle ile ikinci namazını İmâmla Mescid-i İbrâhim'de edâ etmek.** Mescid-i İbrâhim'e gidemeyenler her namazı vaktinde kılarlar. İki vakti cemedemezler. İş bu Cem ancak İmâm ve yâhûd vekiline mahsûstur. İmâm ve vekilin dahi Namazı Mescid-i İbrâhim'de kılmalarına bağlıdır bu!

44 — **Vakfe'nin vakti : Arefe günü, zevalden sonra başlar, Bayram gününe kadar devam eder.** Bu iki vakit arasını fırsat ittihaz ederek Cenâb-ı Hakk (C.C.)'a tezarru ve niyazda bulunur. Günâhlarının afvını ister, dünya ve âhiret seâdeti için bol bol dilekte bulunur.

45 — Kerâhet vakti değilse, Mescid-i İbrâhim'de iki rek'at Tahiyetü'l-mescid namazını kılar.

46 — Mescid-i İbrâhim'de öğle namazını edâ ettikten sonra orada okunan hutbeyi dinler.

47 — Öğle namazının farzını imâmla kıldıktan sonra, son şünneti ile ikindi namazının sünnetini terk edip, namazının farzına uyar. Bu namazlar, tek ezan ve iki kametle kılınır. Cuma'ya rastlarsa, Mescid-i İbrâhim'de Cum'a namazı k lınmaz. O gün dahi bu anlattığımız tarzda sadece öğle ve ikindi namazları kılınır.

48 — Cebel-i Rahmet yakınında olan kara taşlar üzerine vakf etmek.

49 — Vakfe hâlinde yüzünü daima Kâ'be tarafına çevirmek.

50 — Namazdan sonra olduğu gibi, vakfe hâlinde duâyı elleri kaldırarak yapmak.

51 — Duâ ederken arada bir (Lebbeyk!) demek.

52 — Vakfede yüz kere: (Lâ ilâhe illellâhu vehdehu la şerikeleh. Lehül-mükü velehul-hamdü vehüve alâ külli şeyin kadîr) der yüz kere ihlâsı şerîf okur.

Yüz kere: İhlâsı şerife okur.

(Sübhânellahi velhamdü lillâhi velâ ilâhe illellâhu vallâhü ekber. Velâ havle velâ kuvvete illâ billâhil-aliyyil-azîm) der.

Yüz kere de:

(Estağfirullahel-azîm. Ellezî lâ ilâhe illâ hüvel-hayyül-kayyum. Ve etubü ileyh. Ve nes'eluhuttevbete vel-mağfirete vel-hidâyete lenâ innehu hüvettevvaburrahîm) der. Ondan sonra yüz kere de salâvat-i şerîfe getirir..

53 — Gözlerinden bir damla olsun yaş akıtmaya gayret eder ki, bunun yapmış olduğu Haccın kabûl edilip afv ve mağfiretine vesîle olduğunu, söylemişlerdir.

54 — Güneş battıktan sonra biraz daha bekler. Sonra Müzdelifeye hareket eder. Meş'ar-i Harâm civârında konaklar. Orada önce akşam namazının farzını, sonra yatsı namazının farzını ve iki rek'at sünnetiyle Vitri kılar. Akşam namazının iki rek'at sünneti ile yatsı namazının dört rek'at sünnetinden muâf tutulmuştur. Bu iki vaktin namazlarını bir ezan, ve bir kametle edâ eder.

55 — Ertesi gün atılacak Cemre taşları ile vesâir cemreler için yetmiş adet taş toplar. Üstü başı kirlenmiş ise güzelce bir yıkanır.

56 — Müzdelife'de şu duâ'yı okur:

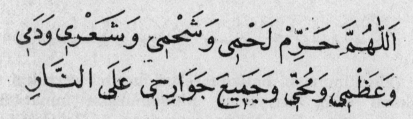

«Ellahümme harrim lahmî veşehmî, ve Şârî ve demî Ve azmî ve muhhî ve cemia cevarihî alennâri» (Allahım, etimi, yağımı, saçımı, kanımı, kemiğimi beynimi ve tüm âzâlarımı ateşe yasak kıl!)

57 — Üzerinde bulunan kul hakkı ve insanlara yapmış olduğu tüm haksızlıklar için içten ihlâs ve ısrarla duâ eder. Bunun ayrıntılı izâhı (duâ bâbında) geçmiştir. İbni Abbas ve İbni Ömer'den (Allah her ikisinden de râzı olsun!» nakledilmiştir ki:

«Peygamber Sallellahu Aleyhî ve Sellem Arefe gecesi Ümmetinin afvını, Allah'tan ricâ etti. Kul hakkından başka tüm günâhlar afvolundu. Sonra Bayram gecesi

F : 13

Müzdelife'de: (Yâ Rabbi, mazluma kendisine yapılan haksızlıktan daha iyisini lütf edip (bu vesîle ile) zâlimi afvetmeğe kadirsin!) diye niyâzda bulundu. Ona dahi ilâhî müsaade zuhûr etti. Ve bu lütfa şeytan dahi tahassur eyledi. Hattâ başına toprak saçıp feryâd ederken onu Resûlüllah Sallellahu Aleyhi Vesellem gördüler ve tebessüm buyurdular. Onun için şeytanın göründüğü o yere «Tahassur vâdisi» denir ki orada vakf olunmaz!

58 — Şu duâyı tekrar okumak :

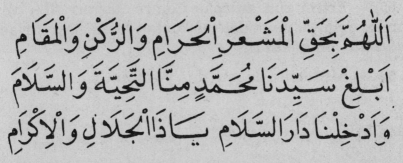

«Ellahümme bi hakkil-meş'aril-harâmi verrükni velmakâmı ebliğ Seyyidinâ Muhammedin minat-tehiyyete vesselame. Ve edhilnadaresselâm. Yâ Zel-Celâli velikra:m» (Allahım, Meş'ar-i harâm, Rükn ve makam hakkı için, efendimiz Muhammed'in rûhuna bizden saygı ve selâmı tebliğ eyle! Ve bizi selâmet yurduna idhâl eyle! Ey Celâl ve ikrâm sâhibi olan (Rabbim)!»

59 — Müzdelife vakfesi için yıkanmak. Şayet su bulunmazsa teyemmüm edilir.

60 — Müzdelife vakfesine sabah namazı karanlığı gitmeden başlamak.

61— Meş'ar-i haram'da vakfede iken, telbiye arasında: (Rabbena atina fiddünya haseneten ve fil-ahireti haseneten ve kina azâbennar..) duâsını tekrar etmek.

62 — Sabah vakti girdikten sonra, güneş doğmadan Mina'ya hareket etmek.

63 — Mina'ya giderken, mezkur tahassur vadisine gelince oradan süratle geçmek. Çünkü O vadide Rasûlüllah Efendimiz Şeytanı görmüştür. Yâhûd Kâ'be'yi yıkmaya gelen Fil eshâbına âzâb orada nâzil olmuştur. Onun için oo vadide durulmaz, yanından hızla geçilir..

64 — Mina'ya geldiğinde, doğru Cemre-i Akabeye gelip, kimseye eziyet etmeden, müzdelifeden topladığı taşlardan yedisini alıp, duvarın karşısında beş arşın uzak bir mesafede durup, iftitah tekbirindeki gibi ellerini kaldırıp (Bismillâhi Ellâhu ekber) der, sonra ellerini salıverir. Bilâhere taşın birini alıp baş parmağı ile şahâdet parmağı arasında tutarak kulağına kadar kaldırıp: (Rağmen lişşeytânî ve rıdâen lirrahmani, Ellahümmec'alni sa'yen meşküren ve zenben mağfuren) duâsını okuyarak atmak. Bu minval üzere yedi taşın atmasını tamamlar. Taş atarken duvarın dibini hedef alır. Eğer taş duvara dokunup geriye sıçrarsa (sekerse) de duvardan bir arşın mesafeye düşerse iâdesi lâzımdır (yâni tekrar atılması gerekir). Yedi taşı birden atarsa tek taş yerine geçer, altı taş daha atması gerekir. Onun için ihtiyâten yanında fazla taş bulundurmalıdır.

65 — Güneş doğduktan sonra zevâl vaktine kadar Cemre-i Akebe'yi atıp, ondan sonra telbiye'yi kesmek.

66 — Cemre-i Akebe'yi attıktan sonra, Hacc-ı İfrad yapıyorsa başını traş eder. Eğer mütemetti (Temettu Haccını yapan) yâhûd Karın (Haccı Kıran yapan) bir kimse ise, Cemre-i Akebe'den sonra şükran kurbanını kesip öyle traş olur. O gün tavâf-ı ziyâreti ifâ etmek efdaldır. İkinci ve üçüncü günü câizdir. Kurban günleri geçtikten sonra kurban kesmek (Haccın cinâyetinden, yâni cezâî mûcib olan husûslardandır).

67 — Traş olurken (Ellahu Ekber.) deyip şu duâyı okumak:

اَللّٰهُمَّ هٰذَا نَاصِيَتِي بِيَدِكَ فَاجْعَلْ لِي بِكُلِّ شَعْرَةٍ نُورًا يَوْمَ الْقِيٰمَةِ اَللّٰهُمَّ بَارِكْ لِي فِي نَفْسِي وَاغْفِرْ لِي ذُنُوبِي وَتَقَبَّلْ مِنِّي عَمَلِي بِرَحْمَتِكَ يَا اَرْحَمَ الرَّاحِمِينَ اَللهُ اَكْبَرُ. اَلْحَمْدُ لِلّٰهِ الَّذِى اَعَانَنَا عَلَى قَضَاءِ نُسْكِنَا اَللّٰهُمَّ زِدْنَا إِيمَانًا وَيَقِينًا وَتَوْفِيقًا وَاغْفِرْ لَنَا وَلِاٰبَائِنَا وَلِاُمَّهَاتِنَا وَلِلْمُسْلِمِينَ وَلِلْمُسْلِمَاتِ

«Ellahümme hâza nâsiyeti bi yedike, fec'al li bikülli şa'retin Nûren yevmel-kıyâmeti, Ellâhümme barik li fi nefsi vağfirli zunûbi ve takebbel minni ameli. Bi Rahmetike, yâ Erhamerrahimîn. Ellahu Ekber. Elhamdû lillâhillezi eânenâ alakadai nusukina Ellâhümme zidnaimanen ve yakinen ve tevfiken vağfirlena ve li abâina ve li' ümmehatine ve lilmüslimine velmüslimat» (Allahım, işte saçlarım yedi kudretindedir: Her kıla karşılık kıyâmette bana nûr ihsân et. Allahım, kendim için bu (amelimi) mübarek kıl, günâhlarımı bağışla, amelimi rahmetinle kabûl eyle, ey Erhamerrahimîn!)

Ellahu Ekber! Hacc ibâdetlerimizi ifâ etmek için bize yardım eden Allah'a hamd olsun! Allahım, îmânımı, yakınımı ve muvaffakıyetimi artır! Bizi, babalarımızı, annelerimizi tüm Müslüman erkekleri ve kadınları sen bağışla!»

Hulâsa, Bayram günü şu husûslara dikkat etmek lâzımdır:

Cemre-i Akabe (Şeytanı taşlama), Mutemet'. ve Karın olan Hacının şükür kurbanı kesmesi. Sonra Mekke'ye gidip ziyâret tavâfını edâ etmesi.

68 — Üç taşlama için yıkanmak.

69 — Mina'da taşlama geceleri yatmak. Bayramın ikinci günü, yirmi bir taşı alıp öğlen namazını cemaâtle kıldıktan sonra doğru Mescid-i Sayf'ın hizâsında olan Cemre'yi Kusva'ya gelip, orada evvelki günde ki gibi yedi taş atar. Ve duâ eder. Ondan sonra Cemreyi vustâya gelip orada dahi atar ve duâyı aynı şekilde icrâ eder. Cemre-i Akabe'ye geldiği zaman, orada da taşları atar. Fakat duâ etmez. Duâyı giderken yapar. Geride kalan Bayram günlerinin beherinde aynı şekilde davranır.

Eğer dördüncü günü kalmayıp Mekke'ye hareket ederse, atılan taşlar kırk dokuzu bulmuş olur. Geride kalan yirmibir taşı bir yere gömer, yabana atmaz. Çünkü bu taşlar lâzım olur. O taşların kıymetli olduğunu isbât etmek için deriz ki :

İbrâhim Aleyhisselâm'ın zamanından bu yana yıllarca hattâ asırlarca oraya Hac mevsiminde yüzbinlerce taşlar atılmaktadır. Eğer, O taşlar değerli olmasaydı bu güne kadar oracıkta yığılıp büyük büyük dağlar meydana gelirdi. Halbuki böyle bir şey olmamaktadır. Orada yığılan taşların yerinde, ertesi sene pek az taş bulunmaktadır. Bunun hikmeti şu olsa gerek :

Haccı kabûl olunanların taşları o yerden kaldırılır. Kalan taşlar ise maazellah Hacları kabûl edilmeyenlerin taşlarıdır..

70 — Mina'da kaldığı müddetçe beş vakit namazı, Mescid-i Sayf'ta cemaâtle kılmağa gayret etmek.

71 — Mina'dan Mekke'ye hareket ederken Batha'ya geldiğinde, (Muhassab) adındaki yerde konaklayıp istirahat etmek ve istirahatını Kur'ân okumak, tasaddukta bulunmak gibi hayırlı amellerle geçirmek.

72 — Menasık-ı Hacca muvaffak olmayıp ölenlerin vasiyetleri yukarıda geçen âdâb üzere, ölen kimsenin haccını ifâya himmet ve gayret göstermek. Zirâ Cenâb-ı Hakk (C.C.) böyle bir hac için üç kimseyi cennete koyar:

1) Ölen kimse,

2) Onun namına ihrâma girip yerine hac eden kişi,

3) Vasiyeti icrâ ve tenfîzine yardımcı olan kişi.. Nitekim bu müjde şu hadis ile verilmiştir :

$$اِنَّ اللهَ يَدْخِلُ بِالْحَجَّةِ الْوَاحِدَةِ ثَلاَثَةَ نَفَرٍ اَلْجَنَّةَ الْمَيِّتَ وَالْحَاجَّ وَالْمُنْفِذَ لِذَلِكَ...$$

«Tek bir Hacc sebebiyle Allah üç kimseyi cennete koyar: Ölen kişi, Namına hacca giden kişi, Vasiyeti infaz eden kişi.»

73 — Tavâf-ı Ziyâret, Umre ve Tavâf-ı Vedâ'ı ifâ ettikten sonra, çok vakit geçirmeden, Peygamber Sallellahu Aleyhi ve Sellemin Ravzâi Mutahharesini ziyâret etmek için hemen Medîne'ye gitmek. Ne var ki Kabir Ziyaretlerinde gerekli âdâb ve usûlüne riâyet edilmelidir. Şimdi Kabir ziyaretinin âdâbına geçiyoruz.

(Mülteka, Camiüs'Sağir, Mişkâtü'l Envâr)

Yirminci Bâb

Kabir Ziyâret Etmenin Âdâbı

Peygamber Sallellahu Aleyhi ve Sellem, ölüler hakkında aşırı davranışlardan uzak duranlara, kabir ziyâretini müsâde etmişlerdir. Nitekim bir hadîs-i şerîfte şöyle buyurulmuştur:

$$\text{اِنِّي نَهَيْتُكُمْ عَنْ زِيَارَةِ الْقُبُورِ اَلَا فَزُورُوهَا}$$

«Ben size kabirleri ziyâret etmenizi yasaklamıştım; dikkat edin! Haydi ziyâret edin!»

Lâkin kadınlar hakkında yasak devam etmiş ve şöyle buyurulmuştur:

$$\text{لُعِنَ زُوَّارَاتِ الْقُبُورِ}$$

«Kabirleri çok çok ziyâret eden kadınlar lânetlenmiştir.»

Ne var ki Penâhımız ve iki Cihânda desteğimiz (ellerimizden tutanımız) olan Fahr-i âlem Efendimiz Sallellahu Aleyhi ve Sellemin kabrini ziyâret etmek, erkekler için mendûb olduğu gibi, kadınlara da mendûbdur. Hulâsa kadınların kabir ziyâretleri, yalnız Efendimizin Ravza'sını ziyâret etmelerine mahsûsdur.

İşbu kabir ziyâretinin de bir çok âdâb ve usûlü vardır :

1 — **Niyeti doğrultmak.** Yâni ziyâretten maksadı, ancak Cenâb-ı Hakk (C.C.)'ın rızâsı olmalıdır. Başka bir sebeb ve garaz için olmamalıdır. Ne yazık ki zamanımızda, bazı kimseler, başlarına bir şey geldiği zaman, yâhûd mühim bir işleri çıktığı zaman, hemen bazı zâtların kabirlerine koşarlar, ve ondan medet beklerler.

«Falan kimsenin kabrine giderim, onu ziyâret ederim. O sâyede başım dertten kurtulur, yâhûd şu işim görülüverir» derler. İşte bu doğru değildir. Şer'an ve aklen çirkindir ve yasaktır, katiyen câiz değildir. Çünkü kul, beklediğini yalnız Allah (C.C.)'tan beklemeli. Kabirdeki insanlardan değil! Böyle yapan kimsenin işi görülse dahi, mutlaka Allah (C.C.)'ın kaza ve kaderi o vakte tesadüf etmesindendir, yoksa orada yatan kimsenin himmetinden değil! Zaten böyle bir şey beklemek, şirktir. Allah (C.C.) korusun!

Yâhûd da işinin görülmesi, kötü niyetinden dolayı, istidrac olmak üzere, Cenâb-ı Hak (C.C.) tarafından olmuştur..

İstihâre hakkındaki hadîslerin bu konu ile hiç bir ilgisi yoktur!

2 — **Abdestli olmak,**

3 — **İki rek'at namaz kılmak.** Her rek'atta Fâtiha'dan sonra bir Âyete'l-Kürsi ve üç İhlâs okunur. Selâm verdikten sonra o namazdan hâsıl olacak sevâbı o kabirde yatan kimsenin rûhuna bağışlar.

4 — **Gâyet sükûnet ve vakar içinde yürümek,**

5 — **Kabristana vardığında bütün kabir ehline :**

«Ve aleykümesselâmü ehled-diyâri minel-müslimîn vel-mü'minîn. Rahimellahül - müstakdîmine minküm velmüste'hirîne minnâ. Entem lenâ selefun ve nahnu leküm tebeun ve innâ inşeallâhu leküm lâhikun. Nes'elullâhe lenâ veleküm el-âfiyete.» diyerek selâm verir.

6 — Kabrin sağ tarafında ölünün yüzüne karşı ayak tarafında durup, sağlığında ona ne kadar yakın oturuyordu ise, o derece yakın oturmak.

7 — Kabre el sürmekten, yâhûd öpmekten şiddetle kaçınmak.

8 — Orada Yasîn sûresini okumak, yâhûd bildiği sûreleri veya âyetleri okumak.

Orada okunanlardan hâsıl olan sevâbı ölünün rûhuna bağışlandıktan sonra, tekrar son derece sükûnet ve vakar içinde dönülür.

Bir kimse mü'min olarak tanıdığı bir ölünün kabri başında ona selâm verirse, kabir içindeki ölü onu tanır ve selâmını almaya çalışır. Ne var ki vefâtı sebebiyle bütün hayırlı işlerden kesildiklerine üzülürler. Bir Hadiste şöyle buyurulmuştur:

$$\text{مَا مِنْ عَبْدٍ يَمُرُّ بِقَبْرِ رَجُلٍ كَانَ يَعْرِفُهُ فِي الدُّنْيَا اِلَّا عَرَفَهُ وَرَدَّ عَلَيْهِ السَّلَامَ وَيَتَأَسَّفُونَ عَلَى اِنْقِطَاعِ الْعَمَلِ}$$

«Herhangi bir kul dünyada tanıdığı bir kimsenin kabri yanından geçerse, o da onu tanır ve selâmını alır. Ne var ki ölüler amellerin kesilmesinden dolayı üzülürler.»

Bir hadîs-i şerîfte de şöyle buyurulmuştur:

اِذَا قَرَأَ الْمُؤْمِنُ آيَةَ الْكُرْسِيِّ وَجَعَلَ ثَوَابَهَا اِلٰى اَهْلِ الْقُبُورِ اَدْخَلَ اللهُ قَبْرَ كُلِّ مَيِّتٍ مِنْ مَشْرِقٍ اِلٰى مَغْرِبٍ اَرْبَعِينَ نُوراً وَسَّعَ اللهُ عَلَيْهِمْ قُبُورَهُمْ وَرَفَعَ كُلَّ مَيِّتٍ وَيُعْطِى الْقَارِئَ ثَوَابَ سِتِّينَ نَبِيًّا وَجَعَلَ اللهُ بِكُلِّ حَرْفٍ مَلَكاً يُسَبِّحُ لَهُ اِلٰى يَوْمِ الْقِيَامَةِ

«Bir mü'min Âyete'l-Kürsi'yi okuyup da sevâbını kabirde yatanların rûhuna hibe ederse, Allah meşrikten mağribe kadar her ölünün kabrine kırk nûr idhal eder. Kabirlerini genişletir, derecelerini yükseltir, okuyana da altmış Peygamber sevâbını verir. Allah ayrıca her harfine karşılık, kıyâmete kadar onun için tesbih edecek bir melek halk eder.»

Bir kimse, bir kabristana uğrayıp orada medfûn olanların rûhuna onbir kere İhlâs okursa Allah (C.C.) ona orada gömülü olanların sayısınca sevâb verir.

Nitekim bir hadîste şöyle buyurulmuştur:

مَنْ مَرَّ عَلَى الْمَقَابِرِ فَقَرَأَ قُلْ هُوَ اللهُ اَحَدٌ عَشَرَ مَرَّاتٍ ثُمَّ وَهَبَ اَجْرَهُ لِلْاَمْوَاتِ اُعْطِىَ اَجْرَهُ بِعَدَدِ ذٰلِكَ الْاَمْوَاتِ

«Kim bir kabristana uğrayıp da onbir kerre (Kul huvellahu ahadün..) sûresini okuyup ecrini (oradaki) ölülere bağışlarsa, orada bulunan mevtâlar sayısınca ecir verilir ona.»

9 — **Kabri çiğnememek.** Zirâ kabrin üstü meyyitin hakkıdır, kabir üzerine basıp çiğnemek ölünün karnına basmak gibidir. Hattâ Abdullah ibn Mes'ud (R.A.) :

«Ateş üzerine basmam, kabir üzerine basıp çiğnemem den daha iyidir!» dedi.

Hadîs-i Şerîfte de :

$$\text{لَأَنْ اَطَأَ عَلَى جَمْرَةٍ اَحَبُّ اِلَيَّ مِنْ اَنْ اَطَأَ عَلَى قَبْرٍ}$$

«Ateş üzerine basmam, bir kabri çiğneyip geçmemden daha iyidir» buyurulmuştur. Mutlaka geçmek icâb ediyorsa, yâni başka çâresi yoksa, tesbîh, tehlîl, duâ ve istiğfarla geçilmesi gerekir. Fıkıh Kitablarında böyle açıklanmıştır.

(Mefâtihü'l-Cinan, Münye.

Yirmibirinci Bâb

Peygamberlerle Velilerin Kabirlerini Ziyâret Etmenin Âdâbı

Kibâr-ı Sahâbe'den Mihmandâr-ı Resûlüllah Hâlid b. Zeyd Ebâ Eyyûb el-Ensârî (R.A.), bilindiği gibi İstanbul'da medfûndur. Eyyup Sultan'da medfûn olan bu Sahâbînin kabrini ziyâret etmek isteyen kişi, önce o makberede medfûn bulunan mevtâlara, yukarda açıklandığı şekilde selâm verir, ondan sonra Hâlid b. Zeyd (R.A.)'ın bulunduğu türbeye gelip, yine yukarda geçen âdâb ve usûl üzere ziyâret eder. Şöyle selâm verir:

اَلسَّلَامُ عَلَيْكَ يَا خَالِدَ بْنِ زَيْدٍ اَلسَّلَامُ عَلَيْكَ يَا اَبَا اَيُّوبِ الْاَنْصَارِي رَضِيَ اللهُ عَنْكَ وَاَرْضَاكَ وَجَعَلَ الْجَنَّةَ مَنْزِلَكَ وَمَسْكَنَكَ مَحَلَّكَ وَمَأْوَاكَ اَلسَّلَامُ عَلَيْكَ وَرَحْمَةُ اللهِ وَبَرَكَاتُهُ

«Esselâmu aleyke Yâ Hâlid b. Zeyd, Esselâmu aleyke yâ ebâ Eyyûb el-Ensârî Radiyellahu anhe ve erdâke ve cealel - cennete menzîleke ve meskeneke ve mahelleke ve me'vake. Esselâmu aleyke ve Rahmetullahi ve berekatuh..»

Ayvansaray kapısının dışında Eshab-ı Kîram'dan Muhammed Ensârî (R.A.)'ın kabr-i şerîfleri vardır. O kabir ziyâret edildiği zaman şöyle selâm verilir:

«Esselâmü aleyke yâ Muhammed el-Ensârî Radiyellâhu anh ve ceâlel-cennete menzîleke ve meskeneke ve me-vake, Esselâmü aleyke ve rahmetullahi ve berekatuh.»

İşte, ileri de izâh edilecek olan Eshâb-ı Kîrâm'ın kabirleri ziyâret edildiğinde, selâm böyle verilir..

Evet, Koca Mahmut Paşada Kireçhane yakınında Eshâb-ı Kîram'dan Ebûd'derdâ (R. A.) hazretlerinin kabri, Abdul-Vedud Mahallesi; ki hâlen «Yâ Vedûd mahallesi» adı ile bilinmektedir. O Mahallenin Beylik değirmeni civarında Eshâb-ı Kîram'dan Ka'b (R.A.) hazretlerinin kabri, Eğrikapının yakınında bulunan kabristanda Eshâb-ı Güzîn'den Abdü'ssadık (R.A.)'ın kabri, Eğrikapı içinde yine Eshâb-ı Kîram'dan Hafir (R.A.)'ın kabri, Bâb-ı Ensârî içindeki Mustafa Paşa Câmi'i içinde Câbir (R.A.)'ın kabri, Şişeci hanı yakınında Şu'be (R.A.)'ın kabri, Rum kilisesi sokağının sonunda, çukurda Abdullah el-Hayrî (R.A.)'ın kabri, Meydancık Câmii şerifi adı ile bilinen Koca Kasım Mescidi'nin Mihrabı Cânibinde Ca'fer b. Abdullah el-Ensârî (R.A.)'ın kabri, Meydancı Câmî'i şerifin tam karşısında Hasan ağa yokuşu diye bilinen yerde Tâbiînden Hasan ve Hüseyin adında iki kardeşin kabirleri, bulunmaktadır. Bir yerde iki zât medfûn olursa, meselâ az önce sözü geçen Hasan ve Hüseyin kardeşler gibi, o zaman şöyle selâm verilir:

«Esselâmü aleyke yâ Hasan! Esselâmü aleyke yâ Hüseyin! Radiyellahu anhüm'a ve eraküma ve ceâlel-cennete menzîleküma ve meskenneküma ve mehelleküma ve me'veküma, esselâmü aleyküm ve rahmetullahi ve berekatüh.»

Kâriye'deki Eski Ma'bedde Ebû Sâid el-Hudrî' (R.A.)'ın kabri, Cin Ali çeşmedeki Vâlide Sultan Câmi'i Şerîfi dışında Ebû Zer Gifârî (R.A.)'ın kabri ile isimleri bilinmeyen Sahâbe-i Kîram (Allah cümlesinden râzı olsun) hazretlerinin kabri şerîfleri ziyâret edildiğinde, şöyle selâm verilir :

«Esselâmü aleyküm yâ Eshâbe Rasûlillâhi, esselâmü aleyküm yâ nucûmel-hidâyeti! Radiyellahu anhüm ve erdaküm. Ve ceâlel-cennete menzîleküm ve meskeneküm ve mahalleküm ve me'vaküm, esselâmü aleyküm ve rahmetullahi ve berekâtuh.»

İbrâhim Dede mahallesindeki batmış kapıda Ebû Şeybe el-Hudrî (R.A.)'ın ve Hamdullah el-Ensârî (R.A.)'ın kabirleri, Salmatomruk'ta Sultan Hamamın Gülhan içinde Hûssam b. Abdullah (R.A.)'ın, kabri, Koca Mustafa Paşada Sünbül Sinan'da, Zincirli servi civârında Hürebbe ve yüksek şebeke içinde Fâtimâtüz-Zehrâ (R. Anhâ)'nın ciğer köşesi İmâm Hüseyin (R.A.)'ın makam-ı mübârekleri ile buna benzer mübârek yerler ziyâret edildiğinde, şu duâ okunmalı :

«Ellahümme inni evda'tu fi hâzel-makamı ahdi ve misâki min yevmi hazâ ilâ-yevmil-kıyâmeti hâlisen muhlisen, Eşhede en lâ ilâhe illellah. Ve eşhedü enne Muhammeden Abduhu ve Resûlüh.» (Allahım, ben bugünden itibaren kıyamete kadar ahdımı ve misâkımı, tam bir ihlâs içinde tevdi ettim : Şehâdet ederim ki, Allah'tan başka hiç bir ilâh yok! Yine şehâdet ederim ki, Muhammed onun kulu ve Resûlüdür!)

Galata'da Kurşunlu mağaza civârında Yeraltı Câmisi diye bilinen Câmi'de, Amr b. el-Âs, Vehb b. Huşeyre ve Süfyân b. Uteybe (R. Anhüm) hazretlerinin kabirleri; Tersânedeki yeni havuzun arkasında Kâvgir kubbe ile mahfûz ve isimleri ma'lûm Eshâb-ı Kîram'ın kabirleri, Ayarmada ismi şerîfleri ma'lûm Eshâb-ı Kîramın kabirleri, Zindankapısında Ca'fer (R.A.) hazretlerinin kabri, Mevlevîhâne kapısının dışında büyük zâtlardan Merkez Efendi'nin kabri bulunmaktadır. Bunlar ve benzeri türbeler ziyâret edildiği zaman, verilecek selâm şekli şöyledir :

«Esselâmü aleyke ya Şeyhattarîkâti, Esselâmü aleyke yâ şemsel hakîkati, esselâmü aleyke yâ Burhânel-ma'rifeti edellahu aleynâ ve alâ vâlideynâ min berekati feyzike ve ceâlel-cennete menzîleke ve meskeneke ve mahalleke ve me'-vâke. Esselamü aleyke ve rahmetullahi ve berekatuh!»

İskenderiye'de İskender Zülkarneyn, Lokman Hekim ve Danyal (Salâvatullahi alâ Nebiyyinâ ve aleyhim) hazretlerinin kabirleri ziyâret edildiğinde şöyle selâm verilir :

«Esselâmu aleyke ya Zül-Karneyn! Esselâmü aleyke yâ Nebiyyellah! Yesserenellahu fiddünya inâyeteke ve fil-âhireti şefâateke. Salâvatullahi alâ Nebiyyinâ ve aleyke ve selâmün alel-mürselîn vel-hamdü lillâhî Rabbil-âlemîn».

Eshâb-ı Kîrâm'dan Abdurrazzak (R.A.)'ın kabri şerîfleri ve Tersane yakınındaki Hayâlet Câmî'i şerîfinde Seyyid Abdullah el-Mağribi hazretlerinin kabri, Şazliyye Tarîkatının ileri gelenlerinden Ebû'l-Abbas nâm Azîzin kabri, Kaside-i Bürde sâhibi Şeyh Muhammed el-Busrî'nin kabri, (Kâfiye) kitabının müellifi İbni Hacib (Rahmetullahi aleyh) in kabri, Mühaddîslerden İbni Ebi Lebban ve Ibni Ebi Şâme (Rahmetullahi Aleyhimâ) hazretlerinin kabri şerîfleri de ziyâret edilmelidir.

Mısır-Kahire'de bulunan Hüseyin Câmî'i şerîfinde müstakil bir şebeke ile mahfûz Şehid-i Kerbelâ ve semere-i Fuadi Aliyye-Murtaza ve Nûr-i dîdei Hazreti Muhammed Mustafa (S.A.V.) İmâm Hüseyin (R.A.)'ın mübârek başı ziyâret edildiği zaman şöyle selâm verilir:

«Esselâmü aleyke yâ Hüseyin ibn Aliyyel-Murtaza, Esselamü aleyke yâ ibn Fâtimetüz'zehra, Esselâmü aleyke yâ hafidel-Mustafa Radiyellahu anhe ve erdake ve ceâlel-cennete menzîleke ve meskeneke ve mahelleke ve me'vake esselamü aleyke ve Rahmetullahi ve berekatuh.»

«Cebel-i Cus» adındaki bir dağın bir parçasında medfûn olan Şâfii Mezhebinin başı ve kurucusu Muhammed b. İdris Eş'Şâfî'i (Rahimehullah)'ın kabri ziyâret edildiğinde şöyle selâm verilir:

«Esselâmu aleyke yâ İmâmel-mezheb! Eâdellahu aleynâ min berkati ulûmike ve ceâlel-cennete menzîleke ve meskeneke ve mahelleke ve me'vake. Esselâmu aleyke ve Rahmetullahi ve berekâtuh.»

Civarında Ebül-leys (Rahmetullâhi Aleyh)'in kabri, Mezkûr dağda Meğaviri adındaki yerde, Sırrı Baba Hazretlerinin kendi inşâ ettiği Mağara içindeki kabri, Kal'e de Sahâbe-i Kiram'dan Seriyetü'l-Cebel (R.A.)'ın kabri, Kaleye bitişik olan Yûsuf Aleyhisselâm'ın hapsedildiği yer, vardır... Hazreti Hasan (R.A.)'ın kızı Hazreti Nefîse'nin kabri ziyâret olunduğunda verilecek selâm şudur:

«Esselâmü aleyki yâ Seyyidetenâ yâ Nefîse. Esselâmu aleyki yâ Binttel-Hasan b. Aliyyel-Murtaza, Esselâmü aleyke yâ Seyyidetennisâ, esselâmü aleyki yâ hafidete Fatimetüz, Zehra, Radiyallâhu anh ve Erdaki ve ceâlel-cennete menzileki ve meskeneki ve mahalleki ve me'vaki, Esselâmü aleyki ve Rahmetullahi ve berekatuh..)

Fâtimetüz Zehra vâlidemizin kerimeleri Zeyneb (R. Anhâ)'nın kabri şerîfeleri ziyâret olunduğunda şöyle selâm verilir:

«Esselâmü aleyki yâ seyyidetenâ yâ Zeyneb bint Aliyyelmurteza, esselamü aleyki yâ seyyideten-nisâi, Esselamu aleyki yâ hafidetel-Mustafa (Sallallahu aleyhi ve Sellem) Radiyellâhu anh.»

İmâm Hüseyin (R.A.)'ın kerimeleri Hazreti Sekîne vâlidemizin kabri ziyâret edildiğinde şöyle selâm verilir:

«Esselâmu aleyke yâ seyyidetenâ yâ Sekîne Esselamu aleyki yâ bint Seyyidinâ Hüseyin, Esselâmu aleyki yâ Hafidete Aleyyil-Murteza Radiyallahu Anh.»

Hazreti Ali (R.A.)'ın kerimeleri Rukiye vâlidemizin kabri ziyâret edildiği zaman şöyle selâm verilir:

«Esselâmu aleyki yâ¹ seyyidetena yâ Rukiyye! Esselâmu aleyki yâ bintil-Murteza! Radiyallahu anh.»

Hazreti Ebû Bekr es-siddik (R.A.)'ın mahdumları Muhammed Hanefî'nin kabri ziyâret edildiği zaman verilecek selâm şöyledir:

«Esselâmu aleyke yâ seyyidenâ yâ Muhammed bin Ebî Bekr es-Siddik Radiyallahu Anh.»

Ca'fer es-Sâdık hazretlerinin mahdumu Muhammed Ma'sum'un kabri ziyâret edildiğinde şöyle selâm verilir:

«Esselâmu aleyke yâ Muhammed bin Ca'fer essadık Radiyallahu Anh.»

Cemeliye'de Hazreti Mûsâ Aleyhisselâmın kabri dahi ziyâret edilmelidir.

Cidde'ye gidildiği zaman, insanlığın anası Hazreti Havva vâlidemizin kabirleri ziyâret edilip şöyle selâm verilmelidir:

«Esselâmu aleyki ya Ummenâ veya seyyidete Havva! Efâdellahu aleyna min berekâti şefkâtike Radiyallahu Anh.»

Şeyh Ahmed Hazretlerinin kerâmetlerinden bir kıssa:

Hindistan'da Nasrânilerin eline esir düşen ve eline ayaklarına zincir vurulup hapse atılan bir genç, kurtulmak için nereye başvurduysa bir çâre bulamadı. Nihâyet yukarıda adı geçen Şeyh'in yüzü suyu hürmetine kurtulmak için Cenâb-ı Hakk (C.C.)'a ta'zarru ve niyâzda bulunmuş, derhal kendini Şeyh'in Türbesi yanında bulmuş. Hâlâ o gencin ayağına vurulan zincir, o türbenin yanındadır. Ziyâretçiler tarafından sık sık ziyâret edilmektedir.

Şeyh Ebû Serir diye bilinen bir zâtın kabrine gelince:

Onun da şöyle bir kıssası vardır: Hindistan'da Hac arzusu ile bir takım hacılar hazırlanıp gelmek üzere iken, geminin kaptanına bu zât gelip:

— Ne olur, gemiye beni de alınız! diye yalvarır..

— Hayır, diye cevâb alınca; bir Sedirde (döşek) üzerine oturup:

— Haydi ey döşek, beni bir anda Cidde'ye ulaştır. Ve derhal kendini Cidde'de buluverir..

Kal'e Burcunda Amirî kabîlesinden Kays b. el-Mahluh'a —ki Mecnûn diye bilinir— gelince: Onun kabrinin üzerinde hâlâ aşk eseri görülür. Kalenin dışında sevgilisi Leylâ'nın kabri vardır. Müstakil bir kubbe içindedir. Bunların kabirleri de ziyâret edilmelidir.

«Şam-ı Mahmûd» adıyla bilinen yere geldiğinde, orada İbrâhim b. Edhem hazretlerinin oğlu Şah Mahmud'un kabrini görecektir. İşte onu da ziyâret eder.

Mekke-i Mükerreme'de Benî Hâşim Mahallesinde Abdul-Muttalib'in evi vardır. Bu evde Kâinatın Efendisi Yüce Peygamberimiz Hazreti Muhammed Aleyhisselâm dünyaya teşrif etmişlerdir. Adı geçen evin o belirli yeri, yâni Resûlüllah Efendimizin ilk secdeye kapanıp da Ümmeti, Ümmeti diye feryat ettiği mahal ziyâret edilirken şu duâ okunmalıdır:

PEYGAMBERLERİN KABİRLERİNİ ZİYARET ETMENİN ÂDÂBI 211

اَللّٰهُمَّ اِنَّ هٰذَا الْمَقَامَ مَوْلِدُ النَّبِىِّ سَيِّدِنَا رَسُولُ اللّٰهِ صَلَّى اللّٰهُ عَلَيْهِ وَسَلَّمَ اَللّٰهُمَّ كَمَا بَلَّغْتَنَا فِى الدُّنْيَا زِيَارَتَهُ فَلَا تَحْرِمْنَا فِى الْاٰخِرَةِ فَضْلَ شَفَاعَتِهِ وَاحْشُرْنَا فِى زُمْرَتِهِ وَتَحْتَ لِوَائِهِ وَاسْقِنَا مِنْ حَوْضِهِ اِنَّكَ عَلَى كُلِّ شَيْءٍ قَدِيرٌ ...

«Ellahümme inne hâzel-mâkame Mevlidünnebiyyi seyyidinâ Resûlüllahi sallellahu aleyhi ve sellem. Ellahümme kemâ belleğtena fiddünya ziyâretehu felâ tahrimnâ fil-âhireti fazle şefâatihi ve şurnâ fizumretihi ve tahte livaihi veskinâ min havdıhı. İnneke alâ külli şey'in kadîr.» (Allahım, bu makam Peygamberimizin doğduğu yerdir. Allahım bizi dünyada onun ziyâretine eriştirdiğin gibi, âhiretteki şefâatinin fâziletinden de bizi mahrûm etme! Bizi onunla beraber haşrolunacak kimselerin zümresinde, sancağının altında haşret. Bize onun havuzundan içir. Çünkü sen her şeye kadirsin!»

Ondan sonra İmâm Ali (R.A.)'in dünyaya teşrif ettikleri Ebû Talib'in evi gelir. O evde İmâm Ali (R.A.)'nin yeri belirlidir. Orası ziyâret olunduğu vakit şu duâ okunur:

«Ellâhumme inne hâzel-mâkame mevlidu seyyidinâ Aliyyul-murteza Radiyallahu anhü inni evda'tu ahdi min yevmi hâza ilâyevmil-kıyâmeti hâlisen mühlisen eşhedu en lâ ilâhi illâllah ve eşhedü enne Muhammeden abduhu ve Resûlüh.»

Daha sonra müminlerin annesi Cennet ehlinden olan kadınların seyyîdesi (Hanımefendisi) Hazreti Hadîcetü'l-Kübrâ (R. Anhâ) vâlidemizin evi gelir. Peygamber Aleyhisselam orada kalmışlardır. Vahiy O'na o hânede gelmiştir. Bu evin üç odası vardır :

Sağ tarafta bulunan odada Hazreti Fâtıma (R.Anhâ)'-nın bir el değirmeni vardır. O taşın üzerindeki deliklerin mübârek göz yaşlarının eseri olduğu anlatılır.

Bir çukur yeri de vardır ki (o evin) orada Hazreti Fâtıma (R. Anhâ)'nın doğduğu söylenir. Sol taraftaki odada Cebrâîl Aleyhisselâm Resûlüllah (S.A.V.) Efendimize abdest almasını öğretmiştir.

$$يَا اَيُّهَا الْمُدَّثِّرْ قُمْ فَاَنْذِرْ$$

âyeti nâzil olduğu zaman, o odada oldukları rivâyet edilir. Hazreti Hadîce (R. Anhâ) vâlidemizin, gelen Melek midir, yoksa şeytan mıdır? diye tecrübe etmek gâyesi ile, saçlarını açtığı yerde o evdir. Beyt-i Muazzama, yâni Kâ'be'den sonra, Mekke'de ondan daha üstün bir ev yoktur. O ev ziyâret olunduğu zaman şu duâ okunur:

«Ellahumme inne hâzel-mâkame Beytu seyyidetinâ Hadîcetu'l-Kübrâ ve Musallâ Seyyidinâ Resûlüllah sallellâhu aleyhi ve Sellem İnni evda'tu fi hâzel-mâkamı ahdi ve misâki min yevmi hâza ilâyevmil-kıyâmeti hâlisen mûhlisen eşhedü en lâ ilâhe illellâh ve eşhedü enne Muhammeden abduhu ve Resûlüh.»

Ondan sonra, Efendimizle konuşan (Zukaku'l Hacertaş sokağı) adındaki yer gelir. Orada bir taş, Peygamber Aleyhisselâmla konuşmuştur ve hattâ şöyle demiştir: «Ben, her zaman, mahlûkâtın Efendisine selâm veren bir taş'ım! Ne mutlu bana! Ma'nâlar yüklü zâttan bir çok fazîlet ve hikmet edindim. O hikmetler bana özgüdür..»

PEYGAMBERLERİN KABİRLERİNİ ZİYARET ETMENİN ÂDÂBI

Aynı yere yakın bir yerde Peygamber (S.A.V.) Efendimizin dayandıkları Hacer-i Mütteka (kendisine dayanılan taş) vardır.

Safa dağının eteğinde İbni Erkam'ın evi vardır. Peygamber Aleyhisselam Müslümanlığı kabûl eden otuzdokuz kişi ile orada gizlice ibâdet ederlerken şöyle duâ etmişlerdi :

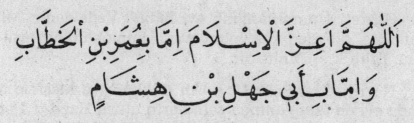

«Allahım, İslâmiyeti yâ Hattabın oğlu Ömer yâ da Hişamoğlu Ebû Cehil ile kuvvetlendir!»

Bu duâsı hemen kabûl edilip, bu şeref Ömer (R.A.) ya nâsib olmuştur. Ve derhal Müslüman olmuş, böylece o gün Müslümanların sayısı kırka yükselmiştir. Ondan sonra Kâ'be'nin haremi, Müslümanların namazgâhı olmuştur.

CEBEL—İ EBÎ KUBEYS

Peygamber Aleyhisselam bu dağa çıkmıştır. Hattâ Allah (C.C.) şöyle buyurmuştur:

«Ey Peygamber, sana da, mü'minlerden senin izinden gidenlere de Allah yeter.» (1) âyeti orada nâzil olmuştur. Ay'ın ikiye bölünme mu'cizesi de orada vukû bulmuştur.

---

(1) Enfal Sûresi, âyet 64.

Hazreti İbrâhim Aleyhisselam'ın tepesine çıkıp da tüm mahlûkâtı Hacca dâvet ettiği yer de orasıdır..

Bu dağın hassesindendir : Başı ağrıyan bir kimse. o dağda kızartılmış koyun başı yerse, bir daha baş ağrısı görmez..

ÜMMÜHÂNÎ'NİN EVİ :

Hazreti Ümmühânî'nin evi Bâbü'l Veda'dadır. Mi'râc mu'cizesi o evden vâkî olmuştur. Ümmehanî'nin asıl adı Ebû Talib kızı Fâhite'dir..

Hazreti Ebû Bekr (R.A.)'ın dükkânı ve Mesfele tarafında evi de tam yanında şehidlerin ulusu Hazreti Hamza (R.A.)'ın evi ve Osman bin Mez'un (R.A.)'ın kuyusu bulunmaktadır. O kuyu'nun son derece güzel bir suyu vardır ki; Mü'minler teberrüken orada yıkanırlar..

«Hacuvn» adında bir kabristan, ki hâlâ Cennetü'l-Ulâ diye bilinir. Bu Mekke-i Mükerreme'nin büyük kabristanlarındandır.

Mascidü'l-Cin adında da bir mescid vardır; Resûlüllah Efendimizin, O mescidde Cin tâifesine Ahkâmı Şe'riyeyi öğrettikleri mervîdir.

Az önce adı geçen kabristana girip orada bulunan Efendimizin annesi Âmine vâlidemizin kabri ziyâret edildiğinde, şöyle selâm verir :

«Esselâmu aleyki yâ seyyidetenâ yâ Âmine bint Vehb. Esselamu aleyki yâ vâlidete Seyyidina Resûlüllah)..

Onun tam yanında bulunan mü'minlerin annesi Hadicetü'l-Kübrâ (R.Anhâ)'nın kabri ziyâret edildiğinde şöyle selâm verilir :

«Esselamu aleyki yâ seyyidetenâ Hadîcetel - kübrâ, Esselâmu aleyki yâ Umme Fâtimetez'zahra, Esselâmu aleyki yâ Zevcete Nebiyyinâ Muhammedinil-Mustafa, esselâmu aleyki yâ ümmel-mü'minine vel-'mü'minûti, esselâmu aleyki yâ seyyideten-nisâî (Radiyallahu Anhâ)»

Onun yanında Abdullah b. Ez-Zubeyr (R.A.)'ın kabri vardır. Bu zâtı Haccac-ı Zâlim şehid etmiştir. Onun tam yanında da vâlidesi Esma bint Ebî Bekr'in kabri vardır. İşte bunların ve nice isimleri belli olmayan büyük zâtların kabirleri vardır, ki tümünü ziyâret etmek gerekir.

HIRÂ DAĞI

Ondan sonra Hırâ'dağı gelir ki, orada Resûlüllah Sallellahu Aleyhi ve Sellemin ibâdet ettiği bir mağara vardır ki ona «Gar-ı Hırâ'» denir. Şimdi orası «Cebel-i Nûr adı ile bilinmektedir. (İkr'a...) Sûresinin indiği yer, Resûlüllah Efendimizin mânevî ameliyat edilmek üzere mübârek göğüslerinin açıldığı yer işte orasıdır. Orada nice alâmet ve nişânlar vardır. Oradan Mina'ya hareket edilir. Mina'ya giderken yolun sol tarafında Mescidü'l-Biât vardır. Hicret öncesi Ensâr (Medîne yerlileri), Peygamber Aleyhisselâm'a orada biât etmişlerdir. Orası da ziyâret edilmeğe değer!

MESCİD-İ HAYF:

Bu Mescid Mina'dadır. Mina'ya girdiğinde kişi, burayı mutlaka ziyâret etmelidir. Ortasında Efendimiz (S.A.V.)'in yeri, bir Kubbe ile belirtilmiştir. Adı geçen bu mescidde, yetmişbin Peygamberin namaz kıldığı anlatılır.

Arafat'a giderken, yolun sol tarafında Hazreti İsmâil Aleyhisselâm'ın fidyesi olarak inen kurbanın yeri vardır o yerde Mescidü'l-Kebş adında bir mescid vardır. Aynı yerde Halilullah'ın bıçakla ikiye böldüğü taş vardır, o taş da ziyâret edilmeğe ve görülmeğe değer. Aynı yerde «Mağaratül-Feth» adında bir mağara vardır ki, Peygamber Aleyhisselâm'ın, Peygamber olmazdan önce, orada ibâdet ettiği, Âişe vâlidemizin de orada i'tikâfa girdiği rivâyet edilir. Hâlen oraya Âişe (R. Anhâ)'nin kayası denilmektedir.

(El-Mürselat) sûresinin indiği yer, Mescid-i Hayf'ın yakınındadır. O dağa (Mürselata) dağı denilmektedir. Orada Resûlüllah Efendimizin mübarek başının hâlâ izleri vardır. Hacılar başlarını oraya koyup Peygamberimizden şefâat dilerler. Zirâ o yere kim başını koyarsa, Peygamber Efendimizin mübârek vucûduna dokunmuş olduğundan, ona cehennem ateşi isâbet etmiyeceği umulur.

إِنَّا أَعْطَيْنَاكَ

«İnnâ a'teynâ»nın nâzil olduğu yer ki ona **Mescidü'l-Kevser** denilir.

Peygamber Efendimiz, Vedâ Haccında yüz deveyi orada kurban olarak kesmişlerdir. Altmışüçünü kendi mübarek elleriyle kesmiştir. Gerisini de Hazreti Ali (K.V.)'ye kestirmiştir.

CEBEL—İ SEVR

Bu mübarek yerde Resûlüllah (S.A.V.) Efendimizin Medine'ye hicret ederken sığındıkları mağara vardır; ki Hazreti Ebû Bekr es-Sıddık (R.A.) ile tam üç gece orada kalmışlardır. Evet, mağaranın kapısına örümcekler ağ yapmıştı. Güvercinler de yumurtlamışlardı. Düşmanlar oraya kimsenin girmediğini sanarak geri dönmüşlerdi..

Bu mağara'nın iki kapısı vardır: Birisi gayet dardır. Resûlüllah (S.A.V.) Efendimiz Ebû Bekr (R.A.) ile birlikte o kapıdan girmişlerdir. Orayı ziyâret eden kimse, o kapıdan girmeli. Çünkü Peygamber Aleyhisselâm'ın mübârek vucûdları o kapıya değmiştir.

PEYGAMBERLERİN KABİRLERİNİ ZİYARET ETMENİN ÂDÂBI

O mağaranın bir kapısı daha vardır, ki o kapı gayet geniştir. O kapıyı Cebrâil Aleyhisselâm'ın açtığı anlatılır.

Kim bu mağarayı ziyâret ederse, ona hiç bir elem ve keder ârız olmaz. Zirâ hakkında şöyle buyurulmuştur:

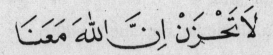

«Mahzûn olma! Şüphesiz Allah bizimle beraberdir». (1)

Hazreti Enes (R.A.)'dan rivâyet edildiğine göre, Mûsâ Aleyhisselâm'ın bir dağda :

«Rabbim, Bana (kendini) göster, sana bakayım!» münâcatı, vakî olup da, dağ, «Vaktaki Rabbi dağa tecelli etti O dağı paramparça yaptı.» nazmi Celîlinde beyân buyrulduğu vechile, parça parça olduğu zaman, tam üç parçaya ayrılmıştır. Üç parçası Mekke'yi Mükerreme'ye düştü. Bunlardan biri Hırâ dağı, diğeri Mina'daki Sibir dağı, üçüncüsü ise sadedinde bulunduğumuz Cebel-i Sevr (Sevr dağı) dır.

O parçalanan dağdan üçü de Medîne-i Münevvere'ye düşdü: Biri (Uhud) dağı, diğeri (Verka) dağı üçüncüsü ise (İr) dağıdır.

Medîne-i Münevvere'ye giderken, Umre-i Cedîde'yi geçip mü'minlerin annesi Hazreti Meymuna'nin kabrine gelip ziyâret ettiğinde şöyle selâm verir :

«Esselâmu aleyki yâ seyyidetâ Meymunetu! Esselâmü aleyki yâ ümmel-mü'minin. Esselâmu aleyki yâ Zevcete Seyyidinâ Resûlüllahi sallellahu aleyhi ve Sellem. (Radiyallahu Anhâ.)»

Ondan sonra, Atfan denilen yerdeki Bi'r-i Nefl denilen kuyu'yu ziyâret eder. Ve o kuyudan teberrüken su içer.

---
(1) Tevbe Sûresi, âyet 40.

Zirâ Resûlüllah Salellahu Aleyhi ve Sellemin şekerden tatlı olan mübârek tükürükleri oraya düştüğü anlatılır.

Ondan sonra Bedir dağına gelinir; orada bir çok alâmetler ve eserler mevcûdtur. İslâm'ın ilk büyük zaferi orada vukû bulmuştur.

Orada şu alâmetler müşâhede edilir:

Gece olduğu zaman, Ay'ın Bedri (ondördü) gibi hayâli görülür.

Resûlüllaı'ın Eshâbına yardım etmek için gökten inen melek askerinin insan kılığındaki şekilleri o dağ üzerinde mübârek gecelerde görülür.

Eshâb-ı Kîramın merkez olarak ittihaz ettikleri dağ, ki ona Kur'ân-ı Azîm'de **(Udvetüd-dünyâ)** denilmiştir. Hâlâ halkına **(Kavm-i Cebeli)** denilir.

Bu dağın kumları su gibi akar. Dağın sınırına kat'iyen tecavüz etmez.

Bazan o dağda müdhiş bir davul sesi gibi bir ses duyulur. Eshâb-ı Kîramın harp esnasında azim ve gayretlerini artırmak için o sesin meydana getirildiği söylenir. O eserin hâlâ görüldüğü söylenir. Bazı insanlar büyük bir zahmetle o dağın tepesine çıkarlar kendilerini oradan salıverirler, aşağı doğru kayarlarken müthiş bir ses duyulur.

Dağın altında Eshâb-ı Kîramdan yaralananların yerleri, ayrıca istişare ettikleri yer taşlarla belirtilmiştir.

Mısır Mahmeli her sene Hacca gittiğinde orayı ziyâret ederlermiş ve orada bir deve kurban olarak keserlermiş.. Bir sene nasılsa unutmuşlar, oradan geçtiklerinde, kâfileden bir deve kopmuş, koşa koşa o dağın eteğine dönmüş ve çökmüş, kendini kurban ettirinceye kadar oradan kalkmamış, diye rivâyet ederler.

PEYGAMBERLERİN KABİRLERİNİ ZİYARET ETMENİN ÂDABI

Ben bizzat gözlerimle gördüm o yeri.. Muharebe yeri oraya hayli uzaktır. (Udvetü'l-Kusva)ya yakındır. Bedir Şehidlerinin mezarları o yerdedir. Orada Câmi kubbesi gibi bir yer vardır. Orada Resulullah Efendimizin oturdukları taş, sandalye şeklindedir. Orası da ziyâret edilmeli ve Bedir şehidlerine şöyle selâm verilmeli:

«Esselâmü aleyküm yâ Şuada! Esselâmü aleyküm ya nüceba! Esselâmü aleyküm yâ Şühedâ! Esselâmü aleyküm yâ menkile fi şe'nihim. Ve lâ tehsebennellezîne kutilu fi sebillillâhi emvaten bel ehyâun inde Rabbihim yurzakun. Ferihine bimâ âtâhumullâhu min fadlihi ve yestebşirûne billezine lem yelhakû bihim. Min halfihim ellâ havfun aleyhim ve lâ hum yehzenûh. Esselâmu aleykum ve Rahmetullahi ve berekâtuh..»

Safa'da Ebû Zer el-Gifârî (R.A.)'ın kabri, Hamra'da, Ebû Ubeyde b. El Cerrah (R.A.)'ın kabri vardır.

Revha denilen yer de Efendimizle konuşan bir Geyik'in yeridir. Yakın bir dağın altındadır. O geyiğin kıssası meşhûrdur. Orası **Mescidü'l Ğazâle** diye anılır.

Medîne-i Münevvere'ye girdiğinde, abdestli olarak bol bol salâvat-i şerîfe getirerek ilk defa Harem-i Hazreti Nebevi'yi ziyâret eder. Bâbüs-selâm'a geldiğinde şöyle der:

«Ellâhümme entesselâmü ve minkesselâm! Ve ileyke yerciusselâm. Yâ hayyina Rabbenâ bisselâm. Ve edhilnâ Cenneteke dâresselam. Tebârekte Rabbenâ ve teâleyte lekel-hamdü yâ zel-Celâli vel ikrâm. Rabbiğfir li zunûbî veftah li ebvâbe rahmetike yâ erhamerrahimin. Bismillâhi ve billâhi ve lâ milleti Seyyidina Resûlüllâhi sallellahu teâlâ aleyhi vesellem. Rabbi Edhilni mudhale sıdkın ve ahricni muhrece sıdkın ve calli min ledünke sultanen nasıra.. Ve kul Câel-hakku ve zehekel-bâtıl. İnnel-bâtile kâne zehuka. Ve nunezzilu minel-kur'âni mâ hüve şifâun ve Rahmetun lil-müminine ve lâ yeziduz-zâlimîne illâ hesrara..»

Ondan sonra Ravzâ-i Mutahhara'ya girer.

Ravza-i Mutahhara, Hücre-i Saadet ile Minberi Şerîf'in arasındadır. O mübârek yerde şu hadîsi şerîf yazılmıştır:

$$\text{مَا بَيْنَ بَيْتِي وَمِنْبَرِي رَوْضَةٌ مِنْ رِيَاضِ الْجَنَّةِ}$$

«Benimle minberim arası, cennet bahçelerinden bir bahçedir.»

Ravzâ-i Mutahhara'da (Tehiyyetül-mescid) adındaki iki rek'at namaz kılıp ardından şu duâyı okur:

«Ellâhumme inne Ravdâten Şerrefteha ve kerremteha ve meccedte ha ve azzemteha ve nevverteha bi nûri Nebiyyike Muhammedin Sallellahu Aleyhi ve Sellem. Ellahümme kemâ belleğtena fiddünya ziyâretehu felâ tahrimna yâ Allahu, filâhireti min fadli şefâatihi yâ Rabbel-âlemîn..»

O yerde fakîrlere bir mikdar sadaka verir.

Medîneliler, Mücâdele sûresindeki:

$$\text{يَا أَيُّهَا الَّذِينَ آمَنُوا إِذَا نَاجَيْتُمُ الرَّسُولَ فَقَدِّمُوا بَيْنَ يَدَيْ نَجْوَاكُمْ صَدَقَةً}$$

«Ey îmân edenler, siz Peygambere mahrem bir şey arz etmek istediğiniz vakit (bu) mahrem konuşmanızdan önce sadaka verin» (1) âyeti kerîmesini delîl göstererek, orada sadaka vermesini iyi ve hoş görürler. Ne var ki Mescid-

---

(1) Mücâdele Sûresi, âyet: 12.

de sadaka vermenin doğru olmadığı hakkında hadisler vardır. Ancak, bu dilenciler hakkındadır. Dilencilere câmide sadaka verilmez. Adı geçen sadaka, bu kabil sadakadan değildir. İstemeden önce verilen sadakalar, ibâdettir.

Ondan sonra el bağlayıp kemâl-i huzû ve huşû ile Peygamberimiz (S.A.V.)'in mânevî huzûrlarına gelip şöyle der:

اَلصَّلَاةُ وَالسَّلَامُ عَلَيْكَ يَا اَيُّهَا النَّبِيُّ السَّيِّدُ الْكَرِيمُ وَالرَّسُولُ الْعَظِيمُ وَالرَّؤُفُ الرَّحِيمُ اَلصَّلَاةُ وَالسَّلَامُ عَلَيْكَ يَا رَسُولَ اللهِ اَلصَّلَاةُ وَالسَّلَامُ عَلَيْكَ يَا نَبِيَّ اللهِ اَلصَّلَاةُ وَالسَّلَامُ عَلَيْكَ يَا حَبِيبَ اللهِ اَلصَّلَاةُ وَالسَّلَامُ عَلَيْكَ يَا خَيْرَ خَلْقِ اللهِ اَلصَّلَاةُ وَالسَّلَامُ عَلَيْكَ يَا نُورَ عَرْشِ اللهِ اَلصَّلَاةُ وَالسَّلَامُ عَلَيْكَ يَا اَمِينَ وَحْيِ اللهِ اَلصَّلَاةُ وَالسَّلَامُ عَلَى مَنْ قَالَ اللهُ تَعَالَى فِي حَقِّهِ « وَلَوْ اَنَّهُمْ اِذْ ظَلَمُوا اَنْفُسَهُمْ جَاؤُكَ فَاسْتَغْفَرُوا اللهَ وَاسْتَغْفَرَ لَهُمُ الرَّسُولُ

لَوَجَدُوا اللهَ تَوَّابًا رَحِيمًا. »، وَهَا أَنَا يَا سَيِّدِى يَا رَسُولَ اللهِ قَدْ جِئْتُكَ هَارِبًا مِنْ ذَنْبِى وَمُسْتَغْفِرًا مِنْ خَطِيئَتِى وَمُسْتَشْفِعًا بِكَ اِلَى رَبِّى فَاشْفَعْ لَنَا يَا شَفِيعَ الْأُمَّةِ وَأَجِرْنِى يَا نَبِىَّ الرَّحْمَةِ وَيَا سِرَاجَ الظُّلْمَةِ وَيَا كَاشِفَ الْغُمَّةِ يَا سَيِّدِى يَا رَسُولَ اللهِ أَتَيْنَاكَ زَائِرِينَ وَقَصَدْنَاكَ رَاغِبِينَ وَمِنْ ذُنُوبِنَا مُسْتَغْفِرِينَ وَشَفَاعَتَكَ طَالِبِينَ وَمَحَبَّتَكَ عَارِفِينَ وَبِدِينِكَ مُسْتَمْسِكِينَ وَبِبَابِكَ وَاقِفِينَ وَبِكَ اِلَى اللهِ مُسْتَشْفِعِينَ لَاتَرُدَّنَا خَائِبِينَ وَلَا عَنْ شَفَاعَتِكَ مَحْرُومِينَ وَلَا عَنْ بَابِكَ مَطْرُودِينَ يَا سَيِّدِى يَا رَسُولَ اللهِ اَسْئَلُكَ الشَّفَاعَةَ لَنَا وَلِوَالِدَيْنَا وَالْمُؤْمِنِينَ وَأَنْتَ صَاحِبُ الشَّفَاعَةِ الْوَسِيلَةِ وَالدَّرَجَةِ الرَّفِيعَةِ وَالْمَقَامِ الْمَحْمُودِ وَا

اَلْحَوْضِ الْمَوْرُودِ وَاللِّوَاءِ الْمَعْقُودِ وَالشَّفَاعَةِ الْعُظْمَى يَوْمَ الْمَشْهُودِ يَا خَيْرَ مَنْ دُفِنَ فِي التُّرْبِ اَعْظَمُهُ وَطَابَ مِنْ طِيبِهِنَّ الْقَاعُ وَالْاَكَمُ نَفْسِى فِدَاءٌ لِقَبْرٍ اَنْتَ سَاكِنُهُ فِيهِ الْعِفَافُ وَفِيهِ الْجُودُ وَالْكَرَمُ اَنْتَ الْحَبِيبُ الَّذِى تُرْجَى شَفَاعَتُكَ عِنْدَ الصِّرَاطِ اِذَا مَا زَلَّتِ الْقَدَمُ اَلسَّلَامُ عَلَيْكَ يَا سَيِّدَ الْاَوَّلِينَ وَالْاٰخِرِينَ وَعَلَى اٰلِكَ وَاَصْحَابِكَ اَجْمَعِينَ يَا اَيُّهَا النَّبِىُّ الْكَرِيمُ وَرَحْمَةُ اللّٰهِ وَبَرَكَاتُهُ ...)

«Esselâtu vesselâmu aleyke ya eyyühennebiyu, esseyyidül-kerîmu verresülül-azîmu verreufurrahimu. Esselâtu vesselâmu aleyke yâ Resûlellah! Esselâtu vesselâmu aleyke yâ nebiyyellah! Esselâtu vesselâmu aleyke yâ habibellah! Esselâtu vesselâmu aleyke yâ hayre halkillah! Esselâtu vesselâmu aleyke yâ nûre arşillah! Esselatu vesselâmu aleyke yâ emine vahyillah! Esselatu vessellâmu alâ men ka'ellâhü fi hakkihi ve lev ennehüm iz zâlemu ennehüm iz zâlemuenfusehum câuke festağrefullâhe veseteğfere lehumurresûlü levecedullâhe tevvaben Rahîma.. ve ha ene yâ seyyidi yâ Resûlellah! Kad cituke hariben min zenbi ve mustağfiren min hatieti ve musteşfian bike ilâ Rabbi feşfa lena yâ Şefial-ümmeti ve ecrini yâ Nebiy-yerrahmeti veya siracezzulmeti ve ya kaşifel-ğummeti yâ seyyidi yâ Resûlellâh! Eteynâke zâirine ve kasednake ra-ğıbine ve min zunûbina müstağfirine ve şefâatike tâlibine ve mahabetike ârifine ve bi dînike mustemsikine ve bi bâ-bike vakıfine ve bike ilellahi musteşfiine lâ teruddena hai-bine ve lâ an şefâatike mahrumine ve lâ an bâbike metru-dine yâ Seyyidi yâ Resûlellah! Es'elükeş-şefâate lenâ ve li vâlideyna vel-mü'minine ve ente sâhibuşşefâati, vel-vesi-leti vedderecetirrefiati vel-mâkamil-mahmûdi vel-havdil-mevdûdi vellivail-ma'kudi, veşşefâatil-uzma yev-nel-meş-hûdi yâ hayre men dufine fitturbi a'zemuhu ve tabe min tibihinnel-ka'u vel ekemu. Nefsi fedâun li ğabri ente sâ-kinuhu fihil-ifafu ve fihil-cudu velekeremu entel-hâbibül-lezi turca şefâatüke indessıratı iza mâzelletilkademu ves-selâmu aleyke yâ seyyidel-evveline vel-âhirine ve alâ âli-ke ve eshâbike ecmein.. Yâ Eyyuhennebiyulkerîmü ve Rahmetûllâhi ve berekatuhu..»

Ondan sonra Hazreti Ebû Bekir es-Sıddîk (R.A.) kabirine gelip şöyle selâm verir:

«Esselâmü aleyke yâ emirel-mü'minin.. Yâ seyyidena yâ Ebûbekrin es-Siddik.. Esselâmu aleyke yâ ibn ebi Ku-hâfete. Esselâmu aleyke yâ evvelel-hulefâi esselâmu aley-ke yâ sâhibe Resûlüllâhi esselâmu aleyke yâ munisehu fiddâri ve sâhibehu filğari ve refikehu fi mec'mâil-esfari esselâmu aleyke men enfeke cemiâ mâlihi fi hubbillâhi vehubbi Resûlihi hattâ tahallele bil-abâi (Radiyallâhü Anh.)»

Sonra Hazreti Ömer (R.A.)'e selâm verir:

«Esselâmü aleyke yâ emirel-mü'minin yâ Umeru! Es-selâmü aleyke yâ ibnel hattabi, Esselâmu aleyke yâ hani-fel-mihrabi, esselâmu aleyke yâ nâtike bil-hakki, vessevâ-bı, Esselâmü aleyke yâ sâniyel-hulefâi, Esselâmu aleyke yâ men kile fi şe'nihi Lev kâne nebiyyen min ba'di le kane Ömeru Esselamu aleyke yâ men ezherel-İslâme ve keserel-esname, Esselâmu aleyke yâ ebeduâfâi vel-erâmili vel-eytâmi, Esselâmü aleyke yâ izzel-müslimîn ve tâcel-mü'minine ve kahfel-muhibbine ve nizâmel-erbeine (Radiyallahü Anh).»

Ondan sonra Cebrâil Aleyhisselâm'ın penceresinin hizâsına gelip Meleklere selâm verir:

«Esselâmu aleyke yâ seyyide Cibrîlu! Esselamü aleyke yâ seyyidena isrâfilu, esselâmu aleyke yâ seyyidena Mikâilu, esselâmu aleyke yâ seyyidene Azrâîlu, Esselâmu aleyküm yâ Melâîketellâhil-mukarrebine min ehlissemâvâti vel-erdine. Rabbenâ innena semi'na münâdiyen yünadî lil-îmâni en âminû bi Rabbiküm fe âmennâ Rabbenâ fağfir lenâ zunubenâ ve kaffir anna seyyiâtina ve teveffenâ ma'al-ebrar. Rabbenâ ve âtine mâ ve'adtenâ alâ resûlike ve lâ tuhzinâ yevmel-kıyâmeti inneke lâ tuhlifu'l-miâd.. Esselâmü aleyküm ve rahmetullahi ve berekatüh.»

Ondan sonra Hazreti Fâtıma (R. Anhâ)'yı ziyâret edip şöyle selâm verir:

«Esselâmu aleyki yâ seyyidetana yâ Fâtimatüzzehrâ. Esselâmü aleyki yâ binte Habibillah, esselamü aleyki yâ binte Nebiyyillah! Esselâmü aleyki yâ seyyidetennisâi, esselamü aleyki yâ ceddeteşşürefâi, esselâmu aleyki yâ zevcete emir-il mü'minine Aliyül-mürteza, esselamu aleyki Ummel-hasenî vel-hüseyini esseyyideynişşehideynis-saideyn. Seyyideyi şübbani ehlil-cenneti ve Kurretey e'yuni ehlissünneti, radiyellahu anh ve erdaki.»

Ondan sonra Kıbleye dönüp şu duâyı okur:

«Ellahümme bi cahi Muhammedin ve âli Muhammedin ve enterrabbu'l-mahmudi ve bi cahi Ebi Bekrin ve Ömere ve Osmane ve Aliyy. Entezzatu'l-A'la! Ve bi cahi Fâtimetüzzehrâ ve ente faturussemâvâti vel-erd vel-erdine ve bi câhi İsmâile ve ente semiuddua! ve bi cahi Cibrîle ve ente cebirulul-Kulubil-mütekes sîreti isme duâne vecbir kulûbena vağfir zunûbenâ vestur uyubenâ ve ferric kürübenâ ve tekabbel ziyâretenâ. Ve âmîn havfena ve hevvin aleynakulle hevlin ve sehhil aleynâ kulle asirin inneke alâ şey'in kadîr...»

Ondan sonra Müvaceheye gelip şunu okur:

«İnnellahe ve melâiketehu yusallune alennebiyy. Yâ eyyühellezine âmenu sallu aleyhi ve sellimu teslimâ, Ellahümme inni es'eluke ve etevesselu ileyke bi cahi nebiyyike ve habibike Muhammedin Sallellahu teâlâ aleyhi ve sellem. En terzukanî îmânen kâmilen yubaşiri kalbi nâsiben sadikan hattâ a'lemu ennehu lâ yusibunî illâ ma ketebte li ve kıden bimakasemte li ve es'eluke ilmen nâfian ve rızkan vasiân ve helâlen tayyiben ve kalben haşiân ve bedenen sabiren, ve lisânen zâkiren ve amelen makbûlen ve veleden sâlihen ve tevbeten nasûhan ve ticâreten len tebure yâ nurennuri ya âlime mâ fissuduri ve ehricni ve vâlideyye minezzulumâti ilennûri ente veliyyi fiddünya vel-âhireti teveffeni müslimen ve elhikni bissâlihin.. Yâ İlâhel-âlemin. Ve yâ hayrennâsirin. Ve sallellahu alâ seyyidina Muhammedin ve alâ âlihi ve sahbihi ve sellem.»

Ondan sonra Ravzâ'yı Mutahhara'ya gelip, Hücre-i Saâdete yakın Üstüvâne-i Nasûh ve Üstüvâne-i Ebû Lubâbe adı ile bilinen direğin yanındaki Resûlüllah'ın mübârek başı oraya düşmektedir şu duâyı okur:

«Ellâhümme lâteda lenâ fi makamina haza zenben illa ğafertehu. Ve lâ hemmen illa ferrectehu. Ve lâ sailen illâ a'teytehu. Ve lâ meridin illâ şefeyteh. Ve lâ deynen ilâ eddeyteh. Ve lâ eduvven ila hazelteh. Vela tıflen ila Rabbeyteh. Velâ musafiren ila reddeyteh velâ fakiren illâ eğneyteh. Ve lâ haceten min havayiciddünya leke fiha rıdan ve lena fiha salahen illa kadeytaha, ya Rabbel-âlemin.

PEYGAMBERLERİN KABİRLERİNİ ZİYARET ETMENİN ÂDÂBI

Vağfir li zunubi fe innehu lâ yağfiruzzunûbe illa ente ve sallellahu ala seyyidina Muhammedin ve alihi ve sahbihi ecmein. Ve sellemeteslima.»

Ondan sonra Cennet'ü-Bâki'yeye hareket eder. Kapıdan içeri girip bütün kabir ehline selâm verdikten sonra mü'minlerin Emîri Hazret-i Osman b. Affan (R.A.)'ın kabri başına gelip şöyle selâm verir:

«Esselâmü aleyke ve seyyidenâ yâ emîrel-mü'minin... Osman bin Affan. Esselâmü aleyke yâ sâlisel-hulefâi esselâmü aleyke yâ sıhre Resûlüllahi. Esselamu aleyke yâ câmi-el-Kur'âni. Esselâmu aleyke yâ men istahyet minhu melâiketurrahmani esselâmu aleyke yâ men nevverel-mihrabe bi imâmetihi ve zeyenel-kur'âne bi tilâvetihi esselâmü aleyke yâ sirâcellahi fi cennetihi radiyallahu anh.»

Ondan sonra Emîrel-Mü'minin Ali (K. V.)'nin vâlidesi Esed kızı Fâtıma (R. Anhâ)'nın kabrine gelip şöyle selâm verir:

«Esselâmu aleyki yâ Fâtımate binte Esedin. Esselâmu aleyki ya umme Aliyyi'l Murtaza. Esselâmu aleyki yâ men keffeneha Ennebiyyu sallellahu teâlâ aleyhi ve selleme bi kâmisihi ve elhedeha bi yeminihi, radiyellahu anh.»

Ondan sonra Râvîlerin meşhûrlarından olan Ebû Sâid el-Hudrî (R. A.)'ın kabrine gelip şöyle selâm verir:

«Esselâmü aleyke yâ Ebâ Sâid el-Hudrî esselâmü aleyke yâ râvîl-hadîsi an Resûlüllahi sallellahu aleyhi ve sellem. Eâdellahu teâlâ aleyna min berekâtike ve berekati ulumike ve alâ vâlideyna ve alâ-müslimine fiddünya vel-âhireti, Radiyellahu anh.»

Ondan sonra Resûlüllah (S.A.V.) Efendimizin süt annesi Halime vâlidemizin kabrine gelerek şöyle selâm verir:

«Esselâmu aleyki yâ Halimetes-sa'diyyeh! Esselâmu aleyki ya murdiaten-Nebiyyi sallellahu teâlâ aleyhi ve sellem. Radiyellahu anh.»

Ondan sonra, O kabristanda medfûn olanların tümüne, Bedir şehidlerine verdiği selâm gibi umûmen selâm verir.. Bunu müteakip Efendimizin (S.A.V.) kıymetli oğlu İbrâhim'e selâm verir:

«Esselâmu aleyke yâ seyyidena yâ İbrâhim! Esselâmu aleyke yâ İbn Resûlüllah! Esselâmu aleyke yâ ibn Habibullah! Radiyellahu anh.»

Ondan sonra Kurra'ların pîri İmâm Nâfi (R.A.)'ın kabrini ziyâret eder ve şöyle selâm verir:

«Esselâmü aleyke yâ Nâfi, Esselâmu aleyke yâ şeyhelkura! Eâdellahu aleynâ ve alâ vâlideyne min berekâtike ve berekâti ulumüke fiddünya vel-âhireti, radiyellahu anh.»

Ondan sonra İmâm Mâlik b. Enes (R.A.)'ın kabrini ziyâret eder ve şöyle selâm verir:

«Esselâmü aleyke yâ Mâlik bin Enes, Esselâmü aleyke yâ İmâmel-mezheb! Eâdellahu aleyna ve alâ vâlideyna min berekâti ulumike fiddünya vel-âhireti Radiyellahu anh.»

Bunu müteâkib Peygamber (S.A.V.) Efendimizin amcazâdesi Süfyan İbni'l-Haris (R.A.)'ın kabrini ziyâret edip şöyle selâm verir:

«Esselâmü aleyke ya süfyân İbn el-Haris, esselâmu aleyke yâ ibn ammi Resûlüllah Sallellahu aleyhi ve sellem. Radiyallahu anh.»

Odan sonra Resûüllah (S.A.V.) Efendimizin bir kubbe altında medfûn bulunan hanımlarını ziyâret edip hepsine birden şöyle selâm verir:

«Esselâmu aleykünne yâ Ezvâce Resûlüllahu sallellahu aleyhi ve sellem. Radiyallahu anhünne ve erdakünne ve cealel-cennete menzilekünne ve meskenekünne ve mahallekünne ve me'vakünne esselâmü aleykünne ve rahmetüllahi ve berekâtüh..»

Ondan sonra Ehl-i Beyt'in bir arada bulunduğu Türbe ziyâret edilir, ki hepsi aynı yerde medfûndurlar. Yâni kabirleri bir aradadır. Hattâ Hazreti Fâtıma (R. Anhâ)'nın kabrinin de aynı yerde olduğu rivâyet edilir. Şöyle selâm verir :

«Esselâmü aleyke yâ seyyidenâ yâ Abbas esselâmü aleyke yâ ibnel Abdül Muttalib esselâmü aleyke yâ Amme Resûlüllah.. Esselamü aleyke yâ İmâm Hasen. Esselâmü aleyke yâ İbne'l-Murtaza, Esselâmü aleyke yâ hafide Resûlüllah! Esselâmü aleyke ya İmâm Zeynel-Âbidin. Esselamü aleyke yâ seyyidena yâ İmâm Muhammed el-Bakır; Esselamu aleyke yâ İmâm Ca'fer es-sadık. Esselâmü aleyküm yâ ehle beytinnübüvveti ve ma'denirrisaleti Radiyellahu anhüm ve erdaküm ve cealel-cennete menzîleküm ve meskeneküm ve mahelleküm ve me-vaküm. Esselâmü aleyküm ve rahmetullahi ve berekâtuh.»

Onda sonra Mâlik b. Sinan (R.A.)'ın kabirini ziyâret edip şöyle selâm verir :

«Esselâmü aleyke ya hamile livai Resûlüllah Sallellahu teâlâ aleyhi ve sellem.»

Ondan sonra Efendimizin (S.A.V.) muhterem pederi Abdullah'ın kabri ziyâret edilip şöyle selâm verilir :

«Esselâmü aleyke yâ seyyidena yâ Abdullah. Esselâmü aleyke yâ ibn abdil-Muttalib. Esselâmü aleyke yâ vâlide Resûlüllah sallellahu teâlâ aleyhi ve sellem. Radiyellahu Anh.»

Peygamber (S.A.V.) Efendimizin mübârek devesinin kabrini ziyâret ettiği zaman —ki onun kabri belirli bir kubbenin altındadır— civârında da yine Efendimizin maidesi (sofrası) vardır. Şu duâyı okur:

«Ellahümme innehazel-makame maidetu ve musalla seyyidina Resûlüllahi sallellahu aleyhi ve sellem. Ellahümme inni evda'tu fi hazel-makamı ahdî ve misakî min yemî haza ilâ yevmil kıyâmeti hâlisen muhlisen Eşhedu en lâ ilâhe illellah. Ve eşhedü enne Muhammeden abduhu ve Rasûlüh..»

Adı geçen yerde bulunan taşın üzerindeki çukurlara ekmek, hurma ve diğer şeyleri koyup teberrüken yerler ve civarındaki Mescid-ül İcâbe ziyaret edilirken şu duâyı okurlar:

«Allahumme inne haza Mescid-ül İcâbeti ve musallâ seyyidina Resûlüllahi Sallallahu Teâlâ aleyhi ve Sellem. Allahumme innî evda'tu fî hazel makami ahdî ve misakî min yevmî haza. İlâ yevmil kıyâmetî hâlisen muhlisen Eşhedü enne Muhammeden abdühû ve Resülüh»

Ondan sonra Uhud dağını ziyâret etmek için hareket eder. Oraya vardığında şehidlerin ulusu Hz. Hamza (R.A.) ın kabrini ziyâret edip şöyle selâm verir:

«Esselamu aleyke yâ Hamza! Esselâmu Aleyke yâ İbn Abduh Muttalib! Esselâmu aleyke yâ amme Resûlüllahi!. Esselâmu aleyke yâ Seyyideşşühedâi!»

Sonra oradaki kabirlerde bulunan mevtâlara sırasıyla şöyle selâm verir:

«Esselâmu aleyke yâ Seyyidinâ, Yâ Abdûllah b. Cahş! Esselâmu aleyke yâ Mu'sab ibni Umeyr! Esselâmu aleyke ya Şemmuz İbni Osman! Radiyallahu Anhüm.»

Ondan sonra Uhud'da şehid düşen tüm şehidleri ziyâret ederek şöyle selâm verir :

«Esselâmu aleyküm yâ Şühedae Uhud! Esselâmu aleyküm yâ Nuceba! Esselâmu aleyküm yâ Menkalellahu fi hakkihim. Velâ tahsebennellezine kütilü fi sebilillahî emvaten bel ehyaun inde Rabbihim yurzekûne ferihine bima atâhumullahu min fadlihî ve yestebşirune billezine lemyel-hakubihim min halfihim ellâ havfun aleyhim velâhum yahzeun.»

Ondan sonra Zekiyuddîn Muhammed b. Abdullah b. Hasan b. Hüseyin b. Ali. (R.A.)'ın kabrini ziyâret edip şöyle selâm verir :

«Esselâmu aleyke yâ Zekiyyed ir! Esselâmu aleyke yâ Ehle Beytin nûbüvveti! Radiyâlla ıu Anhüm.»

Bunu müteakib, Peygamber (S.A.V.) Efendimizin dişinin şehid olduğu yeri ziyâret eder. O yere «Kubbedüssühya» adı verilmiştir. O yeri ziyâret ettiğinde şöyle der:

«Esselatu vesselâmu aleyke yâ Resûlüllahî. Ellahumme inne haza kubbedüs-sühyâ ve musallâ seyyidina Re' sûllüllahi Sellellahu teâlâ aleyhi ve Sellem. Ellahümme Kema belleğtena fiddünya ziyâretehu felâ tahrimna fil âhireti fadle şefâatihi. Vahsurna fi zümretihi ve tahte livâihi veskinâ min havdihi inneke alâ külli şeyin kadîr. Bi rahmetike yâ Erhamer-Rahimîn.»

Ondan sonra İki Kıbleli Mescidi ziyâret eder, orada iki rek'at Tahiyyetü'l Mescid Namazını kıldıktan sonra şu duâyı okur :

«Ellahümme inne hazel-makame mescidül-kıbleteyn. Ve Musallâ seyyidina Muhammedin sallellahu aleyhi vesellem. Ellahümme inneke kulte ve kavlukel-hakku fi kitabikel-münezzeli Alâ Nebiyyikel-mürseli. (Kad nerâ takallube vechike fissemai fele nuvelliyenneke kibleten terdaha fe velli vecheke şetrel-mescidil-haramı) ellahumme inni evda'tu fi hazel-makami ahdi ve misaki min yevmi haza ilâ yevmil-kıyâmeti hâlise muhlesen eşhedu en lâ ilâhe illellâh ve eşhedü enne Muhammeden abduhu ve Resûlüh.»

Ondan sonra Bi'r-i Osman (Osmanın kuyusu)nu ziyâret eder. Onu mâteâkib şu dört mescidi ziyâret eder:

1) Peygamberin mescidini,
2) Ebû Bekr es-Siddîk (R.A.) 'ın mescidini,
3) Ali (K.V.)'ın mescidini,
4) Selman (R.A.)'ın mescidini.

Bu mescidlerde ikişer rek'at Tahiyyetü'l-Mescid namazını kılıp her birerlerinde duâ eder. Ondan sonra doğru Mescid-i Kuba'ya gider. Orada iki rek'at namaz kıldıktan sonra şu duâyı okur :

«Ellahumme inne haza mescidün üssise alettekvâ min evveli yevmi ehakku en nakume fihi ricâlün yuhibbune en yetatahharü vellahu yuhibbül-Mütetahhirîn. Ellahumme, tahhir kulûbena minen-nifakı- ve a'malenâ miner -riyâi ve furucena minezzinâi ve elsinetena minel-kezibi vel-ğiybeti vel-buhtâni, ve a'yunena minel-hiyâneti fe inneke ta'lemu hâinetel-ayuni ve mâ tuhfis-sudûr. İnnî evda'tu fi hazel-mak mi ahdî ve misaki min yevmî haza ila yevmil-kıyâmeti hâlisen muhlisen eşhedü en lâ ilâhe illellâh ve eşhedü enne Muhammeden abduhu ve Rasûlüh.»

Ondan sonra Hicret esnasında Resûlüllah (S.A.V.) Efendimizin devesinin çöktüğü yeri ziyâret eder. O yere (Mebrekin-Nake) derler.

Ondan sonra Kubbetü'l Keşf'i ziyâret eder. O yerden Peygamber Aleyhisselâm Beyt-i Muazzama'ya teveccüh buyurup müşahede etmişlerdir. Mescidü'l Müvacehe denilen mescidi de ziyâret edip iki rek'at Tahiyyetü'l-Mescid namazını kılar. Bu üç yer de de : «Ellahümme inne hazel-makame Mebrekunnaka. Ve musallâ seyyidina Resûlüllah. Ellahümme inne hazel-makame Kubbetul'keşfi ve Musallâ seyyidina Resûlüllah. Ellahümme inne hazel-makame Mescidül-muvaceheti ve musallâ seyyidina Resûlüllah.» diyerek yukarıda geçen duâyı okur...

Resûlüllah (S.A.V.) Efendimizin su içip abdest aldığı ondokuz aded kuyudan en meşhûrları şunlardır : İdris kuyusu, Bassa kuyusu, Ha kuyusu, Bida'a kuyusu, Rume kuyusu, Ahin kuyusu... Bunları da ziyâret eder. Çünkü Resûlüllah (S.A.V.) Efendimiz bu kuyulardan su içmiş, abdest almış ve yıkanmışlardır. Ondan sonra Hatem kuyusunu ziyâret eder. Bu kuyuya Efendimizin yüzüğü düşmüştür. Su yukarıya çıkıp, Efendimiz de düşen yüzüğünü kolayca almışlardır, diye rivâyet edilmiştir. Civârında Hazreti Ali ve Hazreti Ebû Bekr (R. Anhümâ)'nın hâneleri vardır. Onlar da ziyâret edilmelidir.

Ondan sonra, Resûlüllah (S.A.V.) Efendimizin Hicreti sırasında, kendilerini kasideler söyliyerek karşılayan Benî Neccar'ın kızlarının bulundukları evi de ziyâret eder.

Medîne-i Münevvere'den ayrılırken, Peygamberimiz (S.A.V.)'in mübârek ravzasına gelerek şöyle vedâ eder.

«El-veda, elveda ya Resûlüllah! El-eman el-eman ya Nebiyyellahu! El-fırak el fırak yâ Habîbellah! La cealehullahu ahirel-ahdi la minke velâmin ziyâretike minel-vukufî beyne yedeyke fi hayrın ve sihhatin ve âfiyetin ve selametin. İnşâellah.. Ci'tuke ve zurtuke ve iza mittu fe evda'tu indeke şehâdeti ve emâneti ve misakî min yevmina haza ile yevmil-kıyâmeti ve hiye şehâdetü en lâ ilâhe illallah Muhammedün Resûlüllah. Ellahümme inne haza abdike ve habîbüke ve nebiyyüke ve şefiuke ve ene abdüke veşşeytanu aduvvuke Fein ğaferte li fe ene abdüke ve gazbe aduvuke ve in tuazzibni hazene habibüke ve radiye aduvvuke ve ente ekremu min en yehzenu habibüke ve radiye aduvvuke. Ellahümme innel-arebel-kîram in mate fihim seyyidühüm ateku alâ kabrihi ve inne haza seyyidül, âlemîne Featikni alâ kabrihi. Ellahümme inni eşhedu bike ve eşhedu bi Rasûlike ve ni erbâi hulefâ ihi ve eşhedü bil-melâiketinnaziline alâ hazihirravzatişşerifetiil-kerimeti vel-akifîne aleyha İnnenî eşhedü en lâ ilâhe illellâhu vahdehu lâ şerikeleh. Ve eşhedü enne Muhammeden abduhu ve Resûlüh. Ve inne küllema câe min emrin ve vahyin ve mâ kâne vema yekûnü Hakkun lâ kezibe fihi veleftarâe ve innî mukirrun leke yâ ilâhî bi cinâyeti ve ma'siyetî fağfir vemnun aleyke billezi menente bihi alâ evliyâike fe inneke entel-mennânul-ğafurur-rahimü bi rahmetike ya erhammerrahimîn. Ve selâmün alel-mürselin vel-hamdü lillahi Rabbil-âlemîn.»

Medîne'yi ziyâret etmenin fazîleti ve ecri sayılmayacak kadar çoktur.

Bunlardan burada ancak bir kaç tanesi anlatılmaktadır. Medîne-i Münevvere vahyin geldiği, Resûlüllah (S.A. V.) Efendimizin hicret ettiği yer oluşundan başka, mübârek cesedlerinin hâlen bulunduğu mukaddes bir yerdir. Ravzâ-i Mutahharelerinin arş'tan efdal olduğuna tüm ehl-i ilim ve ehl-i tahkîk söz birliği etmişlerdir. Hücre-i Saâdet ile Minber-i Seâdet arasına (Ravza-i Mutahhare) denilir, ki orası cennetten efdaldır. Bir kimse orada oturup sonra: «Bugün ben cennete girdim!» diye yemîn ederse hânis olmaz, doğru yemîn etmiş olur.

Medîne'nin toprağı şifâ; olduğu tozları da cüzzam hastalığına iyi geldiği hadîsi şerîflerle ifâde buyurulmuştur. Yâni hadîslerle sâbittir. Nitekim bir hadîste :

$$غُبَارُ الْمَدِينَةِ شِفَاءٌ مِنَ الْجُذَامِ$$

«Medînenin tozları Cüzzam hastalığına karşı (etkin) bir şifâdır». buyurulmuştur.

Diğer bir hadîste de şöyle buyurulmuştur :

$$صَلَاةٌ فِي الْمَسْجِدِ الْحَرَامِ مِائَةُ أَلْفِ صَلَاةٍ وَصَلَاةٌ فِي مَسْجِدِي أَلْفُ صَلَاةٍ وَفِي بَيْتِ الْمَقْدِسِ خَمْسُمِائَةِ صَلَاةٍ$$

«Mescîd-i Haram'da kılınan bir namaz yüzbin namaz,

PEYGAMBERLERİN KABİRLERİNİ ZİYÂRET ETMENİN ÂDÂBI

Benim mescidimde kılınan namaz bin namaz, Beyt-i Mukaddeste kılınan namaz beşyüz namaza denktir.»

Diğer bir hadiste de şöyle buyurulmuştur :

$$صَلَاةٌ فِى مَسْجِدِى هٰذَا اَفْضَلُ مِنْ اَلْفِ صَلَاةٍ فِيمَا سِوَاهُ اِلَّا الْمَسْجِدِ الْحَرَامِ وَصِيَامُ شَهْرِ رَمَضَانَ بِالْمَدِينَةِ وَصِيَامُ اَلْفِ شَهْرٍ فِيمَا سِوَاهَا وَ ۷ ةُ الْجُمْعَةِ بِالْمَدِينَةِ كَاَلْفِ جُمْعَةٍ فِيمَا سِوَاهَا$$

«Benim bu mescidimde kılınan bir namaz. Mescid-i Haram hariç, diğer mescidlerde kılınan bin namazdan efdaldir. Medînede tutulan Ramazan ayı orucu diğer yerlerde tutulan bin ay oruç gibidir. Medînede kılınan bir Cum'a, diğer yerlerde kılınan bin Cum'a gibidir.»

PEYGAMBER ALEYHİSSELÂM'I ZİYÂRET ETMENİN FAZİLETİ :

Bu hususta da şöyle buyurulur :

$$مَنْ زَارَنِى بَعْدَ وَفَاتِى فَكَاَنَّمَا زَارَنِى فِى حَيَاتِى$$

«Kim, beni ölümden sonra ziyâret ederse, sağlığımda ziyâret etmiş gibi olur.»

Diğer bir hadiste şöyle buyurulur :

مَنْ زَارَ قَبْرِي وَجَبَتْ لَهُ شَفَاعَتِي ...

«**Kim, kabrimi ziyâret ederse, ona şefâatım vâcib** (ve sâbit) **olur.**»

Bu hadîste, Resûlüllah (S.A.V.) Efendimizin kabrini ziyâret eden kimsenin îmânla güzel bir sonuçla öleceğine işâret vardır. Zirâ îmânı olmayanlara şefâat yoktur..

BİR KISSA :

Bir Bedevî Resûlüllah (S.A.V.) Efendimizin kabri ile Ebû Bekr ve Ömer (R. Anhümâ) ların kabirlerini de ziyâret ettikten sonra ellerini kaldırıp şöyle duâ etmişti:

«Yâ Rabbi, Arab büyüklerinden biri öldüğü zaman, ona saygılarını ifâde etmek için, halk gelip onun kabri yanında kölelerini âzâd ederlerdi.. İşbu türbede yatan, senin Habibin ve gayet sevdiğin bir Peygamberdir. Ben ise bir köleyim! Sen Ekremül-Ekremînsin! Benim gibi âciz nâciz bir köleyi afvetmen muhakkak ki senin Zât-i ülûhiyetine lâyıktır. Ne olur beni bağışla!» Hâtiften bir ses:

«Ey Arabi sen yalnız kendi afvını mı istiyorsun? Sen öyle bir yerde bana ilticâ ettin ki, eğer tüm mahlûkâtın afvını isteseydin mutlaka afvederdim; haydi git seni bağışladım!»

HAREMEYN'DE VEFÂT ETMEYİ ARZU ETMEK

Haremeyn'de vefât etmeyi arzulamak da iyidir. Bunu da bir ganîmet bilmelidir.

Bir hadîsi şerîfte şöyle buyurulmuştur :

مَنْ مَاتَ فِي الْحَرَمَيْنِ يُبْعَثُ مِنَ الْآمِنِينَ يَوْمَ الْقِيَمَةِ

«**Kim Haremeyn'de vefât ederse, kıyâmet gününde** (her türlü korku ve endişelerden) **emîn olmuş kimseler meyânında ba's olunur.**»

(Mültekâ, Dâmad, Câmûs'-sağîr, Mefâtihü'l-Cinan)

Yirmiikinci Bâb

Dargınları Barıştırmak

Şurası bir gerçektir ki, bütün mü'minler birbirlerinin kardeşidir. Aralarında geçimsizlik, düşmanlık ve dargınlık husûle geldiği zaman, onları derhal barıştırmak dinî bir vecîbedir. Nitekim Kur'ân-ı Kerîm'de şöyle buyrulmuştur:

إِنَّمَا الْمُؤْمِنُونَ إِخْوَةٌ فَأَصْلِحُوا بَيْنَ اَخَوَيْكُمْ ...

«Mü'minler ancak kardeştirler. Öyleyse iki kardeşinizin arasını bulunuz.»

«Hücûrat Sûresinden)

Resûlüllah sallellahu aleyhi ve sellem Efendimiz'de bu husûsta bizleri ikâz buyurmuş ve dargınları barıştırmanın çok büyük bir sevâb olduğunu şu hadîsle bize açıklamışlardır:

اَلَا اُخْبِرُكُمْ بِأَفْضَلَ مِنْ دَرَجَةِ الصِّيَامِ وَالصَّدَقَةِ وَالصَّلَاةِ قُلْنَا بَلَى ... قَالَ إِصْلَاحُ ذَاتِ الْبَيْنِ إِفْسَادُ ذَاتِ الْبَيْنِ هِىَ الْحَالِقَةُ

«Ey Eshâbım, size, nâfile oruç tutmak, sadaka vermek ve (nâfile) namazı kılmaktan daha (sevâblı) ve hayırlı bir amel bildireyim mi?»

— Evet! dedik. Şöyle buyurdular :

«İki mü'minin arasını bulmak İki mü'minin arasını bozmak ise (dînî) traş etmektir...»

Dargınları barıştırmak için, onları birbirine sevdirmek için söylenen yalan kat'iyen yalan sayılmaz. Çünkü gâye barışı sağlamaktır, taraflarından söylenmiyen sözleri, «Şöyle dedi!» diye nakletmek yalan değildir. İşte bu hususu isbât eden hadîs-i şerîf:

$$\text{لَيْسَ بِالْكَذَّابِ مَنْ اَصْلَحَ بَيْنَ النَّاسِ فَقَالَ خَيْرًا}$$

«İnsanların arasını bulmak için yalan söyliyen kimse yalancı değildir, bilâkis o hayrı söylemiştir.»

Bu hadîsi şerîfte, insanları barıştırmanın vâcib olduğuna işâret vardır, demişlerdir. Zirâ yalanı terk etmek vâcibtir. Vâcib olan şey, ancak kendisinden daha kuvvetli olan bir vâcib ile sâkıt olur. İşte bundan anlaşıldığına göre dargınların arasını bulmak, harâm olan yalandan daha kuvvetli bir görevdir. Mü'minlerin arasını bulmak hakkında diğer bir hadîs-i şerîf :

$$\text{اِتَّقُوا اللهَ وَاَصْلِحُوا ذَاتَ بَيْنِكُمْ فَاِنَّ اللهَ يُصْلِحُ بَيْنَ الْمُؤْمِنِينَ يَوْمَ الْقِيَمَةِ}$$

«Allah'tan korkun, birbirlerinizin arasını bulup barıştırın! Çünkü Allah kıyâmet gününde mü'minlerin arasını bulup barıştıracaktır.»

Hazreti Enes b. Mâlik (R.A.) dan:

Resûlüllah'ın huzûrunda sessizce oturuyorduk. Bir müddet sükût buyurdular, sonra ağlamaya başladı. Mübârek gözlerinden yaş akıyordu. Aradan çok geçmeden gülümsediler. Yüz hatlarından sevinçli olduğu belli idi.. Ömer b. El-Hattab dayanamadı ve bunun hikmetini suâl etti. Çevâben şöyle buyurdular:

«Şu anda gördüm ki (sanki) kıyâmet kopmuştu, herkes hesaba çekilmişti. Ümmetimden iki kişi huzûra geldi.. Birisi zâlim, dğer mazlûm. Mazlûm olan; Yâ Rabbi, bundan hakkımı istiyorum! diye şikâyette bulundu. Bunun üzerine Cenâb-ı Hak, o zâlime.

«Haydi bu mazlûmun hakkını ver! diye emir buyurdu. Adam: Yâ Rabbi, sevâblarımın tümünü hak sâhiblerine verdim. Benim hiç bir sevâbım kalmadı, bu adama neyi vereyim?», dedi. Bu defâ mazlûm şöyle dedi:

«Yâ Rabbi, mâdem sevâbı kalmadı, öyleyse günâhlarımdan, alacağım kadar ona yükle», diye niyâzda bulundu. Adama onun günâhlarından verildi, hiç sevâbı da kalmadığı için doğru cehenneme yollanacağı için, ağladım.. Tam o sırada Allah mazlûma şöyle nidâ etti:

— Başını kaldır ya kulum! Adam başını kaldırdı. Allah (C.C.) sordu:

«Söyle bakalım neler gördün?»

— Gümüş şehirleri, altın köşkleri ve sofaları gördüm.. Bunlar acaba hangi Peygamberin, hangi sıddık'ındır?

«Kim parayı verirse onundur!»

— Buna kim para yettirebilir ki? Ah kudretim olsa bunları satın alırdım!

«Bu Köşk ve sarayların fiatı, şu kardeşini bağışlamandır! Onu afvet, bütün bunlar senin olsun!»

— Şâhit Ol ey Rabbim! Hakkımı helâl edip onu bağışlacım!

«Ey Kulum asıl afvetmek bana yaraşır, haydi o din kardeşini de al ve beraberce saraylara giriverin!» buyurdu. İşte sevinmeme ağlamama sebeb olan olay, budur! buyurdular..

(Mefâtihü'l Cinan)

Yirmiüçüncü Bâb

Ana—Baba'ya İtâat Etmek

Ana-baba'ya itâat etmek, onları kırmamak farzdır. Nitekim Allah (C.C.) İsrâ sûresinin bir âyetinde; kendisine ibâdet etmeyi, hiç bir kimseyi ve nesneyi şerîk koşmamayı emrettikten sonra ana-baba'ya iyilikte bulunmayı ferman buyurmuştur:

«Ana-babaya ihsânı (emretti)»

Bayezid-i Bestamî Hazretleri çocukken dersi:

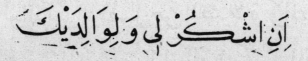

âyet-i Kerîmesine gelince, hocasına bu âyetin ma'nâsını sordu. Hoca âyetin ma'nâsını açıkladı ve dediki; «Oğlum, Allah, bu âyette önce kendisine şükretmemizi, sonra ana-baba'ya hizmet etmek sûretiyle şükrânda bulunmamızı emrediyor.» Bunu öğrenir öğrenmez hemen eve gelip annesine durumu anlatıyor. Anneciğim, bugün öyle bir ders okudum ki bütün varlığımı sardı. Dehşete düştüm. Allah, hem kendine hem de anne babaya hizmet etmeyi emir buyurmuş.. Hocam bana öyle anlattı. Bir şahsın iki kapıda hizmetçi olması, biliyorsun ki güçtür. Çünkü her ikisine hizmeti aynı ölçüde yapamaz, mutlaka bir tarafını noksan yapar.

Allah'a yalvar: Ya bütün hizmetlerimi sana yapayım, beni afvetsin, yâhûd da sen beni afvet, hakkını helâl et, tüm hizmetlerimi Allah'a yapayım, dedi.

Annesi ondaki bu hamiyet, gayret ve muhabbeti görünce, şöyle haykırdı:

— Oğlum bütün haklarımı sana helâl ettim. Ben senden hiç bir hizmet istemem, tüm hizmetlerini ve itâatlerini Allah'a hasret. Ona tam bir kul olmaya çalış!

ANA—BABA'YA HİZMET ETMENİN FAZİLETİ:

Ana-baba'ya itâat etmek, hizmetlerinde bulunup onlara ihsân etmek, Allah (C.C.) yolunda kılınan namaz, tutulan oruç ve yapılan savaştan efdaldir. Nitekim bu durum şu hadîs-i şerifte açıklanmıştır:

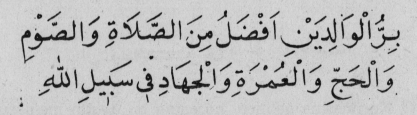

«Anne-baba'ya itâat etmek, namaz, oruç, hac, umre ve Allah yolunda cihad etmekten efdaldir.»

Anne-baba'ya itâat eden onları kendisinden râzı eden kimseye bir hadîste şöyle müjde verilmiştir:

مَنْ اَصْبَحَ مُرْضِيًا لِاَبَوَيْهِ اَصْبَحَ لَهُ بَابَانِ مَفْتُوحَانِ اِلَى الْجَنَّةِ وَمَنْ اَمْسَى مِثْلَ ذٰلِكَ فَاِذَا كَانَ وَاحِدًا فَوَاحِدٌ وَمَنْ اَصْبَحَ مُسْخِطًا لِاَبَوَيْهِ اَصْبَحَ لَهُ بَابَانِ مَفْتُوحَانِ اِلَى النَّارِ وَمَنْ اَمْسَى مِثْلَ ذٰلِكَ فَاِذَا كَانَ وَاحِدًا فَوَاحِدٌ فَاِنْ ظَلَمَا وَاِنْ ظَلَمَا...

«Bir kimse ebeveynini kendisinden râzı ederek, sabaha kavuşursa, onun için cennette iki kapı açılır. Akşamlarsa yine iki kapı açılır. Eğer yalnız annesini yâhûd yalnız babasını (yâni bunlardan birini) râzı ederse o zaman bir kapı açılır. Kim de anne babasını öfkelendirerek sabaha kavuşursa onun için cehennemde iki kapı açılır. Akşamlarsa (aynı şekilde) yine iki kapı açılır. Eğer yalnız birini öfkelendirmişse sadece bir kapı açılır, ana babası haksız dahi olsalar, onların gönüllerini kırmamak karşılarında öf, bile dememek gerek.»

Kim anne babasına itâat ederse, ihsân ve ikrâmda bulunursa, kendi evladı da ona itâat eder. Nitekim bir hadîste şöyle buyurulmuştur:

بِرُّوا آبَاءَكُمْ يَبِرَّكُمْ اَبْنَاءُكُمْ

«Babalarınıza iyilik ediniz ki, çocuklarınız da size iyilik etsinler!»

Anne-babasına âsî olanlar, ne kadar iyi işlerde bulunsalar bulunsunlar, cennete giremezler. Buna mukâbil onlara ihsanda bulunanlar ne kadar kötü amelde bulunsalar bulunsunlar, cehenneme girmezler. İşte bir hadîs bu gerçeği şöyle tescil eder:

فَلْيَعْمَلِ الْعَاقُّ مَاشَاءَ اَنْ يَعْمَلَ فَلَنْ يَدْخُلَ الْجَنَّةَ وَلْيَعْمَلِ الْبَارُّ مَاشَاءَ اَنْ يَعْمَلَ فَلَنْ يَدْخُلَ النَّارَ

«(Anne-baba'ya) âsî olan kişi, dilediğini yapsın, aslâ cennete giremez! Anne baba'ya mûtî olan kişi, istediğini yapsın aslâ cehenneme giremez.»

Cennetin kokusu beşyüz senelik yoldan rahatça alınır. Fakat anne-babaya âsî olanlar, bir de akrabayla bağı koparanlar bu kokudan mahrûm olurlar.

Bir hadîste şöyle buyurulur:

اِنَّ الْجَنَّةَ يُوجَدُ رِيحُهَا مِنْ مَسِيرَةِ خَمْسِمِائَةِ عَامٍ وَلَا يَجِدُ رِيحَهَا عَاقٌّ وَلَا قَاطِعُ رَحِمٍ

«Cennetin kokusu beşyüz yıllık mesafeden duyulur. Ancak onun kokusunu anne-baba'ya âsî gelen ile akraba bağını koparan o kokudan alamaz!»

Annenin şefkati babanınkinden fazla olduğu için, ona itâatta öncelik tanır. Nitekim Meryem Sûresinin bir âyetinde:

وَبَرًّا بِوَالِدَتِي

«**Anneme beni hürmetkâr kıldı**» buyurulmuştur. Bu âyet bir de

وَوَصَّيْنَا الْإِنْسَانَ بِوَالِدَيْهِ اِحْسَانًا حَمَلَتْهُ اُمُّهُ كُرْهًا وَوَضَعَتْهُ كُرْهًا

«**Biz insana ana ve babasına iyilik etmesini tavsiye ettik. Anası onu zahmetle (karnında) taşıdı, onu zahmetle de doğurdu**» (1) karnında taşımak, doğurup büyütmek zahmetine anne katlandığı için anne hakkına öncelik tanındığına delâlet ve işaret etmektedir.

Eshâb'tan biri Resûlâllah Sallellahu Aleyhi ve Sellemin huzûruna gelip:

— Ey Allah'ın Resûlü, iyilik etme husûsunda kim daha ileri gelir? diye sorduğunda, Peygamber Aleyhisselâm

— **Annen!** buyurdu.
— Ondan sonra kim?
— **Annen!**
— Sonra kim?
— **Annen!**
— Sonra kim?
— **Ondan sonra baban, ondan sonra en yakın olan,** (Yakınlık derecesine göre akraba sıra takip edilir) buYine biri gelerek, Resûlüllah (S.A.V.) Efendimize:

— Ey Allah'ın Resûlü, ben anneme kendi elimle abdest aldırırım, elimle yedirip içiririm. İstediği yere sırtım-

---

(1) Ahkâf Sûresi, âyet: 15.

le taşırım. Acaba hakkını ifâ edebildim mi? diye sordu. Efendimiz salli aleyhi vessellem şöyle cevab verdi:

— Yüzde birini bile ifâ edemezsin?

— Niçin ey Allah'ın Resûlü?

— Sen güçsüz iken o sana sırf büyüyüp yaşaman için hizmet etti; sen ise Onun (bir an önce) ölümünü isteyerek hizmet ediyorsun! Ama bununla beraber sen yine ona iyilik yapmış sayılırsın..» buyurdu.

Mûsâ Aleyhisselâm bir gün Allah'a münâcat ederken şöyle niyâzda bulundu :

— Yâ Rabbi acaba cennette benim arkadaşım kimdir?

— Ey Mûsâ, falan beldeye git, orada bir kasap vardır, işte cennetteki arkadaşın O'dur. Buyurdu. Bunun üzerine Hazreti Mûsâ o belde'ye geldi kasabın dükkânını buldu. Oracıkta oturup bir müddet kasabın hareketlerini seyretti.

Akşam olunca kasap zenbiline bir parça et koyup evin yolunu tuttu. Mûsâ Aleyhisselâm ona yanaşarak :

— Beni misafirliğe kabûl eder misiniz? diye sordu.

— Hay hay, buyurun! diyerek, Mûsâ Aleyhisselâmla eve gittiler. Kasap getirdiği eti, kendi eli ile pişirdi, bir de çorba yaptı. Sonra yukarıda asılı olan büyük bir zenbili aşağıya indirdi, içinden son derece yaşlı bir kadını (annesini) çıkardı, kendi eliyle onu doyurdu, üzerindeki elbisesini alıp yıkadı ve kuruttuktan sonra, ona giydirdi. Sonra tekrar annesini zenbile koyup yerine astı. Tam o sırada kadının dudaklarının kıpırdadığını gördü.

Mûsâ Aleyhisselâm kasaba sordu :

— Kimdir bu kadın?

Cevab verdi :

— Annem!

— Pekâlâ sen onu zenbile koyarken dudakları kımıldıyordu, bir şeyler söylüyordu, acaba dediği şey ne idi?

— O, devamlı olarak, söylediğini tekrarladı: (Yâ Rabbi, oğlumu cennette hazreti Mûsâ'ya arkadaş yap!) **İşte söylediği söz bu idi,** dedi.

Mûsâ (A.S.):

— Müjde sana! Ben Mûsâ'yım! Sen de benim cennetteki arkadaşımsın! dedi.

Bir gün Resûlüllah (S.A.V.) Efendimiz: «**Burnu yere sürttü, burnu yere sürttü!**» diye buyurdu.

— Kimin yâ Resûlüllah? diye sorduklarında şu cevabı verdiler:

«**Yanında anne-babasının biri veya her ikisi yaşlanıp da** (onlara hizmet edemediği için) **cennete giremiyen kişi!**»

Evet böyle bir fırsatı kaçırdığı için, cidden burnunu yere sürtmüş ve mânen helâk olmuş demektir.

Her kim anne babasının yüzüne merhâmet nazarı ile bakarsa her bakışı için bir Hac ve bir Umre sevabı alır. Nitekim bir hadîs-i şerîfte:

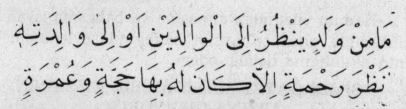

«**Herhangi bir evlat, babasının veya annesinin yüzüne merhâmet nazarı ile bakarsa mutlaka bir Hac ve bir Umre sevabı** (alır).»

— Yâ Resûlüllah, bu sevap bir kere bakma karşılığı mıdır? diye sordular. Şöyle cevab verdi:

«**Günde yüzbin kere nazar ederse de bu ecre nâil olur**» buyurdu.

Kim annesinin tabanlarını öperse, Cennetin eşiğini öpmüş olur.

Bir hadîste şöyle buyurulmuştur:

$$\text{مَنْ قَبَّلَ رِجْلَ أُمِّهِ فَكَأَنَّمَا قَبَّلَ عَتَبَةَ الْجَنَّةِ}$$

«Kim annesinin ayağını öperse sanki cennetin eşiğini öpmüş gibi olur».

Ebû İshâk Hazretlerine biri gelip dedi ki:

— Bu gece ben seni rüyamda gördüm; Sakalın baştan başa yakut olmuştu!

Şu cevabı verdi:

— Rüyan doğrudur: Çünkü ben, bu gece vâlidemin ayağına sakalımı sürdüm! ve öptüm..

Kişinin anne-babasına karşı olan itâatın âdâbındandır:

Onlar hayatta oldukları sürece evlenmemesi.. Hasan el-Basrî Rahimehullah der ki:

«Hanımı yüzünden annesine ve babasına isyân eder, endîşesiyle, anne babasının sağlığında evlenmemek, kişinin akıllılığına delâlet eder».

ŞİMDİ GAYET MÂNİDÂR BİR KISSA'NIN ARZINA GEÇİYORUZ:

Eshâb-ı Kîram'dan Alkıma adında bir zât gayet çok hasta oldu.

Peygamber Aleyhisselam, Ali, Ömer ve Bilâl (R. Anhüm) hazretlerini onun ziyâretine gönderdiler. Onlar Alkıma'nın yanına vardıklarında, bir de ne görsünler: Alkıma'nın dili tutulmuş, bir türlü şehâdet kelimesini getiremiyor...

ANA - BABA'YA İTÂAT ETMEK

Gelip durumu Resûlüllah Sallellahu Aleyhi ve Selleme anlattılar. Eshâb-ı Kîram Alkıma'nın durumunu şöyle bir gözden geçirdiklerinde, onda bir kusur bulamadılar. Sonradan hanımı yüzünden vâlidesi ile arası iyi olmadığını öğrendiler. Bunun üzerine Resûlüllah Sallellahu Aleyhi ve Sellem Efendimiz hazretleri Alkıma'nın vâlidesine bir haber saldı. Kadın huzûr-i saâdete getirildi.

Peygamber Aleyhisselam kadına sordu oğlun Alkıma ile dargınmısın. Kadın dargınım ya Resûlüllah diye cevap verdi. İki cihan Serveri oğlun çok zahmet çekiyor. Oğlundan razı olmasan bile oğlundan razı ol dedi. Kadın oğlum karısını benim üstüme üstün tuttu. Ben oğlumdan razı olamam dedi. Kadına ne tavsiye ettiyse kabûl etmedi. Nihayet Resûlüllah Efendimiz şöyle buyurdular:

«Nefsim yedi kudretinde olan Allah'a kasem ederim ki, sen ona karşı öfkeli ve dargın bulunduğun sürece, ona ne namazı ve ne de zekâtı bir faide vermez!»

Sonra, getirin ateşi de Alkıma'yı yakalım, deyince, kadın feryat etti:

«Bırakın oğlumu! Allahı şâhid tutuyorum! Oğlumdan râzı oldum, hakkımı ona helâl ettim.» Ondan sonra Alkıma'nın dili açıldı ve rahatça kelime-i şehâdet getirdi.

Bu hâdiseden sonra Efendimiz (S.A.V.) şöyle buyurdu:

«Ey muhacirler ve Ensâr topluluğu! Kim hanımını annesine tercih ederse, Allah'ın lâneti üzerine olsun! Allah, onun ne farz ve ne de nâfile ibâdetinden hiç bir şeyini kabul etmez».

ANA - BABA'YI İSİMLERİ İLE ÇAĞIRMAMAK

Anne-babaya adları ile hitap etmeyip annesine (anam) Babasına da (babam) diyerek hitap etmelidir. Zirâ Cenâb-ı Hak (C.C.) İsmâil Aleyhisselâm hakkında şöyle buyurdu:

$$\text{يَا أَبَتِ افْعَلْ مَا تُؤْمَرُ}$$

«Ey Babacığım, sana ne emrediliyorsa onu yap» (*) dedi.

Anasına babasına karşı tabasbus etmekte de beis yoktur. Çünkü bu her ne kadar başkalarına karşı yapmak hoş karşılanmasa da anne baba'ya karşı yapmakta beis yoktur. Çünkü her ne sûretle olursa olsun onların gönlünü almak gerekmektedir. Hattâ onların hakkında böyle davranmak müstehabtır, demişlerdir.

(*) Safet Sûresi.

Yirmidördüncü Bâb

Ana—Baba'nın Ölümünden Sonra Dahi Onlara İkramda Bulunmak

Onlar öldükten sonra onlara ikram etmek, ancak onlar hakkında duâ ve istiğfarda bulunmakla olur. Ayrıca onların akrabalarını, dost ve ahbablarını ziyâret etmek, onlara muhabbet beslemek de anne-baba'ya karşı duyulması gereken hürmet ve saygıdandır. Nitekim bir hadîs-i şerîfte :

مِنْ اَبَرِّ الْبِرِّ اَنْ يَصِلَ الرَّجُلُ اَهْلَ وُدِّ اَبِيهِ

«İyiliğin başı, kişinin babasının ahbablarını ziyâret etmesidir.» buyrulmuştur.

Diğer bir hadîste ise şöyle açıklanmıştır :

مَنْ اَحَبَّ اَنْ يَصِلَ اَبَاهُ فِي قَبْرِهِ فَلْيَصِلْ اِخْوَانَ اَبِيهِ مِنْ بَعْدِهِ

«Kim, babasının kabrini ziyâret etmek isterse, babası (öldükten) sonra ihvanlarını (dostlarını) ziyâret etsin».

Bir Tabiîn'den :

«Kim günde beş kere anne ve babasına duâ ederse, haklarını edâ etmiş olur». Kur'ân-ı azi'müşanın Lokman sûresinde :

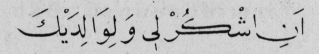

«**Bana ve anne babana şükr et!**» buyurulmuştur. Allah'(C.C.)'a şükretmek günde beş vakit namazla ve diğer ibâdetleri harfiyen ifâ etmekle mümkün olduğu gibi, her namazın ardında anne babaya duâ etmek ne de anne babaya karşı olan görevlerin ifâsı mümkün olur. Namazlar da okunan : **(Rabbim beni ve ana babamı bağışla)** duâsını yapmak kâfi gelir, demişlerdir.

Bir kimse akşamla yatsı arasında iki rek'at namaz kılıp her rek'atında bir Fâtiha, beş kere Âyete'l-Kürsî, beş kere İhlâs, beş kere de Muavvizeteyn okuyup selâm verdikten sonra onbeş kere istiğfar edip sevâbını anne-babasının ruhuna bağışlarsa, her ne kadar günahkâr ise de, anne babasının hakkını edâ etmiş olur. Ve kendisine sıddıklar sevâbı verilir. Ebû Talib el-Mekki böyle demiştir:

Bir hadîs-i şerîfte şöyle buyurulur :

«Bir kimseye vermiş olduğu sadaka'nın sevâbını anne ve babasının rûhuna —anne babası müslüman iseler— hibe ederse, onun sevâbı ve ecri kendi ecrinden hiç bir eksiklik olmadan, onlara verilir.»

Hattâ Selef-i sâlihîn, hoş söz söylediklerinde veya insanlara ezâ cefâ veren her hangi bir şeyi yoldan kaldırıp bertaraf ettiklerinde «Anam ve babam için!» diye niyet ettikleri, rivâyet edilmiştir.

(İhyâi Ulûm ve Kutul-Kulûb)

Yirmibeşinci Bâb

Anne—Baba'nın Evlada Karşı Edecekleri Muamele Hakkındadır

Evladın anne-babasına nasıl hürmet etmesi kerek'yorsa, anne ve babanın da evlada karşı güzel muamele etmesi, onları hakkiyle yetiştirmeleri gerekmektedir. Çünki anne-baba çocuklarını ne kadar güzel yetiştirirse, onlara İslâmî bilgileri ne kadar mükemmel öğretirse, onlardan o derece de hürmet ve iyilik görürler.. Bu sûretle hem kendileri hem de çocukları ilâhî azâbtan kurtulurlar. Amma çocuklara sert çıkışlar yapmak, yerli yersiz onları azarlamak, onların izzet-i nefsi ile oynamak, arkadaşları yanında onları küçük düşürecek hareketlerde bulunmak, tahammül edemiyecekleri veya altından kalkamıyacakları işleri teklif etmek İslâmî adâba aykırıdır. Zirâ çocuklara karşı böyle davranmak, isyanlarına yol açar, dolayısıyla da İlâhî azâba girmelerine sebeb olur. Öyleyse çocuklarını seven kişi, böyle davranmamalıdır. Sâlih selef'den biri şöyle demiştir :

«Belki beni dinlemez, isyân eder de cehennemi hak eder diye, tam otuz yıldır çocuğuma bir şey teklif etmedim!»

ANNE - BABA'NIN ÇOCUKLARINI SEVMESİ

Anne-baba'nın çocuklarını sevmesi de âdâbdandır. Zirâ onları sevmek, kişinin cehennemden âzâd edilmesini sağlar. Hadîs-i şerîfte şöyle buyurulur :

$$ حُبُّ الْأَوْلَادِ سَتْرٌ مِنَ النَّارِ وَكَرَامَتُهُمْ جَوَازٌ عَلَى الصِّرَاطِ وَالْأَكْلُ مَعَهُمْ بَرَاءَةٌ مِنَ النَّارِ $$

«Çocukları sevmek, ateşe karşı bir siperdir. Onlara iyi davranmak sırat köprüsünü geçirir. Onlarla birlikte yemek yemek, kişinin ateşten beraetini sağlar».

Diğer bir hadîs:

$$ اَكْثِرُوا قُبْلَةَ أَوْلَادِكُمْ فَاِنَّ لَكُمْ بِكُلِّ قُبْلَةٍ دَرَجَةً فِي الْجَنَّةِ $$

«Çocuklarınızı çok öpünüz! Çünkü her bir öpücükte sizin için cennette bir derece vardır».

Bir gün Ekra b. Habis Resûlüllah Sallellahu Aleyhi ve Sellemin meclisine geldi. Resûlüllah Efendimizin torunları Hasan ile Hüseyini öptüğünü görünce, şöyle dedi:

— Ey Allah'ın Resûlü benim tam on çocuğum var, bugüne kadar hiç birini öpmedim! Peygamberimiz şu cevabı verdiler:

$$ مَنْ لَا يَرْحَمْ لَا يُرْحَمْ $$

«Merhamet etmeyen'e merhamet olunmaz!»

ÇOCUKLARINA SAN'AT ÖĞRETMEK

Çocuklara san'at öğretmek de selef-i sâlihî'in âdetindendir. Kimseye muhtaç olmamaları için çocuğuna san'-

at öğretmek bir babanın bir annenin başta gelen vazifesi olmalıdır. Çünkü bu, onun yoksul olmasını önler. Lâkin iki san'atı öğretmekten kaçınmalıdır :

1) Buğday ve diğer hububatı satmak,

2) Kefen satmak. Zirâ bunlardan birincisi halkın kıtlığa duçâr olmasına yol açar. Diğeri de insanların ölümünü beklemek gibi bir duruma sâik olur.

Yirmialtıncı Bâb

Çocuklarına Daimi Hayırla Dua Etmek

Bu da âdâbdandır. Hadîs-i Nebevî'de insanlar buna teşvik edilmişlerdir:

$$دُعَاءُ الْوَالِدِ لِوَلَدِهِ كَدُعَاءِ النَّبِيِّ لِأُمَّتِهِ فِي كَوْنِهِ مُسْتَجَابًا وَكَذَا الْوَالِدَةُ$$

«Babanın çocuğuna yaptığı duâ, kabûd edilmesi bâbında, Peygamberin ümmetine yaptığı duâ gibidir. Anne de böyledir.»

Ne varki annenin şefkati babanınkinden daha çok olduğu için, onun duâsı kabûd edilme cihetinden babanınkinden süratlidir...

Nitekim bir hadîste şöyle buyurulur:

$$دُعَاءُ الْوَالِدَةِ أَسْرَعُ إِجَابَةً$$

«Annenin duâsı daha çabuk kabul edilir.» Eshâb-ı Kirâm, Resûlüllah Sallellahu Aleyhi ve Sellem'den bunun sebebini sorduklarında, şöyle buyurdular:

هِىَ أَرْحَمُ مِنَ الْأَبِ وَدَعْوَةُ الرَّحِيمِ لَا تَسْقُطُ

«O, babadan daha merhametlidir! Çok merhametli olan kimsenin duâsı boşa çıkmaz!»

ÇOCUKLARA BEDDUADA BULUNMAMAK

Bu da İslâmî âdâbdandır... Çünkü duâ dile âittir. Dil ne derse o, olur.

Başkasının çocuklarına da bedduâ etmemek gerekir. Çünkü başkasının çocuğuna bedduâ ederse, bu döner dolaşır kendi avlâdına isâbet eder, demişlerdir.

Hazreti Yûsuf Aleyhisselâm'ın kardeşleri, babalarına iyi davranmadıkları için, kendi çocukları uzun süre Firavun'un esiri oldular... Hulâsa ana-babanın doğruluğu çocukların doğruluğunu tevlid eder. Anne baba ne kadar iyi davranırlarsa, ne kadar dürüst olurlarsa, evladları da o derece sağlam seciyeli ve dürüst olurlar.

Hazreti Mûsâ Aleyhisselâm ile Hızır Aleyhisselâm bir yolculuk esnasında Antakya'ya geldiklerinde, Hızır Aleyhisselam yetim çocukların yıkılmaya yüz tutmuş olan duvarlarını düzeltti. Mûsâ Aleyhisselâm bunun sebebini sorunca :

«Babaları sâlih idi» diye cevab verdi. Nitekim bu hâdise Kur'ân-ı Kerîm'in Kehf sûresinde anlatılmıştır. Allah (C.C.) şöyle buyurmuştur:

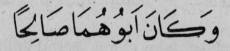

«Onların babaları salih (iyi kimse) idi».

(Câmiüs-Sağîr)

Yirmiyedinci Bâb

Hanımları Arasında Âdil Davranmak

İslâm Hukukuna göre bir adam dört kadınla evlenebilir. İstediği kadar da câriye edinebilir. Bir kadından fazla kadınla evlendiğinde, bir Müslümanın başta gelen görevi her iki kadını eşit tutmak, her ikisine de eşit şekilde davranmaktır. Bu hususta sayılmayacak kadar delil varid olmuştur. Ne var ki bu delillerde belirtilen adaletten murat, zâhirî adalettir, yedirmek, içirmek, giydirmek ve cinsî ilişkide bulunmak gibi hususlarda adalet. Yoksa kalbi muhabbetli değildir. Çünki kişi her iki insanı aynı seviyede sevemez. Buna imkân yoktur. Bu hususta Kur'ân-ı Kerîm'de şöyle buyurulmuştur:

وَلَنْ تَسْتَطِيعُوا اَنْ تَعْدِلُوا بَيْنَ النِّسَاءِ وَلَوْ حَرَصْتُمْ فَلَا تَمِيلُوا كُلَّ الْمَيْلِ فَتَذَرُوهَا كَالْمُعَلَّقَةِ

«Kadınlar arasında adalet (ve musavat) icrâ etmenize ne kadar hırs gösterirseniz aslâ güç yitiremezsiniz. Bari, birine bütün meyledip de ötekini (ne dul, ne kocalı bir durumda) askılı gibi bırakmayın».(1)

---
(1) Nisâ Sûresi, âyet: 129.

Bu âyetten de anlaşılacağı vechile, kalbî muhabbet insanın kudret ve imkânı dahilinde değildir. İnsanın güc yetiremiyeceği bir şey olduğu için bununla mükellef kılınmamıştır. Ancak zâhri adalete riâyet etmek gerekir:

Nefaka, kisve (giydirmek) beytûtet evde kalmak, aynı evdelerse odada yatmak gibi hususlarda adalet ve müsâvat esastır. Âyetin ikinci şıkkında buna dikkatimiz çekilmiştir.

Evlendiği hür kadınlar beynindeki adalet şöyle olur: Birer gece... Ama kişinin bir câriyesi bir de hür zevcesi varsa, o zaman iki gecesini hür olan hanımına, bir gecesini de câriye'ye ayırır.

İslâmın taksimatı böyledir. Buna rağmen kişi, bu taksimata râzı olmayıpda, hanımlarından birinin gençliği ve güzelliğinden dolayı, harcamada, yedirme, içirme ve giydirme ve yatmada, adaletsizliğe saparsa, kıyâmet gününde bir tarafı eğilmiş olduğu halde harşrolunur. İşte Resûlüllah (S.A.V.) Efendimizin bu husûstaki tehdidi:

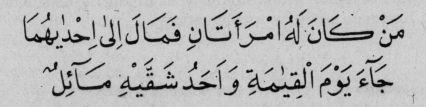

«Kimin iki karısı olup da birine meyl ederse, kıyâmet gününde br tarafı eğik bir halde (huzûra) gelecektir.»

Sefere çıkacağı zaman, hanımlarından birini getirmek zorunda kalırsa, hak geçmemek için aralarında kur'a çekmesi gerekir. Kur' hangisine çıkarsa beraberinde onu götürür.

Resûlüllah (S.A.V.) Efendimiz, hanımlarının kalblerini hoş tutmak ve incitmemek için Allah (C.C.)'ın emretti ği taksim şekline son derece riâyet buyururla lı, ondan sonra şöyle niyâz ederlerdi:

$$اَللّٰهُمَّ هٰذَا قَسْمِي فِيمَا اَمْلِكُ فَلَا تَلُمْنِي فِيمَا لَا اَمْلِكُ$$

«Allahım, mâlik olduğum (yapabildiğim) taksimat budur, mâlik olamadığım taksimattan ötürü beni kınama!»

(Mefatihu'l Cinan)

Yirmisekizinci Bâb

Kocanın Hanımına Karşı Davranışı

Nikâhla kadınlar kendilerini kocalarına teslim ettikleri için, kocaların üzerine, hanımlarının, yeme, içme, giyme, ev ve sair her türlü ihtiyaçlarını temin etmeleri te rettüp etmektedir. Bu saydıklarımızın tümü koca'nın üzerine farzdır. Kocaların üzerine kadınların dünyevî ihtiyaçlarını temin etmeleri farz olduğu gibi, Dinî Bilgileri öğretmek ve din husûsunda onlarla ilgilenmekte üzerlerine farzdır. Tahrim sûresinin bir âyetinde bizlere bu husus açık olarak bildirilmiştir:

$$\text{يَا أَيُّهَا الَّذِينَ آمَنُوا قُوا أَنْفُسَكُمْ وَأَهْلِيكُمْ نَارًا}$$

«Ey îmân edenler, siz kendinizi ve ehl (ü iyal) inizi ateşten koruyunuz!»

Âdâb-ı Şer'iye ile (şer'î terbiye usûlleri ile) terbiye etmek de kocanın görevidir.

Koca hanımını beş husûsta hafifçe dövebilir, denmiştir:

1) Namaz kılmazsa,
2) Yıkanmayı terk ederse,
3) Kocasına karşı süslenmeyi bırakırsa,
4) İzinsiz gezerse,

5) Cinsî ilişkide bulunmak için yatağa çağırdığı zaman, gelmezse...

İşte bu husûslarda kadını hafifçe döğmeğe her ne kadar cevaz varsa da, nasihat yolu ile te'dip etmek, eziyetlerine sabredip uslanmalarına çalışmak müstehabtır. Nitekim hadisi şerifte:

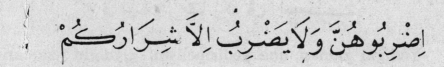

«(Mecbur kalırsanız) dövün! Ancak en kötüleriniz döver!» buyrulmuştur.

«Ancak kötüleriniz döver», demek iyileriniz sabreder, demektir.

Şayet, yukarıda serd ettiğimiz beş suçtan bir tanesini irtikâp ettiği takdirde, kocanın ilk yapacağı iş, iylikle ona nasihat etmektir. Eğer nasihat kâr etmezse hafifçe döver. Lâkin kadının yüzüne vurmaz, kaba yerine vurup şu duâyı okur: (Ey Necis ve çirkin şeytan, bu (kadının) güzel bedeninden çıkıver!) Bu duânın ber kâtiyel şayet şeytan o kadının bedeninden çıkarsa anla ki kadın mânen düzelmiş demektir.

Hanımını döğdüğü gün yüzüne gülmez, ve onunla cinsî ilişkide bulunmaz. Çünkü aksi halde yaptığı gayretler boşa çıkar.

Eğer dövmekle de tedip olmazsa o zaman yatağını ayırır. Lâkin evinden çıkıp başka yerde kalmaz.

Kadına:

«Sen amma da çirkinsin!» demekten kaçınmalıdır. Kendi ne yerse hanımına da onu yedirmeli, ne giyerse onu giydirmelidir.

Bu bâbta Resûlüllah (S.A.V.) Efendimizi dinleyelim:

$$\text{اَنْ تُطْعِمَهَا اِذَا اَطْعَمْتَ وَيَكْسُوهَا اِذَا اكْتَسَيْتَ وَلَا تَضْرِبِ الْوَجْهَ وَلَا تُقَبِّحْهَا وَلَا تَهْجُرْهَا اِلَّا فِي الْبَيْتِ}$$

«Yediğin zaman ona yedirmelisin, giydiğin zaman ona giydirmelisin; yüze vurma! Onu (sen çirkinsin!) diyerek azarlama. Evinden başka yerde yatmak suretiyle onu tedip etmeğe kalkışma!»

«Evlenmek bir nev'i esârettir» buyurulduğundan, hanımlara acımak gerekir.

Onlara acımak ve onlara karşı hoş davranmak için bazı husûslara riâyet etmek gerekir:

1) Hnımların bütün ihtiyaçlarını temin etmek,

2) Yedirme, içirmede ve giydirmede gücü yettiğince harcamaktan kaçınmamak,

3) Onlara karşı son derece hayrı tavsiye edip iyi davranmak. Nitekim bir hadîste şöyle buyurulmuştur:

$$\text{اِسْتَوْصُوا بِالنِّسَاءِ خَيْرًا}$$

«Kadınlara daima hayrı tavsiye edin, onlara karşı iyi davranın.»

Diğer bir hadîste şöyle buyurulmuştur:

$$\text{اِنَّ الْمَرْأَةَ خُلِقَتْ مِنْ ضِلْعٍ اَعْوَجَ فَاِنْ اَقَمْتَهَا كَسَرْتَهَا فَدَارِهَا تَعِشْ بِهَا}$$

«Şüphesiz kadın, eğri eyguden halk olunmuştur. Onu doğrultmağa kalkarsan, kırarsın. Onu idare et ki onunla güzel bir hayat geçiresin».

4) Onların eziyetlerine sabredip, bunun Hak Teâlâ (C.C.) tarafından bir imtihan olduğunu kabul etmek.

Kötü ahlâklı bir hanımı bulunan sâlih bir adama, onu neden boşamadığını sorduklarında şu cevabı vermiş : Kötü davranışından dolayı onu boşarsam, ben de kötü olmuş olurum. Sonra fenâ huylu bu kadını kim alır ki! Sonra bu kadın hakkımda bir imtihan vesilesidir. Yani imtihan olunmam için nasip olmuştur. Eğer ben iyi bir kimse olsaydım, bu kadın da iyi olurdu.

Hadîsi şerîfte :

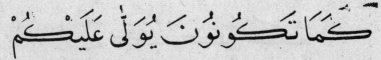

«Siz nasılsanız başınıza geçecek kimseler de öyle olur» buyrulmuştur.

Onun için onun dırdırına biraz katlanmak lâzımdır. Zirâ kadının bir dırdırına sabretmek, başkalarının yirmi dırdırına sabretmekten iyidir.

5) Kadını çok sevmek, bütün kadınlardan daha güzel olduğunu söylüyerek ona ihsas ettirecek kadar sevmek...

6) Hanımı ile mülaabe etmek (onunla oynaşmak). Onunla yarışmak da yerinde bir hareket olur. Çünkü Peygamber Aleyhisselam bunu kadınları ile sık sık yaparlardı. Hatta hakkında : «O, kadınlarına karşı en çok şaka yapan bir Peygamberdi» denilmiştir. Zîrâ böyle şakalaşmak, lehviyattan sayılmaz.

Nitekim Peygamber Efendimiz Mü'minlerin annesi Hazreti Âişe (R. Anhâ) ile yarış yapmıştır. Bir kere onu

Hazreti Âişe geçmiştir, öbür seferinde de Resûlüllah Efendimiz onu geçmişlerdir. Bunun üzerine onun gönlünü almak için : «İşte bu, senin o geçmene karşılıktır» buyurmuştur. Yani bir kere sen beni geçtin, bir kere de ben seni, demek istemişlerdir.

7) Hanımının yanında temkinli, vakur ve ciddi oturup, kendini saydırmak.

Çünkü ciddi ve temkinli olmazsa, kadın onu alaya alır ve bu yüzden âile bağları çözülmeye yüz tutar.

8) Kadın hilesinden emîn olmak. Her zaman başına bir dolap çevire bilir.

Zirâ Yûsuf Sûresinde, kadınların hileleri hakkında şöyle buyurulmuştur:

$$\text{اِنَّ كَيْدَكُنَّ عَظِيمٌ}$$

«Şüphesiz (ey kadınlar) sizin hileniz pek büyüktür!»

9) Daima onları korkutmak. Çünkü bir hadîste şöyle buyurulmuştur :

$$\text{لَا تَرْفَعْ عَصَاكَ عَنْ اَهْلِكَ وَعَلِّقْ سَوْطَكَ حَيْثُ يَرَاهُ اَهْلُ الْبَيْتِ}$$

«Değneğini ehlin'in üzerinden tamamen kaldırma, kamçını ev halkının göreceği yere as!» Ev halkının babadan korkmaları gerekir. Çünkü evde başka türlü disiplin sağlanamaz.

10) Kadının yanında gevezelik etmeyip, daima sükûtu muhafaza etmek. Nitekim bu tür davranış da hadîste tavsiye edilmiştir :

اِنَّ النِّسَاءَ خُلِقْنَ مِنْ ضَعْفٍ فَاغْلِبُوا ضَعْفَهُنَّ بِالسُّكُوتِ وَاسْتُرُوا عَوْرَاتِهِنَّ فِي الْبُيُوتِ

«Kadınlar güçsüz (bir nesneden) yaratılmışlardır, onların güçsüzlüğünü sükûtle önleyiniz. (fazla üzerine varmayınız!) Evdeki ayıp ve kusurlarını örtünüz!»

11) Kadına Nûr Sûresini öğretmek. Bu Sûrede Şeri cezâlar bahsedilmektedir. Hazreti Âişe (R. Anhâ) validemize yapılan büyük iftira anlatılmaktadır. Kadın bu sûreyi öğrenip okursa, ibret alır ve kendini Dînî emirlere aykırı davranmaktan, alıkor. Onun için bu sûrenin bilhassa kadınlara öğretilmesi mustahabdır.

12) Kadınları yabancıların görebileceği yerlerde barındırmamak. Zirâ onun kocasına karşı, olan sevgisine eksiklik ârız olur.

13) Kadınlara yazı yazmayı öğretmek. Çünkü bu belki fitneye sürüklenmesine yol açabilir. (1)

14) Hayâsızlıkta devam eden kadını boşamak. Hatta beynamaz olan kadınla yaşamaktansa onu boşayıp Mehir ve nafakasının borcuyla Rabbil-âleminin huzuruna çıkmak daha iyidir, diye mu'teber Fıkıh Kitablarında yazılmıştır.

15) Cemâatle namaz kılmak için câmiye gitmek, istediği zaman ona müsaade etmek. Nitekim hadîs-i şerîfte, bu bâbta kadınların câmiden menedilmeleri için emir vardır:

اِذَا اسْتَأْذَنَتْ اَحَدَكُمْ اِمْرَأَتُهُ اِلَى الْمَسْجِدِ فَلَا يَمْنَعْهَا

---

(1) Bu zamanda, kadının okur-yazar olması, câhil olmasından efdaldir. Onun için kadına yazı öğretmekte hiç bir sakınca yoktur.

«Birinizin hanımı câmiye gitmek için izin istediği zaman, (kocası) sakın onu menetmesin. Ancak fitneye mucib olmaması için son derece mestûre bir halde gider.

16) Bazı işlerde onları dinlemek, bir çok husûslarda da fikirlerine iştirak etmemek. Zirâ hadîste: «Kadınlara boyun eğmek, pişmanlık doğurur» buyurulmuştur.

17) İki evli olan kimse, biri ile cinsî temasda bulunurken ötekine duyurmamalıdır. Zirâ Peygamber (S.A.V.) Efendimiz bunu nehyetmişlerdir.

18) Ev işlerinde hanımına yardım etmek. Hadîsi şerîfte şöyle buyurulmuştur:

خِدْمَةُ الْعِيَالِ تُطْفِئُ غَضَبَ الرَّبِّ وَتَزِيدُ الْحَسَنَاتِ وَالدَّرَجَاتِ وَمُهُورَ الْحُورِ الْعِينِ مَنْ كَانَ يَخْدِمُ فِي الْبَيْتِ وَلَا يَأْنَفُ كُتِبَ اسْمُهُ فِي دِيوَانِ الشُّهَدَاءِ وَآتَاهُ اللهُ فِي كُلِّ يَوْمٍ وَلَيْلَةٍ ثَوَابَ أَلْفِ شَهِيدٍ وَلَهُ بِكُلِّ قَدَمٍ حِجَّةٌ وَعُمْرَةٌ وَأَعْطَاهُ بِكُلِّ عَرَقٍ فِي جَسَدِهِ مَدِينَةً

«Çoluk çocuğa yardım etmek, Rabbin gazabını dindirir, sevâbları artırır, dereceleri yükseltir, Hurilere kavuşturur. Evine hizmet etmekten utanç duymayan, ar etmeyen kimsenin adı şehitler defterine yazılır. Her gün her gece Allah ona bin şehit sevâbı verir, her adım başı ona bir Hac ve Umre sevâbı verir, cesedindeki her kıl sayısınca (cennette) bir şehir ihsan eder.»

Abdullah b. El-Mübarek bir harpde arkadaşlarına şöyle sorar :

— Şu içinde bulunduğumuz amelden daha iyi amel nedir? bilir misiniz?

— Hayır, bilmeyiz, dediler.

— Hanımı ile yatan bir adamın gece kalkıp, üstü başı açılan yavruların üzerini merhametli bakışlarla örtü vermesi, işte içinde bulunduğumuz amelden evlâdır, diye izahat verir.

Bir hadîste şöyle buyurulmuştur :

مَا مِنْ رَجُلٍ يُعِينُ امْرَأَتَهُ فِي الْبَيْتِ اِلَّا اَعْطَاهُ اللهُ تَعَالَى مِنَ الثَّوَابِ مِثْلَ مَا اُعْطِيَ اَيُّوبُ وَدَاوُدُ وَيَعْقُوبُ وَعِيسَى عَلَيْهِمُ السَّلَامُ

«Herhangi bir adam, evde hanımına yardım ederse, Allah ona, Eyyub, Dâvûd, Ya'kûb ve İsayâ (Allahın selâmı üzerine olsun) verdiği, sevâbı verir.»

Bu hadîsten de anlaşılıyor ki, evde bazan kadına yardım etmekte büyük ecirler vardır. Kişi hüsn-i niyetle çoluk çocuğuna yardım ederse, hiç bir zaman kılıbık sayılmaz.

(Câmî üs-Sağîr, Mihtahü'l-Cinan)

Yirmidokuzuncu Bâb

Kadınların Kocalarına Karşı Olan Davranışları

Şer'î bir nikâhla, kadınlar kocalarının emri altında bulundukları, yâni evin ve âilenin reisi kocalar oldukları için, onların hanımları üzerinde bir çok mühim hakları vardır ki, kadınların kocalarına karşı bu hakları tamamen ve noksansız olarak yerine getirilmeleri icâb eder. Şimdi biz burada o haklardan bahs edeceğiz:

1 — Ma'siyet olmadıkça, kocalarının bütün emirlerini yerine getirmeleri.

Eğer bir koca, hanımına ma'siyeti emrederse, kadın onu dinlemez ve o ma'siyet olan husûsu irtikâp etmez. Çünkü Halıka karşı ma'siyet olan işlerde mahlûk'a itâat etmek yoktur. Hadîs-i şerîfte bu husûs pek açık bir şekilde ifâde edilmiştir:

$$لَا طَاقَةَ لِمَخْلُوقٍ فِي مَعْصِيَةِ الْخَالِقِ$$

«Halık'a karşı masiyet olan (işlerde) Mahlûk'a itâat yoktur!»

2 — Kocasına baktığı zaman, bakışlarında sevgi ve saygı ifâdeleri bulunmak. Tatlı sözlerle gönlünü alması, ona karşı daima güler yüzlü bulunması ve somurtmaması gerekmektedir. Eve geldiği zaman, sevinç ifâde eden bir edâ ile karşılaması; kocası dışarıda işi başındayken, malını nâmûsunu titizlikle koruması bir kadının başta gelen görevlerindendir.

Resûlüllah (S.A.V.) Efendimiz hayırlı ve yararlı kadını şöyle nitelemişlerdir :

$$خَيْرُ النِّسَاءِ اِنْ نَظَرْتَ اِلَيْهَا سَرَّتْكَ وَاِنْ اَمَرْتَهَا اَطَاعَتْ وَاِذَا غِبْتَ عَنْهَا حَفِظَتْكَ فِي مَالِكَ وَنَفْسِكَ$$

«Kadınların en iyisi, baktığın zaman sana sevinç veren, emrettiğinde sana itâat eden, yanında olmadığında malında ve nefsinde seni dikkatle koruyan kadındır!»

3 — Kocası ile her ne sûrette olursa olsun güzel geçinmek.

Çünkü bu, kadın için bir cihad sayılmaktadır. Nitekim bir hadîs-i şerîfte şöyle buyurulmuştur :

$$جِهَادُ الْمَرْأَةِ حُسْنُ التَّبَعُّلِ$$

«Kadının cihadı, kocasiyle güzel geçinmek için azamî gayreti göstermektir.»

Kadınlar harbe çıkmadıkları için, cihad sevâbını ancak bu sûretle elde edebilirler, demektir bu..

Kocasına karşı kadınlık görevini yapmıyanlar için çok ağır bir ikaz vardır. Kocası yatağına çağırdığı zaman, eğer kadın yatağa gelmezse, o gece sabaha kadar meleklerin lânetine uğrar. İşte bu husûsu açıklayan hadîs :

اِذَا بَاتَتِ الْمَرْأَةُ هَاجِرَةً فِرَاشَ زَوْجِهَا
لَعَنَتْهُ الْمَلَائِكَةُ حَتَّى تُصْبِحَ

«Kadın, geceyi, kocasının yatağından uzak kalarak geçirirse, sabaha kadar ona melekler lânet eder.»

4 — Kocası için güzel kokular sürünmesi. Eğer başkası için koku sürünürse, onun için o, serâpâ ateştir. Bir hadiste bu husûs da dile getirilmiştir:

اِذَا تَطَيَّبَتِ الْمَرْأَةُ لِغَيْرِ زَوْجِهَا هُوَ نَارٌ

«Eğer kadın, kocasından başkası için koku sürünürse, o, onun için bir ateş olur.»

5 — **Zenginse, ikide bir bunu kocasının yüzüne vurmamak.** Yani sen benim şukadar paramı harcadın diyerek başına kakmamaktır.

6 — **Kocasının önceki güzel ve müreffeh durumunu unutup da, sıkıntıya kaldığı zaman, geçim sıkıntısı çektiği anda:** «Ben senden aslâ hayr görmedim, bir kere olsun yüzümü güldürmedin, daima sefâlet ve perişanlık içinde kıvranırdın» **diyerek nankörlük etmemek.**

Bu bâbta da Resûlüllah Sallellahu Aleyhi ve Sellem Efendimizin kadınlara ikâzı vardır:

يَا مَعْشَرَ النِّسَاءِ تَصَدَّقْنَ فَإِنِّي رَأَيْتُكُنَّ
أَهْلَ النَّارِ قُلْنَ بِمَ يَا رَسُولَ اللهِ قَالَ
تُكْثِرْنَ اللَّعْنَ وَتَكْفُرْنَ الْعَشِيرَ ...

«Ey kadınlar topluluğu, sadaka verin, çünkü ben sizleri cehennem ehlinin çoğunluğunu teşkil eder, gördüm.»

— Neden ey Allah'ın Resûlü? diye sorduklarında, şöyle buyurdular:

«Çok lânet okuyorsunuz, bir de kocalarınızın size karşı olan iyiliklerini unutup nankörlük ediyorsunuz!»

7 — Eski kocalarından olan çocuklarını kocasının yanına sokup konuşturmamak. Çünkü o çocuklar babalarından hafızalarında kalan hatıraları anlatırlar, bundan yeni koca alınır, derken evde bir geçimsizlik baş gösterir.

8 — Kocasından boşanmak istememek.

9 — **Varsa, kumasının kıskanmasına katlanmak.** Hattâ mü'minlerin annesi Sevde (R. Anhâ) kendi nöbetini, kendinden daha genç olan Âişe (R. Anh)'a vâlidemize vermiştir.

10 — **Kocası ölünce başka biri ile evlenmemeğe gayret göstermek.** Çünkü cennette kadınlar en son kocaları ile olacaklardır, diye hadîs varid olmuştur.

11 — **Kendisi güzel ise, ikide bir kocasının çirkinliğini yüzüne vurmamak.**

Esma'i'den nakledilmiştir:

Kırda çirkin bir adamla evlenmiş gayet güzel bir kadın gördüm ve ona sordum:

— Sen çok güzelsin, nasıl oldu da böyle bir adamla evlendin?

— Şöyle cevap verdi:

— Her halde kocamın Allah'a karşı iyi bir ameli varmış ki, kendisi gibi çirkin bir adama benim gibi güzel bir kadını nasip etti. Benim de Allah'a karşı isyanım varmış ki, benim gibi güzeli böyle çirkin adama nasip etti.

Onun bu cevabı karşısında şaşırıp kaldım; diyecek bir söz bulamadım.

Yine birbirine münâsip olmayan bir çift ile karşılaştım. Kadın kocasına :

— İkimiz de cennete gireceğiz. İnşeallah! dedi. Kocası sebebini sorar :

— Ne biliyorsun?

— Çünkü ben senin gibi çirkin bir adamla yaşamağa katlanıyorum! Sen de benim gibi güzel bir hanıma kavuştuğun için, Allah'a şükrediyorsun. Şükrün de sabrında karaşılığı ise cennettir! dedi.

Otuzuncu Bâb

Sıla-i Rahm (Akraba ile ilgilenmek)

Sıla-ı rahm, yâni akrabayı ziyâret edip ilgilenmek, mü'minlerin şiârı, ve ahlâkın en önemli gereklerinden olduğu artık herkesçe bilinmektedir.

Nitekim bir hadîste şöyle buyurulmuştur:

بِلُّوا اَرْحَامَكُمْ وَلَوْ بِالسَّلَامِ

«Bir selâm ile dahi olsa, akrabadan ilgiyi kesmeyiniz onları ziyâret ediniz!»

İnsan ömrünün artmasını sağlıyan en önemli unsurlardan biri de sıla-ı rahm olduğunu bir çok hadîsler beyan etmiştir. Bunlardan bir tanesini zikredelim:

اِنَّ الْعَبْدَ لَيَصِلُ رَحِمَهُ وَقَدْ بَقِيَ مِنْ عُمْرِهِ ثَلَاثَةُ اَيَّامٍ فَيَزِيدُ اللهُ اَجَلَهُ اِلَى ثَلَاثِينَ سَنَةً وَاِنَّ الرَّجُلَ لَيَقْطَعُ الرَّحِمَ وَقَدْ بَقِيَ مِنْ اَجَلِهِ ثَلَاثُونَ سَنَةً فَيَرُدُّ اَجَلَهُ اِلَى ثَلَاثِ لَيَالٍ

«Bir kul sıla-ı rahmde bulunur. Oysa ömrü üç gün kalmıştır. Allah ona bir bereket ihsan eder ve ömrünü otuz seneye çıkarır. Kul da vardır ki akrabasından uzaklaşır. İlgiyi keser. Otuz senelik ömrü kalmıştır. (Sırf akrabasından ilgiyi kestiği için) Allah onun otuz senelik ömrünü üç güne indirir».

Akraba ziyâreti en az haftada bir kere yapılmalıdır. Çünkü haftada bir kere akrabayı ziyâret etmek, sevginin artmasını sağlar, diye eser varid olmuştur.

(Câmî ü's-Sağîr, Mefatihü'l-Cinan)

Otuzbirinci Bâb

Köle ve Cariyesi ile Olan Davranışları

Köle ve Câriye'ye karşi iyi davranmak, onlara nezaket içinde muamele etmek İslâmın insana bahşettiği yü ce kişiliğin bir gereğidir.

Eski Müslümanların güzel an'anelerindendir, bu... Hattâ Mü'minlerin Emîri Hazret-i Ömer (R.A.) Şam'a hareket edip giderken, yolculuk esnasında, deveye kölesi ile birlikte binmişlerdir. Şam'a yaklaştıklarında, sıra köleye gelmişti. Hemen deveden indi, köleyi bindirip, yularını tutarak yürümeğe başladı. O zaman Şam'ın Valisi bulunan Ebû Ubeyde b. El Cerrah (R.A.) halktan önce gelip Hazreti Ömer (R.A.)'ı karşıladı. Onun o vaziyetini görünce, şaşırdı ve dedi ki :

— Ey Mü'minlerin emîri. Bütün Şam halkı sizi karşılamağa geliyorlar. Sizi bu durumda görünce inkisar-i hayale uğrarlar. Mü'minlerin emiri koca Halife şu cevabı verdi:

— Allah bize bu gücü ancak İslâm sayesinde verdi! İslâm'ın bize verdiği bu şeref, bu izzet dururken başka izzet gerekmez!

Hazreti Ömer (R.A.)'in bu sözleri ne kadar mâni'dardır!

Evet, Köle ve Câriyelere iyi davranmalıyız. Elimizin, emrimizin altında olanlara da güzel muamele etmeliyiz.

İslâmın gereği budur! İşte Allah (C.C.) ın Resûlü Sallellahu Aleyhi ve Sellem Efendimiz bizlere şu tavsiyede bulunmuşlardır :

$$اِخْوَانُكُمْ خَدَمُكُمْ جَعَلَهُمُ اللهُ تَحْتَ اَيْدِيكُمْ فَمَنْ جَعَلَ اللهُ تَحْتَ يَدِهِ فَلْيُطْعِمْهُ مِمَّا يَأْكُلُ وَلْيُلْبِسْهُ مِمَّا يَلْبَسُ وَلَا يُكَلِّفَهُ مِنَ الْعَمَلِ مَا يَغْلِبُهُ فَاِنْ كَلَّفَهُ مَا يَغْلِبُهُ عَلَيْهِ اَنْ يُسَاعِدَهُ$$

«Sizin kardeşleriniz sizin hizmetçilerinizdir! Allah onları sizin emrinize verdi. Allah bir kimsenin din kardeşini kendi hükmü ve emri altında kılarsa, ona yedğinden yedirmeli, giydiğinden giydirmelidir! Altından kalkamayacağı bir işi de teklif etmemelidir. Şayet ağır bir iş teklif ederse kendisi de ona yardım etsin!»

Resûlüllah (S.A.V.) Efendimiz Ved'a hutbesinde şöyle buyurdular :

$$اَلصَّلَاةُ وَمَا مَلَكَتْ اَيْمَانُكُمْ$$

«Namaza dikkat edin! Bir de elinizin, emrinizin altında bulunan köle ve câriyelerinizin haklarına riâyet edin!»

Bu bâbta bir kaç hadîs meâli daha nakledelim.

«Köle ve câriyelerinizin hakkında Allah'tan korkun! Sırtlarına giydirin, karınlarını doyurun! Onlara ayrıca yumuşak söz söyleyin!»

«İki zaif yaratık hakıknda Allah'tan kork : Köle Ve kadın! hakkında»

Bir kimse, köle veya câriye alırsa, evine getirdiği zaman, onun alın saçından tutsun, hayr ve bereketle duâ ettikten sonra ona bir tatlı ikram etsin. Onlardan sâdır olacak kusurları bağışlasın. Eğer zinâ ve sâir hayâsızlıklarda bulunursa satsın. Az bir baha ile de olsa satsın ...

Bir adam Allah (C.C.) ın Resûlü (S.A.V.)'e gelerek şöyle dedi:

— Kölelerimizi ne kadar afvedelim? diye sordu. Peygamber Aleyhisselâm ona şöyle buyurdu:

$$\text{اَعْفُ عَنْهُ كُلَّ يَوْمٍ سَبْعِينَ مَرَّةً}$$

«Her gün yetmiş kere! onun suçunu bağışla!»

Sohbeti pek seven bir zât, arkadaşları ile sohbet ederken, kölesine dört dirhem verip, hadi bununla meyve al, gel, dedi. Köle çarşıya giderken yolda Mansur b. Ammar'a rastladı. Mansur bir fakîr için para topluyordu. Ve bir ara dedi ki: «Kim bu fakîre dört dirhem verirse ben ona dört duâ ederim!»

Bunun üzerine köle elindeki o dört dirhemi o fakîre verdi. Bu defa Mansur Köle'ye:

— Söyle bakalım, dileğin nedir? diye sorunca köle şöyle konuştu:

— Dört dileğim vardır!

1) Azzâd olmak,
2) Cenâb-ı Hakkın dirhemlerin bedelini ihsân etmesi,
3) Efendimin yola gelmesi,
4) Ma'siyet içinde olan arkadaşları ile birlikte efendimin Allah tarafından bağışlanması.

Mansûr (Rahimehullah) ona, bu taleblerinin Allah (C.C.) tarafından verilmesi için duâ etti.

Köle eli boş eve döndü.

Efendisi neden eli boş döndüğünü sorunca, köle başından geçenleri anlattı.

Efendisi sordu :

— Peki ilk duâ ne içindi?
— Âzâd olmam için.
— Seni Li vechillah âzâd ettim!
— İkinci duâ ne içindi?
— Dirhemlerin aynısının tekrar ihsan edilmesi içindi.
— Al sana dört bin dirhem!
— Yâ üçüncüsü?
— Senin biran önce tevbe edip kötü alışkanlıklarından vaz geçmen!
— Şu andan itibâren tevbe ediyorum!
— Dördüncüsü ne idi?
— Senin, meclisteki arkadaşlarınla birlikte Allah tarafından afvedilmeniz!
— İşte bu benim elimde değil! der demez, hafiften bir ses :

«Sen, üzerine düşen görevi yaptın! Ben de üzerime düşeni yapıyorum : seni, köleni ve yanındaki tüm arkadaşlarını ve sizin için duâ eden Mansur kulumu bağışladım!»

Kişi, köle ve câriyesini tedip etmek amacıyle dövebilir. Ama evlâ olan dövmemesidir. Şöyle düşünmesi gerekir : Köle ve câriyelerimden sudûr eden kusurlar, benim Allah'a karşı olan isyanımın bir neticesi olabilir...

Köleyi döverken, şayet köle (Allah aşkına yapma!) diye yalvarırsa hemen dövmekten vaz geçer...

Köleye en çok üç kere vurabilir; amma bunda yüze vurmamak kaydü şartıvla!

KÖLE VE CARİYESİ İLE OLAN DAVRANIŞLARI

Kişi, köle veya câriyesine öfkelendiği zaman, döğmemelidir, ancak öfkesi geçtikten sonra dövmelidir.

Mutlaka dövmesi gerekirse sopa ile değil de eliyle dövmelidir.

Eshâb-ı Kîram'dan bir zât kölesini döğerken köle, (Allah aşkına yapma!) diye feryad etti. O zât buna aldırmadan yine dövmeye devam etti. Resûlüllah Sallellahu Aleyhi ve Sellemi görünce, hemen döğmekten vaz geçti.

Peygamber Aleyhisselam ona şöyle hitab etti:

— Bu köle (Allah aşkına!) derken, dövmeye devam ettin beni görünce vaz geçtin, olur mu böyle şey?

O zât çok mahcub olmuştu ve kendini şöyle demekten alamadı:

— Ey Allah'ın Resûlü işte bu köle bundan sonra hürdür! Allah rızâsı için azad ettim, onu...

— Eğer bunu yapmasaydın, cehennem ateşi yüzünü mutlaka sarardı!, dedi.

Köle veya hizmetçi evde bir tabak kırarsa ya da noksan bir iş yaparsa yâhûd önemli bir işi unutursa, bunun için dövmez, afveder.

Köle ve câriyelere Sûre-i Yusuf'u öğretmek de fayda verir.

Köle ve câriyeleri ayakta durdurmamaktır. Hazreti İsâ Aleyhisselâm buyurmuştur: «Huzurunda, insanların ayakta durmasından hoşlanan kişi, ateşteki yerine hazırlansın»

Aradan uzun süre geçtikten sonra köleyi âzâd etmek.

Peygamber Aleyhisselâm tarafından buna teşvik edilmiştir;

مَنْ اَعْتَقَ رَقَبَةً مُسْلِمَةً عِتْقَ اللهِ بِكُلِّ
عُضْوٍ مِنْهُ عُضْواً مِنَ النَّارِ حَتَّى فَرْجَهُ بِفَرْجِهِ

«Kim Müslüman bir köleyi âzâd ederse, Allah onun her âzâsına karşılık onun tüm âzâlarını —hatta fercine karşılık, fercini— ateşten âzâd eder.»

Köle veya câriyeleri seçerken Habeşlileri seçer. Çünkü onlar hakkında şöyle buyurulmuştur:

مَنْ اَدْخَلَ بَيْتَهُ حَبَشِيّاً اَوْ حَبَشِيَّةً اَدْخَلَ
اللهُ بَيْتَهُ بَرَكَةً

Kim bir Habeşli erkek (köleyi) veya kadın (köleyi) evine sokarsa, Allah onun evine bereket sokar.

Bir hadîste de şöyle buyurulmuştur:

اِتَّخِذُوا السُّودَانَ فَاِنَّ ثَلَاثَةً مِنْهُمْ مِنْ سَادَاتِ
اَهْلِ الْجَنَّةِ لُقْمَانُ الْحَكِيمُ وَالنَّجَاشِيُّ
وَبِلَالٌ الْمُؤَذِّنُ وَاِيَّاكُمْ وَالزَّنْجَ ...

«Sudan (siyah Habeşlileri) kabullenin! Çünkü onlardan üçü cennet ehlinin ulularındandır : Lokman Hekîm, Necaşî Müezzin Bilâl; Zenciler'den hazer edin!»

Kim, sebepsiz yere köle ve câriyesini döverse, onun keffâreti hemen onu âzâd etmektir. Şu hadîste böyle tavsiye edilmiştir

KÖLE VE CARİYESİ İLE OLAN DAVRANIŞLARI

$$ مَنْ لَطَمَ مَمْلُوكَهُ أَوْ ضَرَبَهُ فَكَفَّارَتُهُ أَنْ يُعْتِقَهُ $$

«Kim kölesini tokatlarsa veya döverse, onun kefâreti onu derhal âzâd etmesidir.»

(Mefatihü'l Câmîûs'sağîr)

Otuzikinci Bâb

Köle ve Cariyenin Efendisine Karşı Olan Davranışı

Cenâb-ı Hak (C.C.) köle ve câriyelerini nasibini, kölelik ile mahlûkâtın yedi tasarrufunda kıldığı için, kölelerin bu talihlerine râzı olmaları ve efendilerine karşı itâatkâr davranmaları gerekmektedir. Efendileri kendilerine, altından kalkamayacakları bir hizmet teklif ederlerse, sert bir edâ ile : (Ben bunu yapamam!) demeyip, güçsüzlüklerini dile getirerek, özür dilemeleri lâzımdır.

Köleler hem Allah (C.C.) ın emrini, hem de efendilerinin emrini yerine getirdikleri için iki kat ecîr alırlar. Nitekim bir hadîs-i şerîfte böyle zikredilmiştir:

$$\text{حَسَنَةُ الْحُرِّ بِعَشَرَةٍ وَحَسَنَةُ الْمَمْلُوكِ بِعِشْرِينَ}$$

«Hürler, işledikleri bir iyi işe karşılık on sevâb; köleler ise yirmi sevâb alırlar».

Ebû Rafi hazretleri âzâd edildiğinde ağladı. Sebebini sorduklarında şöyle konuştu :

«Köle iken ecrim iki kat idi, şimdi ise ecrim noksanlaştı» (1)

---

(1) Asrımızda ne köle var ve ne de câriye! Binâenaleyh bu öğütleri, işverenle işçiler arasında uygulayabiliriz. İşçi İslâm'ın kendine ta'lim ettiği prensipler dahilinde çalışacak; İşveren de, işçisinin hakkını kısıtlamadan verecek. İslâmın emri nasılsa öyle hareket edecekler.

Otuzüçüncü Bâb

Komşu

Komşuya karşı iyi davranmak, elinden geldiği kadar iyilikte bulunmak, İslâm'ın en önemli tavsiyelerindendir. Komşu deyip de geçilmemelidir: Çünkü ev almadan, güzel komşu bulmak, yola çıkmadan dürüst arkadaş edinmek gerekmektedir. Nitekim Resûlüllah (S.A.V.) Efendimiz bizlere bu yolda şu tavsiyede bulunmuşlardır:

اِلْتَمِسِ الْجَارَ قَبْلَ شِرَاءِ الدَّارِ وَالرَّفِيقَ قَبْلَ الطَّرِيقِ

«Ev almadan önce, iyi komşu arayıp bulun. Yola çıkmadan önce de dürüst bir arkadaş arayın!»

Komşu hakkının önemini bildiren diğer bir hadîs:

مَا زَالَ جِبْرِيلُ يُوصِينِي بِالْجَارِ حَتَّى ظَنَنْتُ اَنَّهُ سَيُوَرِّثُهُ

«Cebrâil Aleyhisselâm bana komşuyu o kadar çok tavsiye ettiki, (bu sık tavsiyesinden) onu bana vâris kılacağını sandım!»

KOMŞU HAKKINDA, RİÂYET EDİLMESİ GEREKEN HUSÛSLAR:

1 — **Mümkün olduğu kadar komşuya yardım elini uzatmak,**

2 — **Komşusu açsa, evde pişirdiği yemekten ona göndermek,**

3 — **Komşusunun hoşlanmadığı davranışlardan uzak durmak.** Bu husûsta Resûlüllah Sellellahu Aleyhi ve Sellem tarafından komşular şöyle ikâz edilmiştir:

$$ما أَمَنَ بِاللهِ مَنْ لَا يَأْمَنُ جَارُهُ بَوَائِقَهُ$$

«Komşusu kendi ezâ ve cefâsından emîn olmayan kimse Allah'a hakkiyle ve tam îmân etmiş sayılmaz!»

4 — **Az da olsa komşusuna mutlaka hediye göndermek.** Komşusu gayr-i müslim dahi olsa, hediye göndermekten kaçınmamalıdır. Zirâ üç çeşit komşu vardır:

a) Bir hak sâhibi olan komşu,

b) İki hak sâhibi olan komşu,

c) Üç hak sâhibi olan komşu... Bunların kimler olduğunu Resûlüllah (S.A.V.) Efendimiz şu hadîsinde açıklamışlardır:

$$الْجِيرَانُ ثَلَاثَةٌ جَارٌ لَهُ حَقٌّ وَاحِدٌ وَجَارٌ لَهُ حَقَّانِ وَجَارٌ لَهُ ثَلَاثُ حُقُوقٍ فَالْأَوَّلُ الَّذِي وَالثَّانِي الْمُسْلِمُ وَالثَّالِثُ الْمُسْلِمُ وَذُو الرَّحِمِ$$

«Komşu üçtür : Bir hakkı olan komşu; İki hakkı olan komşu; üç hakkı olan komşu. Birincisi Zimmîdir (1) İkincisi Müslümandır. Üçüncüsü hem Müslüman ve hem de akraba olan komşudur!»

Sahâbe'den bir zât gelip Peygamber (S.A.V.) Efendimize komşusundan yakınınca, Mescidin kapısında durup:

اَلَا اِنَّ اَرْبَعِينَ دَارًا جَارٌ

«Dikkat edin : Kırk eve kadar komşu sayılır!» diye ilân edilmesini emir buyurdu. Bazıları bu hadîsin anlamında : «Mübarek başı ile dört tarafı gösterdi» diye rivâyet ettiler. Bu sûretle dört taraftan kırk hâneye kadar komşu sayılır.

5 — Elbisesi olmayan komşuya elbise vermek,

6 — Çarşıdan bir şey getirirken hem komşulardan hem de çocuklardan gizlemek.

Onlara bir şey hediye etmek niyetinde değilse böyle yapar. Çünkü komşusuna göstere göstere evine bir şey getiren kimse hakkında o komşu kıyâmette da'vâcı olacak. «Yâ Rabbi, bu şahıs bizi ihsanından mahrum etti» diyecek.

7 — Komşudan gelen hediye, büyük olsun küçük olsun, kemâli memnûniyetle kabul etmek. Hazreti İbrâhim Aleyhisselâm şöyle buyurdular :

«Ocağa tencereye koyup kaynattığın zaman, suyunu çok koy. Sonra komşularına bak ve onlara bir tas çorba ver!»

8 — Komşusunun duvarı tarafına küçük abdest bozmamak.

9 — Komşusundan mümkün mertebe eziyeti önlemek.

---

(1) Zimmi = Devletin himâyesinde olan gayr-ı müslim.

10 — **Komşusundan gelecek ezâ ve cefâ'ya katlanmak.** Zirâ bunun ecri pek büyüktür. Nitekim Allah'ın Resûlü Sallellahu Aleyhi ve Sellem bu husûsta şöyle buyurmuşlardır :

اِنَّ اللهَ يُحِبُّ الرَّجُلَ لَهُ الْجَارُ السُّوءُ يُؤْذِيهِ
فَيَصْبِرُ عَلَى اَذَاهُ وَيَحْسِبُهُ حَتَّى يَكْفِيَهُ
اللهُ بِحَيَاةٍ اَوْ مَيِّتٍ ...

«Şüphesiz Allah o kimseyi sever ki, kötü komşu ona eziyet eder de o katlanır, içine koyarak sabreder. Nihayet Allah'da onu ya hayatı ile ya da ölümü ile mükâfatlandırır».

11 — **Komşusu râzı olmadıkça, evini onun evinden yüksek yaptırmamak.**

12 — **Kendi evini satarken, herkesten önce komsusuna teklif etmek.**

13 — **Kendisi için arzuladığını komşusu için arzulamamak, arzuladığını da komşusu için arzulamamak.** Çünkü bütün mü'minler hakkında şöyle buyrulmuştur :

لَا يَكْمُلُ اِيمَانُ الْمَرْءِ حَتَّى يُحِبَّ لِاَخِيهِ
مَا يُحِبُّ لِنَفْسِهِ

«Kendi nefsi için sevdiğini kardeşi için sevmedikçe bir kimsenin imanı kemale ermez».. Bu Hadis tabii ki komşularıda rahatlıkla içine alır.

Selef-i Sâlihinden bir zâtın evinde fareler türedi. Bir adam ona :

— Bir kedi bulundurursan evinde tek fare kalmaz, diye tavsiyede bulununca, şu cevabı verir:

— Bunu yapamam! Çünkü kediden korkan fareler komşumun evine kaçarlar ve komşum bundan mutazarrır olur, kendim için istemediğim şeyi komşum için nasıl isteyebilirim?

14 — **İyi komşuya sevinmek.** Böyle bir komşuyu kendisine nasip eden Allah (C.C.) a şükreder. Aynı zamanda her yerde her vesile ile iyi komşusu ile iftihar eder.

Nitekim bir hadisi şerifte şöyle buyrulmuştur:

$$\text{اِنَّ اللهَ لَيَدْفَعُ بِالْمُسْلِمِ الصَّالِحِ عَنْ مِائَةٍ مِنْ جِيرَانِهِ الْبَلَاءِ}$$

«Allah sâlih bir Müslüman hürmetine, tam yüz komşusundan belâyı önler».

15 — **Komşularına kendi hakkında iyi şehâdette bulunmaları için, hayırlı işlere teşebbüs eder.** Nitekim Hazreti Ömer (R.A.) Komşusu tarafından övülen kimsenin iyi bir adam olduğuna sakın şüphe etmeyin, demiştir.

Bir adam Peygamberimiz (S.A.V.)e: «Kendimin iyi bir adam olup olmadığımı nasıl bileyim?» diye sorduğunda, Resûlüllah (S.A.V.) Efendimiz şöyle buyurdular:

«Komşuların senin hakkında güzel konuştuklarını duyarsan bilki iyi adamsın; kötü adam olduğundan söz ettikleri kulağına gelirse bil ki kötüsün!»

Diğer bir hadîste şöyle buyurulmuştur:

$$اِذَا مَاتَ الْمُؤْمِنُ وَقَالَ رَجُلَانِ مِنْ جِيرَانِهِ مَا عَلِمْنَا بِهِ اِلَّا خَيْرًا وَهُوَ فِي عِلْمِ اللهِ عَلَى غَيْرِ ذَلِكَ قَالَ اللهُ تَعَالَى لِمَلَائِكَتِهِ اِقْبَلُوا شَهَادَةَ عَبْدِي فِي عَبْدِي وَتَجَاوَزْتُ عَنْ عِلْمِي فِيهِ$$

«Bir mü'min vefât ettiği zaman, komşularından iki kişi onun iyiliğine şehâdet ederlerse, oysa O Allah indinde bunun dışında bir adam olduğu sâbit olmuşsa, Allah meleklerine: «Kulumun hakkında yaptığı şehâdeti kabul edin. Onun ilminde olan fenalığı afvettim».

(Mefâtîhü'l Cinan)

Otuzdördüncü Bâb

Allah (C.C.) Tarafından Verilen Nimetlere Şükretmek

Gerçek mü'min olan bir kimse, bütün hallerinde, Allahın ni'metlerine şükreder. Şükür, demek kişi kavuştuğu ni'metlerin Allah tarafından ihsan olduğunu bilmesi, yani bu ni'metleri kendine verenin ancak Allah (C.C.) olduğunu idrak etmesidir. Allah (C.C.) ın son derece ihsan edici ve lütûfkâr olduğunu düşünmesidir, yoksa şükür demek, (sadece) (Elhamdü lillâh,) demek değildir.

«Elhamdu lillah» kelimesi, hamdin de şükrün de Allah'a münhasır olduğunu beyan etmektedir. Gerçekte de öyledir..

Allah tarafından Kafirlere, fasıklara ve munafıklara verilen nimeti kıskanmak ise yasaktır. Hatta onların elindeki refah gıbta dahi edilmez. Çünkü bu, kendi elinde olan nimetleri küçümsemek anlamına gelir.

Allah tarafından kendisine ihsan edilen İman nimetini, sıhhat nimetini unutup da Allah düşmanlarının elindeki geçici dünyalıklara gıbta etmek, kat'iyen bir müslümana yakışmaz! Böyle yaptığı için büyük bir kaybe uğramış sayılır.

Hele Kur'ân gibi büyük bir nimeti hiç küçümsememelidir. Dünyanın bir takım geçici nimetlerine tamah edip de Kur'an nimetini küçümserse, büyük olan şeyi küçük küçük olan şeyi de büyük görmüş olur. Bir hadis-i şerifte şöyle buyurulmuştur :

مَنْ اُوتِىَ قُرْاٰنًا فَرَاٰى اَنَّ اَحَدًا اُوتِىَ مِنَ الدُّنْيَا
اَفْضَلَ مِمَّا اُوتِىَ فَقَدْ صَغَّرَ عَظِيمًا وَعَظَّمَ صَغِيرًا

«Kur'an (Nimetine) kavuşturulan kişi, dünyalık verilen kişiyi, kendinden üstün sayarsa, büyük olanı küçük, küçük olanı büyük saymış olur.»

Dünyalık husûsunda, daima kendinden aşağısına bakıp hâline şükretmesi mü'minin başta gelen görevlerindendir. Ahirete âid işlerde de kendinden yukarısına bakmalıdır. Ona yetişmek hattâ onu geçmek için gayret sarf etmelidir. Çünkü dünya husûsunda kendisinden yukarı olan kimseye bakarsa, elindeki ni'meti küçümsemiş ve dolayısıyla da şükretmemiş olur. Dînî işlerde kendisinden aşağı olana bakarsa, kendini beğenmiş olur ve maazellah şeytan gibi perişan bir duruma düşmesini yine kendi eliyle hazırlamış olur. Bu husûsta da Allah (C.C.) ın Resûlü bizleri uyarmışlardır :

«Sizden aşağı olana bakın, sizden yukarı olana bakmayın ki Allah'ın size vermiş olduğu ni'meti küçümsememiş olunuz, size yakışan da budur».

Hazreti İsâ Aleyhisselâm, rastladığı zengine :

«Allah sana bu kadar mal ihsan etmiş. Haydi ne duruyorsun şükretsene!» demiş. Rastladığı bir fakîre de : **«Allah sana vücûd sıhhatı vermiş. Bu küçümsenemez. Onun için haline şükret!»** demiş, rastladığı hastaya da şu öğütü vermiş :

«Allah seni her ne kadar hasta kılmış ise de, bunun

yanına sana İslâm gibi büyük bir ni'met ihsan etmiş, hiç olmazsa buna şükret!»

Hulâsa, Allah (C.C.)ın bütün ni'metlerini düşünüp şükretmek lâzımdır. Çünkü Allah (C.C.)ın verdiği ni'metler saymakla bitmek. Onun için daima basiretli ve uyanık olmak gerekir.

(Mefâtihü'l Cinan, Rûhhul-Beyân)

Otuzbeşinci Bâb

Misafire İkram Etmek

Misafire ikram etmek, Hazreti İbrâhim ve diğer Peygamberlerin (Allahın selâmı üzerlerine olsun!) sünnetlerindendir.

Evine gelen bir konuğa bir gün ikramda bulunmak, hediye; iki gün ikramda bulunmak ziyâfet, üç gün ikramda bulunmak ise sadaka sayılır.

Konuğun da hâne sâhibini üzmemesi gerekir. Misafirin buna çok dikkat etmesi lâzımdır. Aradan üç gün geçtiği halde, gittiği evi terk etmezse ve bundan hâne sâhibi mutazarrır olursa, kat'iyen orada fazla kalmak helâl olmaz.

Misafire ikram bâbında Allah (C.C.)ın Resûlü (S.A. V.)i dinleyelim:

«Kim Allah'a ve âhiret gününe îmân ediyorsa misafirine ikram etsin. Bir gün ona ikramda bulunması onun ona takdim edeceği bir hediyedir. Ziyafet ise üç gündür. Üç günden sonraki sadakadır. (Hâne sâhibini) sıkıntıya sokacak kadar durman helâl olmaz!»

Misafir yüzsüz olmamalıdır : Hane sahibinden tuz ve su gibi, âdetâ mebzûl olan şeylerden başka bir şey istememelidir. Çünkü istediği şey belki evinde olmaz ve bu sebeble hâne sâhibini müşkül duruma sokmuş olur. Çünkü ikram edemediği için mahcub olabilir.

Şayet istediği şeyi, eğer hâne sâhibi ona vei cekse, ve kendisi bundan emîn ise, o zaman istemesinde bir sakınca yoktur.

Misafirinin ağzına kendi eli ile yemek koymak ve eline su dökmek de adâbdandır.

İmâm Şâfi'î (R.A.) Hazretleri İmâm Mâlik (R.A.)dan «Muvatta» adlı eserini okumak için evine gittiği zaman, İmâm Mâlik (R.A.) ona böyle davranmıştır.

Onun için bu gibi davranışları kişi kendisi için sakıncalı saymaz. Zirâ misafire tam ma'nâsıyla hizmet etmek farzdır.

Mü'minlerin Emîri Hazreti Ömer(R.A.) misafirlerine hizmet ederken oturmazlardı, ayakta dururlardı. Kendilerine bunun sebebini sorduklarında şu cevabı verdi: «Melekler ayaktadırlar. Onların yanında oturmaktan haya ederim!»

İbrâhim Aleyhisselam'a «Misafirlerin babası» denmesinin sebebi şudur:

O sırf gelen geçenleri misafir etmek, onların karınlarını doyurup istirahatlarını te'min etmek için özel bir binâ (misafir hâne) yaptırmıştı.. Bu yüzden az önce yazdığımız ünvâna sâhib olmuştur.

Misafirhâneyi dört yol ağzında yaptırmıştı ki, gelen misafirler evi bulmakta zahmet çekmesin.. Uzak yerlerden bile misafirlerin akın etmesini beklerdi. Misafirsiz yemek yemezdi. Hâlâ kabirleri üzerinde o eseri bâkîdir.

Onun için misafiri geri çevirmemek lâzımdır. Tam bir sevgi ve saygı ile onu karşılamak ve ona mümkün olduğu kadar güzel ikramlarda bulunmak gerekir.

Bu bâbta bir çok usûl ve adab açıklanmıştır:

1 — **Gelen misafiri büyük bir ni'met olarak telakki etmek.** Çünkü misafir geldiği zaman rızkı ile gelir. Gider-

ken de hâne sâhibinin bütün günâhlarını alıp götürür. Yâni hâne sâhibinin afvedilmesine sebeb olur.

Nitekim hadîs-i şerîfte şöyle buyurulmuştur:

اَلضَّيْفُ يَنْزِلُ بِرِزْقِهِ وَيَرْحَلُ وَقَدْ غُفِرَ لَهُ صَاحِبُهُ

«Misafir rızkı ile gelir, giderken, hâne sâhibi afvedilmiş olur».

2 — Evinde ne bulursa, misafirine onu ikram eder. Bulunmayan şeyi tedârik etmek için zahmete katlanmaz. Yâni kendini müşkil duruma sokmaz.

3 — Yemeği acele hazırlamak. Çünkü İbrâhim Aleyhisselâm kendine gelen bilmediği ve tanımadığı o Melek misafirlerine karşı son derece acele davranmıştır. Zariyat sûresindeki bir âyet de bu husûs şöyle açıklanmıştır:

فَرَاغَ اِلَى اَهْلِهِ فَجَاءَ بِعِجْلٍ سَمِينٍ

«Âilesine koştu ve hemen semiz bir buzağı getirdi.»

Onun için yemeği hemen hazırlamak müstahab sayılmıştır.

Şunu da açıklamakta yarar görürüz: Beş yerde acele etmek şeytandan değildir:

1) Misafire yemek hazırlamak,
2) Ölüyü bir an önce defnetmek için acele etmek,
3) Borç vermekte acele etmek,
4) Tevbe etmek,
5) Erginlik çağına eren kızı evlendirmek..

Eğer kalabalık bir cemâate yemek veriyorsa, davetlilerin çoğunluğu geldiğinde hemen sofrayı kurar. Eğer gecikenler fakîr iseler ve bu yüzden üzülmeleri muhtemel ise, te'hir etmekte bir sakınca yoktur.

4 — **Misafirlerle sofraya oturmamak.** Çünkü İbrâhim Aleyhisselâm böyle yaparlardı.

5 — **Misafire hazırladığı yemeği** (neye mâl olursa olsun) **israf saymamak.**

Çünkü Allah (C.C.) için yapılan şeylerde israf yoktur Allah (C.C.) için yapılmayan harcamalar ne kadar az olursa olsun israf sayılır. Şöyle buyurulmuştur:

$$لاَ خَيْرَ فِي السَّرَفِ وَلاَ سَرَفَ فِي الْخَيْرِ$$

«İsrafta hayr yok! Hayırda israf bahis konusu olamaz!»

Selef-i Sâlîhin'den bir zât, bir gece ziyâfet verdi. O gece evinde tam bin mum yaktı. Dostlarından biri: «Bu israftır!» deyince, O zât şöyle dedi:

— Haydi Allah için yakılmayan mumları söndürün!

Konuklar ne kadar uğraştılarsa bir mum dahi söndüremediler. Çünkü hepsi Allah için yakılmıştı...

6 — **Misafire yedirdiği yemekleri** (Bana şu kadara mâl oldu) **diyerek hesap etmemek.**

7 — **Yemeklerin konup ikram edildiği tabaklar son derece temiz olmalı.**

8 — **Ziyâfet vermek istediği zaman, davetlilerin arasında mutlaka sâlih bir zâtın bulunmasına gayret göstermek.**

9 — **Devamlı olarak misafire** (Buyrunuz!) **deyip rahatsız etmemek.**

Bir adam Hukema'dan birini dâvet etti. Dâvetli, dâvetini üç şartla kabûl ederim, dedi:

1) Bana zehir yedirme,

2) Senin sevdiğin, fakat benim sevmediğim kimseleri çağırma!

3) Beni zindana atma!

Hâne sâhibi bu şartları kabûl edip Hakimi evine getirdi.

Yemek hazırlandığı zaman, misafirine çok ısrar etti. Küçük çocuğunu getirip sofraya oturttu. Yemekten sonra gitmek için izin istediğinde «Ne olur biraz daha otur!» diye ısrar edip ona müsaade etmedi. Nihayet vedâ ederlerken dâvetli olan kişi hâne sâhibine dönerek şöyle konuştu :

Sana üç şart koşmuştum, sen de kabûl etmiştin, fakat üçünü de bozdun.

Yemek için ısrar ettin... Çocuğunu sofraya oturttun. Böylece beni üzdün. Gitmek için izin istediğimde izin vermedin, biraz daha otur, dedin. Böylece bana hâneni zindan ettin.

10 — Misafiri kendi nefsine tercih etmek. Yâni kendisi için özel hazırlattığı yemeği misafire ikram etmek.

11 — Misafiri çoluk çocuğuna tercih etmemek. Yani çoluk çocuğu için sakladığı yemeği misafire yedirmemek.. Zirâ çoluk çocuğun nafakası üzerine farzdır. Çoluk çocuğu günlük azığa muhtâç bir durumdayken, onların üzerlerine başkasını tercih etmek câiz değildir.

Yine bir zât Hükema'dan birini dâvet etti. O da ona üç şartla giderim, dedi.

1) Fazla külfete girmeyeceksin,

2) Hıyânet etmiyeceksin,

3) Zulm etmeyeceksin!

Külfete girmemek, evinde olmayan şeyi tedarik etmek için zahmete girmendir. Hıyânet, demek, evinde olan şeyi misafirden esirgemektir. Zulüm demek, çoluk çocuk için hazırlanan yemeği misafire yedirip çoluk çocuğu aç bırakmaktır.

12 — Sofrayı marul ve benzeri yeşillikle süslemek. Zîrâ üzerinde yeşillik bulunan sofraya melekler gelir, diye rivâyet edilmiştir. Melekler yemezler, içmezler amma bulundukları sofrada bereket ve bolluk hâsıl olur. Onun için gelirler melekler.

13 — Yenecek yemeklerle ilgili olan şeyleri gayet düzenli şekilde hazırlamak: Tuzu, suyu, biberi sofranın münâsip yerinde bulundurmak, ekmeği kırmak veya kesmek, eti kemikten ayırmak gibi...

14 — Herkesin istediğinden rahatca yemesi için, yemeğin tümünü sofraya koymak.

15 — Ekmeği tek kırmak. Zirâ «Allah tektir, tek'i sever» buyurulmuştur.

16 — Hazmı çabuk olduğundan, meyve ile ilgili olan şeyleri önce yemek.

Hem Kur'ân-ı Kerîm'de meyveler önce zikredilmiştir:

وَفَاكِهَةٍ مِمَّا يَتَخَيَّرُونَ وَلَحْمِ طَيْرٍ مِمَّا يَشْتَهُونَ

«Beğeneceklerinden (türlü) meyve (ler). İsteyeceklerinden kuş et (ler) i ile (etrafında dolaşırlar)» (1)

17 — Şayet hâne sâhibi sofraya oturursa, herkesten önce yemeğe başlar, herkesten sonra yemekten el çeker.

18 — Misafirin bazısına bir şey ikram ederken diğerlerini mahrum etmemek.

19 — Dargın olan iki kimseyi bir arada dâvet etmemek.

20 — Misafirlerden birinin kulağına bir şeyler fısıldamamak.

(1) Vak'a Sûresi; âyet: 20-21.

21 — Misafirleri yalnız ve sohbetsiz bırakmamak ve canlarını sıkmamak için ev sahibinin bolca sohbet yapması.

22 — Misafirlerin huzurunda hizmetçilerine bağırmamak.

23 — Hıyar, kavun ve karpuz gibi şeyleri kestiği zaman önce kendi ağzına alıp sonra misafire ikram etmek.

24 — Yemeği müteakip misafirler giderlerken onları uğurlamak. Hadîs-i Şerifte :

«Misafiri, avlunun kapısına kadar uğurlamak sünnettendir». buyurulmuştur.

Diğer bir hadîste şöyle geçer:

$$مَنْ شَيَّعَ ضَيْفًا لَهُ سَبْعَ خُطُوَاتٍ غُلِّقَ عَلَيْهِ سَبْعَةُ أَبْوَابِ جَهَنَّمَ وَإِذَا شَيَّعَهُ ثَمَانِيَةَ خُطُوَاتٍ فَتَحَ اللهُ عَلَيْهِ ثَمَانِيَةَ أَبْوَابِ الْجَنَّةِ حَتَّى يَدْخُلَهَا مِنْ أَيِّ بَابٍ شَاءَ$$

«Kim misafirini yedi adım uğurlarsa, ona yedi cehennem kapısı kapatılır, onu sekiz adım uğurladığında Allah onun üzerine Cennetin sekiz kapısını açar. İstediği kapıdan girer».

25 — Gelirken misafirin önüne düşüp oturacağı yere kadar öncülük etmek. Uğurlarken arkasından gider.

26 — Şayet misafir uzak yerden gelmiş bir yabancı ise ona gideceği zaman bir günlük yiyecek hediye eder.

27 — Misafiri uğurlarken şöyle demek :

MİSAFİRE İKRAM ETMEK

«Beni çok memnun ettiniz. Şeref verdiniz. Allah da sizi memnûn etsin. Size bol mükâfatlar ihsan buyursun. Ben size gereği gibi ikram edemedim. Kusurumu bağışlayın. Dünya ve içindekini size versem bile hakkınızı ödemiş sayılmam.» İşte böyle davranmak ta sünnettendir.

Nitekim bir hadîste bu husûs belirtilmiştir :

$$\text{اِنَّ مِنَ السُّنَّةِ اَنْ يَخْرُجَ مَعَ ضَيْفِهِ اِلى بابِ دَارِهِ وَيَرى تَقْصِيرَهُ مِنْ نَفْسِهِ فى اِيفَاءِ حُقُوقِهِمْ وَلَوْ صَبَّ الدُّنْيَا عَلَيْهِمْ صَبًّا ...}$$

«Misafiri ile avlunun kapısına kadar çıkmak, onlara bütün dünyayı verse bile, yine bir şey yapamadığını düşünüp, haklarını ifâda kusurlarını görmek sünnettendir.»

28 — Misafirlere yaptığı ikramı başlarına kakmamak. Yâni: «Size ikram ettim beni hayırlı duâ ile anın» gibi sözlerde bulunmamak. Onlardan bir karşılık beklememek Çünkü bu,

$$\text{اِنَّمَا نُطْعِمُكُمْ لِوَجْهِ اللهِ}$$

«Size ancak Allah vechi (rızâsı) için yediriyoruz» (1) âyeti kerîmesinde açıklanan usûl ve âdâba aykırıdır.

Onun için misafirlere yapılan ikram ancak Allah (C.C.) rızâsı için yapılmalıdır. Karşılığında hiç bir şey beklememelidir. Zaten karşılığı beklenen iyiliğe, iyilik denilmez!

(Mefatihü'l Cinan)

---
(1) İhsân Sûresi; âyet: 9.

Otuzaltıncı Bâb

Da'vete İcâbet Etmek

Çağrılan yere gitmek vâcibtir. Vâcib olduğunu bizlere bildiren hadîs:

$$\text{مَنْ لَمْ يُجِبِ الدَّعْوَةَ فَقَدْ عَصَى أَبَا الْقَاسِمِ}$$

«**Da'vete icâbet etmeyen, Ebû'l-Kâsım'e âsî gelmiştir.**»

Yani kim çağırılan yere gitmezse Kâsım'ın babası olan Hazreti Muhammed Aleyhisselâm'a karşı gelmiş olur, demektir.

Bir kimse'nin ziyafetine, da'vet edilmeden gitmek câiz değildir.

Bunun vebâli de şu hadîs-i şerîfte şöylece anlatılır:

$$\text{مَنْ دَخَلَ بِغَيْرِ دَعْوَةٍ دَخَلَ سَارِقًا وَخَرَجَ مُغِيرًا}$$

«**Çağrılmadan bir hâneye ziyafete giden; hırsız girer ve yağmacı olarak çıkar**».

ÇAĞRILAN YERE GİTMENİN ÂDÂBI:

1 — Ev sahibinin hatırını kırmamak için gitmek,

2 — Yemek arzusu ile gitmemek,

3 — Ev sâhibinin gösterdiği yere oturmak,

4 — Ev sâhibinin eşyasını ve işlerini teftiş etmemek Yani tecessüste bulunmamak.

5 — Ziyâfet evinde sağa sola bakmamak.

6 — Hâne sâhibinden tuz ve su gibi mebzul olan şeylerden başka bir şey istememek. (Şunu getir, bunu getir) dememek.

7 — Ev sâhibinin yemeğini veya herhangi bir şeyini ayıplamamak.

8 — Yemekten sonra hâne sâhibine, rahmet, mağfiret ve bereketle duâ etmek :

«Ellahümme barik lehu fima razaktahû ve yessir lehu en yef'ale hayren minhu ve kanni'hu bima âteytehu veğfir lehu verhamhu vec'alne ve iyyahu bişşakirîn!» duâsını yapmak.

Otuzyedinci Bâb

Müsîbet ve Belâ'ya Uğrayanların Âdâbı

Mü'min daima bir belâ ve musîbetle karşı karşıya ka labilir. Çünkü dünya, mü'min için karar gahı, yâni ebedî kalınacak bir yurt değildir, geçicidir.

Geçici olan yurtta sevinç, neşe, seâdet ve refah çok olmak. Az olur hele bir mü'min için rahat-huzur ve konfor pek de câiz bir şey değildir. Çünkü o bilir ki dünyada rahat yoktur. Zirâ Peygamber olan Hazreti Muhammed Aleyhisselâm şöyle buyurmuştur:

«Dünyada rahat yoktur!»

Şu halde bir belâ ve musîbetle karşılaşınca ne yapmalıdır. İşte biz burada şimdi onun âdâb ve usûlünden bahsedeceğiz. Böyle bir durum karşısında takınılacak tavır şunlardan ibarettir:

1 — **Başına gelen belâ ve musîbeti mü'min kendisi için bir fırsat ve ganîmet bilmelidir.** Çünkü kıyâmette buna verilecek karşılık pek büyüktür. İşte Resûlüllah (S.A. V.) Efendimizin bu bâbtaki buyurduğu hadis:

إِذَا كَانَ يَوْمُ الْقِيمَةِ جِيئَ بِأَهْلِ الْأَعْمَالِ فَوَفُّوا أَعْمَالَهُمْ بِالْمِيزَانِ أَهْلِ الصَّلَاةِ وَالصِّيَامِ

وَالصَّدَقَةِ وَالْحَجِّ وَالزَّكَاةِ ثُمَّ يُؤْتٰى بِاَهْلِ الْبَلَاءِ فَلَا يُنْصَبُ لَهُمُ الْمِيزَانُ وَلَا يُنْشَرُ لَهُمُ الدِّيوَانُ يُصَبُّ عَلَيْهِمُ الْاَجْرُ صَبًّا فَيَوَدُّ اَهْلُ الْعَافِيَةِ فِي الدُّنْيَا لَوْ اَنَّهُمْ كَانَتْ تُقْرَضُ اَجْسَادُهُمْ بِالْمَغَارِيضِ كَمَا يَوَدُّوا اِنَّمَا يَذْهَبُ بِهِ اَهْلُ الْبَلَاءِ مِنَ الثَّوَابِ فَذٰلِكَ قَوْلُهُ تَعَالٰى اِنَّمَا يُوَفَّى الصَّابِرُونَ اَجْرَهُمْ بِغَيْرِ حِسَابٍ

«Kıyâmet günü geldiğinde, namaz, oruç, sadaka, hac ve zekât ehlinin amelleri getirilip mizana konur. Sonra musîbete uğrayanlar getirilir, onlar için ne terazi kurulur ne de divan açılır. Üzerlerine mukâfatlar yağdırılır. Sıhhat ve âfiyet içinde, refah ve bolluk içinde hayatlarını yaşıyanlar, onların o cazip hâlini gördüklerinde: (Ah ne olaydı dünyda iken bizim vücûdlarımız makaslarla parça parça olsaydı da şimdi biz de bunların nâil olduğu ihsana nâil olsaydık!) temennisinde bulunacaklar, fakat fayda vermiyecek. Cenâbı Hakkın : (Sabredenlere mükafatları tastamam, hesabsız olarak verilir) kavlinin gereği budur!»

2 — Başına gelen belâyı, yaratıklardan hiç kimseye şikayet etmeyip ancak sâhibine hevale edip çaresini ondan (yani Allah)tan beklemek.

F.: 20

Nitekim Peygamber Aleyhisselâm şöyle buyurmuşlardır:

$$\text{مَنْ قَالَ عِنْدَ هَمٍّ حَسْبِيَ اللهُ لَا اِلٰهَ اِلَّا هُوَ عَلَيْهِ تَوَكَّلْتُ وَهُوَ رَبُّ الْعَرْشِ الْعَظِيمِ عَشْرَ مَرَّاتٍ اَذْهَبَ اللهُ هَمَّهُ}$$

«Kim bir keder anında on kere (hasbiyellahü Lâ ilâhe illâ hüve aleyhi tevekkeltü ve hüve Rabbül-arşıl-azîm) derse, Allah onun keder ve üzüntüsünü giderir».

3 — Belâyı, kendi hakkında mağfirete vesile olarak kabûl etmek.

İmâm Ali (K.V.) den :

«Bir mü'minin Allah katında rahmete vesile olacak beş engeli vardır : Birincisi hastalık ve musîbettir. Eğer günâhı fazla olup da bunlarla afva uğramazsa, ikinci bir güçlük beklemektedir onu : Zor can vermek... Günâhı daha fazla olursa bu defa üçüncü bir güçlük karşısına çıkacaktır : Kabirdeki Suâl Meleklerinin sorusu son derece zor olur. Günâhı daha da çoksa bu defa Sırat köprüsü karşısında dikilir, ki bu dörtdüncü güçlüktür. Orada uzunca bekletilir.. Günâhı daha da fazla ise, günâhı kadar cehennemde yanar, sonra îmân sâyesinde oradan çıkıp cennete girer. İşte cehennemde yanması da beşinci bir zorluktur..»

4 — Başına belâ gelir gelmez, hemen sabırla onu karşılar. Çünkü sabır, daha belâ gelir gelmez olur. Nitekim bunu Resûlüllah (S.A.V.) Efendimiz şöyle açıklamışlardır :

$$\text{اَلصَّبْرُ عِنْدَ الصَّدْمَةِ الْاُولَى}$$

«Sabır ilk sadme (şoke olmakta) dır!»

Çünkü ilk defa sabır göstermeyip de sonra sabır gösterirse, buna sabır değil, tahammül derler.

Feth'ul Musalla Hazretlerinin hanımının ayağı çarpıp yere düştü. Ve tırnağı kırıldı. Kadın hemen gülmeye başladı.

— Neden gülüyorsun? sorusuna da şöyle karşılık verdi :

— Cenâb-ı Hakk'ın verdiği bu musîbete karşı sabrettiğim zaman, bana verilecek mükâfatı düşündüm de tırnağımın acışını hissetmedim bile! Onun için kahkaha ile gülebildim..

HİKÂYE

Bir mü'min ile bir kâfir balık avına çıkarlar. Mü'minin oltasına, Besmele ile kurduğu halde, hiç bir balık takılmaz. Kâfir Put'un adını andığı halde attığı oltaya bolca balık takılır.

Nihayet akşam üstü mü'minin oltasına da bir balık takılır, fakat mü'min onu oltadan alırken balık elinden düşer. Mümine müvekkel olan melek buna hayret eder ve derhal leh-ı mahfuz'a bakar. Mü'minin makamını cennette; kâfirinkini de cehennemde görünce, kendi kendine şöyle der : «Demek ki Alah mü'mini imtihan ediyor, kâfire de daha çok azsın diye, veriyor. Bu kâfir hakkında bir istidractır!»

Resûlüllah (S.A.V.) Efendimiz şöyle buyurmuşlardır:

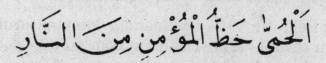

«Humma mü'minin ateşe karşı bir nasibidir.»

Yani humma'ya yakalanan kimsenin günâhı tamamen afvedilir, tertemiz olur. Tertemiz olunca da cehennemden kurtulup cennete girmeğe hak kazanır, demektir.

Diğer bir hadîste şöyle buyurulur:

«Kim üç saat humma'ya yakalanıp da, Allah'a şükrederek, hamd ederek, ona sabr ederse, Allah Onunla meleklerine karşı iftihar eder: «Ey meleklerim, kuluma ve ona verdiğim belâya karşı gösterdiği şu sabrına bir bakınız! Ona ateşten beraati yazınız!) Ondan sonra ona şu berat yazılır: (Bismillâhirahmânirrâhîm Bu, Azîz ve Hakîm Olan Allah tarafında bir kitapdır. Falanoğlu falanın ateşten berâetidir. (ey Fülan) ben seni ateşten emin kıldım!»

Enes b. Mâlik (R.A.) dan:

İbni Mes'ud hastalanmıştı. Ziyâretine gittik. «Bu gecen nasıl geçti?» diye sorduk.»

— Allah'ın Ni'metine, bana verdiği îmân ni'metine gark olmuş bir halde geçirdim! dedi..

— Şu anda nasılsın?

— Elhamdü lillah kalbim îmanla dolu!

— Nereden zorun var?

— Günâhlarımdan!

— Hekim çağıralım mı?

— Beni hasta eden kendi Hekimimdir!

Ebû Bekr (R.A.) da hastalandığı zaman, sorulan sorulara aynı cevabı verdi «Hekimim beni gördü.» dedi.

Bir hadîs-i Kudsi de şöyle buyurulmuştur:

يَقُولُ اللهُ تَعَالَى اِذَا ابْتَلَيْتُ عَبْدِى بِبَلَاءٍ
فَصَبَرَ وَلَمْ يَشْكُنِى اَبْدَلْتُهُ لَحْمًا خَيْرًا مِنْ
لَحْمِهِ وَدَمًا خَيْرًا مِنْ دَمِهِ وَاِنْ اَبْرَأْتُهُ
وَلَا ذَنْبَ لَهُ وَاِنْ تَوَفَّيْتُهُ فَاِلَى رَحْمَتِى

«Allah'ü Teâlâ buyurur ki; ben kulumu bir belâya uğrattığım vakit, sabredip benden yakınmazsa, ona etinden daha iyi bir et, kanından daha iyi bir kan veririm. Onu iyileştirirsem, hiç günâhı kalmaz! Öldürürsem Rahmetime gark olmuş bir halde vefât etmiş olur».

5 — Elinden geldiği kadar hastalığını gizler.

Peygamber Aleyhisselâm şöyle buyurmuşlardır:

ثَلَاثٌ مِنْ كُنُوزِ الْبِرِّ كِتْمَانُ الصَّدَقَةِ
وَالْبِرِّ وَالْاَمْرَاضِ

«Üç şey, iyilik hazinelerindendir :

1) Sadakayı gizli vermek,

2) Yaptığı iyiliği gizli tutmak,

3) Hastalığı gizlemek...»

6 — Devamlı sıhhatta oluşuna üzülmek. Mü'minin rahatı kırk günden fazla sürmez. Şayet kırk günü geçerse pek iyi sayılmaz.

Firavun tam dörtyüz sene Tanrılık davasında bulundu. Bu kadar uzun zaman içinde kendisine ne humma ve ne de baş ağrısı gelmedi. Eğer böyle bir hastalığa uğrasaydı kat'iyen Tanrılık da'vâsında bulunmazdı. İşte bundan da anlaşılıyor ki, hastalık mü'mine Allah tarafından bir lütûftur. Çünkü onu düşmanlarına vermemiştir..

Hasta olan kişinin dört şeyden kaçınması gerekir :

1) Yalan söylemek.. Sabaha kadar uyumadım, ağzıma bir şey koymadım, gibi sözler söylemekten kaçınmalıdır.

2) Herkesin ziyâretini beklemek.

3) Riyâ. Yâni gösterişten uzak durmalıdır, birisi gelirken gözlerini yumup uyuma numarası yapmamalıdır.

4) Yumuşaklıktan uzaklaşıp öfkeli olmak.

7 — İhlâs, Muavvizeteyn, Fâtiha ve Salâvat-i şerîfeler okuyup kendine üfürmek. Diğer duâlarla Alllah'tan şifâ dilemek de gerekir.

Ağrıyan yerlere okuyup üflemek bizzat Peygamber Sallellahu Aleyhi ve Sellem Efendimiz tarafından tavsiye edilmiştir. Nitekim bir hadîsinde şöyle buyurmuşlardır :

$$
\text{إِذَا اشْتَكَى ضِرْسُ اَحَدِكُمْ فَلْيَضَعْ اِصْبِعَهُ وَلْيَقُلْ هُوَ الَّذِى اَنْشَاَكُمْ وَجَعَلَ لَكُمُ السَّمْعَ وَالْاَبْصَارَ وَالْاَفْئِدَةَ قَلِيلًا مَا تَشْكُرُونَ}
$$

«Biriniz azı dişi ağrıdığı zaman, parmağını ağrıyan yere koyup şunu okusun: (Hüvellezî enşe'ekum ve ceale lekümusam'a vel—ebsare vel—efidete kalîlen ma teşkürün.)».

MUSÎBET VE BELÂ'YA UĞRAYANLARIN ÂDÂBI

Yine Peygamber Aleyhisselâm, Hazreti Ali (K.V.) ye hitaben şöyle buyurdular:

«Ey Ali, başın ağrıdığı zaman, elini başına koyup (Lev enzelna...) âyetini oku.

Bir hadîste şöyle buyurulmuştur:

اِذَا انْصَدَعَ رَأْسُكَ فَضَعْ يَدَكَ عَلَيْهِ وَاقْرَأْ اخِرَ سُورَةِ الْحَشْرِ فَاِنَّهُ شِفَاءٌ مِنْ كُلِّ دَاءٍ اِلَّا السَّامُ

«Başın ağrıdığı zaman, elini ağrıyan yere koy ve Haşr sûresinin sonunu oku! Çünkü O, ölüm hariç, bütün hastalıklara şifâdır!»

Bir Bedevî geldi, Resûlüllah (S.A.V.) Efendimize, midesinin yemek kabul etmediğini şikâyet etti. Peygamber Aleyhisselâm ona şu tavsiyede bulundu:

«Yemek yeyip su içtiğin zaman şunu oku: (Bismillâhillezî layadurru measmihi şey'un fil—ardı velâ fissemâi ve huvessemi ul—alîm. Yâ hayyu, ya Kayyumu!)

8 — Hastanın, yakınmadan inlemesinin daha hayırlı olduğunu Fahr-i Âlem Efendimizin buyurduğu anlatılır.

Bir kimse hastalığını dile getirmek için: «**Elhamdü lillahi kableşşekva**» (Şikâyetten önce Hamd Allah'a mahsustur) derse, hâlinden şikâyet etmiş olur.

Resûlüllah (S.A.V.) Efendimizin mübarek vücûdlarına bir hastalık geldiği zaman, inlerlerdi. Ve sebebi sorulduğunda şöyle buyururlardı:

اِنَّ الْمُؤْمِنَ لَيُشَدَّدُ عَلَيْهِ وَجَعُهُ لِيَكُونَ كَفَّارَةً

«Müîminin acısı, sırf günâhlarına keffâret olsun için şiddetlenebilir!»

(Câmiü's-Sağîr, Şir'atü'l İslâm)

Otuzsekizinci Bâb

Hasta Ziyareti

Hasta'yı ziyâret etmek, mü'minlerin birbirlerine karşı olan haklarındandır.

İslâmî vecîbelerin en güzellerindendir.

Bunun çok büyük bir faidesi vardır. Evvelâ hastayı ziyaret etmek için giden kişi, daha hastanın yanına girer girmez İlâhî rahmete gark olur. Hasta ziyâretinin de bir kaç usûl ve âdâbı vardır:

1 — Hastayı sık sık ziyaret etmek. Çünkü Resûlüllah Sallellahu Aleyhi ve Sellem Efendimiz:

$$زُرْ غِبًّا تَزْدَدْ حُبًّا$$

«Sık sık ziyaret et ki aranızdaki sevgi ve muhabbet artsın» buyurmuşlardır.

2 — Hastanın ayak ucunda oturup başı ucunda oturmamak.

3 — Gözlerini hastanın yüzüne tutup dikkatle bakmak, göz çukurlarına bakmaktan kaçınmak. Dışarı çıktıktan sonra gözlerini yıkamak gerekir. Herhangi bir âfet ve musîbetten kurtulmak için bunu yapmanın gereğine işaret etmişlerdir.

HASTA ZİYARETİ

4 — Hastanın yanına temiz elbise ile gitmek. Kirli-paslı elbiselerle gitmekten şiddetle kaçınmak.

5 — Hastanın yanına güler yüzle girmek, onu neşelendirecek sözleri söylemek.

6 — Daha çok uzun yaşayacağını söylemek. Bir hadîs-i şerîfte şöyle buyurulmuştur :

$$ اِذَا دَخَلْتُمْ عَلَى الْمَرِيضِ فَنَفِّسُوا الْاَجَلَ فَاِنَّ ذٰلِكَ لَا يَرُدُّ شَيْئًا وَهُوَ يَطِيبُ بِنَفْسِ الْمَرِيضِ $$

«Hastanın yanına girdiğiniz zaman, ömrünün uzunluğundan söz ediniz! Bu Allahın kaza ve kederinden hiç bir şey önlemez amma, hastanın gönlünü hoş tutar.»

7 — Pek yakında iyileşeceğini kendisine müjdelemek.

8 — Hasta'nın yanında çok oturmamak. Zirâ :

«En iyi ibâdet, en hafîf olanıdır!» buyurulmuştur. Diğer bir hadîste de şöyle açıklanmıştır:

$$ اَفْضَلُ الْعِبَادَةِ اَجْرًا سُرْعَةُ الْقِيَامِ مِنْ عِنْدِ الْمَرِيضِ $$

«Ecir cihetinden en üstün ibâdet, hastanın yanından fazla oturmadan hemen kalkmaktır.»

Bir topluluk Evliyâullah'tan Sırrıs-Sakati (Kuddise Sirruhu) nın hastalığında ziyaretine geldiler. Amansız bir kalb ağrısına tutulmuştu. Yanında epeyce oturdular. Şeyh Hazretleri bayağı rahatsızlanmıştı. Tam kalkıp giderlerken ondan duâ ricâ ettiler. Şeyh Hazretleri ellerini kaldırıp şöyle duâ etti:

«Allahım bunlara hastanın nasıl ziyaret edileceğini öğret!» Yani bunlar hasta ziyaret etmesini bilmiyorlar. Yâ

Rabbi kendilerine hastanın nasıl ziyaret edileceğini onlara öğret demektir.

Bazı kişiler, Suleha'dan bir zâtı ziyâret ettiler, yanında çok oturup onu üzdüler, kalkıp giderlerken Ondan bazı tavsiyeler rica ettiler. Bunun üzerine şöyle dedi : «Hastaları ziyaret ettiğinizde fazla oturmayın!»

9 — **Hastanın halini sorarken, elini hastanın alnına koymak.**

10 — **Hasta'dan duâ talebinde bulunmak.** Zira hastanın duâsı tıpkı Meleklerin duâsı gibidir. Nitekim Allah (C. C.) ın Resûlü Sallellahu Aleyhi ve Sellem şöyle buyurmuşlardır:

$$اِذَا دَخَلْتَ عَلَى الْمَرِيضِ فَمُرْهُ يَدْعُوكَ فَاِنَّ دُعَاءَهُ كَدُعَاءِ الْمَلَائِكَةِ$$

«Hastanın yanına girdiğinde sana duâ etmesini rica et. Çünkü onun duâsı, Meleklerin duâsı gibidir!»

11 — Hasta'nın yanında şifa için: Fatiha, muavvizeteyin, İhlâs, İzâ câe nasrullahi, Kul yâ Eyyühel-kâfirûne, ve İnnâ enzelnahu...) sûrelerini, ondan sonra da şu duâyı okuyup üflemektir: (Allahım şu kuluna şifâ ver de senin rızân için namaza koşsun!) Bu duâ hakkında hadîs-i şerîf vârid olmuştur.

Göz ağrısı, diş ağrısı ve çıban hastalıklarına yakalanan kimseyi ziyaret etmek gerekmez. Çünkü Resûlüllah (S.A.V.) Efendimiz bu husûsta şöyle buyurmuşlardır:

$$ثَلَاثٌ لَا يُعَادُ صَاحِبُهُنَّ الرَّمَدُ وَالضِّرْسُ وَالدَّمَّلُ$$

«Şu üç hastalığa yakalananlar ziyâret edilmez: Göz ağrısı, diş ağrısı ve çıban...»

(Câmiüs'sağîr, Mefatihü'l-Cinan)

Otuzdokuzuncu Bâb

Musîbet Anında (İnna Lillahi ve İnna Raciun) Demek

Mü'min olan bir kimse, herhangi bir mü'sîbetle karşılaştığı zaman, O musîbetin Allah (C.C.) tarafından geldiğini bilmesi ve buna böyle inanması gerekir. Gelen musîbet ve belâlara sabretmek, tahammül göstermek işte o inancın olumlu bir semeresidir. Sabr ve tevekkül içinde, her şeyini Allah (C.C.)a hâvale etmek İslâm'ın en önemli âdâb ve usûllerindendir. Hattâ Resûlüllah Sallellahu Aleyhi ve Sellem Efendimiz yanında yanan kandil sönünce istircâ'da bulunmuşlar ve şöyle demişlerdir : (İnnâ lillâhi ve innâ ileyhi râciûn). Yanındakiler sormuşlar :

— Neden böyle söylediniz? Yoksa bu bir musîbet midir?

— Mü'mine eziyet veren her şey bir musîbettir, buyurdular.

Çocuğu ölen kimsenin ilk yapacağı iş, güzelce abdest alıp iki rek'at namaz kılmak ve ondan sonra istirca'da bulunmaktır. Yâni (İnnâ lillâhi ve innâ ileyhi râciûn) demektir. Kur'ân-ı Kerîmin Bakara sûresinin bir âyetinde Allah (C.C.) bize böyle tavsiye etmiştir :

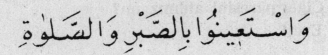

«Sabr ve namazla Allah'tan yardım isteyiniz!»

Namazı kıldıktan sonra şu duâyı okur :

$$اَللّٰهُمَّ فَعَلْنَا مَا أَمَرْتَنَا بِهِ فَأَنْجِزْ لَنَا مَا وَعَدْتَنَا بِهِ$$

«Ellahümme fealna ma emertena bihi fe enciz lenâ ma veadtene bihi» (Allahım bize emrettiğini yaptık, şimdi sen bize va'd ettiğini ver!)

Şurası bir hakikattır ki, musîbet anında Allah (C.C.)a tevekkül edip de sabreden kimselere verilecek mükâfat pek büyüktür.

Ölüm olaylarında sabredenlere verilecek mükâfatlardan birisi :

$$إِذَا مَاتَ وَلَدُ الْعَبْدِ قَالَ اللّٰهُ تَعَالَى لِمَلَائِكَتِهِ قَبَضْتُمْ وَلَدَ عَبْدِى فَيَقُولُونَ نَعَمْ فَيَقُولُ قَبَضْتُمْ ثَمَرَةَ فُؤَادِهِ فَيَقُولُونَ نَعَمْ فَيَقُولُ مَاذَا قَالَ عَبْدِى فَيَقُولُونَ حَمِدَكَ وَاسْتَرْجَعَ فَيَقُولُ اللّٰهُ ابْنُوا لِعَبْدِى بَيْتًا فِى الْجَنَّةِ وَسَمُّوهُ بَيْتَ الْحَمْدِ$$

«Kulun çocuğu öldüğü zaman, Allah Meleklerine hitab eder: (Kulumun oğlunun ruhunu aldınız mı?)

— Evet, derler,

— Ciğer-pâresini aldınız mı?

— Evet!

— Pekâ'la kulum bu musîbet karşısında ne dedi?
— Sana hamd etti ve istirva'da bulundu (İnnâ lillâhi ileyhi râciûn...) dedi.
— Öyleyse haydi kulum için cennette bir köşk yapın ve o köşkün adını (Beytü'l-hamd) olarak koyun!»

Ölüm olayları ile karşılaşan kimsenin, kendini teselli etmesi için yapacağı şeylerden birisi de, Kâinatın Efendsi iki Cihan Serveri Hazreti Muhammed Mustafa Sallellahu Teâlâ Aleyhi ve Sellem Efendimizin, ümmetlerine veda edip irtihâl-i dari'l-bekâ ettiğini düşünmesidir! Çünkü onun için ondan daha büyük düşünülemez! İşte kul böyle düşündüğü zaman, üzerinde bulunan acı hafifleşir.

Hadîs-i Şerifte de bu tavsiye edilmiştir :

$$\text{مَنْ أَصَابَتْهُ مُصِيبَةٌ فَلْيَذْكُرْ مُصِيبَتِى}$$
$$\text{وَإِنَّهَا أَعْظَمُ الْمَصَائِبِ}$$

«Bir musîbetle karşılaşan kişi, benim musîbetimi düşünsün! Çünkü o musîbetlerin en büyüğüdür!»

Bir hadîste de şöyle buyurulur :

$$\text{مَنْ كَانَ لَهُ فَرَطَانِ مِنْ أُمَّتِى أَدْخَلَهُ اللهُ بِهَا}$$
$$\text{الْجَنَّةَ فَقَالَتْ عَائِشَةُ رَضِىَ اللهُ عَنْهَا فَمَنْ}$$
$$\text{كَانَ لَهُ فَرَطٌ مِنْ أُمَّتِكَ قَالَ مَنْ كَانَ لَهُ}$$
$$\text{يَا مُوَفَّقَةُ فَقَالَتْ فَمَنْ لَمْ يَكُنْ لَهُ فَرَطٌ}$$
$$\text{مِنْ أُمَّتِكَ قَالَ فَأَنَا فَرَطُهُ لَنْ يُصَابُوا بِمِثْلِى}$$

«Ümmetimden her kimin iki sabî evlâdı vefât ederse, Allah onu o sebeble Cennete koyar. Âişe (A. Anhâ) sordu:

— Ya bir çocuğu ölen?
— Ölen çocuğu bir ise de yine girer, buyurdu.
— Ya hiç bir çocuğu ölmemiş ise?
— Onun Faratı benim. (Ben ondan önce öldüm) Çünkü Müslümanlar, benim ölüm musîbetim gibi bir musîbetle karşılaşmazlar!»

Nitekim Enfal Sûresinin bir âyetinde:

«Sen içlerinde olduğun sürece Allah onlara azâb edecek değildir!» buyurulmuştur.

Resûlüllah (S.A.V.) Efendimizin aramızda bulunması gibi büyük bir ni'met olur mu? Çünkü onun aramızda bulunmasıyle hiç bir azâb görmiyeceğiz. Şu halde böyle büyük bir ni'metin zevalinden meydana gelecek musîbet kadar büyük bir musîbet aslâ düşünülmemelidir! Bu musîbeti düşünmek ve kederlenmek başlı başına insanın ihsana nâil olmasını sağlar.

Bu hususta varid olan bir kaç hadîs meâli daha:

«Bir Müslümanın üç sabî çocuğu ölürse, cehenneme girmez, ancak yemin yerini bulsun diye girer.» Yâni:

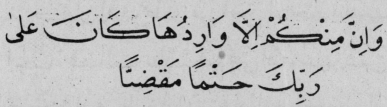

«Sizden hiç birniz müstesnâ olmamak üzere ille oraya (cehennem)e uğrayacaktır. Bu, Rabbinin üzerine vâcib kıldığı, kazâ ettiği bir şeydir». (1)

Âyetinin hükmü yerine gelmesi için girer.

---

(1) (Meryem sûresi âyet: 71)

MUSÎBET ANINDA

Yalnız buradaki (Cehenneme girer)den murad gerçekten Cehenneme girer, demek değildir. Oraya uğrayıp üzerindeki Sırat köprüsünden geçmektir. Evet, gerçek mü'minler oraya uğrayacaklar, orayı görecekler fakat içine girmeden doğru cennete gideceklerdir.

«Her hangi bir Müslümanın henüz bülûğ çağına ermemiş üç evlâdı ölürse, Onlar onu cennetin sekiz kapısı önünde karşılayacaklar ve o, istediği kapıdan içeriye girecek!»

«Kendimden önce âhirete bir düşük göndermem, benim için, Allah yolundan savaşacak yüz suvarîyi geride bırakmamdan iyidir!»

Hazreti Süleyman Aleyhisselâmın bir sabi çocuğu öldü. Buna çok üzüldü. Alla (C.C.) onu teselli etmek için, yeryüzüne insan kılığında iki Melek gönderdi: İkisi Süleyman Aleyhisselâm'ın huzurunda birbirinden da'vâcı oldu. Biri şöyle yakındı:

— Bu adam benim ekin tarlamı çiğnedi, ekinlerimi telef etti. Süleyman Aleyhisselâm ona sordu:

— Niçin telef ettin, bu şahsın ekinlerini!

— Neden, O adam herkesin geçtiği yola ekin ekmiş? Geçecek yol bulamadığım için, mecburen oradan geçtim, tabiî ki bunun neticesi olarak ekinleri çiğnendi.

Bu Sefer Süleyman Aleyhisselâm, Müddeîye dönüp:

— Neden herkesin geçtiği yolun üzerine ekin ektin? diye çıkışınca, adam şöyle konuştu:

— Bilirsin ki ölüm âhirete götüren bir yoldur. Herkes mutlaka bu yoldan geçer. Sen bunu bildiğin halde o yolun üzerine ekilen evlâdının vefâtına neden bu kadar üzülüyorsun! Ah, vah, ediyorsun? Ondan sonra hemen gözden kaybolup gittiler.

(Çami-üsağır, mefati hü'l-cinan)

Kırkıncı Bâb

Taziyede Bulunmak (Başsağlığı Dilemek)

Başına bir musîbet gelen kimseye taziyede bulunmak, İslâmî hak ve esaslardandır. Bir mü'minin evlâdı, anası, babası yâhûd yakın bir akrabası vefât ettiğinde onun elini tutup Musahafa etmek sünnetini yerine getirirken:

«Allah sana büyük ecirler versin, sana âfiyetler ihsan etsin ve ölünü bağışlasın» diyerek ta'ziyede bulunur. Nitekim hadîs-i şerîfte şöyle buyurulmuştur:

مَنْ عَزَّى مُصَابًا فَلَهُ اَجْرُ مِثْلُهُ

«Kim yakını ölen bir adama ta'ziyede bulunursa, onun ecri sevâbı gibi ona da yazılır».

Cenâzesi olan kimseye bizzat gidip ziyâret edemezse, bir mektup yazarak ta'ziyelerini sunar.

Muaz b. Cebel (R.A.) ın oğlu vefât ettiği zaman, Resûlüllah (S.A.V.) Efendimiz ona bizzat gidemediler, fakat mektup göndererek ona ta'ziyelerini bildirdiler. İşte mektubu âlileri şöyle idi:

«Bismillâhirrahmânirrahîm..

Allah'ın Elçisi Muhammed sallellahu aleyhi ve sellem tarafından, Muaz b. Cebel'e;

Mallarımız, çocuklarımız ve hanımlarımıza gelince, şunu iyi bil ki, onların hepsi İlâhî birer hibelerdir. Allah tarafından geri alınacak birer emânetlerdir. Sevinç ve gıbta içinde seni onunla faydalandırdı. Sonra onu ecir ve sevâba doğru senden alıverdi. Fazla yakınma ki bu yakınman, ecrini ibtâl eder. Musîbetinin karşılığındaki sevâbı bir görebilsen, musîbetin gözünde pek küçülür. Allahın va'dini (kaza ve kaderini) sabır ve selâmetle karşıla!»

Şir'atü'l İslâm, Mefatihü'l-Cinan).

Kırkbirinci Bâb

Halet-i Nezı'a Yakın Olan Hastanın Âdâbı

Böyle bir hasta Kıbleye karşı kabirde yatar gibi yatar. Yâhûd da ayakları kıbleye karşı, başının altına yüksek bir şey koyup yüzünü de kıbleye karşı dönerek yatar.

Devamlı olarak Allah (C.C.) ı zikretmekle meşgûl olur.

Çoluk çocuğuna Allah (C.C.) dan korkmalarını, yolundan ayrılmalarını vasiyet eder.

Ölümden korkmaz, bilâkis ölümü kendisi için bir fırsat ve kanîmet addeder...

Zirâ ölüm, mü'mine bahşedilen ilâhî bir lütûftur...

O güne kadar yaptığı amelleri göz önüne getirerek, Allah (C.C.) ın rahmetini umar bir vaziyette ölümü bekler...

(Mefâtihü'l-Cinan)..

Kırkikinci Bâb

Can Çekişen Hastanın Yanında Bulunanların Âdâbı

Hâlet-i Nez'de olan hastanın yanında bulunanlar Yâsîn-i Şerîfî okurlar.
Nitekim bir hadîsi şerifte şöyle buyurulmuştur:

اِنَّ لِكُلِّ شَىْءٍ قَلْبًا وَقَلْبُ الْقُرْآنِ يسٓ فَمَنْ قَرَأَهَا يُرِيدُ بِهَا وَجْهَ اللهِ أَعْطَىٰ لَهُ مِنَ الْأَجْرِ فَكَأَنَّمَا قَرَأَ الْقُرْآنَ اِثْنَا عَشَرَ مَرَّةً وَأَيُّمَا مُسْلِمٍ قُرِأَتْ عِنْدَهُ سُورَةُ يسٓ حِينَ يَنْزِلُ بِهِ مَلَكُ الْمَوْتِ يَنْزِلُ اِلَيْهِ بِكُلِّ حَرْفٍ مِنْهَا عَشَرَةُ اِمْلَاكٍ يَقُومُونَ بَيْنَ يَدَيْهِ صُفُوفًا يُصَلُّونَ عَلَيْهِ فَيَسْتَغْفِرُونَ وَيَشْهَدُونَ دَفْنَهُ وَأَيُّمَا مُسْلِمٍ مَرِيضٍ

قُرِئَ عَلَيْهِ سُورَةُ يسٓ وَهُوَ فِي سَكَرَاتِ الْمَوْتِ لَا يَقْبِضُ مَلَكُ رُوحَهُ حَتّٰى يَجِيئَ بِهِ رِضْوَانُ خَازِنُ الْجَنَّةِ بِشُرْبَةٍ مِنْ شَرَابِ الْجَنَّةِ فَيَشْرِبُهَا وَهُوَ عَلٰى فِرَاشِهِ فَيَقْبِضُ مَلَكُ الْمَوْتِ رُوحَهُ وَهُوَ رَيَّانُ وَلَا يَحْتَاجُ اِلٰى حَوْضٍ مِنْ حِيَاضِ الْاَنْبِيَاءِ حَتّٰى يَدْخُلَ الْجَنَّةَ وَهُوَ رَيَّانُ

«Her şeyin bir kalbi vardır, Kur'ânın kalbi ise Yâsîn'-dir. Onu her kim Allahın rızâsını ve cemâlini murad ederek okursa, Kur'ân-ı Kerîmi on iki kere okuyan kimseye verilen sevâb gibi, sevâb verilir. Ölüm Meleği geleceği zaman her hangi bir Müslümanın yanında Yâsîn sûresi okunursa, Ona, onun her harfine mukâbil on melek iner. Önünde saf hâlinde dururlar. Onun için duâ ve istiğfarda bulunurlar. Defninde de hazır bulunurlar. Sekerât-ı mevt hâlinde iken herhangi bir hastanın yanında Yâsîn sûresi okunursa, Melek onun ruhunu, Cennetten bir Rıdvan bir kâse cennet şarabı ile gelmedikçe, almaz. Yatağında o kâseden içer. Sonra Azrâil rûhunu, suya kanmış bir halde, kabzeder.

Kıyâmet gününde hesab verirken, suya kandığı için, Peygamberlerin havuzlarından hiç bir havuza ihtiyacı kalmaz. Nihayet hâliyle cennete girer.»

Böyle ağır olan hastanın yanında bulunanların takınacakları tavır ve âdâbı:

CAN ÇEKİŞEN HASTANIN YANINDA BULUNANLARIN ÂDÂBI

1 — Orada hayız, lohusâ kadınlar veya cünüp kimseler varsa onları hemen dışarı çıkarmak.

2 — Sağına, ya da sırtı üzerine yatırıp kıbleye döndürmek.

3 — Yâsîn Sûresini okumak.

4 — Güzel kokan şeyleri yakarak orayı buhurlandırmak.

5 — **(Lâ ilâhe illellah)** kelimesini sadece telkin etmek. Onu söylemek için ölüyü zorlamamak.

6 — Âzâlarını uzatmak.

7 — Rûhunu teslim ettikten sonra gözlerini kapamak.

8 — Karnının üstüne kılıç ya da bıçak gibi bir şey koymak.

9 — Yıkanıncaya kadar yanında Kur'ân okumak. Bazılarına göre, yıkandıktan sonra Kur'ân okumak mekrûhdur, demişlerdir.

10 — Sulehâ ve Eshâb-ı Hayr'den olan kimseleri çağırmak.

11 — Rûhunu teslim ederken zahmet çekerse, onu kerih görmemek. Çünkü mü'minlerin annesi Hazreti Âişe (R. Anhâ) şöyle demiştir :

«Resûlüllah Sallellahu Aleyhi ve Sellem'in vefâtından sonra zor can vermeyi kat'iyen kerîh görmem!».

Zirâ Cenâb-ı Hak (C.C., mü'minin isyanını, dünyadayken vücûduna hastalık vermek, yâhûd dünyada korku vermek, ya da bir musîbet vermek, yâhûd da Hâlet-i nez'ide şiddet vermek sebebiyle afv buyurur, diye eser vârid olmuştur. Öyleyse Hâlet-i nez'ide görülen şiddet (yâni zor can verme) hiç bir zaman ölen kimsenin kötülüğüne delâlet etmez.

Anlatıldığına göre; Hasan el-Basri can verirken güldü. Mâlik b. Dinar Hazretleri de yanındaydı... Bir kaç gün aradan geçtikten sonra onu rüyâsında gördü, ölürken neden güldüğünü sordu. O şöyle cevap verdi :

— Ölürken bir ses duydum : (Ey Azrâîl, onun canını alırken biraz çetin davran. Çünkü bir günâhı kalmıştır, onu da bağışlamak istiyorum!)... İşte bu nidâyı duyunca, kendimi gülmekten alamadım..

12 — Ölen kimsenin hayre delâlet eden davranışlarını görürse, sevincini belirtmek. Gözünden yaş gelmek, elinin iki tarafı devrilmek, burnunun iki tarafı şişmek tebessüm eder bir vaziyette bulunmak gibi... İşte bunlar, ölen kişinin iyilğne delâlet eder.

13 — Azâb alâmetleri gördüğünde, üzülmek... Gılzat, şiddet ve nursuzluk... Boğazı sıkılıp horlama ve ağzının iki tarafından köpük meydana gelme gibi...

Bu gibi hallerden Allah (C.C.) bizi de sizi de korusun! Âmîn.

(Şir'atü'l-İslâm)

Kırküçüncü Bâb

Cenaze Namazının Âdâbı

Cenâze namazı dört rek'attır. Onun rek'atleri tekbirlerdir. Hattâ bir adam bir tekbire yetişemezse, bir rek'at (tekbir) kaçırmış olur. İki tekbire yetişemezse iki rek'atı (tekbir), üç tekbire yetişemezse üç rk'atı (tekbiri) kaçırmış olur. İmâm selâm verdikten sonra, henüz cenâze kaldırılmadan önce, kaç tekbiri kaçırmışsa, okumadan, onları kazâ eder. Böylece namazı tamamlanmış olur.

Ne varki iftitâh tekbirini, yâhud ikinci ve üçüncü tekbiri aldıktan sonra, yâni iki tekbir arasında cenâze namazında İmâma uyulmaz Çünkü bu namaz rükû ve secdedeki namazlar gibi değildir. Meselâ: İmâm «Sübhaneke» okurken gelen kimse, ikinci tekbire başlarken iktidâ eder. Diğer namazlarda İmâm rükû'dan başını kaldırmadan önce, imâma uyan kimse hem namaza ve hem de o rek'ate yetişmiş olur. Cenâze namazında da bazıları cehâlet sebebiyle böyle yaptıkları görünmektedir. Onun için buna sonderece dikkat etmek gerekir.

Cenâze namazını kılmak isteyen kimse hem ölü için hem de kendi için Allah (C.C. dan mağfiret diler.

Hadis-i Şerifte şöyle buyurulmuştur:

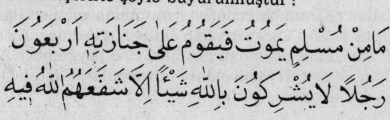

«Ölen herhangi bir Müslüman cenâzesini Allah'a ortak koşmayan kırk kişi kılarsa, Allah onların O ölü hakkındaki şefâatlerini kabûl eder».

Cenâze namazı en az üç saf ile kılınır. Meselâ cemâat sadece yedi kişiden ibâret ise; biri imam olur, üç kişi onun arkasında durur, iki kişi de onların arkasında saf olur. Kalan bir kişi de o iki kişinin arkasında durup saf olur.

Çünkü böyle yapıldığı takdirde. Ölü, Peygamber (S.A.V.) in şu müjdesine mahzar olur :

$$\text{مَنْ صَلَّى عَلَيْهِ ثَلَاثَةُ صُفُوفٍ غُفِرَ لَهُ}$$

«Her kimin cenâze namazını üç saf kılarsa, O Allah'ın afvına mazhar olur».

Ölen kimsenin iyi hâline şehâdet eder. Hadis-i şerîfte bu tavsiye edilmiştir :

$$\text{اِذَا صَلُّوا عَلَى جَنَازَةٍ فَاثْنُوا عَلَيْهِ خَيْرًا يَقُولُ}$$
$$\text{الرَّبُّ اَجَزْتُ شَهَادَتَهُمْ فِيمَا يَعْلَمُونَ}$$
$$\text{اَغْفِرْ لَهُ مَا لَا يَعْلَمُونَ}$$

«Bir cenâzenin namazını kılıp da hakkında hüsn-ü şehâdette bulunup onu hayr ile anarlarsa Rab şöyle der : (Bildikleri husûstaki şâhadetlerini kabul etdim. Bilmedikleri durumunu da ben bağışladım».

Eshâb-ı Kîram bir cenâzenin yanından geçtiler. Resûl-i Ekrem (S.A.V.) «Vecebet vâcib oldu» buyurdular. Az sonra bir cenâzenin yanından geçtiler, yine peygamber Aleyhisselâm «Vecevet (vâcib oldu)» buyurdular. Hazreti Ömer (R.A.) dayanamadı, sordu:

— Her ikisine de aynı tâbiri kullandınız, acaba bunun hikmeti nedir?

— Hakkında güzel şehâdet yapılan kimseye cennet vâcib (sâbit) oldu. Hakkında kötü şehâdet edilen kimseye de cehennem vâcib (sâbit) oldu. Çünkü siz yeryüzünde Allah'ın şâhitlerisiniz! buyurdu..

CENÂZE NAMAZI NASIL KILINIR?

Cenâze namazını kılarken iftitâh Tekbiri alındıktan sonra «Sübhaneke» «Ve celle senâüke» ile birlikte okunur. İkinci tekbirden sonra (Ellâhümme salli... Ellahümme barik..) okunur, üçüncü tekbirden sonra bülûğ çağına ermiş erkek ise (cenâze) de şu duâ okunur :

اَللّٰهُمَّ اغْفِرْ لِحَيِّنَا وَمَيِّتِنَا وَشَاهِدِنَا وَغَائِبِنَا وَصَغِيرِنَا وَكَبِيرِنَا وَذَكَرِنَا وَأُنْثَانَا اَللّٰهُمَّ مَنْ أَحْيَيْتَهُ مِنَّا فَأَحْيِهِ عَلَى الْإِسْلَامِ وَمَنْ تَوَفَّيْتَهُ مِنَّا فَتَوَفَّهُ عَلَى الْإِيمَانِ وَخُصَّ هٰذَا الْمَيِّتَ بِالرَّوْحِ وَالرَّاحَةِ وَالرَّحْمَةِ وَالْمَغْفِرَةِ وَالرِّضْوَانِ اَللّٰهُمَّ اِنْ كَانَ مُحْسِنًا فَزِدْ فِي إِحْسَانِهِ وَإِنْ كَانَ مُسِيئًا فَتَجَاوَزْ عَنْ سَيِّئَاتِهِ وَلَقِّهِ الْأَمْنَ وَالْبُشْرَى وَالْكَرَامَةَ وَالزُّلْفَى بِرَحْمَتِكَ يَا أَرْحَمَ الرَّاحِمِينَ

«Ellahümmegfir li hayyine ve meyyitina ve şâhidina ve ğaibina ve sağirina ve kebirina ve zekerina ve ünsana. Ellahümme men ehyeytehu minna fe ehyihi alel-İslâmi ve men teveffeytehu minna fe teveffehu alel-îmân. Ve hussa hazelmeyyiti birravhi ver-raheti verrahmeti verridvanı. Ellahümme in kâne muhsinen fe zid fi hesenâtihi ve in kane müsien fe tecavez an seyyiatihi. Ve lekkihil-emme vel-keramete vezzülfa bi rahmetike ya errahmeahimin..»

Eğer bülûğ çağına ermiş kadın ise, (Hussa) kelimesinden sonra şu lafızları okur: (Hazihil-Meyteh. İn kânet muhsineten ihsanuha! Ve ine kanet müsieten seyyiatuha. Ve lakkiha...)

Eğer Cenâze bir sabi cenâzesi işe (Hussa) kelimesinden sonra şunu okur:

اَللّٰهُمَّ اجْعَلْهُ لَنَا فَرَطًا اَللّٰهُمَّ اجْعَلْهُ لَنَا اَجْرًا وَذُخْرًا اَللّٰهُمَّ اجْعَلْهُ لَنَا شَافِعًا مُشَفَّعًا بِرَحْمَتِكَ يَا اَرْحَمَ الرَّاحِمِينَ

«Ellahummec'alhu lena feraten Ellahummec'alhu lena şâfian ecren ve zühren allahümme' calhu lena şafian müşeffian bi rahmetike ya erhamerrahimin)

Eğer sabi kız ise (İç'alha Şafiaten muşaffa'aten) der.

(Câmiüs-Sağîr, Şir'atül-İslâm, Halebi)

Kırkdördüncü Bâb

Cenazeyi Teşyi Etmek

Cenaze namazı kılındıktan sonra, defn oluncaya kadar yanından ayrılmamak da İslâmî edeb ve nezâket icâbıdır. Namazını kıldıktan sonra kabristana gidemeyecek olan kimsenin cenâze sâhibinden izin istemesi ve özür beyan etmesi de İslâmî terbiye ve nezâket gereğidir.

«Kişi cenâzenin ardında gidip namazını kıldıktan sonra, sâhibinden müsade istemedikçe, dönme hakkına sahib değildir!» buyrulmuştur.

Cenâzeyi teşyi ederken ardından son derece üzgün olarak gider.

Aynı şey bir gün kendi başına geleceğini düşünür... Cenâze taşımasına yardım eder. Elinden geldiğince tabutun altına girip omuzlarile taşır. Böyle davranan kişi şu Peygamber (S.A.V.) in buyurduğu ile müjdelenmiştir:

$$\text{مَنْ حَمَلَ قَوَائِمَ السَّرِيرِ الْأَرْبَعَ حَطَّ اللهُ عَنْهُ أَرْبَعِينَ كَبِيرَةً}$$

«Kim tabutu dört (yan) direğine girip taşırsa, Allah onun tam kırk günâhını (amel defterinden) düşüverir.»

Onun için mümkün olduğu kadar tabutu dört yanından taşımağa gayret göstermek gerekir.

Câmiüs'Sağîr, Mefatihü'l-Cinan)

Kırkbeşinci Bâb

Cenaze Defn Etmenin Âdâbı

Cenâze defnedilirken orada hazır bulunmak da İslâmî edep ve terbiye icâbıdır.

Nitekim hadîs-i şerifte şöyle buyurulmuştur :

$$\text{مَنْ صَلَّى عَلَى جَنَازَةٍ فَلَهُ قِيرَاطٌ وَمَنْ تَبِعَهَا حَتَّى يُقْضَى دَفْنُهَا فَلَهُ قِيرَاطَانِ اَصْغَرُهُمَا مِثْلُ أُحُدٍ}$$

«Kim, cenâze namazını kılarsa bir kırat sevab alır, cenâze defn edilinceye kadar ardından giderse onun için, her biri Uhud dağı kadar olan iki krat ecir vardır.»

CENAZE DEFN EDİLİRKEN RİÂYET EDİLMESİ GEREKEN HUSUSLAR:

1 — Cenâzeyi yere koymadan önce oturmamak. Zirâ Peygamber Sallellahu Aleyhi ve Sellem şöyle buyurmuştur :

$$\text{اِذَا اتَّبَعْتُمُ الْجَنَازَةَ فَلَا تَجْلِسُوا حَتَّى تُوضَعَ}$$

«Cenâzenin ardından gittiğinizde, cenaze yere konmadıkça oturmayın» emrini vermiştir. Hattâ cenâze geçerken ayağa kalkmakta gerekmektedir. Resûlüllah (SAV) Efendimiz şöyle buyurmuşlardır:

«Ölüm büyük bir korkudur! Cenâzeyi gördüğünüz zaman ayağa kalkıp şöyle deyin : İşte Allah'ın ve Resûlünün bize va'dettiği şey! Allah da Resûlü de doğru söylemişlerdir. Allahım, îmân ve teslimiyetimizi artır!»

2 — Kabir üzerine toprak atmak.

3 — Toprak atarken dili, zikirle meşğur olmak. Birinci kere de (Bismillâhi), ikincide (El-mülkü lillahi), Üçüncüde (El-kudretu lillahi), dördüncüde (el-izzetu lillâhi), Beşinci de (el-afvu vel-ğufranu lillahi), altıncıda (Errahmetu lillahi), der, yedincide (Küllü men aleyha fanin ve yebka vechu Rabbike zül-celâli vel-ikrâm. Minha haleknaküm ve fiha nuiduküm ve minha nuhricukum tereten uhrâ) âyetlerini okur.

Kim, bu tertip üzere kabrin üstüne kürekle toprak atarsa, yer altında bulunan mevtâlar sayısınca, Allah ona sevâb verir, diye eserde varid olmuştur.

(Mefâtihü'l-Cinan, Şir'atü'l İslâm)

Kırkaltıncı Bab

Definden Sonra Cenaze Sahiplerinin Âdabı

Cenâze defnedildikten sonra, yedinci güne kadar, cenâze sâhiblerinin sadaka vermesi âdâbdandır.. Fakîr olup da sadaka vermeğe muktedir değilse, iki rek'at namaz kılar, her rek'atında bir Fâtiha bir Âyete'l-Kürsî ve on defa da (Elhâkümüttekâsürü..) sûresini okur. Selâm verdikten sonra okuyacağı duâ şudur :

$$\text{اَللّٰهُمَّ صَلَّيْتُ هٰذِهِ الصَّلَاةَ وَاَنْتَ تَعْلَمُ مَا اَرَدْتُ اَللّٰهُمَّ ابْعَثْ ثَوَابَهَا اِلٰى قَبْرِ فُلَانِ الْمَيِّتِ}$$

«Ellahümme salleytü hazihissâlate ve ente ta'lemü ma eredtu ellahümmeb'as sevabeha ila kabri fulanil-meyyiti» (Allah'ım şu namazı kıldım, ne istediğimi biliyorsun. Allahım, sevâbını falan mevtânın kabrine gönder) kim böyle derse o namazın sevâbı, o ölüye vâsıl olur.

Kırkyedinci Bâb

Komşuların Cenaze Sahibine Karşı Davranışı

Komşu ve dostların, cenâze çıkan eve yemek hazırlayıp göndermeleri İslâmî âdâbdandır. Hazreti Hamza (R.A.) şehid düştüğü zaman, Resûlüllah (S.A.V.) Efendimiz şöyle buyurmuştur :

اِصْنَعُوْا لِاَهْلِهِ طَعَامًا فَاِنَّهُمْ فِى شُغْلٍ

«Çolukçocuğuna yemek yapın, çünkü onlar dertli ve meşguldürler.»

Eshâb-ı Kîram :

— Ey Allahın Resûlü, sen bu gibi yemeklerden bizi nehy etmiştin? dediklerinde;

اِنَّمَا نُهِيتُ عَنِ الرِّيَاءِ وَالسُّمْعَةِ

— Ben ancak gösteriş ve sum'a (desinler için yapmaktan) nehyetmiştim, buyurdular.

Ölü'nün sağken yaptıkları iyi işlerden bahs edip, cenâze sâhiblerinin gönlünü hoş tutmak da âdâbdandır. Çünkü Ölü'nün kötü hâlinden onlar kederlenirler.

Bir hadîs-i şerîfte şöyle buyurulmuştur:

$$\text{لَا تَسُبُّوا الْأَمْوَاتَ فَتُؤْذُوا بِهَا الْأَحْيَاءَ}$$

«Ölülere sövmeyin ki, bundan dirilere ezâ etmiş olursunuz!»

(Mefâtihü'l-Cinan)

Kırksekizinci Bâb

Cenaze İçin Matem Tutmak

Başa gelen tüm musîbetler için aşırı ağlamak, ifrata varan derecede yakınmak câiz değildir. Bu husûstaki rivâyetler yukarıda geçmiştir. Ne varki üzülmek, ölüye karşı şefkat ve merhamet gösterip acımak, ileri de aynı hâdisenin kendi başına da geleceğini düşünüp ağlamakta hiç bir sakınca yoktur. Çünkü Resûlüllah (S.A.V.) Efendimizin ciğer-pâresi İbrâhim vefât ettiği zaman, Efendimizin gözleri dolu dolu olmuştur. Yanında bulunan Abdurahman b. Avf (R.A.)

— Ey Allahın Resûlü, sen de mi ağlıyorsun? diye sorduklarında, şöyle buyurmuşlardır:

اِنَّهَا رَحْمَةٌ اِنَّ الْعَيْنَ تَدْمَعُ وَالْقَلْبَ يَحْزَنُ وَلَا نَقُولُ اِلَّا مَا يَرْضَى رَبَّنَا وَاِنَّا بِفِرَاقِكَ يَا اِبْرَاهِيمُ لَمَحْزُونُونَ

— Bu bir acımadır! Şuna hiç şüphe yok ki, gözden yaş gelir. Kalb de mahzun olur. Ne var ki biz Rabbimizin hoşnut olmayacağı şeyi söylemeyiz! Ey İbrâhim sen bizden ayrılmana çok üzgünüz!

(Şir'âtü'l-İslâm, Buhârî)

KABİR KAZMAK

Kabir kazmanın da âdâbı vardır:

1 — Mezarı, sâlihlerden olan iyi kimselerin kabirleri yanında kazmak,

Çünkü iyi kimselerin kabrine komşu olan kimse her hususstan faydalanır. Kötü kimselerin kabirleri civarına kazmamak. Onların da zararlarından korkulur.

Çünkü Resûlüllah (S.A.V.) Efendmiz:

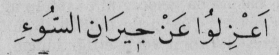

«Kötü komşulardan uzak durun!» buyurmuşlardır!

2 — Kabri geniş kazmak.

3 — Kabri derin kazmak. Kabrin derinliğinde belirli bir had yoktur. Bazılarına göre, yarım boy, bazılarına göre göğse kadar kazılır.

Bunlardan da derin olursa iyi karşılanır. Çünkü hadîs-i Nebevî'de hem geniş hem de derin olmasına müsaade edilmiştir:

«Kabir kazdığınız zaman, geniş ve derin açın!» buyurulmuştur.

4 — Lahdine son derece dikkat edip, ölünün yüzü kıbleye karşı çevirmek.

5 — Kabrin üstünü tesnim etmektir. Tesnim etme demek, kabrin üstünü düz değil de sivri etmektir. Çünkü düz olursa Kitap Ehlinin kabrine benzemez. Bundan kaçınmalıdır.

(Mefâtihü'l-Cinan)

Kırkdokuzuncu Bâb

Kabir Üzerine Bir Alâme Koymak

Kabrin kime âid olduğu bilinmesi, yanında duâ edilmesi için, insan ve diğer canlı hayvanlar tarafından da çiğnenmemesi için, kabrin başına ve ayak ucuna taş veya tahta ile bir nişan koymakta hiç bir sakınca yoktur.

(Mefâtihü'l-Cinan)

Ellinci Bâb

Tevbe Etmenin Âdâbı

Mü'min olan kimsenin kötü durumlarına ve günâhkâr hallerinde tevbe etmesi afvedilmesi için Allah (C.C.) a yalvarması da İslâmî âdâbdandır. Çünkü mü'min her hâlinde, Allah (C.C.) ın lütf-u ihsânına, avf-ü keremine muhtaçtır. Onun için günâhkâr olsun veya olmasın günde yüz kere istiğfar etmesi gerekmektedir.

Kul büyük veya küçük günâhlardan, yâhûd mübâhlarla fazla meşgul olmaktan, yâhûd Allah'a karşı kusur işlemekten hâlî olamaz. Onun için herkes durumuna göre istiğfar eder. Nitekim: (İyilerin iyilikleri, mukarreblerin seyyiâtıdır!) buyurulmuştur.

Bu husûsta da riâyet edilmesi gereken bir çok esas vardır:

1 — Küçük günâhlardan kaçınmak. Çünkü küçük günâha devam etmek, büyük günâha vesîle olur. (Israrla devamle işlendiği zaman günâh küçük olmaz, istiğfara devam edildiğinde de büyük günâh kalmaz) buyurulmuştur.

2 — Küçük günâhtan bir şey işlerse, onu gözünde büyütmektir.

3 — İşlediği günâha sevinmemek, aksine üzülmek. Çünkü işlenen günâha sevinmek kalbi karartır.

4 — Gizli yaptığı günâhını kimseye açmamak.

Bir adam mü'minlerin Emîri Ömer b. El Hattab (R.A.)a gelerek şöyle sordu :

— Kıyâmet gününde Allah ile kul arasında ceryan edecek gizli müâmele nedir? Ömer (R.A.) şövle cevap verdi :

— Resûlüllah'ın şöyle buyurduğunu duydum :

«Kıyâmet gününde, rahmetiyle dünyada kimseye ifşâ etmediği kuluna soracak : Ey Kulum sen falan falan günâhı işlemedin mi? Kul da, evet Yâ Rabbi, deyip itiraf edecek. Allah bir kaç günâh daha açığa vuracak, kul bu günâhları da itiraf edecek. Bunun üzerine Allah şöyle buyuracak. Ben onu dünyadayken mahlûkâttan gizledim, kimseye göstermedim. Bugün de yine gizliyorum, kimseye göstermiyorum, haydi bağışladım seni!»

5 — Küçük günâhlardan bir şeyi irtikâp ettiği, zaman Allah tarafından kendisine verilen mühleti düşünmek ve bundan yararlanmaya çalışmak.

6 — İnsanlar arasında işlediği küçük günâhlardan dolayı, onlara kötü örnek olabileceğini düşünüp derhal o halinden vazgeçmek... Çünkü kendisini örnek tutan kimselerin işledikleri günâh kadar bir günâh yükü de onun amel defterine kaydedilir. Buna rağmen onların günâhlarından da hiç bir şey eksilme olmaz.

Hadîs-i şerifte şöyle buyurulmuştur :

مَنْ سَنَّ سُنَّةً سَيِّئَةً فَعَلَيْهِ وِزْرُهَا وَ
وِزْرُ مَنْ عَمِلَ بِهَا لاَ يَنْقُصُ مِنْ أَوْزَارِهِمْ شَئٌ

«Kim kötü bir çığır açarsa, üzerine onun günâhını alır, ve yolda gideceklerin günâhını da yüklenir de onların günâhlarından hiç bir şey eksilmez!»

İşte anlatılan bu altı husûsa riâyet etmek ve ona göre davranmak gerekir Çünkü bunlara devam eden kimsenin birgün büyük günaha saplana bileceğini bir çok alimler açıklamışlardır.

TEVBENİN ŞARTI

Tevbenin şartı üçtür:

1 — İşlediği günahın çirkinliğini düşünüp ilâhi gazabâ uğradığını idrak ederek pişmanlık duymak,

2 — Hemen o günahtan vaz geçmek,

3 — İlerde bir daha o ve benzeri günâhları işlememeğe azm etmek.

Böyle bir tevbeden sonra, insanlık icâbı yine aynı günâhı işleyebilirse tevbesi kabûl edilmez, demek değildir bu. Zirâ müminin tevbesi ölünceye dek kabûl olunur.

(Buhâri, Mefâtikü'l-Cinan)

Ellibirinci Bâb

Sadaka ve Diğer Faziletler

Ameller içerisinde en makbûl olan amel, kendisini ziyâret etmeyen akrabasını ziyâret etmek, sünnet olan hediyeleşmeyi kesen kimselere hediye göndermek, kendisine haksızlık ve ezâ eden kimseleri afvedip intikam sevdâsına düşmemek, akrabası arasında fakir varsa, onlara sadaka vermektir. Çünkü fakîr akrabaya sadaka vermek, hem sadaka yerine geçer, hem de akrabalık bağını kuvvetlendirmiş olur.

Hadîs-i şerifte şöyle buyrulmuştur:

$$ اَفْضَلُ الْفَضَائِلِ اَنْ تَصِلَ مَنْ قَطَعَكَ وَتُعْطِيَ مَنْ حَرَمَكَ وَتَصْفَحَ عَمَّنْ ظَلَمَكَ $$

«Faziletlerin en üstün olanı: Seninle ilgisini kesen kimseyi ziyâret etmen, sana bir şey vermeye kıyamayana vermen, sana haksızlık edeni bağışlamandır!»

Diğer bir hadîste ise şöyle buyrulmuştur:

$$ اَلصَّدَقَةُ عَلَى الْمَسَاكِينِ صَدَقَةٌ وَعَلَى ذِى الرَّحْمِ ثِنْتَانِ $$

«Yoksullara verilen sadaka, sadakadır; Akrabaya verilen sadaka ise ikidir.»

(Yâni hem akrabalık bağını kuvvetlendiren sıla-i rahimdir, hem de sadakadır) :

Kudsî Hadîsde şöyle geçer :

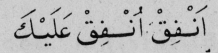

«Sen infak et ki ben de sana infak edeyim!»

Bu Kudsî Hadîsde açıklanan (infak) tan murad, yalnız zenginlerin infakı değildir. Çünkü zengin olsun, fakîr olsun herkesin kendine göre bir sadakası vardır.: yoksullara para vermek, elbise giydirmek, yemek yedirmek bir sadakadır. Bunlara güç yetiremiyen kişinin sadakası ise, yoksullara güzel ve yumuşak söz söylemektir.

Güçsüzlere yardım etmek sadakadır. Kudreti yoksa ona infak etmek de sadakadır.

Çoluk çocuğuna karşı harcamak da bir sadaka sayılır. Irzını muhafaza etmek için gösterilen gayret te bir sadaka yerine geçer. Yolcuya yol göstermek de sadaka sayılır. Gelen geçeni rahatsız eden çöp ve benzeri şeyleri yoldan kaldırmak da sadaka sayılır. Tercümanlık etmek de sadakadır. Kendini harâmdan korumak için helâli ile ya da câriyesi ile cinsî münâsebette bulunmak da sadaka sayılır. Karşılaştığı kimselere güler yüz göstermek, tatlı söz söylemek de sadaka arasında sayılmıştır. Meyve dikmek, yararlı bilgiler öğretmek, dünyada hayırlı evlâd bırakmak, dargın olan iki kişinin arasını bulmak, öfkeye hâkim olmak, kendine fenâlık yapanları bağışlamak da birer sadaka sayılır. **Hülâsa yapılan bütün iyilikler sadakadır.** Bunların karşılığında kişi kat kat ecir alır.

İhtiyaçtan fazla yapılan eve harcanan para ile, ma'siyete harcanan parada hiç bir mükâfat yoktur. Yukarıda saydıklarımız hakkındaki hadîsde şöyle buyurulmuştur:

كُلُّ مَعْرُوفٍ صَدَقَةٌ وَكُلُّ مَا أَنْفَقَ الرَّجُلُ عَلَى نَفْسِهِ وَأَهْلِهِ كُتِبَ لَهُ صَدَقَةٌ وَمَا وَقٰى بِهِ الرَّجُلُ عِرْضَهُ كُتِبَ لَهُ صَدَقَةٌ وَمَا أَنْفَقَ الْمُؤْمِنُ فَعَلَى اللّٰهِ خَلَفُهَا اِلَّا مَا كَانَ مِنْ نَفَقَةٍ فِى بُنْيَانٍ اَوْ فِى مَعْصِيَةِ اللّٰهِ

«Her iyilik bir sadakadır. Kişinin gerek kendine gerekse çoluk çocuğuna harcadığı şey de sadakadır. Kişinin ırzını korumak hususundaki gayreti de bir sadakadır. Mü'minin her infak ettiği şeyin karşılığını mutlaka Allah yerine koyar, ancak (ihtiyaçtan fazla yapılan) binalara ve ma'siyete harcanan husûslarda sadaka sevâbı yoktur.»

Kendisine borcu olan kimseye yardım etmek, ödeme gücünden mahrum ise alacağını almamak bir sadakadır. Bu nitelikleri kendilerinde bulunduranlar kıyâmet günü sıcak yüzü görmezler, gölgeler altında yaşarlar. İşte bu husûstaki Peygamber buyruğu:

مَنْ نَفَّسَ عَنْ غَرِيمِهِ اَوْ مَحٰى عَنْهُ كَانَ فِى ظِلِّ الْعَرْشِ يَوْمَ الْقِيٰمَةِ

«Borçlusuna rahat bir nefes aldıran yâhûd da alacağını bağışlamak fedakârlığında bulunan kimse var ya, kıyâmet gününde arşın gölgesinde olur.»

Ayrıca verilen sadakalar Rabbin gazâbını söndürür, kötü bir ölümü de önler.

Nitekim Resûlüllah(S.A.V.) Efendimiz şöyle buyurmuşlardır:

$$اِنَّ الصَّدَقَةَ تُطْفِئُ غَضَبَ الرَّبِّ وَتَدْفَعُ مِيتَةَ السُّوءِ$$

«Sadaka, Rabbin gazâbını söndürür, kötü ölümü de önler.»

Ayrıca (Mitete sevin) şeklinde okunursa, anlamı şöyle olur: Sonu kötü olan her hususu önler: Hastalık, gaflet, nankörlük, devamlı üzüntü, bir duvar altında kalmak, ateşte yanmak, suda boğulmak, aniden ölmek gibi...

Sadaka, ilerde insanın başına gelecek semâvî ve yerel âfetlerden, düşmanın zarar vermesinden, hilesinden de korur. Nitekim hadîs-i şerîfte:

$$تَدَارَكُوا الْهُمُومَ وَالْغُمُومَ بِالصَّدَقَاتِ وَيَكْشِفُ اللهُ عَنْكُمْ ضُرَّكُمْ وَيَنْصُرْكُمْ عَلَى عَدُوِّكُمْ وَيُثَبِّتُ عِنْدَ الشَّدَائِدِ أَقْدَامَكُمْ$$

«Keder ve üzüntüleri sadakalarla önleyin. Allah başınıza gelecek zararları önler, düşmanlarınıza karşı size yardım eder, şiddet anlarında ayaklarınızı dimdik kılıp kaydırmaz.»

BU HUSÛSTA DA DİKKAT EDİLMESİ GEREKEN BİR ÇOK ESASLAR VARDIR

1 — Sadakayı malın en güzelinden vermek. Hadîs-i şerîfte:

$$\text{إِنَّ اللَّهَ تَعَالَى طَيِّبٌ لَا يَقْبَلُ إِلَّا طَيِّبًا}$$

«Allah hoş ve güzeldir, ancak hoş ve güzel olanı kabul eder» buyurulmuştur.

Âl-i İmran sûresinin bir âyetinde de:

$$\text{لَنْ تَنَالُوا الْبِرَّ حَتَّى تُنْفِقُوا مِمَّا تُحِبُّونَ}$$

«Sevdiklerinizden infak etmedikçe, aslâ gerçek bir takvâya nâil olamazsınız» buyurulmuştur.

2 — Sadakayı, takvâca en ileri olan fakîre vermek.

3 — Verdiği sadakada, fakîrin ibâdete karşı güçlenmesini niyet ederek vermek.

4 — Sadaka isteyen dilenciyi boş çevirmemek. Hadis-i şerîfte buyurulmuştur:

$$\text{اَلسَّائِلُ ضَيْفُ اللَّهِ فَمَنْ أَعْطَاهُ فَقَدْ أَعْطَى أَعْطَى اللَّهَ وَمَنْ مَنَعَهُ فَقَدْ مَنَعَ اللَّهَ تَعَالَى}$$

«Sail (dilenci) Allah'ın misafiridir. Kim ona verirse, Allah'a vermiş olur. Kim vermezse Allah'a vermemiş olur.»

5 — Dilenci geldiği zaman, bir şey isterken onun gönlünü (al şu parayı da haydi git) diyerek kesmemek. Nitekim dilenciye karşı nasıl davranılacağını Resûlüllah (S.A.V.) Efendimiz bize öğretmişlerdir:

$$\text{اِذَا سُئِلَ سَائِلٌ فَلَا تَقْطَعُوا فَسْأَلَتَهُ حَتَّى يَفْرُغَ مِنْهَا ثُمَّ رُدُّوا عَلَيْهِ بِوَقَارٍ لَيِّنٍ اَوْ بِبَدْرٍ يَسِيرٍ اَوْ بِرَدٍّ جَمِيلٍ}$$

«Dilenci bir şey istediğinde, sözünü bitirinceye kadar kesmeyin. Sonra onu yumuşak ve vakur bir tavırla karşılayın. Ya da biraz bir şey vererek, ya da hoş söz söyleyerek muamele edin.»

6 — **Sadakayı sabahleyin erkenden vermek.** Böyle yapılırsa, belâ gelmeden önce sadaka onu karşılar ve önler. Nitekim hadîs-i şerîfte böyle tavsye edilmiştir:

$$\text{بَاكِرُوا بِالصَّدَقَةِ فَاِنَّ الْبَلَاءَ لَا يَتَخَطَّى الصَّدَقَةَ}$$

«Sadakayı erkenden verin! Çünkü belâ sadakanın ardından gelemez!»

7 — **Sadaka verdiği kimseden duâ talebinde bulunmamak.** Çünkü böyle yaparsa, verdiği sadaka Allah rızâsı için değil de bir menfaat karşılığı olmuş olur. Kur'ân-ı Kerîm'deki: (Biz size ancak Allah rızâsı için yediriyoruz. Sizden herhangi bir karşılık, ve ne de teşekkür beklemek için değil!» bu âyete muhâlif olmuş olur.

Mü'minlerin annesi Hazreti Âişe (R. Anhâ) vâlidemze bir fakîr kadın geldi, bir şeyler istedi. Âişe (R. Anh) vâldemiz bunun üzerine, câriyesine o kadına bir şey vermesini emretti. Kadın ayrılıp gittikten sonra câriyesine sordu :

— Kadın ne dedi?

— (Barekellahu fiküm) diyerek duâ etti..

— Yetiş o kadına ve (Allah ona da hayr ve bereket ihsân etsin) duâmı, ilet!

Verdiği sadaka, duâ karşılığı olmaması için böyle demiştir. Her şeyde olduğu gibi sadakada da Allah (C.C.)'ın rızâsı beklenmelidir, herhangi bir karşılık değil!

8 — Verdiği sadakayı kendi hakkında bir fırsat ve ganîmet ittihaz ederek Allah (C.C.)'a hamd etmek.

9 — Sağlam ve fakat cimri olduğu halde sadaka vermekten çekinmemek. Böyle bir durumda olan kimsenin verdiği sadaka çok makbuldur. İşte Resûlüllah (S.A.V. Efendimizin tavsiyeleri:

$$\text{أَفْضَلُ الصَّدَقَةِ وَأَنْتَ صَحِيحٌ شَحِيحٌ تَأْمَلُ الْعَيْشَ وَتَخْشَى الْفَقْرَ}$$

«Sadakanın en efdali, sen sağlamken rahatça yaşamayı arzulayan bir cimri iken; fâkîrlikten korkarken verdiğin sadakadır.»

Zamanında sadaka vermeyip de tam ölüm gelip çatınca, bir takım vasiyetlerde bulunmanın doğru olmadığını yine Peygamber Aleyhisselâm bizlere açıklamışlardır:

$$\text{وَلَا تُمْهِلْ حَتَّى إِذَا بَلَغَتِ الْحُلْقُومَ قُلْتَ لِفُلَانٍ كَذَا وَلِفُلَانٍ كَذَا وَقَدْ كَانَ لِفُلَانٍ}$$

«Can hulkuma gelip dayanınca (falana şunu verdim, falana bunu verdim!) deyinceye kadar sadakayı ihmâl etme! Zaten o dediğin onun olmuştur!»

Verilen sadakadan üç kimse yararlanır:

1) Hâne sahibi,
2) O yemeği pişiren,
3) Onu fakîre ulaştıran hizmetçi..

Bu husûsu da şu Peygamber hadîsi açıklamıştır:

إِنَّ اللهَ يَدْخُلُ بِلُقْمَةِ الْخُبْزِ وَفِيظَةِ التَّمْرِ وَمِثْلُهُ هُوَ يَنْفَعُ الْمِسْكِينَ ثَلَاثَةَ الْجَنَّةَ صَاحِبُ الْبَيْتِ الْآمِرُ بِهِ وَالزَّوْجَةُ الْمُصَلِّيَةُ وَالْخَادِمُ الَّذِي يُنَاوِلُ الْمِسْكِينَ

«Allah bir lokma ekmek ve bir parça hurma ve benzeri şey sebebiyle, yoksul yararlanınca, üç kimseyi cennete koyar: Onu vermeği emreden hâne sahibi, namaz kılan eşi, onu yoksula götürüp veren hizmetçi..»

Sahîh-i Buhârî'de şöyle geçer:

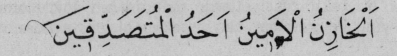

«Emîn haznedar, sadaka verenlerin biridir!»

(Buhârî, Mefâtihü'l-Cinan)

Elliikinci Bâb

Münâkaşa ve Karşılıklı Tartışmanın Âdâbı

İnsanlık icâbı, kişi bazen öfkelenebilir. Karşı tarafa ağır konuşabilir. Fakat bunun da bir âdâbı ve usûlü vardır. Bu bâbta en efdal olan davranış, öfkeye hâkim olup intikam alma sevdâsına düşmeden karşı tarafı afvetmektir.

Âl-i İmrân sûresinin bir âyetinde bu husûs beyân edilmiştir. Öfkesine hâkim olanlar övülmüşlerdir:

«Öfkesini yutanlar ve insanları bağışlayanlar cennetle mükâfatlandırıldılar...»

İşte kızdıklarında sinirlerini yenebilenler bu âyette cennetle tebşir edilmektedirler.

Kendisine hakâret eden kişiye karşı öfkesine hâkim olamayıp da mutlaka karşılık vermesi gerekirse, o zaman onun söylediklerini kendisine iâde eder. Mükâbele-i bilmislde bulunur. Haddi aşmaz. İki kişi arasında sataşma ve münâkaşa zuhûr ettiği zaman, vebâl münâkaşayı başlatandadır. Onun için kendisine yapılan hakâret, acı söz ve davranışları aynen iâde eder. Fazla söyleyip haddi aşarsa bu sefer mazlumken zâlim duruma düşüverir. Nitekim bu husûs hadîs-i şerîfte şöyle açıklanmıştır:

«Karşılıklı sövüşenler dedikleri ile karşılık görürler. Mazlûm haddi aşmadıkça vebâl, kavgayı başlatanındır.»

(Mefâtihü'l-Cinan)

Elliüçüncü Bâb

Mübah Olan Şeyleri İşlemenin Âdâbı

Bülûğ çağına eren ve ilâhî farzlarla mükellef olan kişilerin fiillerine teâllûk eden şer'i hükümler beştir: Vücûb (farz), harâm, kerâhet, Nedb, ibâhe...

Vücûb demek, namaz ve sâir yerine getirilmesi mecbûrî olan farzlar demektir.

Harâm demek, yalan, gıybet ve benzeri menhiyâtlardır.

Kerâhet demek, yapılması şübheli olan şeyler gibi, şübheli şeyleri yemek, içmek ve giymekdir..

Nedb: Müstehâb olan şeyler ki, namaz ve sâir ibâdetlerde işlenen şeylerdir.

İbâhe: Mübâh demektir. Kullar mübâh olan şeyleri işlemekte muhayyerdirler.

Çünkü işlemesinde sevâb olmadığı gibi, terkinde de günâh yoktur.

Ne var ki, mübâh olan şeyleri çok yapmaktan da çekinmek gerekir. Çünkü her şeyin ifrâdı, yâni fazlası mezmûmdur. Çünkü mübâhla iştigal ederken kendini harâma sürükleyebilir de farkına varmaz. Hadîs-i şerîfte şöyle buyurulmuştur:

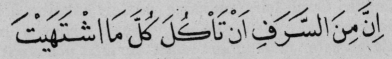

«Her istediğini yemen de israftan sayılır.»
(Şir'atü'l-İslâm)

Ellidördüncü Bâb

Tevâzu (Alçak Gönüllülük)

Güzel ahlâk'tan biri de tevazûdur. Tevazû'nun fazîletine dâir nice eserler varid olmuştur.

Tevazû; Peygamberlerin, sâlihlerin ve velîlerin ahlâkı olduğu da müsellemdir.

Kendini büyük görmemek, herkese karşı güler yüz göstermek, nefsini her dâim kötülemek tevazûdandır.

Tevazû'u aynı zamanda kalb işidir. Bu güzel huyun izhârı, yâni belirtilmesi cidden güçtür. Buna rağmen bunun bazı belirtileri vardır, kimde bu belirtiler bulunursa onun mütevazî olduğu anlaşılır:

Değnekle yürümek, hizmetçi ile oturmak, mevki bakımından kendinden aşağı olan kişilerle sohbet etmek. Onlarla bir arada yemek yemekten çekinmemek.

İşte bu tür davranışlar tevazû'dandır. Nitekim Allah'ın Resûlü Sallellahu Aleyhi Vesellem şöyle buyurmuşlardır:

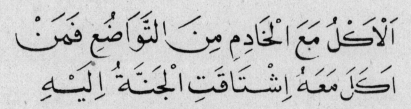

«Hizmetçi ile yemek yemek, tevazûdandır. Kim onunla yemek yerse, cennet ona (bir an önce kavuşmak için adetâ) aşık olur.»

Yoldan, halka eziyet veren şeyleri gidermek, fakîr ve yoksullarla oturup sohbet etmek, merkebe binmek, pazardan aldığı eşyayı sırtında taşımak gibi şeyler de tevazû belirtileridir.

Efendimiz (S.A.V.) hakkında şöyle buyurulmuştur:

«Peygamber Sallellahu Aleyhi Vesellem pazara bizzat kendileri çıkardı, çoluk çocuğunun ihtiyâcını kendi satın alırdı, bundan sorulduğu zaman şöyle buyurdu: «Cebrâil bana şöyle bildirdi: Kim, çoluk çocuğunu kimseye muhtaç etmemek için çalışırsa o Allah yolundadır!»

Çocuklara selâm vermek, temiz yamalı elbise giymekte sakınca görmemek de tevazû alâmetidir. Köle ve câriyesine yardım etmek, verilen hediyeyi kabûl etmek, verilen hediyeye daha iyisi ile karşılık vermek, verilen hediyelerden mecliste bulunanlara ikrâm etmek te tevazûndandır. Bütün bu saydıklarımızı Resûlüllah Sallellahu Aleyhi Vesellem Efendimizden vâki ve sâdır olduğuna dâir hadîsler varid olmuştur.

«Verilen hediye müşterektir!» buyurmuşlardır.

Mü'min kardeşlerinin başına bir belâ ve musîbet geldiği zaman onları teselli etmek de tevazû alâmetidir.

(Mefatihü'l-Cinan)

Ellibeşinci Bâb

Bir Mümin ile Dostluk ve Ahbablık Tesis Etmenin Âdâbı

Kişi, sevdiğini Allah (C.C.) için sevmeli, yerdiğini de Allah (C.C.) için yermelidir. Çünkü fazilet bakımından en güzel davranış budur, sevâbca da üstün olan budur!

Resûlüllah (S.A.V.) Efendimiz, îmânın yetmiş dokuz kadar şu'besini sayarken en alâsı (yücesi) «Lâ ilâhe illellah»'dır, en ednâsı (küçüğü de) «Yoldan eziyet veren şeyi kaldırmaktır» dediğinde kendilerine şöyle sordular:

— Ya Resûlüllah! Bu alâ olanın en sağlam temeli hangisidir? diye sorduklarında; şöyle buyurdular:

— Allah için dostluk kurmak... Allah için sevmek... Allah için buğz etmek!

Demek ki kişi sevdiğini Allah (C.C.) için sevecek... Sevmediğini de sırf Allah (C.C.)'ın düşmanı olduğu için sevmiyecek...

Cenâb-ı Hakk (C.C.) Mûsâ Aleyhisselâm'a:

— Ey Mûsâ! Benim için bir amelde bulundun mu? diye sordu.

— Yâ Rabbi, namaz kıldım, oruç tuttum, zekât ve sadaka verdim, diye cevâb verdiler. Allah (C.C.) şöyle buyurdu:

— Ey Mûsâ! Namaz sana bir burhan (delil) dir, Oruç kalkandır, sadaka gölge, zekât ise nurdur! Benim için ne işledin, sen onu söyle!

— Yâ Rabbi, ne olur, bana onu bildir!, diye yalvarınca, Allah (C.C.) şöyle buyurdu:

— Ey Mûsâ! Benim için bir kimse ile dostluk kurdun mu? Benim için bir kimseye buğz ettin mi?

Peygamber (S.A.V.) Efendimiz bir hadîs-i şerifde şöyle buyurmuştur:

اَلْمُتَحَابُّونَ فِى اللهِ عَلَى عَمُودٍ مِنْ يَاقُوتَةٍ حَمْرَاءَ فِى رَأْسِ الْعَمُودِ سَبْعُونَ اَلْفِ غُرْفَةٍ يُشْرِفُونَ عَلَى اَهْلِ الْجَنَّةِ فَيَقُولُ اَهْلُ الْجَنَّةِ اِنْطَلِقُوا بِنَا اِلَى الْمُتَحَابِّينَ فِى اللهِ فَيُضِىءُ حُسْنُهُمْ لِاَهْلِ الْجَنَّةِ كَمَا تُضِىءُ الشَّمْسُ لِاَهْلِ الدُّنْيَا عَلَيْهِمْ ثِيَابٌ مِنْ سُنْدُسٍ خُضْرٍ مَكْتُوبٌ عَلَى جِبَاهِهِمْ هَؤُلَاءِ الْمُتَحَابُّونَ فِى اللهِ

«Allah için sevişenler, Cennette kırmızı yakuttan ma'mul bir çardak üzerinde olacaklar. Her çardakta yetmişbin oda bulunacak... Cennet ehline oradan bakıp seyr edecekler... Cennet ehli

BİR MÜMİN İLE DOSTLUK VE AHBABLIK ETMENİN ÂDÂBI

— Haydi Allah için sevişenlerin yanına gidelim! diyecekler. Çünkü onların ziyâsı cennet ehlini, tıpkı güneşin dünya ehlini aydınlattığı gibi aydınlatacak. Üzerlerinde yeşil sündüsten elbiseler olacak... Alınlarında (işte Allah için sevişenler!) ibâresi yazılmış olacak...»

Diğer bir hadîs-i şerifde şöyle buyurulmuştur:

$$\text{اَكْثِرُوا مِنَ الْاِخْوَانِ فَاِنَّ رَبَّكُمْ حَيٌّ كَرِيمٌ يَسْتَحْيِي اَنْ يُعَذِّبَ عَبْدَهُ بَيْنَ اِخْوَانِهِ يَوْمَ الْقِيَمَةِ}$$

«Çok dost edininiz! Rabbiniz Hayy'dır, Kerîm'dir. Kıyâmet gününde kulunu arkadaşları arasında azâb etmekten hayâ eder.»

Diğer bir hadîs-i şerifde:

$$\text{اَكْثِرُوا مِنَ الْمَعَارِفِ فَاِنَّ لِكُلِّ وَاحِدٍ شَفَاعَةً يَوْمَ الْقِيَمَةِ}$$

«Çok kimselerle tanışın, çünkü kıyâmette her tanışın şefâatı vardır.»

Kıyâmet gününde iki kimse hesaba çekilip azâba müstehak olacaklar.

Bunlardan biri Allah (C.C.)'a şöyle yalvaracak:

— Yâ Rabbi! Biz ikimiz dünyada sırf senin rızân için birbirimizi sevdik, dost olduk... Şimdi her ikimiz de cehennemlik olduk. Ne olur arkadaşımın günâhlarını bana yükle de, o cennete gitsin, ben cehenneme gireyim. Onun cezâsını da ben çekeyim.

Allah (C.C.) kulunun bu yakarışına şöyle cevâb verecek:

— Ey kulum, sen bunca âcz ve güçsüzlüğünle arkadaşına karşı bu fedakârlıkda bulundun. Benim, şânıma ve keremime lâyık olan da her ikinizi bağışlamaktır. İşte her ikinizi de bağışlıyorum, haydi doğru cennete! diyecek.

Bu konuyu aydınlatan diğer bir hadîs-i şerîf daha:

«Bir kul Allah yolunda kendine (her gün) yeni bir dost edinirse, Allah da ona cennette bir derece ihsân eder.»

ARKADAŞ VE DOST EDİNMENİN DE BİR ÇOK ÂDÂB VE USÛLÜ VARDIR

1 — Dost ve arkadaş olduğu kimsenin, adını, babasının, köyünün, ülkesinin ve kabîlesinin adlarını sormak.

Bir gün Hazret-i Ömer (R.A.) Resûlüllah'ın meclisinde sağına soluna bakarken Allah'ın Resûlü ona «Neden etrafa bakınıp duruyorsun?» diye sordu. «Bir arkadaşım vardı, onu arıyorum!» deyince, Allah'ın Resûlü şöyle buyurdu:

«Ey Allah'ın kulu, bir adamı dost edindiğin zaman, onun, babasının adını sor, evini de öğren, hasta olduğu zaman ziyâret edersin, işi olduğu zaman yardım edersin.»

2 — Sevdiği kimseye, sevdiğini bildirmek. Hadîs-i şerîfte şöyle buyurulmuştur:

BİR MÜMİN İLE DOSTLUK VE AHBABLIK ETMENİN ÂDÂBI

اِذَا اَحَبَّ اَحَدُكُمْ صَاحِبَهُ فَلْيَأْتِ فِي مَنْزِلِهِ فَلْيُخْبِرْهُ اَنَّهُ يُحِبُّهُ لِلّٰهِ

«Biriniz arkadaşını sevdiği zaman, evine gitsin ve ona Allah için kendisini sevdiğini bildirsin!»

Ashâb'tan bir zât Allah'ın Elçisine gelerek dedi ki:

— Falan kişiyi çok seviyorum. Peygamber Aleyhisselâm ona sordu:

— Pekâlâ bu sevgini kendilerine bildirdin mi?

— Hayır, bildirmedim!

— Ona git, kendisini sevdiğini bildir! diye emrettiler. Bunun üzerine adam gidip sevdiği kimseye muhabbetini bildirdi. O da «Ben de seni seviyorum, sana karşı bir muhabbet duyuyorum» dedi. Hemen geri gelip, durumu Resûlüllah Sallellahu Aleyhi Vesellem'e anlatınca, Allah (C.C.)'ın elçisi şöyle buyurdu:

اَنْتَ مَعَ مَنْ اَحْبَبْتَ وَلَكَ مَا احْتَسَبْتَ

«Sen, sevdiğin kimse ile olacaksın. Bunun karşılığında beklediğin ecir de muhakkak ki senindir!»

3 — Sevdiği kimsenin yüzüne bakmak. Hadîs-i şerîfde şöyle buyurulmuştur:

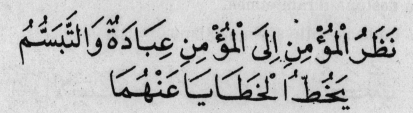

«Bir mü'minin bir mü'mine şefkatle bakması bir ibâdettir. Tebessüm ise her iki tarafın günâhlarını bir anda düşürüverir.»

4 — Sevdiği kimseyi ziyâret etmek. Eğer her gün ziyâretinden hoşlanırsa, her gün ziyâret eder. Şayet her gün ziyâret etmekten çekinirse haftada bir kere ziyâret eder. Arkadaşına karşı böyle davranması aralarındaki muhabbetin ve dostluğun artmasını sağlar.

5 — Yaptığın ziyâretten sevâb beklemek.

6 — Ziyâretine gelen dostuna elinden geldiğince ikrâm etmek. Meselâ, güzel yerde oturtur. Süt veya şerbet içirir. Güzel yemekler ve kokular ikrâm eder.

Bir hadîste şöyle buyurulur:

اِذَا اَتَاكُمُ الزَّائِرُ فَاَكْرِمُوهُ

«Size bir ziyâretçi geldiğinde, ona ikrâm edin!»

7 — Ziyâretine gelen arkadaşının hizmetinde bulunmak.

8 — Dostlar arasında cereyân eden ikrâmları geri çevirmemek. Nitekim bir hadiste şöyle buyurulur.

ثَلَاثٌ لَا تُرَدُّ عَلَيْهِ الْوِسَادَةُ وَالدُّهْنُ وَاللَّبَنُ

«Üç şey red edilmez: Yastık, yağ ve süt...»

9 — Evde bulunan yemeği hiç bir külfete katlanmadan dostuna ikrâm etmek.

Hadîs-i şerifte şöyle açıklanır:

اَنَا وَالْاَتْقِيَاءُ مِنْ اُمَّتِي بُرَاءٌ مِنَ التَّكَلُّفِ

BİR MÜMİN İLE DOSTLUK VE AHBABLIK ETMENİN ÂDÂBI

«Ben ve ümmetimin takvâya ermiş olanları tekellüften berîyiz!»

10 — Arkadaşının ziyâretine giderken, saçını, sakalını tarayıp tertemiz bir halde gider.

11 — Dostunun kendisine yaptığı ikrâmı hoş karşılamak ve değerli bulmak.

12 — Kendisi, arkadaşına yaptığı ikrâmı gözünde büyütmemek.

13 — Sevdiği arkadaşının düşmanlarına muhabbet göstermemek.

İmâm Şâfii Hazretleri şöyle der: «Dostun, düşmanına muhabbet besleyip ona boyun eğerse bil ki sana karşı düşmanlıkta birleşmişlerdir.»

14 — Arkadaşın öldükten sonra, onun yakınları ile ilgiyi kesmemek. İnsanlığın icâblarını yerine getirmek. Çünkü kişi öldükten sonra, az da olsa onun akrabaları ile ilgilenmek, sağlığındaki çok ilgiden daha iyidir, demişlerdir.

Resûlüllah Sallellahu Aleyhi Vesellem Efendimiz Hazretleri Medîne-i Münevvere'de bulunan yaşlı kadına hürmet ve ikrâm ederlerdi. Sebebi sorulunca; «Bu kadın Hadice (R. Anhâ)'nin sağlığında Mekke'deyken bize gelirdi. Eski dostluğu hatırlamak ve yaşatmak dindendir» buyurdular.

15 — Bir kimseyi sevmek veya nefret etmek istediği zaman, ilerde pişman olmaması için doğrulukları ile bilinen akıllı kimselerle istişâre etmek.

Çünkü böyle yaparsa hem sonunda pişman olmaz, hem de dostluk kurduğu kimselerle devamlı olarak iyi geçinir.

(Camîüs'sağîr, Mefâtihü'l-Cinan)

Ellialtıncı Bâb

İstişare Etmenin Âdâbı

Gerçek mü'min her işinde ağır davranır. Acele etmez, gayet temkinli olur.

İşte bunun gibi, yapacağı her işi akıllı kişilere danışır da öyle yapar.

Böyle yapması sünnettir. İslâmî âdâb ve prensiplerdendir.

Resûlüllah Sallellahu Aleyhi Vesellem, tüm kâinatın bilgini iken, yine de istişâreyi elden bırakmazdı; Âl-i İmran sûresindeki:

«Ve iş hususunda onlarla istişâre et!» âyetinin gereğini ifâ ederlerdi, herhangi bir işi olursa olsun, mutlaka Eshâbı ile müşâvere ederlerdi.

«İstişâreden sonra, kişi aslâ helâk olmaz, yolun ortasından da sapmaz» buyurulmuştur.

Diğer bir hadîste de şöyle buyurulmuştur:

«Kendisiyle istişâre edilen kimse Mü'temen (kendisine güvenilmiş olan) kimsedir.»

Yûsuf oğlu Haccac -ki kan dökmekle meşhurdur- çadırına bir adam çağırdı. Sonra büyük bir öfke ile «haydi defol!» diye çıkışınca, adam:

— Hangi kapıdan çıkayım? diye sordu.

— Haydi afvettim, seni, rahatça ve huzur içinde istediğin kapıdan çıkıp gidebilirsin! dedi. Meğer niyeti adamı öldürmekmiş. Çadırın iki kapısı varmış.. Birinden çıkanı mutlaka öldürürlermiş..

Sonra Haccac'a, adamı neden öldürmediğini sorduklarında, şöyle cevâb vermiş:

«Adam bana hangi kapıdan çıkacağını sordu ve benimle istişâre etti. Biliyorsunuz ki istişâre edilen kimse, kendine güvenen kimsedir, Allahın Resûlü böyle buyurmuştur. Binâenaleyh adam bana güvenip sormuştur, ben de bu hadise bina'en onu afvetmek zorunda kaldım..»

Önemli bir işi çıkan kişinin, gayet mütedeyyin, sâlih ve zamanın hâlini bilir çok şeylerden ibret almış, gün görmüş kimselerden oluşan on kişi ile istişâre etmesi gerekir. Eğer bu evsafta on kişi bulamazsa, bir kişi ile tam on kere müşâvere eder. Böyle bir adam dahi bulamazsa zevcesi ile, yâhûd da mahremi olan bir kadınla istişâre eder. Onların görüşlerini aldıktan sonra, aksini yapar. Çünkü hadisi şerifte şöyle buyurulmuştur :

$$شَاوِرُوهُنَّ خَالِفُوهُنَّ$$

«Onlarla müşâvere edin, fakat görüşlerinin tam aksini yapın!»

Fitne günlerinde Şam'da, bir evin damında bulunan bir adam, yanında oturduğu kadını ile istişâre etmiş:

— Hanım, ne dersin, kendimi buradan aşağıya atayım mı?

— Sakın ha ölürsün? deyince, adam Peygamebirimiz: (S.A.V.) «Onlarla istişare edin, fakat dinlemeyin aksini yapın» emrine uyarak kendini damdan aşağıya atmış.

Ayağı kırılmış.. Ertesi gün, Yezid tarafından İmâm Hüseyin (R.A.) a karşı asker celb edilirken, onun bu hâlini görenler, sen işimize yaramazsın, demişler ve onu askere almamışlar. Böylece kadını dinlememenin müsbet karşılığını görmüş.. Eğer kadını dinleseydi sağlam olacaktı ve onu da o fitne'ye sürükleyeceklerdi..

Para harcarken bâhillerle, nasihât bâbında kıskançlarla, harb hakkında korkaklarla aslâ istişâre edilmez!

(Şir'atü'l-İslâm)

Elliyedinci Bâb

Evlenmenin Âdâbı

Evlenmek güzel bir şey... Fakat zordur.. Çünkü, evlenen kişi bir çok sorumlulukları baştan kabûllenmiş demektir.. O sorumlulukları yüklenen kişinin her şeyden önce evlilik hak ve vecîbelerini yerine getirmesi gerekmektedir.

Evlenmekte bir çok fayda mevcût olduğu gibi, bir çok da âfeti vardır.

Şimdi evlilikteki sorumlulukları sayalım :

1 — Dünyalık için çalışmak..

2 — Kazanç elde etmek için didinmek.

3 — Eşi'nin haklarına sonderece dikkat edip aslâ ihmâl etmemek.

4 — Eşî tarafından gelecek ezâ ve cefâya (yâni dırdırına) tahammül göstermek.

5 — Nafakası ve zarûrî ihtiyaçlarını temin etmekten kaçmamak. Çünkü bundan kaçan, kaçak göle gibi olur. Âilesinin nafakasından kaçan kişi, evine dönünce de ne namazı ve ne orucu kabûl olmayan, kaçak köle gibidir, diye vârid olmuştur.

6 — Kendini nasıl felâketlerden korumakla yükümlü ise, âilesini de öyle felâket ve belâlardan korumakla yükümlü olmak.

Eşinden telezzüz ve temettu' (faydalanmak) mubâh ise de bunun aşırısından kaçmak iyidir. İbrâhim Edhem Hazretleri der ki:

«Kadınların bacaklarına aşırı derecede düşkün olan adamdan hayr gelmez».

Çünkü bu, kalbin ma'sivâ ile çok meşgûl olmasına yol açmaktadır. Aynı zamanda çok mal, çok evlâd ile böbürlenmenin iyi bir şey olmadığı da Kur'an-ı Kerîm'in Hadid sûresinin 20. âyetinde belirtilmiştir:

$$ اِعْلَمُوا اَنَّمَا الْحَيَاةُ الدُّنْيَا لَعِبٌ وَلَهْوٌ وَزِينَةٌ وَتَفَاخُرٌ بَيْنَكُمْ وَتَكَاثُرٌ فِي الْاَمْوَالِ وَالْاَوْلَادِ $$

Bilin ki, dünya hayatı ancak bir oyundur, bir eğlencedir, bir süstür, aranızda bir öğünüştür, mallarda ve evlâdlarda bir çoğalıştır..»

Yahyâ Aleyhisselâm evlilik kaydı ile mevsûf olmadığı için (Seyyiden ve Hasuren) Medh-i Cemîl'i ile övülmüştür. Resûlüllah (S.A.V.) efendimiz de şöyle buyurmuşlardır :

$$ خَيْرُ النَّاسِ بَعْدَ الْمِائَتَيْنِ الْخَفِيفُ الْخَاذِى $$

Tarih ikiyüzden sonra, ümmetimin en hayırlısı el-Kafifu'l-haz olandır».

Eshâbı Kirâm: (Hafifu'l-Haz)ın ne olduğunu sorunca, şu açıklamayı yapmışlardır:

«— Hanımı ve çocuğu olmayan kimse demektir!»

Bir hadiste de şöyle buyurulmuştur :

يَأْتِي عَلَى النَّاسِ زَمَانٌ يَكُونُ هَلَاكُ الرَّجُلِ عَلَى يَدِ زَوْجَتِهِ وَأَبَوَيْهِ وَوَلَدِهِ يُعَيِّرُونَهُ بِالْفَقْرِ وَيُكَلِّفُونَهُ مَالَا يُطِيقُ فَيَدْخُلُ الْمَذَاهِبَ الَّتِي يَذْهَبُ فِيهَا دِينُهُ فَيَهْلَكُ

«Ümmetimin üzerine öyle bir zaman gelecek ki, o zamanda kişinin helâkı, hanımı, ana-babası ve evlâdının elinde olur. İkide bir: «Sen fakîrsin! sende iş yok!» diye ayıplarlar. Onu, altından kalkamıyacağı şeye iterler. O da mahcûp olur. Sırf mahcûp olduğunu gidermek için akl-ü hayâle gelmiyen yollara sülûk eder, dîni gider ve oracıkta helâk olur.»

Ama bekâr olan kişi, işte bu felâket ve cehâletlerden emin olur..

ŞİMDİ EVLİLİĞİN YARARLARINI SAYALIM :

1 — Kendini harâmdan korumak,

2 — Çok sevâb elde etmek,

3 — Ahlâken takâmül etmek.. Çünkü bekârken kabına sığmayan nice kişiler vardır ki, evlendikten sonra olgunlaşmaktadırlar.

4 — Resûlüllah (S.A.V.) efendimizin iftihâr etmesine sebeb olmak Çünkü şöyle buyurmuşlardır:

تَنَاكَحُوا تَكَاثَرُوا فَإِنِّي أُبَاهِي بِكُمُ الْأُمَمَ وَلَوْ بِالسِّقْطِ

«Evlenin, çoğalın! Çünkü ben sizin diğer milletlerden çokluğunuzla övünürüm.»

Diğer bir hadîste:

«Çoluk çocuk olmayan evde bereket te yoktur!» buyurmuştur.

5 — Bir çok âfet ve musîbetlere sebeb olan kadının zabt-ü rabta girmesi.

6 — Dînin korunması. Çünkü her kötü arzu kalbi karartır. Amma helâl ve mubâh olan cinsî münâsebet ise kalbi aydınlatır, diye rivâyet edilmiştir.

7 — Rızkın genişliğine ve zenginliğe sebeb olmak. Nitekim Nûr Sûresinin bir ayetinde Cenâb-ı Hak (C.C.) şöyle buyurmuştur :

اِنْ يَكُونُوا فُقَرَاءَ يُغْنِهِمُ اللهُ مِنْ فَضْلِهِ

«Şayet fakîr olurlarsa, Allah fazlasından onları zengin kılar (kimseye muhtaç hâle düşürmez)».

8 — Müslümanların çoğalmasına sebeb olmak. Evliliğin daha nice fâideleri vardır ki saymakla bitmez.

Resûlüllah S.A.V efendimiz buyurmuşlardır ki:

مَنْ شَهِدَ اِمْلَاكَ امْرِئٍ مُسْلِمٍ فَكَأَنَّمَا صَامَ يَوْمًا فِي سَبِيلِ اللهِ وَالْيَوْمُ سَبْعَمِائَةِ يَوْمٍ

«Kim, Müslüman kişinin nikâhında hazır bulunursa, Allah yolunda bir gün oruç tutmuş olur. Bir gün ahiretin yediyüz gündür!»

Diğer bir hadîsde şöyle buyrulmuştur:

$$\text{اَفْضَلُ الشَّفَاعَةِ اَنْ تَشْفَعَ فِي نِكَاحٍ بَيْنَ اثْنَيْنِ}$$

«En iyi aracılık, evlilik bâbında kadın ile erkek arasında yapılan aracılıktır».

Nûr sûresinde, Müslümanlar evliliğe teşvîk edilmişlerdir.

Yine Kur'an da Peygamberler medh edilirken, onların eş ve çoluk çocuk sâhibi kılındıkları bahs edilmiştir:

$$\text{وَلَقَدْ اَرْسَلْنَا مِنْ قَبْلِكَ رُسُلًا وَجَعَلْنَا لَهُمْ اَزْوَاجًا وَذُرِّيَةً}$$

«And olsun ki biz senden önce Peygamberler göndermişiz, onlara da zevceler ve evlâdlar vermişizdir.» (1)

Bir hadîsde evlenmenin önemi şöyle anlatılmıştır:

$$\text{مَنْ رَغِبَ عَنْ سُنَّتِي فَلَيْسَ مِنِّي وَاِنَّ مِنْ سُنَّتِي النِّكَاحُ}$$

(«Kim sünnetimden yüz çevirirse, benden değildir. Evlilik de şüphesiz benim sünnetimdendir»

---

(1) Ra'd sûresi, âyet: 38

Diğer bir hadîs-i şerîf:

$$رَكْعَتَانِ مِنَ الْمُتَأَهِّلِ خَيْرٌ مِنْ اِثْنَتَيْنِ وَثَمَانِينَ رَكْعَةً مِنَ الْعَزْبِ$$

«Evli ve çoluk çocuk sâhibi olan bir kimsenin kıldığı iki Rek'ât namaz, bekâr kimsenin kıldığı seksen iki rek'at namazdan hayırlıdır!»

Diğer bir hadîs de:

«Kötüleriniz, bekârlarınızdır. Mevtâlarınızın da kötüleri, bekâr ölenlerinizdir!» buyurulmuştur.

Diğer bir hadîsde şöyle açıklanmıştır:

$$تَزَوَّجُوا فَاِنِّي مُكَاثِرٌ بِكُمُ الْأُمَمَ وَلَا تَكُونُوا كَرَهْبَانِيَةِ النَّصَارَى$$

«Evleniniz, ben diğer ümmetlere karşı çokluğunuzla iftihâr ederim. Hıristiyan râhibleri gibi olmayın»

Şimdi çok önemli bir noktaya geçiyoruz:

Şurası bir gerçektir ki; evliliğin iyi tarafı olduğu gibi zor ve güç tarafı da vardır. Onun yararları çok olduğu gibi zararları da vardır. Binâen aleyh evlenen kimsenin buna çok dikkat etmesi lâzımdır. Evliliğinde yarar uman kimse hemen evlenmelidir, evliliğin kendine ve ailesine mutlaka zarar getireceğine inanan kimse de bekarlığı tercih etmelidir, demişlerdir.

Hulâsa, durum herkesçe bir değildir. Kimisine evliliği zarar getirir, kimisinine de yarar..

Nikâhın (evliliğin) menfaat sağlayacığını, yâni yarar getireceğini bilen ve buna böyle inanan kimsenin evlenirken riâyet edeceği bir çok husûslar vardır:

1 — Evlenecek parası yoksa, mali durumu musâid değilse, borç para bulur, evlenir. Ödeme işinde Allah'a tevekkül eder. Çünkü bu niyetle evlenen kişiye muhakkak Cenâb-ı Hak (C.C.) yardımcı olur.

2 — Evliliğin başlıca gâyesi, harâmdan korunmak olduğu için, evlenirken ileride ârız olabilecek fakîrlik ve yoksulluktan korkmamak. Hadîs-i şerîfde:

مَنْ تَرَكَ التَّزَوُّجَ مَخَافَةَ الْعَيْلَةِ فَلَيْسَ مِنَّا

«Fakîrlik korkusundan evliliği terk eden bizden değildir!» buyurulmuştur.

3 — Dindâr kızla yâhûd kadınla evlenmek. Çünkü bu gibi kadın, dünyalıkların en iyisidir. Çok kadınla evlenmek, kesret-i dünyadan sayılmaz. Zirâ Mü'minlerin emîri Hz. Ali (K.V.) nin dört hanımı, ondokuz da câriyesi vardı.. Halbuki kendisi de son derece dindârdr.. Mü'min takvâca ne kadar çok merhale kat' ederse, şehveti de o derece artar, denilmiştir.

Peygamberlerden Hazret-i Dâvûd Aleyhisselâm'ın yüz hanımı ve üçyüz de câriyesi vardı. Hazret-i Süleyman Aleyhisselâm'ın da üçyüz hanımı ve yediyüz câriyesi olduğu anlatılır. Resulüllah (S.A.V.) Efendimizin de dokuz nikâhlı hanımı ve ayrıca câriyesi de vardı. Her Peygamberdeki cinsî temas gücü kırk adamınkine bedeldi. Resûlüllah (S.A.V.) Efendimizin, bu kırk peygamberdeki cinsi güce tekâbül ederdi, diye rivâyet edilmiştir.

4 — Soyca iyi bilinen kadınla evlenmek.

5 — Mümkün olduğu kadar sabırlı ve tevekkülü çok olan kadını aramak.

Bu husûsta ilginç bir hikâye anlatırlar:

Hatem el-esam (R.A.) Hacce gitmek istediğinde, hanımına sorar:

— Size harcamanız için ne kadar para bırakayım? Kadın cevab verir:

— Sen aramızdan ayrıldıktan sonra, ömrümüz ne kadar ise o kadar bırak!

— Onu Allah'tan başka kimse bilemez ki! der. Hatem'el-Esam:

— Kadın öyleyse rızık işini de ona bırak! der.

Bu konuşmadan sonra Hatem, hanımına hiç bir şey bırakmadan Hacca gider.

Sonra, Bâğdâd hanımları ileri geri konuşmaya, dedikodu yapmaya başladılar: «Hatem son derece zâlim bir adammış meğer! Hanımına bir şey bırakmadan çekip gittiler!» dediler. Bunun üzerine Hatem'in hanımı, şöyle konuştu: «Hatem rızık veren değil, Allah tarafından kendisine verilen rızıkları yerdi!». Kadınlar bu söz karşısında mahcûp olmuşlardı..

Hatem'in de yolda harcıyacak parası yoktu.. Yolculuk esnâsında hacıların başı olan kişiye bir başağrısı ârız oldu. Hacılar arasında nefesi kuvvetli olan bir okuyucu yok mu?» dedi.. Hemen Hatemî alıp yanına götürdüler. Ona okuyup üfledi, Biznillâhi Telâlâ iyileşti, hiç bir ağrısı kalmadı.

Hatem'in hâlini gören zât, ona bir deve ikrâm etti, gidip gelinceye kadar bütün ihtiyaclarının görülmesin emretti. Fakat Hatem bu defa parasız bıraktığı çocuklarını düşünmeğe başladı.. Başladı amma Allah (C.C.) onların da ihtiyacını vermişti. Şöyle:

Bâğdâd'deki Halife hacıları teşyi' ettikten sonra sarayına dönerken çok susamıştı.. Şu evden biraz ′.ı getirin, dedi. Meğer O ev Hatem'in evi imiş...

Gittiler, topraktan bir tas içinde getirdikler suyu Halife'ye takdim ettiler. Halife dedi ki, Bu ne? demek ki zavalıların bundan daha iyi bir kabları yokmuymuş! Eğer olsaydı hiç Halife'ye bu topraktan kap içinde su yollarlarmıydı? Acba bu ev kimindir?»

Hatem'in olduğunu haber verdiler.. «Vah vah! demek ki zavallılar pek fakîr mişler!» dedi, onlara acıdı ve yanındakilerine:

— Şimdi üstümüzde verecek bir şeyimiz yok! Siz altın kemerlerinizi emânet olarak onlara bırakın, sonra gelip o kemerlerin değerlerini ödeyip, geri alın! emrini verdi. Onlar da Halife'nin emrini yerine getirdiler. Kemerlerin değeri yetmiş bin altını bulmuştu.. Böylece Hatem'den sonra, Allah (C.C.) hanımının ve çocuklarının nafakasını da, bu sûretle ihsân buyurdu. İşte tevekkül'ün müsbet anlamdaki fâidesi!

6 — Kendi güzel fakat huyu güzel olmayan kadınlarla evlenmekten kaçınmak.

Çünkü güzellik fânîdir, yaşlandıkça gider, fakat güzel huy daîmîdir, kadın yaşadıkça kadınla beraber yaşamakta devam eder. Huyu kötü olan kadınla evlenmek, kendi güzel olsa dahi, kocasını fakîrliğe ve perîşânlığa iter. İşte Resûlüllah Sallellahu Aleyhi Vesellem Efendimizin bu husûstaki uyarısı :

مَنْ نَكَحَ الْمَرْأَةَ لِمَالِهَا وَجَمَالِهَا حَرَمَ مَالَهَا وَجَمَالَهَا وَمَنْ نَكَحَهَا لِدِينِهَا رَزَقَهُ اللهُ مَالَهَا وَجَمَالَهَا

«Kim kadınla, güzelliği ve malı için evlenirse, malından da güzelliğinden de mahrûm olur. Kim dindârlığı için evlenirse, Allah ona malını da güzelliğini de ihsân eder.»

7 — Malca ve soyca kendinden aşağı olan kadınla evlenmek. Böyle yaparsa fitne, fesad ve fücûr'dan kurtulmuş olur, demişlerdir.

8 — Uzun boylu ve zayıf kadınla evlenmek.

9 — Kısa boylu ve çirkin kadınla evlenmemek.

10 — Hayızdan, nifâstan kesilmiş yaşlı kadınla evlenmemek.

11 — Dul olup da son kocasından çocukları olan kadını almamak.

Nitekim İsrailoğullarından biri evlenmek istediğinde yüz kişiye danışmış, doksandokuz kişinin verdiği fikri kabûl etmemiş, nihâyet demiş ki, sabahleyin sokağa çıktığımda kime rastlarsam ona danışırım. Onun bana vereceği fikirle amel ederim. Sabahleyin sokağa ilk çıktığında ilk rastladığı adam deli olur. Adam bir kamışa binmiş koşuyor. Bunda mutlaka bir hikmet vardır, deyip adamı çağırır ve danışır. Deli adamın tavsiyesi:

Kadın üç kısımdır:

a) Zararlı,

b) Yararlı,

c) Durumu mechûl.

Bu sözü söyledikten sonra hiç beklemez, atını dehler ve uzaklaşır.

Bunda mutlaka bir hikmet vardır, diyerek adamın ardına düşer ve onu bir yerde yakalar. Der ki:

— Ne olur, bana o anlattığın üç çeşit kadının açıklamasını yap! Deli bunun üzerine şu açıklamayı yapar:

— Yararlı olana gelince, o daha önce hiç evlenmemiş olan kızdır. Zararlı olan kadına gelince, o önceden evlenmiş sonra dul kalmış çocuklu kadındır.

Yararlı veya zararlı olduğu bilinmeyen kadına gelince; çocuksuz dul kadındır...

— Sen hiç deliye benzemiyorsun, sözlerinde büyük hikmetler vardır, doğruyu söyle sen gerçekten deli misin?

— Hayır! Bulunduğum belde ahâlisi bana Kadılık teklif etti, kabul etmedim. Zorlamaya kalkıştılar... Ben de ellerinden kurtulmak için böyle delilik numarası yaptım...

12 — Doğurgan kadına rağbet etmek. Nitekim hadîs-i şerîfte şöyle buyurulmuştur:

$$سَوْدَاءُ وَلُودٌ خَيْرٌ مِنْ حَسْنَاءَ عَقِيمٍ$$

«Çok doğuran siyah kadın, çocuk doğurmayan güzel kadından hayırlıdır.»

13 — Evlilikte kızı tercih etmek. Zirâ Peygamberimiz (S.A.V.) şu tavsiyede bulunmuştur:

$$عَلَيْكُمْ بِالْاَبْكَارِ فَاِنَّهُنَّ اَعْذَبُ اَفْوَاهًا وَاَنْقَى اَرْحَامًا وَاَرْضَى بِالْيَسِيرِ$$

«Bâkire kızlarla evlenmelisiniz. Çünkü onların ağızları daha tatlı, rahimleri daha temizdir. Ayrıca aza da (herkesten) çok râzı olurlar.»

Vaktiyle güzel bir delikanlı bir kızla nişanlanır. Tam zifâfa girecekleri gece son derece çirkin bir adam onu kaçırır. Zorla ırzına geçip, bâkireliğini izâle eder. Sonra adamın elinden onu alıp tekrar o güzel nişanlısıyla evlendirirler. Yirmi senelik evlilik hayatından sonra kadın hastalanır. Ölüm döşeğine düşer. Ve kocasına şu tavsiyede bulunur:

— Ben öldükten sonra sakın dul alma, kız al. Çünkü beni zorla kaçıran o zorba adamın zevkini hâlâ unutamadım. Senin bütün güzelliğine rağmen ve seninle bu kadar uzun yıl geçirdiğim halde sende tatminkâr bir lezzet bulamadım.

14 — **Evleneceği kadının yaşı, boyu, malı, soyu kendinden aşağı olmak.** Çünkü kendinden üstün olursa durmadan onu hakîr görür.

15 — Şu dört şeyde kadın kendinden üstün olmalı: Güzellik, terbiye, huy ve takvâ (dindârlık).

16 — Dünürlükte kolaylık gösteren, mehri az olan ve çok doğuran kadına rağbet etmek. Hadis-i şerîfte şöyle buyurulmuştur:

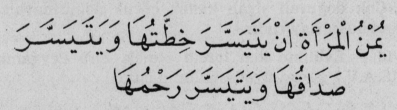

«İstenmesi kolay, mehri az, rahmi elverişli olan kadında bereket vardır.»

17 — Nikâh için en elverişli zamanı seçmek. Çünkü Peygamber (S.A.V.) Efendimiz Âişe (R. Anhâ) Vâlidemizin nikâhını Şevval ayında kıymış ve Onunda zifâfa da yine Şevval ayında girmiştir. Hazret-i Âişe (R. Anhâ) Vâlidemiz şöyle buyurdu: «Resûlüllah benimle Şevval ayında evlendi, benimle zifâfa yine Şevval ayında girdi.»

18 — Evlendiği kızla zifâfa girmeden önce başına

hurma, şeker ve badem gibi şeyleri saçar. Orada bulunanlar, teberrüken o saçılanları yerler. Bunun hakkında eser vârid olmuştur.

Peygamber (S.A.V.) Efendimiz Ensârdan birinin düğününde bulundu. Câriyeler hurma ve badem gibi şeyleri gelin-güveyinin başına saçtılar. Eshâb-ı Kirâmdan hiç bir kimse buna rağbet göstermeyince, Peygamber Aleyhisselâm şöyle buyurdular:

— Hadi ne duruyorsunuz? Kapışsanıza!

— Sen bizi yağmadan menetmedin mi?

— O, asker yağmasıydı (Yâni harplerdeki ganîmet yağması). Bu ise gelin yağması! Bunda bir sakınca yoktur» buyurdu.

19 — Nikâh'tan sonra az da olsa halka yemek yedirmek. Çünkü Peygamber (S.A.V.)

$$ لَوْلِمْ وَلَوْ بِشَاةٍ اَوْ لَحْمٍ اَوْ خُبْزٍ $$

«Bir koyun veya biraz ekmek etle dahi olsa ziyâfet ver!» buyurmuştur.

20 — O yemekten yemeyi bir ganîmet ve fırsat bilmelidir. Gerek düğün sâhipleri ve gerekse halk o yemekten yerler. Çünkü o yemekte cennet ni'metlerinden bir miskal vardır, diye nakledilmiştir. Ayrıca velime yemeğine Hazret-i İbrâhim Aleyhisselâm bereketle duâ buyurmuştur. Güvey zifâfa girdiği gece iki ayağını yıkar ve suyunu hânenin etrafına saçar. Bunda da bereket vardır, demişlerdir.

21 — Gelin düğün için süslenir.

22 — Zifâfa girecekleri zaman gelin ile güvey iki rek'at nâfile namaz kılarlar.

23 — Namazdan sonra güvey elini gelinin başına koyup üç kere şu duây okur:

$$\text{اَللّٰهُمَّ بَارِكْ لِى فِى اَهْلِى وَبَارِكْ لِاَهْلِى فِىَّ}$$

«Ellahümme barik li fi ehli ve barik li ehli fiyye.» (Allahım, beni hanımıma hanımımı da bana mübârek kıl!)

24 — Cimâ yapacağı zaman şu duâyı üç kere okur:

$$\text{اَللّٰهُمَّ بِاسْمِكَ اِسْتَحْلَلْتُ فَرْجَهَا وَ بِاَمَانَتِكَ اَخَذْتُهَا}$$

«Ellahümme bismike istehleltu ferceha ve bi emanetike eheztuna.» (Allahım senin adınla fercinin bana helâl olmasını istedim, senin emânetinle onu aldım.)

25 — Cinsî münâsebetten gâyenin ne olduğunu bilmek ve anlamaktır; bundan gâye şudur:

a) Helâl olan cimâ ile nefsini harâm'dan korumak,

b) Vücûdda biriken menînin ifrâzını düşünmek ve vücûda zararlı olacağından cimâ yapmak sûretiyle menîyi vücûddan dışarı çıkarmak,

c) Cimâ etmek sûretiyle nefsini terbiye edip, başına gelecek bütün belâ ve musîbetlere olgunluğu sâyesinde tahammül göstermek.

d) Evlenmek hakkında vârid olan yüce emir ve direktifleri yerine getirdiğini sevinçle mülâhaza etmek.

26 — Eşler, vücûdlarından çıkacak yaşlılıkların bertaraf edilmesi için birer bez hazırlarlar. Tek bir bezle yetinmek, aralarında soğukluğa sebeb olur, demişlerdir.

27 — Eşinin karnına elini koyup şu duâayı okur:

$$\text{اَللّٰهُمَّ اِنْ كَانَ مِنْ هٰذَا الْبَطْنِ وَلَدًا فَاَسَمِّيهِ مُحَمَّدًا}$$

«Ellahümme in kane min hazel-betni veleden f(Usemmihi Muhammeden.» (Allahım eğer bu karında ço cuk olursa adını Muhammed koyacağım!)

28 — Cimâ'ya (Euzü Besmele) ile başlamak. Bunu müteakib hemen şu duâyı okumak:

$$\text{اَللّٰهُمَّ جَنِّبْنَا الشَّيْطَانَ وَجَنِّبِ الشَّيْطَانَ مَا رَزَقْتَنَا}$$

«Ellahümme cennibneş-şeytane ve cennibişşeytane ma rezektena.» (Allahım, şeytanı bizden ve bize rızık olarak verecek olduğun yavrudan uzaklaştır!)

Peygamber (S.A.V. Ebû Hureyre (R.A.)'ye hitâben şöyle buyurmuşlardır:

«Ey Ebû Hüreyre, cimâ ettiğin zaman, Besmele çek! Böyle yaparsan cenâbetten yıkanıncaya dek Hafeze Melekleri senin defterine sevâb yazarlar.»

Nitekim hadîs-i şerîfte şöyle buyurulmuştur:

$$\text{اِذَا جَامَعْتَ فَقُلْ بِسْمِ اللهِ الرَّحْمٰنِ الرَّحِيمِ فَاِنَّ حَفَظَتَكَ لَا تَسْأَمُ مِنْ اَنْ تَكْتُبَ لَكَ الْحَسَنَاتِ حَتّٰى تَغْتَسِلَ مِنَ الْجَنَابَةِ فَاِنْ حَصَلَكَ مِنْ تِلْكَ الْوَاقِعَةِ وَلَدٌ كُتِبَ لَكَ الْحَسَنَاتُ بِعَدَدِ نَفَسِ ذٰلِكَ الْوَلَدِ وَبِعَدَدِ اَنْفَاسِ اَعْصَابِهِ}$$

«Cimâ ettiğinde (Bismillâhirrahmanirrahîm) de! Hafeze Meleklerin cenâbetten yıkanıncaya kadar sana sevâblar yazmaktan çekinmezler. Bu ilişkiden çocuk olursa, o çocuğun ve ondan gelecek zürriyetin nefesleri adedince sana sevâb yazılır.»

Besmelesiz yapılan cinsî temâsda, bu yararlar olmadığı gibi, şeytan bile burnunu sokup beraberce cimâ eder, diye nakledilmiştir.

28 — Cimâ'dan önce eşini yatırır, kendisi de sağ yanına yatar. Yâni kadın kocanın sol tarafında bulunup cimâya teşebbüs edeceği zaman kadının sağından kalkıp cimâ eder.

29 — İnzâl vukûunda aklından güzel bir insanı geçirir.

30 — İnzal vukûundan sonra kadının üzerinden inmek.

31 — Kadından da inzal vâkî oluncaya kadar beklemek. Nitekim hadîs-i şerîfte şöyle buyurulmuştur:

$$اِذَا قُضِىَ حَاجَتُكَ قَبْلَ اَنْ تُقْضٰى حَاجَتُهَا فَلَا تَعْجَلْهَا حَتّٰى تُقْضٰى حَاجَتُهَا$$

«Onun ihtiyacı karşılanmadan senin ihtiyacın görülürse, acele etme, onun da ihtiyacı görülünceye dek sabret.»

Şayet kendi tatmin olup kadını tatmin etmezse, o zaman kadına fütûr ve tenbellik ârız olur, uyuşuk bir kadın hâline gelir, demişlerdir.

32 — Kadının avret mahalline bakmamak. Zirâ bu, kişinin kör olmasına yol açar, demişlerdir. Buradaki körlükten murad basiret gözünün veya hakîkat gözünün körlüğüdür, diye tefsîr etmişlerdir.

Nitekim hadîs-i şerîfte şöyle buyurulmuştur:

$$اِذَا جَامَعَ اَحَدُكُمْ زَوْجَةً اَوْ جَارِيَتَهُ فَلَا يَنْظُرْ اِلٰى فَرْجِهَا فَاِنَّ ذٰلِكَ يُورِثُ الْعَمٰى$$

«Biriniz hanımı ya da câriyesi ile cinsî temas kurduğu zaman, sakın fercine bakmasın. Çünkü bu körlüğe sebeb olur.»

33 — Cimâ esnâsında çok konuşmamak. Çok konuşmakda ya kendisine yâhûd da doğacak çocuğa dilsizlik irâs eder, demişlerdir. Nitekim hadîste bu hakîkat şöyle açıklanmıştır:

$$وَلَا يُكْثِرِ الْكَلَامَ فَاِنَّهُ يُورِثُ الْخَرَسَ$$

«Çok konuşmasın! Çünkü bu dilsizliğe yol açar.»

Bazılarına göre, unutkanlığa sebeb olur.

34 — Cinsî münasebet esnasında kadını öpmemek. Bunun da sağırlığa sebeb olacağını ileri sürmüşlerdir.

35 — Cimâ'dan önce kadınla oynaşmak ve öpmek. Çünkü cimâ'dan önce bunlar yapılmazsa kadın cefâ ve ezâ görür, demişlerdir. Nitekim hadîs-i şerîfte şöyle buyurulmuştur:

$$اِنَّ الرَّجُلَ اِذَا نَظَرَ اِلٰى امْرَاَتِهِ وَنَظَرَتْ اِلَيْهِ نَظَرَ اللّٰهُ اِلَيْهِمَا رَحْمَةً فَاِذَا اَخَذَ كَفَّهَا تَسَاقَطَتْ ذُنُوبُهُمَا مِنْ خِلَالِ اَصَابِعِهِمَا$$

«Kişi hanımına, hanımı da kendisine baktığı vakit, Allah her ikisine de acıma nazarı ile nazar eyler. Kişi hanımının elini tuttuğu zaman, her ikisinin de günâhları parmak aralarından dökülür.»

36 — Cinsî ilişki için gayet temiz ve güzel kokulu yeri seçmek.

37 — İhtilâmdan, yâhûd bir kere temâstan sonra, tekrar cimâ etmek istendiğinde tenâsül uzvunu yıkamak ve abdest almak. Nitekim hadîs-i şerîfte böyle tavsiye edilmiştir:

«Biriniz hanımı ile cimâ ettiği zaman, tekrar etmek isterse, abdest alsın, çünkü bu tekrar yapmak için kişiyi daha dinç ve canlı kılar.»

38 — Cinsî münâsebet bittikten sonra eşler sağ tarafına yatarlar.

39 — Cimâ'dan sonra biraz uyumak, vücûda rahatlık irâs eder, demişlerdir.

40 — Son derece şehvet ve istekli olduğu zaman yapmak. Hadîs-i şerîfte:

«Biriniz cimâ ettiği zaman onu tasdik etsin!» buyurulmuştur.

Buradaki (tasdik) kelimesini, kuvvet ve istekle yorumlamışlardır.

41 — Sabi, hayvan ve açık mushaf yanında cimâ etmekten kaçınmak. Bunlar kapalı veya örtülmüş olurlarsa sakınca yoktur.

42 — Kadının da arzusu olması gerekir. Çünkü kadın arzulamadan cinsî ilişki kurulursa çocuk ahmak olur, demişlerdir.

43 — Hanımı ile kurduğu cinsî temâsın şeklinden kimseye bahsetmemek.. Hadîsi şerîfte şöyle buyurulmuştur :

$$\text{اِنَّ مِنْ اَعْظَمِ الْاَمَانَةِ عِنْدَ اللهِ يَوْمَ الْقِيَمَةِ الرَّجُلُ يُفْضِى اِلَى امْرَأَتِهِ وَتُفْضِى اِلَيْهِ ثُمَّ يَنْشُرُ سِرَّهَا}$$

«Kıyamet gününde Allah katında, emânete en büyük hiyânet sayılan husûs şudur: Hanımı ile kendi arasında geçen sırları ifşâ etmek!»

44 — Hür olan kadın müsâdesi olmazsa, korunmaz. Yani meniyi dışarıya akıtmaz. Eğer temâs ettiği kadın câriyesi ise, onun iznini almadan korunmasında hiç br sakınca yoktur. Hadîs-i şerifte şöyle buyurulmutur:

$$\text{اِصْنَعُوا مَا بَدَا لَكُمْ فَمَا قَضَى اللهُ فَهُوَ كَائِنٌ وَلَيْسَ مِنْ كُلِّ الْمَاءِ يَكُونُ الْوَلَدُ اِنْ قَضَى اللهُ شَيْئًا فِى الْاَزَلِ لَيَكُونَنَّ وَاِنْ عُزِلَ}$$

«Dilediğinizi yapın! Allahın kaza ve takdir buyurduğu mutlaka olur. Her su (meni)den çocuk olmaz. Allah ezelde takdir etmişse, korunulursa bile çocuk olur!»

45 — Olan çocukları birer fırsat ve ganîmet saymak. Nitekim hadîs-i şerifte

$$\text{رِيحُ الْوَلَدِ مِنْ رِيحِ الْجَنَّةِ}$$

«Çocuk kokusu cennet kokusundandır» buyurulmuştur.

46 — Doğan çocuk kız olursa pek sevinmek gerekir. Hadîsi şerîfte şöyle buyurulmuştur:

$$\text{سَأَلْتُ اللهَ اَنْ يَرْزُقَنِي وَلَدًا بِلَا مُؤْنَةٍ}$$
$$\text{فَرَزَقَنِي الْبَنَاتِ}$$

«Allah'tan, meşakkatsiz evlâd vermesini niyâz ettim, bana kızevlâdları ihsân buyurdu.»

Kur'ân-ı Kerîmde ki :

$$\text{يَهَبُ لِمَنْ يَشَاءُ اِنَاثًا}$$

«Dilediğine kız verir.» Kavl-i Celîlinde kız evlâdı önce zikredilmiştir. Bu da ilk çocuğun kız oluşunda mutlaka bir hayr ve hikmet olduğuna açık bir delîl teşkil eder.

Hadîsi şerîfte şöyle buyurulmuştur:

$$\text{مَنِ ابْتُلِيَ بِهٰذِهِ الْبَنَاتِ بِشَيْءٍ فَاَحْسَنَ}$$
$$\text{اِلَيْهِنَّ كُنَّ لَهُ سِتْرًا مِنَ النَّارِ}$$

«Bu kızlardan herhangi bir şey ile imtihana çekilip de onlara iyilikte bulunur başgöz ederse, Onlar onun için cehenneme karşı bir perde olurlar».

Diğer bir hadîste : «Sakın kızları kerîh görmeyin! Çünkü ben kızlar babasıyım!» buyurulmuştur.

47 — Çocuk doğar doğmaz, onu temiz bir beze sarmak.. Sarı renge sarmaktan kaçınmak.. Kadın çocuk doğurunca ona tatlı ikrâm etmek yerinde olur. Hele ikrâm edilen tatlı hurma olursa daha da iyi olur.

48 — Çocuğun sağ kulağına ezân okunur, sol kulağına da kamet getirilir.

Böyle, olursa ümmüssibyan hâvelesinden emîn olur. Hadîs-i şerîfte bu husûsda şöyle açıklama yapılmıştır:

«Çocuğu olan kimse, çocuğunun sağ kulağına ezân, sol kulağına da kamet okutursa, o çocuktan Ümmüssibyan (denilen hâvele) kaldırılmış olur.»

49 — Resûlüllah Salellahu Aleyhi Vesellem Efendimize, Hazret-i Âmine vâlidemizin, Meleğin talimi ile icrâ buyurduklar ta'viz-ki ona Ta'viz-i Nebi derler- üç kere okunup üfledikten sonra çocuğa asılır:

«Uizzûhu Bil-vahidi min kulli hasidin, ve kaimin ve kaidin, anissebili haidin alef-fesadi cahidin, ve kulli halkin fasidin min nafisin ev akidin, ve kulli-cinnin maridin ya'huzu bil-merasidi fi turukil-mevaridi layedurrunehu velâ-yeteûnehu fi yekezetin velâ menamin velâ za'nin safirin velâ mukamin yedullahi fevke eydihim ve hicabullahi dûne adihim.»

50 — Çocuğa hurma çiğneyip ana sütünden önce içirmek..

(Câmi üs'sağir, Dürer, Mefâtihü'l-Cinan)

Ellisekizinci Bâb

Akika Kurbanı

Akika: Doğan çocuğun bir süre sonra saçları kırkıldıktan sonra, kesilen kurbanın adıdır. Bu kurban, İslâmın çok önemli edeb ve prensiplerindendir. Çünkü Müslümanların çoğalmasında yegâne unsur olan evlâdın doğumuna şükretmek gerekmektedir. İşte bu kurban O şükrün bâriz bir ifâdesidir. Hattâ çocuğuna kurban kesmeyen kişi, kıyâmette onun şefâatından mahrûm olacağı açıklanmıştır. Nitekim Resûlüllah Sallellahu Aleyhi Vesellem Efendimiz şöyle buyurmuşlardır:

اَلْغُلَامُ مُرْتَهِنٌ بِعَقِيقَتِهِ

«Çocuk akikasının karşılığında alınmış bir rehindir!» Yâni çocuk akikasi karşılığında rehin alınmıştır, demektir. Akika kurbanı kesilmedikçe çocuk ana-babasına şefâat etmek için serbest bırakılmaz.

Akika kurbanı, tıpkı Kurban Bayramında kesilen kurban gibi hayvanlardan edinilmelidir.

Doğan çocuğun kurbanı zamanında kesilmezse, sonra kazâ olunur. Hatta Peygamber Aleyhisselam, kendi akikasi kesilmediğini öğrenince, kendisine Peygamberlik geldikten sonra o kurbanı kesmişlerdir. Böyle divâyet edilmiştir.

Bu Akika kurbanı: Erkek evladı için iki koyundur. Kız evladı için ise sadece bir koyundur.

BU KURBAN NE ZAMAN KESİLİR?

Bu akika kurbanı, doğan çocuğun yedinci günü saçları kırkılıp, ağırlığınca gümüş tasadduk edildikten sonra kesilir.

Resûlüllah Sallellahu Aleyhi Vesellem, İmâm Hüseyin Efendimizin velâdetinde, kızı Fatimetüzzehra (R. Anhâ)ya böyle emretmişlerdir.

Çocuğu o günde, yani akika kurbanı kesildiği gün sünnet yaptırmak, selef-sâlihinden kalmıştır. Bu hem temizliğine ve hem de yaranın biran önce iyileşmesine sebeb olur, demişlerdir.

Şayet çocuk sünnetli olarak doğarsa onunla teberrükten yetinilir. Zirâ bütün Peygamberler (Allahın selâmı üzerlerine olsun!» sünnetli olarak doğmuştur. Yalnız İbrâhim Aleyhisselâm sünnetli olarak doğmamıştır. O kendisinin seksen yaşındayken kendi eli ile sünnet etmiştir.

Akika kurbanı kesilecek olduğu yere götürülürken şu duâ okunur:

اَللّٰهُمَّ هٰذِهِ عَقِيقَةُ فُلَانٍ دَمُهَا بِدَمِهِ وَلَحْمُهَا بِلَحْمِهِ وَعَظْمُهَا بِعَظْمِهِ وَجِلْدُهَا بِجِلْدِهِ وَشَعْرُهَا بِشَعْرِهِ اَللّٰهُمَّ اجْعَلْهَا فِدَاءً لِابْنِ فُلَانٍ مِنَ النَّارِ

«Ellahümme hazihi akiketü fülanin demuha bi demihi, velehmuha bi lehmihi ve azmuha bi azmihi ve cildüha bi cidihi veşa'ruha bi şa'rihi ellahumec'alca fidaen libni fülanin minennâri.»

Bu kurbanın etini ister çiğ olarak isterse pişirdikten sonra fakirlere verir.

Kemiklerini kırmaz. Uyuluğunu ebe-karıya verir.

(Şir'atü'l-İsıâm, Mefatihü'l Cinan)

Ellidokuzuncu Bâb

Çocuk Emzirmenin Âdâbı

Doğan çocuğu, annesinin emzirmesi İslâmî usûl ve âdâbdandır. Nitekim hadîs-i şerîfte şöyle buyurulmuştur:

$$\text{لَيْسَ لِصَبِيٍّ خَيْرٌ مِنْ لَبَنِ أُمِّهِ}$$

«Çocuk için annesinin sütünden daha iyi bir (süt) yoktur!»

Şayet çocuğun annesi ma'zur (özürlü) ise ve yâhud ölmüş ise, o zaman soyca üstün olan ve fevkalâde dindâr olan sâliha bir kadına emzirtilir. Günâhkâr ve beyinsiz kadınlara emzirtmezler ki, bu ileride çocuk için büyük zararlara vesiyle olur. Bir gün o kadının kötü huyları çocukta görülebilir.

Çocuğun ağlamasına üzülmez! Çünkü O, annesi ve babası hakkında istiğfar ediyor, diye rivâyet edilmiştir.

Sabinin ağlaması: Dört ay (Lâ ilâhe illehh), dört ay **(Muhammedun Resûlüllah), dört ay (Allahım beni ve anne-babamı bağışla)** diye tesbîh ederek ağladığı rivâyet edilmiştir.

Sabi, şayet kâfirin çocuğu ise, Onun da (Allahın lâneti annem ve babamın üzerine olsun!» diyerek ağladığı nakledilmiştir.

(Şir'atüİslâm, Mefâtihül-Cinan)

Altmışıncı Bâb

Çocuğa Âd Koymanın Âdâbı

Çocuğa koyulacak adın, Peygamberlerin adlarına uygun düşmesi gerekir. Çünkü kıyâmet gününde herkes kendi adı ile çağırılacak ve Peygamberlerin adına uygun olan isimlere sâhib olan kimse, hangi Peygamberin ismini taşımışsa onun duâ ve berekâtine nâil olur.

En güzel isim: Abdüllah ve Abdurrahman, isimleridir. Peygamber Aleyhisselâm şöyle buyurmuştur.

اَحَبُّ اَسْمَائِكُمْ اِلَى اللهِ عَبْدُ اللهِ وَعَبْدُ الرَّحْمٰنِ

«Allahın en sevdiği isimlerimiz: Abdullah ve Abdurrahman, isimleridir.!»

Ayrıca güzel isimler iyimserlik vesîlesidir. Nitekim Resûlüllah Sallellahu Aleyhi Vesellem Efendimizin, rastladığı çirkin isimleri değiştirdiği mervîdir.

Hazreti Ömer (R.A.)ın (Asiye) adında bir kızı vardı onun ismini (Cemîle) olarak değiştirdi. Bir insana: (Bereket ve felâh) adlarını koymak doğru değildir. Çünkü (bereket ve felâh) nerededir, diye sorulduğunda (şimdi burada yoktur) demek icâb eder. Bu bile iyimserlikle bağdaşmaz. Anlamı güzel olmayan adlar da konulmaz.

Bir defâsında Mü'minlerin Emîri Hazret-i Ömer (R.A.) bir adama ismini sordu, adam cevâb verdi:

— Adım «Kor» dur.
— Peki babanın adı?
— Babamın adı (Kıvılcım) dır.
— Köyünün adı?
— Siyah taşlıktır.
— Ey adam, haydi koş ülkene çoluk çocuğun yandı! buyurdu.

Adam ülkesine koşarak gider. Bir de ne görsün? Bütün çoluk çocuğu yanıp kül olmuş...

Yine Hazret-i Ömer (R.A.) kendisinden yardım isteyen bir adama ismini sorar. Adam;

— Adım, Zâlim bin Sarrak (hırsız oğlu Zalim)'dir, diye cavâb verince, şöyle karşılık verir:

— Sen zâlimsin, baban da hırsız! Haydi git senden hayr beklenmez!

Çocuklarına güzel lâkab verir. Peygamber Sallellahu Aleyhi Vesellemin üç erkek çocuğu olmuştur: Kâsım, Abdullah ve İbrâhim.. Bunlara bu adı verdikten sonra: (Tayyib, Tahir ve Mutahher) adları ile lâkablandırmıştır.

«Reşit, Emin» gibi tezkiye anlamı taşıyan adları da koymaz.

Düşük çocuğa oahi isim koymak gerekir. Ad koyulmayan düşükler, kıyâmet gününde babalarının arkasına düşüp dâvâcı olacaklar! Her birerleri babasına: (Sen beni isimsiz bıraktın!(diye çıkışacaktır.

Peygamber adını taşıyanlara sövmek, lânet okumak doğru değildir. Bu muâmele o kimsenin yokluğunda olursa mezmum»dur. Ama huzûrunda olup tedib maksadiyle kendi zâtına hitâb ederek olursa sakınca yoktur. Adı (Muhammed) olan kimseye hürmet etmek gerekir. Bir meclise geldiğinde, ona yer gösterilir, yüzüne karşı tebessüm edilir, somurtulmaz.

Bir hadîste şöyle buyurulmuştur:

اِذَا سَمَّيْتُمُ الْوَلَدَ مُحَمَّدًا فَأَكْرِمُوهُ وَوَسِّعُوا لَهُ فِي الْمَجْلِسِ وَلَا تَقْبِحُوا لَهُ وَجْهًا

«Çocuğa Muhammed adını koyduğunuz zaman, ona ikrâm edin, mecliste ona yer açın! Ona karşı yüz buruşturup somurtmayın!»

Abdullah b. Abbas (R.A.) dan :

«Kıyâmet günü olduğu zaman, adı Muhammed olanlar ayağa kalksın, diye nidâ edilecek. Muhammed Sallelahu Aleyhi Vesellem'e hürmeten bu adı taşıdıkları için Onlar cennete gireceklerdir.»

Diğe bir hadîste:

Kıyâmet gününde ben her Muhammed adını taşıyan kimselere şefâat edeceğim!.» buyurulmuştur.

Diğer bir hadîste de şöyle buyurulmuştur:

«Cebrâil Aleyhisselâm gelip, dedi ki: Yâ Muhammed Allah sana selâm ediyor ve buyuruyor ki: İzzetim ve Celâlim hakkı için, Senin adını taşıyan kimseyi ateşte azâblandırmam!».

Çocuk konuşmaya başladığı zaman, ona (Lâilâhe illellah Muhammedun Resûlüllah) kelimesini, ondan sonra (Fe teâlellahul-Melikül-Hakku Lâ ilâhe illa hu ve Rabbularşilkerîm..) âyeti kerîmesini, ondan sonra da Âyete'l-Kürsî'yi daha sonra da (Lev enzelna..) yı öğretmelidir.

«Kim bu âyetleri çocuklarına öğretirse, kıyâmet gününde evlâdı hakkında Sorguya çekilmez» diye rivâyet edilmiştir

Çocuğun gelişmesi başlayınca, ona farzlar, vâcibler, sünnetler ve edebler öğretirler. Kız çocuğu ise bunlarla birlikte ayrıca kadın san'atlerini öğretirler. Ev işlerini de öğretirler, yedi yaşına girdiklerinde namaz öğretilir, on yaşına girdikleri halde namaz kılmazlarsa tedîb edilmek için döverler. Evinde yetim çocuk bulunursa ona da aynı kendi evlâdı gibi muamele eder.

Yetimler hakkında şöyle buyurulmuştur:

$$\text{مَنْ مَسَحَ رَأْسَ يَتِيمٍ لَمْ يَمْسَحْهُ اِلَّا لِلَّهِ كَانَ}$$
$$\text{لَهُ بِكُلِّ شَعْرَةٍ تَمُرُّ عَلَيْهَا يَدُهُ حَسَنَاتٌ}$$
$$\text{وَمَنْ اَحْسَنَ اِلٰى يَتِيمَةٍ اَوْ يَتِيمٍ عِنْدَهُ كُنْتُ}$$
$$\text{اَنَا وَهُوَ فِى الْجَنَّةِ كَهَاتَيْنِ}$$

«Kim yetimin başını, sadece Allah rızası için okşarsa, elinin dokunduğu her kıla karşılık Allah sevâb verir. Kim evindeki bir yetîm kıza veyâ oğlana iyilik ederse, Ben onunla cennette şu iki (parmak) gibi yan yana oluruz.»

Çocuklar on yaşına girdiklerinde kızlarla oğlanların yatak odaları ayırılır. Onlara Müslümanlığı öğretir. Allah (C.C.)'ın emirlerini aşılar. Çünkü Allah (C.C.)'ın Resûlü Sallellahu Aleyhi Vesellem:

«Allahın ahlâkı ile ahlâklânın!) buyurmuştur.

Çocukları İslâmî terbiye ile yetiştirmek, nâfile ibâdetinden efdaldir.

Çünkü çocukların dürüstlüğü ile kişi kabirde yararlanır. Hayırlı evlâdın cari sadakalardan olduğu da ayrıca hadîs-i şerîfte belirtilmiştir.

Çarşıdan bir şey getirdiği zaman çocuklarını eşit tutmak gerekir. Lâkin turfanda olan şeyleri ikrâm ederken, önce kız evladlarını tercih etmek gerekir. Yâni evvela onlara ikrâm etmek müstahabdır. Çünkü onlar daha hassas olurlar. Hulâsa çocuklara acımak ve ona göre davranmak lâzımdır. (Şir'atü'l-İslâm) (Mefatihü'l-Cinan)

Altmışbirinci Bâb

Emri Bi-l—Ma'rûf Neyh An-il—Münker'in Âdâbı
(Şerîatın Emirlerini ve Yasaklarını Halka Bildirme)

Emri bi-l-ma'rûf demek, şer'an işlenmesi güzel görülen şey, demektir.

Nehyi anil-münker demek, şer'an işlenmesi çirkin olan şey, demektir.

İnsanlara ihtilât etmeyip uzak yaşayanlar bu teklîften berîdirler. İnsanlar arasnda yaşıyanlara gelince; İslâm'a aykırı olan herhangi bir şey gördüklerinde, gücü yeterse eli ile, buna gücü yetmezse dili ile, buna da gücü yetmezse kalben buğz etmek sûretiyle kalbi ile bertaraf etmesi gerekir. Aksi hâlde:

«Gerçekler karşısında susan dilsiz şeytandır!» hadîsi şerîfindeki tehdîde muhatab olur.

Hakîkatleri konuşmayan hakîkatler karşısında susan kimseler hakkında, hardal danesi kadar îmânları yoktur, buyurulmuştur. Yâni îmânları son derece zayıftır, demektir. Bu bâbta konuyu vuzûha kavuşturan bir hadis daha:

مَنْ رَأَى مِنْكُمْ مُنْكَرًا فَلْيُغَيِّرْهُ بِيَدِهِ فَاِنْ لَمْ يَسْتَطِعْ فَبِلِسَانِهِ وَاِنْ لَمْ يَسْتَطِعْ فَبِقَلْبِهِ لَيْسَ وَرَاءَ ذٰلِكَ مِنَ الْاِيمَانِ حَبَّةُ خَرْدَلٍ

«İçinizden her kim, İslâm'a aykırı bir hareket görürse, eli ile değiştirsin, buna gücü yetmezse dili ile değiştirsin. Buna da gücü yetmezse kalbi ile değiştirsin! Artık bunu da yapamazsa bunun ötesinde îmândan bir hardal danesi kadar bir şey bile yoktur.»

Âlimlerin idârecileri dil ile ikâz etmeleri, halkın da hiç olmazsa kalbleri ile iştirâk etmemeleri gerekir. Bu hadîs bu anlamda tefsîr edilmiştir.

Emri bi-l-ma'rûf nehyi an-il münker görevini yapmanın üç şartı vardır:

1 — İ'lahi kelimetûllahtır. Yâni Allah (C.C.) buyuruğunu yüceltmek!

2 — Bu husûstaki delilin, dört şerî delillerden hangisine dayandığını bilmek,

3 — Bu görevi yaparken çektiği sıkıntılara göğüs germek, insanların sataşmasına aldırmamak.

Bu görevi yapmanın da bir takım usûl ve âdâbı vardır.

1 — Son derece yumuşak sözle îkâz etmek. Çünkü sert konuşmak, bağırarak azarlamak nefrete sebeb olur. Yapılan ikâzın yararı olmaz, hattâ belki de zarara vesîle olur.

Abbasî halîfelerinden Me'mûn'a bir vaiz sert çıkışınca, ona halîfe şu uyarıda bulunmuştur: «Bu kadar sert davranma! Çünkü Allah senden daha iyisini benden daha kötüsüne tebliğ için gönderirken: **(Ona yumuşak bir söz söyleyin!)** (Taha sûresinden bir âyet)te şöyle buyurmuş-

Bu sözü ile Me'mun Hazreti Mûsâ Aleyhisselâm ile Fir'avunu kasd etmiştir.

2 — Yine bu görevi yapacak olanların önce kendi **nefislerine öğüt vermeleri gerekmektedir.** Kendi öğütlerini önce kendileri kabûl ettikten sonra, başkalarına öğüt verirler. Nitekim Allah (C.C.) İsâ Âleyhisselâm'a:

«Ey İsâ, önce öğütü kendine ver, eğer verdiğin öğütü sen kendi nefsine tatbik edersen, ondan sonra insanlara öğüt ver, aksi halde benden hayâ et!» diye hitâb etmiştir.

Bunun mânâsı, verilen öğütlerin tesîri ve fâidesi görülmesi içindir, yoksa emri bi-l-ma'ruf nehyi an-il-münker görevini yapacak kimselerin ma'sûm olması şart değildir. Buna zâten imkân yoktur. Herkes kendine düşen vazîfeyi yapmakla görevlidir.

Enes b. Malik (R.A.) dan:

Resûlüllah Sallellahu Aleyhi Vesellem'e, Ma'rûf'un tümünü işleyip Munker'in cümlesinden elimizi çekemediğimiz halde, başkalarına karşı bu görevi yapabilirmiyiz? diye sorduk; şöyle buyurdular:

«Siz kendiniz hepsini yapamazsanız dahi ma'rufu emredin, hepsinden kaçınmanız mümkün olmasa dahi münker'den alı koymaya çalışınız!»

Bu görevi yapmak, farzlarda farz; vâciblere vâcib; sünnetlerde sünnet; âdâb ve müstehablarda müstehabtır! harâm işleyenlere karşı harâmdan el çektirmek içinde îkâzda bulunmak farzdır! Yâni farzı terk edenleri, harâm işleyenleri gördüğümüz zaman hemen onları uyarmamız farzdır. Vâcibi terk edenler hakkında vâcib, sünneti terk edenler hakkında da sünnettir. Müstehab ve mendûb olan hususları terk edenleri uyarmamız da müstehabtır.

Bu görevi ifâ bâbında, insanlar üç kısma ayrılır:

1) İnanmış Müslüman,
2) Tereddüde kapılmış şübheci kişi,
3) İpini koparmış inkarcı.

Bu üç sınıftan, birinci ve ikincisine karşı bu görevi yapmak, yâni onların herhangi bir kötü davranışlarına şâhid olduğumuz zaman uyarmak gerekir. Üçüncüsünü islâh etmekle uğraşmak abesle iştigâl etmek, domuzun boynuna mücevher takmak gibidir. Nitekim :

«Domuzların boynuna mücevherler takmayınız!» buyurulmuştur.

Bazı insanların isyanı sebebiyle - eğer onlar bu isyanlarını gizli yaparlarsa - Allah (C.C.) bütün insanlara azâb etmez. Ama ulu orta işledikleri halde diğer Müslümanlar ses çıkarmazlarsa, onları ikâz etmezlerse o zaman gelecek azâb hepsini kapsar. Hadîsi şerîfde bu hakîkat şöylece açıklanmıştır:

اِنَّ اللهَ لَا يُعَذِّبُ الْعَامَّةَ بِعَمَلِ الْخَاصَّةِ حَتَّى يَرَوُا الْمُنْكَرَيْنَ ظُهْرَانِهِمْ وَهُمْ قَادِرُونَ عَلَى اَنْ يُنْكِرُوهُ فَإِذَا فَعَلُوا ذَلِكَ عَذَّبَ اللهُ الْعَامَّةَ وَالْخَاصَّةَ

«Hiç şüphe yok ki, Allah bütün insanlara, bazı kişilerin isyanı sebebiyle azâp etmez. Fakat aralarında ulu orta günâh işlediklerinde, onları men etmeğe gücü yettikleri halde ses çıkarmazlarsa, o zaman gelecek azâb o günahı işleyenleri de onlara karşı sükût edenleri de ihâta eder, hepsi muazzeb olurlar.»

Mü'minler o günâh işleyenleri alıkoymaya çalıştıktan sonra, yine onlar isyanlarına devam ederlerse, Mâide sûresindeki :

عَلَيْكُمْ اَنْفُسَكُمْ لَا يَضُرُّكُمْ مَنْ ضَلَّ اِذَا اهْتَدَيْتُمْ

«Siz kendinizden mes'ûlsünüz! Siz hidâyete e. diğiniz takdirde sapan kimseler size bir zarar veremez» âyeti kerî'menin sırrına mazhâr olurlar.

Bir ülkede, ma'siyet ehlinin şımarması, Allah (C.C.)' dan korkmadan ulu orta isyanda bulunması, o ülkenin bilginlerinin irşâd ve îkâz görevini yapmamalarından, ma'siyet ehline boyun eğmelerinden ileri gelir. Fakat bu bilginler Allah Resûlünün dilinde şöyle kınanmışlardır :

«Kıyâmet gününde Ümmetimden bir kısım insanlar kabirlerinden maymun ve hınzır sûretinde haşrolunurlar. Çünkü onların gücü yettiği halde, isyan ehlinin ulu orta işledikleri isyana karşı seslerini çıkarmayıp müdâhale ettiler.»

Böyle bana ne diyen kimseler hakkında Allah (C.C.) ın Resûlü Sallellahu Aleyhi Vesellem şöyle buyurmuştur:

«Alahın haklarında müdâhale edip ma'siyet ehlinin durumların ıgörüp, önlemeye güçleri yettikleri halde, önlemiyenler bir gemide bulunan üç kimseye benzerler: Biri geminin dibini su almak için deliyor. Bir tanesi diyor ki:

— Bırakın ne yaprsa yapsın! İstediği kadar su alsın, varsın delsin gemiyi, diyor. Diğeri:

— Yâhu ne yapıyorsun? Gemiyi delme! Hepimiz boğulacağız! diye çıkışıyor.

Şimdi hepsi söz birliği yapıp da gemiyi delmeye çalışan kişiyi o işten menederlerse, hepsi kurtulacaklar, ses çıkarmazlarsa hem o delen kişi ve hem de gemidekilerin tümü boğulacak!»

Kimisi de «Bana ne? Ne yaparlarsa yapsınlar, ben mi düzelteceğim. Onları ikâz edip de miletin diline düşeceğim. İyi iken kötü, aziz iken zelîl olacağım!» diyerek bu görevi yapmaktan çekinir. Halbuki bu husûsta kimsenin sözüne aldırış etmemesi, kimsenin kınamasına kulak asmaması gerekir. Çünkü Allah (C.C.) yolunda vazîfesini yapıp da kimsenin kınamasından endişe etmeyenler Mâide sûresinin; Şu âyetinde şöyle buyurulur:

$$ يُجَاهِدُونَ فِي سَبِيلِ اللّٰهِ وَلَا يَخَافُونَ لَوْمَةَ لَائِمٍ $$

«Allah yolunda savaşırlar levm edenin levminden (kınayıcının kınamasından) korkmazlar.» Âyetinde övülmüşlerdir. İkâz görevini yapanların da cihâd sevâbı alacakları müjdelenmektedir.

Bir gün Ebû Bekr es-Siddîk (R.A.) Resûlüllah (S.A.V.) Efendimize sordu:

— Ey Allah'ın Resûlü, çarpışma olmayan cihâd var mıdır?

— Yeryüzünde refâh içinde yürüyen bir takım mücâhidler vardır ki, Allah onlarla, meleklerine karşı iftihar eder ve cennet onlar için, Ümmi Seleme'nin Resûlüllah'a karşı süslendiği gibi süslenir!

— Kimdir acaba bu bahtiyar kişiler?

— Ma'rûfu emredip münkerden alıkoyanlar. Sevdiklerini Allah için sevip yerdiklerini de Allah için yerenler. Nefsim yed-i kudretinde olan Allah'a yemîn ederim ki, onlara verilen gurfe ve çardaklar bütün çardakların, hattâ şehidlere verilen çardakların dahi üstündedir! Her bir çardağın yakut ve yeşil zümrütten üçyüz kapısı vardır. Her kapıda bir nûr vardır. Onlardan her biri üçyüz güzel hûri ile evlenecektir!»

(Mefâtihü'l-Cinan, Cami'us-Sağîr, Buhârî)

Altmışİkinci Bâb

Mevki Sâhibi Olanların Âdâbı

Mevki sâhibleri hakkında:

$$\text{لَابُدَّ لِلنَّاسِ مِنْ عُرَفَاءَ وَالْعُرَفَاءُ فِى النَّارِ}$$

«İnsanlar için bilginler ve işlerini görecek kişiler gereklidir. Bunlar ise ateşi hak ederler!» buyurulmuş ise de, bir çok vâli ve mevki' sâhiblerinin zulüm ve tecavüzle ma'rûf ve muttasıf oldukları içindir. Yoksa hepsi cehennem ehli değildir.

Emir'in en yararlısı, iyi bir vezîre (danışmana) sâhip olandır. Nitekim bu husûsu Allah (C.C.)'ın elçisi şöyle açıklamıştır:

$$\text{اِذَا اَرَادَ اللهُ بِالْاَمِيرِ خَيْراً جَعَلَ لَهُ وَزِيرَ صِدْقٍ اِنْ نَسِىَ ذَكَّرَهُ وَاِذَا ذَكَرَ اَعَانَهُ وَاِذَا اَرَادَ بِهِ غَيْرَ ذٰلِكَ جَعَلَ لَهُ وَزِيرَ سُوءٍ اِنْ نَسِىَ لَمْ يُذَكِّرْهُ وَاِنْ ذَكَرَ لَمْ يُعِنْهُ}$$

MEVKİ SÂHİBİ OLANLARIN ÂDÂBI

«Allah bir Emîr (vâli) e hayrı murad etti mi, mutlaka ona doğru ve son derece dürüst bir vezir nasîb eder. Unuttuğunda hatırlatır, hatırladığında yardım eder; Ona bunun dışında bir husûsu murad ederse, kötü bir vezir nasîb eder. Unutunca hatırlatmaz, hatırlayınca yardım etmez!»

İNSANLARIN idâresini istememekde edebdendir. Ehil olsa bile kendisi tâlib olmaz, dâimâ matlûp olmaya çalışır.

Eshâb'tan Ebû Mûsâ eş-arî (R.A.) anlatıyor:

Amcazâdem olan iki kişi ile Resûlüllah Sallellahu Aleyhi Vesellemin huzûruna çıktık.. Meğer onların niyetleri bir yere vâlî olmakmış.. Hemen Resûlüllah (S.A.V.) Efendimizden ricâ etmeye başladılar. Resûlüllah (S.A.V.) Efendimiz şöyle buyurdular:

«Biz vazifeyi, isteyene vermeyiz! Hele haris olana asla!»

Yine Abdurrahman'a hitâben şöyle buyurdular:

$$\text{يَا عَبْدَ الرَّحْمٰنِ لَا تَسْئَلِ الْإِمَارَةَ فَاِنَّكَ اِنْ اُعْطِيتَهَا عَنْ مَسْأَلَةٍ وُكِّلْتَ اِلَيْهَا وَاِنْ اُعْطِيتَهَا مِنْ غَيْرِ مَسْأَلَةٍ اُعِنْتَ عَلَيْهَا}$$

«Ey Abdurrahman, emîr ve vâlî olmağı isteme! Eğer isteyip de verilirse nefsinin elinde kalırsın, (mânen hiç yardım görmezsin), fakat sen istemeden sana verirlerse, o iş üzerine yardım olunursun!»

Diğer bir hadîsde de şöyle buyurulmuştur:

$$\text{مَنِ ابْتَغَى الْقَضَاءَ وَسَأَلَ وُكِّلَ اِلَى نَفْسِهِ وَمَنْ اُكْرِهَ عَلَيْهِ اَنْزَلَ اللّٰهُ عَلَيْهِ مَلَكًا يُسَدِّدُهُ}$$

«Kim hâkimlik isterse, kendi nefsine râm edilir, kim de bu vazîfeye zorlanarak atanırsa, Allah ona bir Melek gönderir, O (melek) onu doğrultur.»

Diğer bir hadîs meâli de şöyledir:

«Siz aşırı derecede vâlîlik isteyeceksiniz! Fakat bu kıyâmette bir pişmanlık olacaktır! Müreffeh bir hayat yaşamak için bu pek güzeldir, amma kıyâmette nedâmete sevk etme bakımından da pek kötüdür!»

Vâlî olan kişi, kendisine getirilen hediyeleri almaz, Beytü'l-mâl'e verir. Kâinatın Efendisi (S.A.V.), kabîlelerinin zekâtlarını toplamak üzere görevlendirdiği bir Sahâbe, Medine'ye döndüğü zaman, topladığı zekât mallarını Beytü'l-mâl'e teslim etti. Bir kısmını da yanında bırakarak: «İşte bunlar da bana verilen hediyelerdir!» dedi. Bunu gören Peygamber Aleyhisselâm şöyle buyurdu:

«Eğer doğru söylüyorsan, sormalıyım sana: Sen babanın, ananın evinde otursaydın bu hediye sana gelir miydi?»

Böyle bir çıkıştan sonra Eshâbını topladı, Allah'a hamd-ü senâda bulunduktan sonra şu hutbeyi irâd buyurdular:

«İçinizden bir adamı Allah'ın emri doğrultusunda bir işle görevlendiriyorum! Sonra gelip diyor ki: (işte bu sizin malınız! Bu bana verilen hediye!» Babasının ve annesinin evinde otursaydı bu hediye ona gelecek miydi? Allah'a yemin ederim ki, kim hak etmediği bir şey alırsa kıyâmet günü Allah'ın huzûruna onu sırtında taşıyarak çıkaracaktır! Sırtında, deve, yâhûd sığır ya da koyun olduğu halde içinizden Allah'ın huzûruna çıkan birini mutlaka tanıyacağım!

Sonra koltuklarının beyaz yeri görününceye dek ellerini yukarıya kaldırıp şöyle buyurdu: Allah'ım, tebliğ ettim! (şâhid ol!) (Mefâtihü'l-Cinan, Buhârî)

Altmışüçüncü Bâb

Ulü'l-Emr'e İtâat

İlm-i kelâmda «Müslümanlar için kendilerini yönetecek, üzerlerinde hükümleri tatbik edecek bir önder mutlaka gerekir!» Kaydı vardır. Bu itibarla Müslümanlar, kendilerini yönetecek bir önder lâzımdır. İşte o öndere boyun eğmek vâcibtir. Nitekim Nisa sûresinde buyurulduğu gibi:

اَطِيعُوا اللّٰهَ وَاَطِيعُوا الرَّسُولَ وَاُولِى الْاَمْرِ مِنْكُمْ

«Allah'a itâat edin, Peygambere ve sizden olan Ulül' emre itâat edin!» buyurulmuştur.

İşte bu âyetten anlıyoruz ki, baştaki idârecilere itâat etmek gerekir. Fakat bu itâatın yerine getirilmesinde riâyet edilmesi gereken bir takım husûslar vardır:

1 — Ulül-Emri, Allah tarafından bizlere ihsân edilen bir ni'met olduğunu bilmek Nitekim hadîsi şerîfte şöyle buyurulmuştur:

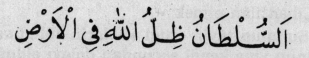

«Sultan, Allah'ın yeryüzündeki gölgesidir!» Yani sultan (idâreci) yeryüzünde Cenâb-ı Hakk (C.C.) ın ihsân buyurduğu bir gölgedir, demektir. Nasılki insanlar güneşin sıcağından gölgeli bir ağacın altına sığınırlarsa, insanların zulmüne ve gadrine uğrayan kişiler de âdil sultana ilticâ eder, ve ma'ruz kaldıkları haksızlıkların giderilmesi için ona yalvarırlar. Bu itibarla Sultana Allahın gölgesi denilmiştir..

2 — Sultanın liderliğini kabûllenmek ve ona göre davranmak. Zirâ bir hadîsde:

مَنْ أَنْكَرَ اِمَامَةَ السُّلْطَانِ فَهُوَ زِنْدِيقٌ

«Kim sultanın liderliğini kabûl etmezse, zındıktır!» buyurulmuştur.

3 — Şâyet lider fâsık ve günâhkâr olursa, ona yine de itâat etmek gerektiğini bilmek. Nitekim, Abdullah b. Ömer (R.A.) :

«İçki içseler de mallarınızın zekâtını emirlere (vâlîlere) veriniz!» demiştir.

4 — İnsanlar arasında ceryân eden mahkemeler, ganîmet malı, Cum'a namazı, cihâd ve sâir hükümlerin infâzı Sultana münhasır olduğunu bilmek. Bu sultan iyi veya günâhkâr olsun fark etmez. Hadîs-i şerîfde şöyle açıklanmıştır:

«İster iyi olsunlar, ister kötü olsunlar dört husûs Sultanın işidir:

a) İnsanlar arasında hükm etmek,
b) Ganîmet malını taksim etmek,
c) Cum'a namazı kıldırmak,
d) Cihâd ilân etmek..»

5 — Sultanın tâyin ettiği vâlîlerin zulmüne uğradığında, bunun yine kendi suçundan dolayı olduğunu bilip inanmak. Nitekim Allah (C.C.)'ın Resûlü Sallellahü Aleyhi Vesellem şöyle buyurmuşlardır:

$$\text{كَمَا تَكُونُونَ يُوَلَّى عَلَيْكُمْ}$$

«Siz nasıl olursanız, başınıza da (öyle) kimseler geçer».

Bir gün Zulmü ile ün yapan Yûsuf oğlu Haccac'a dediler ki:

— Hazreti Ömer'in adâletini bildiğin halde, neden insanlara zulm ediyorsun?

Şu cevâbı verdi:

— Hz. Ömer'in adâleti tatbik ettiği Ebû Zer gibi son derece ahlâklı insanlar gibi olun, ben de size onun adâletini tatbik edeyim!

6 — Ulûl-Emre her zaman duâ etmek. Çünkü Ulûl' Emr halkı temsil ettiği için, ona yapılan duâ bütün halkadır, kendisi de o halktan bir fert olduğu için, aynı zamanda kendisine de râcidir bu dua!

7 — Onun hakkında dil uzatıp zâten o (alçak insanlardandır, saygı değer kimse değildir) diyerek tahkir etmekten kaçınmak. Ona karşı gelmekten de çekinmek.

Zirâ Allah'ın Resûlü Sallellahu Aleyhi Vesellem şöyle buyurmuşlardır:

$$\text{اِسْمَعُوا وَاَطِيعُوا وَاِنِ اسْتُعْمِلَ عَلَيْكُمْ عَبْدٌ حَبَشِيٌّ}$$

«Üzerinize Habeşli bir köle geçirilirse dahi, dinleyin ve boyun eğin!»

8 — Kötü davranış görüldüğünde, sabredip ayrılmamak. Nitekim hadîsi şerifde şöyle buyurulmuştur:

«Bir kimse Emîr'inden gördüğü kötü harekete sabretmelidir. Çünkü kimsenin topluluğu bırakmağa (birliği bozmağa) hakkı yoktur. Kim topluluktan bir karış ayrılıp (da birliği bozup da) da ölürse, mutlaka câhiliyet ölümü ile ölmüş olur.»

Resûlüllah (S.A.V.) Efendimiz bakınız şu mübarek hadîsinde bizlere itâat ölçüsünü nasıl ta'lim buyurmuşlar :

اَلسَّمْعُ وَالطَّاعَةُ عَلَى الْمَرْءِ الْمُسْلِمِ فِيمَا اَحَبَّ وَكَرِهَ مَالَمْ يُؤْمَرْ بِمَعْصِيَةٍ فَاِذَا اُمِرَ بِمَعْصِيَةٍ فَلَا سَمْعَ وَلَا طَاعَةَ

«Müslüman kişiye, istediği hususta da istemediği hususta da, ma'siyetle emrolunmadıkça, dinlemek ve itâat etmek gerekir. Ama ma'siyet emredilirse, o zaman dinlemek te itâat etmek de yoktur!» Yâni Ulül Emre itâat etmek ma'siyet emretmedikçe, vâcibtir. Ma'siyeti emrederse itâat etmek yoktur.

9 — Ulül-Emre sövmek, sataşmaktan kaçınmak

Hadîste bize şu ta'limat verilmiştir:

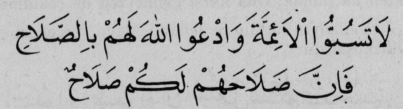

«Liderlere sövmeyiniz! Onların düzelmesi için Allah'a duâ ediniz. Zirâ onların düzelmesi sizin düzelmenizdir».

(Mefâtihül-Cinan, Câmiüs'sağir, Buhâri)

Altmışdördüncü Bâb

Kan Aldırmanın Âdâbı

Vücûdun hastalıklardan korunması, sağlığın te'mini ve moralin düzelmesi için kan aldırmak meşrûdur!..

Peygamber Aleyhisselâm şöyle buyurmuştur:

$$ امثَلُ مَا تَدَاوَيْتُمْ بِهِ الْحِجَامَةُ وَالْقِسْطُ الْبَحْرِيُّ $$

«En güzel tedâvi şekliniz kan aldırmak ve kıst-ı bahrîdir.»

Bunun fâideleri:

İdrarı söktürür... Hayız kanının normal gelmesini sağlar, vücûddaki ağrı ve sancıları bertaraf eder, solucanları öldürür, sikencebin ile içilirse hummaya iyi gelir. Nezle ve benzeri hastalıkları da iyileştirir. Vücûdda beliren her türlü cild hastalıklarını da bertaraf eder.

KAN ALDIRMAKTA RİÂYET EDİLMESİ GEREKEN HUSÛSLAR

1 — Kan aldıracak zamanı kollamak! Onun zamanı; ayın onbeşinci, ondokuzuncu ve yirmibirinci günlerdir. Bu günlerde kan aldırma hakkında Peygamber (S.A.V.) Efendimizin hadîsi vârid olmuştur. İşte bu bâbtaki hadîs-i Nebevî:

اِحْتَجِمُوا بِخَمْسَ عَشْرَةَ اَوْ تِسْعَ عَشْرَةَ اَوْ اِحْدَى وَعِشْرِينَ لَا يَتَبَّعْ بِكُمُ الدَّمُ فَتَهْلَكُوا

«Onbeşinci yâhûd ondokuzuncu veya yirmibirinci günlerde kan aldırın! Kan beyninize hücûm etmesin ki helâk olursunuz!»

2 — Sıcaklar arttığı zaman kan aldırmak. Çünkü o günlerde kan aldırmak, kanın haddinden fazla deverân etmesini önler. İşte bu husûsu dile getiren Peygamber Aleyhisselâm'ın ulvî beyânları:

اِذَا اشْتَدَّتِ الْحَرُّ فَاسْتَعِينُوا بِالْحِجَامَةِ لَا يَتَبَّعْ بِكُمُ الدَّمُ بِاَحَدِكُمْ فَيَقْتُلَهُ

«Harâret basınca (sıcaklar şiddetlenince) kan aldırmak sûretiyle yardım isteyin! Sakın kan birinizin beynine hücûm etmesin ki, öldürür!»

3 — Başının tepesinden kan aldırmak. Çünkü bu, bütün hastalıklara çâredir!

Bilhassa cüzzam hastalığına ki Allah (C.C.) korusun.. Görme zâfiyeti, diğer hastalıklar ve başağrısına da iyi gelir.

Resûlüllah (S.A.V.) Efendimiz buyurmuşlardır:

اَلْحِجَامَةُ فِي الرَّأْسِ هِيَ الْمُغِيثَةُ اَمَرَنِي بِهَا جِبْرِيلُ حِينَ اَكَلْتُ طَعَامَ الْيَهُودِيَّةِ

«Baştan kan aldırmak, kurtarıcının ta kendisidir!

Yâhûd kadının (zehirli) yemeğini yediğim zaman, Cebrâil bana bunu emir ve tavsiye buyurmuştur.»

Bir gün Efendimiz (S.A.V.) başından kan aldırırken, Eshâb'tan Ekra' b. Habis (R.A.) gördü ve sordu:

— Ey Allah'ın elçisi, siz başınızdan mı kan aldırırsınız? Cevâb verdiler:

— Başın ortasından kan aldırmak şu hastalıklara devâdır: Cinnet (sinir hastalığı), cüzzam, nuas, baras, sevdâ...

4 — Aç karnına kan aldırmak. Tok karnına kan aldırmanın çok zararı olduğu söylenmiştir.

5 — Kan aldırmadan bir gün önce ikindi vakti yemek yenir. Bir daha ertesi günü kan aldırıncaya kadar aç kalınır.

6 — Kan aldırmadan bir gece önce cinsî ilişki yapmamak.

7 — Bulantısı çok olan kişi, kan aldırmadan önce biraz tatlı yer.

8 — Kan aldırdığı zaman hamama girmemek.

9 — Kan aldırdığı gün tuzlu yemekten çekinir. Çünkü o gün tuzlu yerse çıban ve uyuz hastalığına yakalanır, demişlerdir.

10 — O gün süt ve yoğurt da yenmez.

11 — O gün fazla su içmez.

12 — Cumartesi ve Çarşamba günü kan aldırmaz. Bu hususta Resûlüllah (S.A.V.) Efendimizin uyarması vardır:

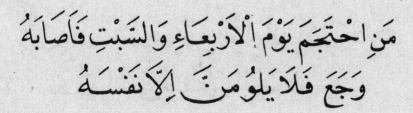

«Kim Çarşamba ve Cumartesi günü kan aldırıp da bir hastalığa yakalanırsa kendinden başkasını kınamasın!»

Hattâ muhaddislerden biri, bu hadisin sıhhat derecesinde şüphe etmiş, denemek için Cumartesi günü kan aldırmış. Aradan çok geçmeden Baras hastalığına yakalanmış. Hangi doktora başvurmuşsa, çâre bulamamış. Nihâyet vücûdu kokmaya başlamış. İnsanların içine giremez olmuş.

Bir gün tam bir huzû ve huşû içinde, bu hastalıktan kurtulmak için Allah (C.C.)'dan niyaz eylemiş gözlerine uyku gelmiş ve yatmış. Rüyâsında Kâinat'ın Efendisi Hazret-i Muhammed Aleyhisselâm'ı görüp mübârek ayaklarına kapanmış. Durumunu anlatmış. Resûlüllah (S.A.V.) Efendimiz:

— Niçin Cumartesi günü kan aldırdın; sen benim hadîsimi duymadın mı? diye azarlamış.

— Hadîsinizin sıhhat derecesini anlıyamadım. Özür beyân ederim.

— İhtiyatlı davranmalıydın! Ve Cumartesi günü kan aldırmamalıydın, buyurarak mübarek eliyle o kimsenin yaralı vücûdunu sıvazlamış. Adam uyanınca, yaralarının savdığını, (iyileştiğini) hiçbir şeyi kalmadığını gördü...

13 — Ayın ondokuzuna tesâdüf eden Salı günü kan aldırmak yararlı ve müstehabdır.

14 — Ay başında kan aldırmamak. Çünkü bunun faydası yoktur. Bu, hadîs-i şerîfde açıklanmıştır.

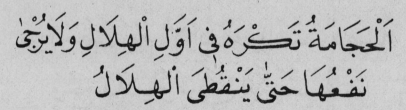

KAN ALDIRMANIN ÂDÂBI

«Ay başında kan aldırmak mekrûhtur. Faydasızdır. Onun için ayın ortalarına doğru beklemek gerekir.»

15 — Perşembe günü kan aldırmak yararlıdır. Hadîs-i şerifte şöyle buyurulmuştur:

اَلْحِجَامَةُ عَلَى الرِّيقِ اَمْثَلُ وَفِيهَا شِفَاءٌ وَبَرَكَةٌ يَزِيدُ فِي الْحِفْظِ وَفِي الْعَقْلِ فَاحْتَجِمْ عَلَى بَرَكَةِ اللهِ يَوْمَ الْخَمِيسِ

«Aç karnına kan aldırmak son derece elverişlidir. Bunda şifâ ve bereket vardır. İnsanın aklını geliştirir, kavrama gücünü arttırır. Allah'a güvenerek Perşembe günü kan aldır.»

16 — Zikrolunan günlerden başka ayın onyedinci gününde de kan aldırmak müstehabdır. Resûlüllah (S.A.V.) Efendimiz şöyle buyurmuşlardır:

خَيْرُ يَوْمٍ يَحْتَجِمُونَ فِيهِ سَبْعَ عَشْرَةَ وَتِسْعَ عَشْرَةَ وَاِحْدَى وَعِشْرِينَ وَمَا مَرَرْتُ بِمَلَاءٍ مِنَ الْمَلَائِكَةِ لَيْلَةَ اُسْرِىَ بِي اِلَّا قَالُوا عَلَيْكَ بِالْحِجَامَةِ يَا مُحَمَّدُ

«Kan aldırdığınız günlerin en elverişlisi: Ayın onyedi, ondokuz ve yirmibirinci günleridir. İsra gecesi uğradığım melekler topluluğunun bana tavsiyesi şu olmuştur: (Ey Muhammed! Kan aldırmalısın.)»

Diğer bir hadîste:

«En iyi ilâç şunlardır: Ağızdan içilen ilâç, buruna çekilen damla, yürümek, kan aldırmak ve sülük takmak...»

17 — Cum'a günü kan aldırmamak. Cum'a gününde öyle bir saat vardır ki, kim o saatte kan aldırırsa helâk olur. Peygamberimiz (S.A.V.) şöyle buyurmuşlardır:

اِنَّ فِي الْجُمُعَةِ لَسَاعَةً لَا يَحْتَجِمُ فِيهَا اَحَدٌ اِلَّا مَاتَ

«Cum'a gününde bir saat vardır. Kim o saatte kan aldırırsa derhal ölür.»

18 — Başın arkasındaki çukurdan kan aldırmamalı. Çünkü bu unutkanlığa yol açar. Resûlüllah (S.A.V.) Efendimiz'in tavsiyesi:

اَلْحِجَامَةُ فِي نُقْرَةِ الرَّأْسِ تُورِثُ النِّسْيَانَ فَيَجْتَنِبُونَ ذٰلِكَ

«Başın çukurundan kan aldırmak unutkanlığı tevlid eder. Onun için bundan kaçınılmalıdır.»

(Mefâtihü'l-Cinan - Câmi'üs-Sağîr)

Altmışbeşinci Bâb

Erkeklerin Hamama Girme Âdâbı

Resûlüllah (S.A.V.) Efendimiz erkeklerin hamama gitmelerine müsaade etmiştir. Hattâ Eshâb-ı kirâmdan bir grup Şam'da hamama girdiklerinde, kendilerini şöyle demekten alamadılar: «Ne güzel evdir bu hamam evi. Vücûdu temizler, kişiye cehennemi hatırlatır.» Bir kısım Eshâb bu fikri savunurken diğer bir kısmı da şöyle demişlerdir:

«Ne kötü evdir hamam evi ki, orada kişinin avreti açılıyor, hayâsı gidiyor.»

Bu iki grubun sözleri, görünüşte her ne kadar birbirlerine aykırı ise de, niyetlerini incelemek mümkündür. Şöyle ki: Hamama giden kişi, kendi avret mahallini örter. Kimsenin avret mahalline de bakmaz. Vücûdunu temizlemekle ve devamlı olarak da cehennemi hatırlamakla meşgûl olur. İşte o zaman hamama gitmekte ve orada yıkanmakta bir beis yoktur.

Amma kendini korumazsa, ulu orta avret mahallini açarsa, yâhûd başkalarının avret yerini seyrederse, işte o zaman mes'ul duruma düşer. Böyle bir kimsenin hamama gitmesinden, gitmemesi daha iyi olur. Çünkü kendini korumayan kimse Peygamber Aleyhisselâm'ın şu hadîs-i şerîfi ile uyarılmış, örtünmeye dikkat etmesi tavsiye edilmiştir:

اِتَّقُوا بَيْتًا يُقَالُ لَهُ حَمَّامٌ فَمَنْ دَخَلَهُ فَلْيَسْتَتِرْ

«Adına «Hamam» denilen evden sakınınız! Kim oraya girerse örtünsün!» Yani avret yerlerini muhafaza etsin, demektir.

Bu bâbta diğer bir hadîs meâli:

«Ne kötü evdir hamam! Orada yüksek sesle konuşulur, avret yerleri açılır.»

ŞİMDİ HAMAMA GİRMENİN ÂDÂBINA GEÇELİM :

1 — Hamamda bulunduğu süre içinde Cehennem azâbından Allah'a sığınmak.

2 — Vücûduna su dökerken, «Başlarının üstünden kaynar su dökülür» âyet-i kerîmesini aklından geçirip, cehennemde âsîlerin başlarına kaynar su döküleceğini düşünmek..

3 — Arasat meydanında böyle çıplak olacağını düşünmek.

4 — Sırf Allah'a pâk bir vücûdla ibâdet edebilmek için yıkanmayı kasd etmek.

5 — Hamama girmeden ücretini ödemek.

6 — Hamama girerken Besmele çekip şu duâyı okumak:

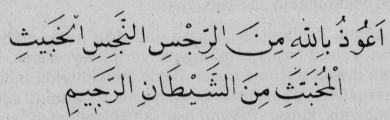

«Euzübillâhiminerricsin - necisil - habisil - muhabbesi mineşşeytanîrracîm!»

Bu duâyı okuduktan sonra sol ayağı ile girmek.

7 — Akşam namazına yakın bir zamanda ve akşam ile yatsı arasında hamama girmemek.

8 — Hamama girdiği zaman, başına beş tas sıcak su döküp ve bir tas da soğuk su içmek. Böyle yapmak, baş ve göz ağrısına iyi gelir, demişlerdir.

9 — Hamamda ihtiyacından fazla kalmamak.

10 — Hamamda zırnık kullanmaktır, her bir kere zırnık kullanmak harâreti önler, rengi güzelleştirir, insandaki cinsî münâsebet gücünü arttırır.

Hadîs'de şöyle buyurulmuştur:

«İlk hamama girip zırnık kullanan Süleymân A. eyhisselâm'dır. Hamama girip oradaki sıcaklığı görünce, gam ve kedere kapılmış ve Allah'ın azâbından ötürü inlemiştir.»

Resûlüllah (S.A.V.) Efendimizin de hamama girip zırnık kullandığı mervîdir.

11 — Hamamdan sağ ayağı ile çıkmak.

12 — Hamamdan çıktıktan sonra ayaklarını soğuk su ile yıkamak. Bunun da baş ağrısına ve nekris hastalığına iyi geldiği söylenir.

13 — Hamamdan çıkınca, başına soğuk su dökmekten, soğuk su içmekten kaçınmak.

KADINLARIN HAMAMA GİRMESİ

Onların hayız ve lohusalıktan başka hiç bir zaman hamama girmelerine müsâade edilmemiştir. Hadîs-i şerifde bu şöyle açıklanır:

$$\text{تُفْتَحُ لَكُمْ أَرْضُ الْأَعَاجِمِ وَسَتَجِدُونَ فِيهَا بُيُوتًا يُقَالُ لَهَا الْحَمَّامَاتُ فَلَا يَدْخُلْهَا الرِّجَالُ إِلَّا بِإِزَارٍ وَامْنَعُوا النِّسَاءَ أَنْ يَدْخُلْهَا إِلَّا مَرِيضَةً أَوْ نُفَسَاءَ}$$

«Acem illeri sizlere feth edilecektir; oralarda adlarına «Hamamlar» denilen evler bulacaksınız! Erkekler peştemalsız onlara girmesinler, kadınları da mendiniz. Ancak, hasta ve lohusa kadınlar müstesnâ! (onlar girebilirler).»

(Câmi'üs'sağîr, İhyâ-i Ulûm, Şir'âtül-İslâm)

Altmışaltıncı Bâb

Traş Olmak

Haftada ya da onbeş günde bir başını traş ettirmek İslâmî âdâb ve usûldendir. Bu traşda riâyet edilmesi gereken husûs, başın bir kısmını değil de tümünü traş ettirmektir. Resûlâllah Sallellahu Aleyhi Vesellem'in, başının bir kısmını traş ettirip bir kısmını terk etmekten nehyettiği rivâyet edilmiştir.

Çünkü bu tür traşlar kâfirlerin ve kendini beğenmiş mütekebbirlerin traşıdır diye de rivâyet edilmiştir (Kunye)

Altmışyedinci Bâb

Tırnak Kesmek, Koltuk ve Etek Traşı Olmak

Tırnak kesmek, koltuk ve etek traşı olmak da İslâm âdet ve usûllerindendir. Bıyıkların altını almak, kaş gibi yapmak da İslâmî âdâbdandır. İmâm Gazalî'nin İhyâ'-sında «Bıyık traşı kaş şeklinde yapmak sûretiyle olur!» diye kayd edilmektedir. Yâni, dudakların etrafı meydana çıkıncaya kadar alttan almaktır, demektir bu.

Bir hadîs-i şerifde şöyle buyurulmuştur:

$$قُصُّوا الشَّوَارِبَ مَعَ الشِّفَاةِ$$

«Bıyıkları dudaklarla kırpın!» Yâni dudaklar görününceye dek alttan alın demektir.

Diğer bir hadîsde de şöyle buyurulmuştur:

$$خَالِفُوا الْمُشْرِكِينَ اُحْفُوا الشَّوَارِبَ وَاعْفُوا اللِّحَى$$

«Müşriklere muhâlefet edin: Bıyıkları kırpın, sakalları bırakın!»

Gerek etek traşı olmakta gerek koltuk traşı olmakta ve gerekse zırnık kullanmakta dikkat edilecek husûslardan birisi de temizken, yâni cünüb değilken olmaktır. Çünkü cünübken traş edilirse tüylerin kıyâmet gününde da'vâcı olacakları ileri sürülmüştür. Nitekim bir hadîs-i şerîfde şöyle buyurulur:

$$\text{مَنْ تَنَوَّرَ قَبْلَ اَنْ يَغْتَسِلَ جَاءَتْهُ كُلُّ شَعْرَةٍ فَتَقُولُ يَا رَبِّ سَلْهُ لِمَ ضَيَّعَنِي وَلَمْ يَغْسِلْنِي}$$

«Kim yıkanmadan önce zırnık kullanırsa, kıyâmet günü her kıl gelip şöyle diyecek: Yâ Rabbi, sor bakalım neden beni yitirdi de yıkanmadı!»

Göğsünde ve sırtındaki kılları kesmek İslâmî âdâba aykırıdır.

Haftada bir kere traş olmak gerekir. Olmazsa onbeş günde bir kere traş edilir.

Kırk günü geçerse sünnet-i şerîfeye aykırı davranmış olur.

SAKAL TRAŞI

Sakalda usûl olan, bir tutamı aşan kısmı boydan ve eninden almaktır. Resûlüllah Sallellahu Aleyhi Vesellem'in böyle yaptıkları nakledilmiştir.

Amr b. Şuayıb (R.A.)'dan:

$$\text{اِنَّهُ صَلَّى اللهُ عَلَيْهِ وَسَلَّمَ كَانَ يَأْخُذُ لِحْيَتَهُ طُولًا وَعَرْضًا اِذَا زَادَ عَلَى الْقَبْضَةِ}$$

«Resûlüllah Sallellahu Aleyhi Vesellem sakalını, bir tutamı aştığı zaman, hem boyundan hem de eninden alırlardı.»

Sakal bir tutamı geçtiği zaman, insanların ileri geri konuşmalarına, gıybet edip dil uzatmalarına sebeb olur. Buna meydan vermemek gerekir. Sakalı normaldan fazla uzadıkça akıl noksanlaşır da, denmiştir.

TIRNAK KESMEK

Tırnak kesmekte usûl olan, Cum'a günü namaza gitmeden önce kesmektir.

Hadîs-i şerîfde şöyle vârid olmuştur:

$$\text{مَنْ خَلَمَ أَظَافِرَهُ يَوْمَ الْجُمْعَةِ أَعَاذَهُ اللهُ تَعَالَى مِنَ الْبَلَايَا إِلَى الْجُمْعَةِ الْأُخْرَى وَزِيَادَةِ ثَلَاثَةَ أَيَّامٍ}$$

«Kim tırnaklarını Cum'a günü keserse, gelecek Cum'aya kadar üç gün fazlası ile, onu bütün belâlardan korur.»

Kesilen tırnakları atmaz bir yere gömer. Çünkü şeytan ve büyücüler onları alıp oynarlar, diye nakledilmiştir.

Tırnak ve tüyleri, kenef ve banyoya atmak ta edeb dışı bir harekettir, insanın hastalığına sebeb olur, demişlerdir.

Perşembe günü ikindiden sonra tırnak kesmenin doğru olmadığı da söylenmiştir. Çünkü o gün o vakitte tırnak kesmek, sinir hastalığına, diğer hastalıklar ve göz ağrısına yol açar, demişlerdir.

Hadîsde buyurulmuştur ki: «Göz, baras ve cinnet hastalığına yakalanmak isteyen varsa, tırnaklarını Perşembe günü ikindiden sonra kessin!» buyurulmuştur.

Tırnak şöyle kesilir :

Önce sağ elinin küçük parmağından başlayıp ondan sonra orta parmağından, ondan sonra baş parmağından, sonra küçük parmağının yanındaki (Binsir) denilen parmağından devam edip şehâdet parmağında bitirir. Sol elinin tırnaklarını keserken, önce baş parmağından, sonra orta parmağından, sonra şehâdet, sonra da bınsır parmağından devam ederek bitirmektir.

Bu tertip üzere tırnakları kesmek yalnız el parmaklarına mahsûstur. Ayak parmaklarına gelince; onlarda usûl, sağ ayağının küçük parmağından başlayıp sol ayağının küçük parmağında tamamlamaktır.

(Mefâtihü'l-Cinan)

Altmışsekizinci Bâb

Saç ve Sakal Boyamanın Âdâbı

Saç ve sakal boyamak da İslâmî edeb ve usûldendir Hadîs-i şerifde şöyle buyurulmuştur:

$$\text{اِخْتَضِبُوا فَاِنَّ الْمَلَائِكَةَ يَسْتَبْشِرُونَ بِخِضَابِ الْمُؤْمِنِ}$$

«Saç ve sakalınızı boyayınız! Zirâ melekler mü'minin saç ve sakalını boyaması ile sevinç izhâr ederler.»

Ancak boyada en iyi ve elverişli olan; kına ile çöven kökünden yapılan boyadır. Nitekim hadîs-i şerîfde:

«İhtiyarlığı göstermiyecek olan en iyi boya kına ile ketm (çöven kökü) dür.» buyurulmuştur.

Hazret-i Ebû Bekr (R.A.) bu iki boyayı da kullanmışlardır. Kınanın rengi kırmızı, çividin rengi de siyahtır. Bu iki rengin karışımı yeşile meyyâl güzel bir renk olur.

Bir hadîsde şöyle buyurulmuştur:

$$\text{اَوَّلُ مَنْ خَضَبَ بِالْحِنَّاءِ وَالْكَتَمِ اِبْرَاهِيمُ}$$
$$\text{وَاَوَّلُ مَنْ خَضَبَ بِالسَّوَادِ فِرْعَوْنُ}$$

«Çivid kökü ve kına ile ilk boyanan İbrâhim olmuştur, siyah boya ile boyananların ilki ise Firavundur!»

Bir hadîste de şu ihtar vardır:

$$\text{اِنَّ اللهَ لَا يَنْظُرُ اِلَى مَنْ يَخْضِبُ بِالسَّوَادِ يَوْمَ الْقِيَمَةِ}$$

«Allah kıyâmet gününde siyah boya kullananların yüzüne bakmaz!»

Sakal boyamak ne Yahûdîlerde ve ne de Hıristiyanlarda yoktur. Onun için sakal boyamakta ve yaşlılığı göstermemekte fayda vardır. Çünkü Yahûdîlere benzememiz emredilmektedir.

Sakal veya saçta görülen beyaz kılları koparmamak da âdâbdandır.

Hadîs-i şerîfte şöyle buyurulmuştur:

$$\text{لَا تَنْتِفُوا الشَّيْبَ فَاِنَّهُ نُورُ الْمُسْلِمِ}$$

«Beyaz kılları koparmayın, çünkü onlar Müslümanın nûrudur!»

Diğer bir hadîsde ise şu müjde verilmiştir:

$$\text{مَنْ شَابَ شَيْبَةً فِي الْاِسْلَامِ كَانَتْ لَهُ نُورًا يَوْمَ الْقِيَمَةِ}$$

«Kim Müslümanlıkta ihtiyarlarsa, saçına ve sakalına düşen o aklık, kıyâmet gününde onun için bir nûr olacaktır!»

İlk defâ İbrâhim Aleyhisselâm'ın saç ve sakalında aklık görüldüğü zaman, İbrâhim Aleyhisselâm taaccüb etti ve Allah (C.C.)'a niyâzda bulundu:

— Yâ Rabbi bu nedir? Allah (C.C.) cevâb verdi:

— Ey İbrâhim, o bir nûrdur!

— Öyleyse nûrumu artır! diye duâda bulundu.

(Mesâbih, Mefâtihü'l-Cinan)

Altmışdokuzuncu Bâb

Güzel Kokulu Yağlar Sürünmenin ve Sürme Çekmenin Âdâbı

Sürme çekmek İslâmî âdâb ve usûldendir. Çünkü bu, gözleri cilâlandırır ve kirpikleri besler. Nitekim hadîs-i şerîfde şöyle buyurulmuştur:

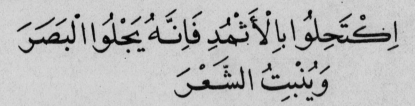

«Gözlerinize sürme çekin! Çünkü bu gözü cilâlandırır, kirpikleri besler.»

Ne var ki bunda da Allah (C.C.) Elçisinin sünnetine riâyet etmek gerekir. Her göze üç kere çekmek ve birincisinde «Besmele» okumak sünnettir.

Güzel kokulu yağlar sürünürken ilk önce kaşlarına sürer. Hadîs-i Nebevîde buyurulmuştur:

«Biriniz güzel kokulu yağ kullanırken ilk defa kaşlarından başlasın!»

(Câmiüs'sağîr, Mefâtihü'l-Cinan)

Yetmişinci Bâb
Misk ve Diğer Güzel Kokuları Kullanma Âdâbı

Güzel kokulu şeyleri kullanmak da âdâb-ı İslâmîyyedendir. Zirâ Meleklerin bu pek hoşuna gider. Rûhda ferahlık duyar. Kişiye cesâret verir, dimağı, zihni açar, kalbi ferahlatır. Hadîs-i şerîfde buyurulmuştur:

$$\text{ثَلَاثٌ يَفْرَحُ بِهِنَّ الْجَسَدُ وَيَرْبُو عَلَيْهِ اَلطِّيبُ وَلُبْسُ اللَّيِنِ وَشُرْبُ الْعَسَلِ}$$

«Üç şey cesedi ferahlatıp geliştirir: Güzel koku... Yumuşak elbise giymek... Bal içmek...»

Yine şöyle buyurmuşlardır:

$$\text{حُبِّبَ اِلَيَّ مِنْ دُنْيَاكُمْ ثَلَاثٌ اَلطِّيبُ وَالنِّسَاءُ وَجُعِلَتْ قُرَّةُ عَيْنِي فِي الصَّلَاةِ}$$

«Dünyanızdan bana üç şey sevdirildi: Güzel koku... Kadın... Gözlerimin bebeği ve aydınlığı olan namaz!»

Ancak erkekler hakkında en iyi koku, kokusu olup rengi olmayan kokudur. Kadınlar hakkında ise, kokusu olmayıp da rengi olan kokulardır. Çünkü etrafa güzel kokular saçan bir kadının sokağa çıkması fitneye mucib olabilir. Bundan korkulduğu için bu tavsiye edilmiştir...

(Mefâtihü'l-Cinan)

Yetmişbirinci Bâb

Yüzük Kullanmanın Âdâbı

Peygamber Aleyhisselâm'ın Eshâbı yüzük kullanırlardı. Bizlerin de yüzük kullanması bu yüzden sünnettir. Lâkin bunun da riâyet edilmesi gereken bir takım âdâb ve usûlü vardır:

1 — Demir, bakır, tunçtan olmamak,

2 — Halkası gümüş ve akik olmak. Hadîs-i şerîfde:

$$ تَخَتَّمُوا بِالْعَقِيقِ فَاِنَّهُ مُبَارَكٌ $$

«Yüzük olarak akiki kullanın! Çünkü o mübârektir!» buyurulmuştur. Parmağında akik'ten yüzük olan kimseye gam ve keder ârız olmaz.

Hadîs-i şerîfde şöyle açıklanır:

$$ تَخَتَّمُوا بِالْعَقِيقِ فَاِنَّهُ لَا يُصِيبُكُمْ غَمٌّ مَا دَامَ عَلَيْكُمْ $$

«Yüzük olarak akıkı kullanınız! O sizde bulunduğu müddetçe size hiç bir gam ve üzüntü gelmez!»

Zümrüt yüzüğü kullanmanın da iyi olduğu, hattâ fakîrliği giderdiği belirtilmiştir. Allah (C.C.)'ın Resûlü Sallellahu Aleyhi Vesellem şöyle buyurmuştur:

YÜZÜK KULLANMANIN ÂDÂBI

اَلتَّخَتُّمُ بِالزُّمُرُّدِ يَنْفِى الْفَقْرَ

«Yüzük olarak zümrüt kullanmak fakîrliği bertaraf eder.»

Yakuttan yüzük edinmek de bir çok güçlükleri kolaylaştırır. Parmağında yakut yüzüğü olan kimse, insanların kötülüklerinden, bir çok hastalıklardan sâlim ve emîn olur. Üstelik ona yıldırım da isâbet etmez!

Sarı yakut yüzüğü kullanan kimseye ihtilâm ârız olmayacağı tıbben sâbit olmuştur. Yakutu boynuna takan kimse de «hafekan» denilen hastalığa yakalanmaz, böyle bir hastalığı varsa hemen iyileşir.

3 — Yüzük takarken Eshâb-ı kirâmın davranışını hatırlamak.

4 — Kimseye karşı böbürlenmemek.

5 — Yüzüğü sol elinin küçük parmağına takıp, taşını avucunun içine doğru döndürmek. Çünkü böyle takarsa, süsünü göstermek sûretiyle böbürlenmekten kurtulmuş olur. Resûlüllah Sallellahu Aleyhi Vesellem Efendimizin böyle taktıkları mervîdir.

(Mefâtihü'l-Cinan)

Yetmişikinci Bâb

Selâm Vermenin Adâbı

Mü'minler birbirlerinin kardeşleri olduğu için, nerede karşılaşırlarsa karşılaşsınlar, birbirlerine selâm vermeleri gerekir. Bu da İslâmın ulvî edeb ve saygı sistemlerinden biridir. Kur'ân-ı Kerîm'in Nisâ sûresindeki:

وَاِذَا حُيِّيتُمْ بِتَحِيَّةٍ فَحَيُّوا بِاَحْسَنَ مِنْهَا اَوْرُدُّوهَا

«Size selâm verildiği zaman, verilen selâmdan daha iyi bir selâm verin yâhûd aynısı ile mukâbele edin!» âyeti bizlere selâmlaşmanın önemini göstermektedir.

Âyetteki (Tehiyye) kelimesinin mânâsı: Allah sana ömür ve âfiyet ihsân etsin demektir. Bu lûgat anlamı... Şer'î anlamı ise; bildiğimiz selâmdır. Her milletin kendine göre bir saygı ifâdesi vardır. Nitekim onların selâm şeklini bize Allah (C.C.) Elçisi şöyle anlatmışlardır:

«Hıristiyanların selâmı eli ağıza koymak, Yahûdîlerinki parmakla işâret etmek, Mecûsîlerinki yere eğilmektir.»

Bundan anlaşılıyor ki Müslümanların saygı ifâde eden sözü veya davranışı: (Esselâmü aleyküm) yâhud da (Selâmün aleyküm)dür... Bunun dışında kalan selâm şekilleri ise diğer milletlere âiddir...

SELAM VERMENİN ÂDÂBI

Biraz önce geçen âyet-i kerîmenin ma'nâsı; bir kimse **(Esselâmü aleyküm)** derse ona: **(Ve aleykümüsselamu ve Rahmetullahi)** ile karşılık verilir; **(Esselamü aleyküm ve rahmetullahi)** diyerek selâm verirse **(Ve aleykümüsselamu ve rahmetullahi ve berekatuhu)** ile karşılık verilir. Şâyet **(Esselamu aleyküm ve rahmetullahi ve berekâtuhu)** diye selâm verirse o zaman aynı ile mukâbele edilerek: **(Ve aleykümesselamu ve rahmetullahi ve berekatuhu)** denir. İşte bu, aynısıyla mukabele etmektir. Yukarıda anlattığımız üç çeşit selâmın her birerleri birbirinden efdaldir. Yani **(Esselamü aleyküm)** ile verilen selâma onbeş sevâb, **(Esselamü aleyküm ve Rahmetullahi)** ile verilen selâma yirmi sevâb, **(Esselamü aleyküm ve rahmetullahi ve berekâtuhu)** ile verilen selâma otuz sevâb yazılır.

Nitekim hadîs-i şerîfde şöyle buyurulmuştur:

مَنْ قَالَ السَّلَامُ عَلَيْكُمْ كُتِبَ لَهُ عَشْرُ حَسَنَاتٍ وَمَنْ قَالَ السَّلَامُ عَلَيْكُمْ وَرَحْمَةُ اللهِ كُتِبَ لَهُ عِشْرُونَ حَسَنَةً وَمَنْ قَالَ السَّلَامُ عَلَيْكُمْ وَرَحْمَةُ اللهِ وَبَرَكَاتُهُ كُتِبَ لَهُ ثَلَاثُونَ حَسَنَةً

«Kim **(Esselamü Aleyküm)** derse ona on sevâb yazılır, kim **(Esselamu Aleyküm ve Rahmetullahi)** derse yirmi sevâb yazılır, kim de **(Esselamu Aleyküm ve Rahmetullahi ve Berekâtuhu)** derse otuz sevâb yazılır.»

Selâmda: **(Esselâmü aleyküm)** demek de **(Selâmün aleyküm)** demek de câizdir, yani her iki şekil ile de verilir. Nitekim Kur'ân-ı Kerîm'deki «Vesselâmü alâ menittebeal-hüdâ», (Ve selâmün alâ ibâdihillezinestafahu) âyetlerinde bu iki şekil de görülmektedir.

Selâmın anlamı:

Ebedî mutluluk ve iki cihândaki selâmet üzerinize olsun, demektir. Bu ma'nâ, bir topluluğa selâm verildiği zaman hakîki anlamına hamledilir, tek insana selâm verildiğinde hem o hem de yanındaki Melekler kasdedilir (sizin üzerinize) kelimesinden... Verilen selâmı, o melekler de alır ve karşılık verir. Kimin de selâmını Melekler alıp da karşılık verirlerse, o kimse Allah (C.C.)'ın azâbından emîn olur. (Ruhul beyan tefsiri.)

Selâmda riâyet edilmesi gereken bir takım husûslar vardır:

1 — Selâm veren de alan da selâmlarını birbirlerine duyurur.

2 — Mahkemedekiler kadıya, ilim öğreten hocalara, aşikâre Kur'ân okuyana, va'z edene, Mescidde namaza muntazır olanlara, genç ve tâze yabancı hanımlara selâm verilmez. Amma yabancı olup da yaşlı olursa yâhûd genç olup da mahremi olursa, selâm verilir.

3 — Oturduğu meclisten kalkıp giderken meclis ehline selâm vermek.

Bunun hakkında Resûlüllah Sallellahu Aleyhi Vesellem şöyle buyurmuştur:

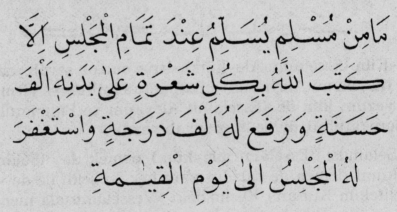

SELAM VERMENİN ÂDÂBI

«Herhangi bir Müslüman oturduğu meclisten selâm vererek ayrılırsa, Allah ona bedenindeki her tüy karşılığında bin sevâb yazar, bin derecesini yükseltir, o meclis kıyâmete kadar onun için istiğfar eder. (Tatarhaniye)

4 — Rastladığı her insana selâm verir. İster tanıdığı olsun, ister olmasın fark etmez. Tanımadığı kimseye kişinin selâm vermemesi kıyâmet alâmetidir, denilmiştir. Resûlüllah (S.A.V.) Efendimize biri gelip İslâmın hangi hususu daha efdaldir? diye sorduğunda şu cevâbı vermiştir:

$$تُطْعِمُ الطَّعَامَ وَتَقْرَأُ السَّلَامَ$$

«Yemen, yedirmen, tanıdığına da tanımadığına da selâm vermendir.»

Bir hadîste de:

«İki Müslüman adam, birbirine rastlayıp sohbet ettiklerinde, aralarına bir ağaç, taş veya kerpiç girerse, biri diğerine selâm versin ve karşılıklı selâmlaşsınlar» buyurulmuştur.

5 — Müslüman olduğunu sanarak, bir gayrimüslime yada bir bid'atçıya selâm verip te sonra onun farkına varırsa hemen «ben selâmımı geri aldım» der. (Ruhül-Beyân)

6 — Hayvana binmiş olan kimse yaya gidene, ata binen kimse merkebe binene, küçük olan kimse büyüğe, sayıca az olan kişiler sayıca çok olan kimselere selâm verir.

Resûlüllah Sallellahu Aleyhi Vesellem Efendimiz selâmın önemini şöylece belirtmişlerdir:

$$وَالَّذِي نَفْسِي بِيَدِهِ لَاتَدْخُلُوا الْجَنَّةَ حَتَّى تُؤْمِنُوا وَلَا تُؤْمِنُوا حَتَّى تَحَابُّوا اَلَا اَدُلَّكُمْ عَلَى شَيْءٍ اِذَا فَعَلْتُمْ تَحَابَبْتُمْ اَفْشُوا السَّلَامَ بَيْنَكُمْ$$

«Nefsim yed-i kudretinde olan Allah'a yemîn ederim ki, îmân etmedikçe cennete giremezsiniz, birbirlerinizi sevmedikçe tam îmân etmiş sayılamazsınız!

İster misiniz, size bir husûsu göstereyim! Onu yaptığınız zaman birbirlerinizi hiç bir sakınca duymadan sevebilirsiniz. Aranızda selâmı yaygın hale getirin!»

Selâmdan sonra el sıkışmak gelir. Bu da İslâmî âdâbdandır. Nitekim Allah (C.C.)'ın Resûlü Sallellahu Aleyhi Vesellem şöyle buyurmuşlardır:

$$ تَمَامُ تَحِيَّاتِكُمْ بَيْنَكُمُ الْمُصَافَحَةُ $$

«Aranızdaki selâm ve sevginin tamamı musafaha ile olur!»

Her iki taraf birbirinin elini sıkar. Bunun da pek büyük fazîleti var:

«Musafaha ile günâhlar, tıpkı sonbaharda yaprakların döküldüğü gibi dökülür» diye eser vârid olmuştur.

Bir hadîste bu musafaha'nın önemi şöyle belirtilir:

$$ اِذَا تَصَافَحَا اَنْزَلَ اللهُ عَلَيْهِمَا رَحْمَةً لِلْبَادِى تِسْعُونَ وَلِلْمُصَافِحِ عَشَرَةٌ $$

«İki kişi el sıkıştığı zaman Allah her ikisinin üzerine gökten yüz rahmet indirir; doksanı ilk el uzatanın, onu da ikinci olarak elini uzatanındır.»

Yine bir hadîsde şöyle buyurulur:

$$ تَصَافَحُوا يَذْهَبِ الْغِلُّ عَنْ قُلُوبِكُمْ $$

«El sıkışın ki, kalblerinizdeki kin gitsin!»

Kucaklaşmak sûretiyle saygı ve sevgi tezahüründe bulunmak, şehvetsiz ve giyinik olmak kayd-ü şartıyla, câizdir.

Âlim, zâhid, âdil hükümdârların elleri öpülür.

7 — Bir kimse tarafından üzerine aldığı selâm emânetini yerine teslim etmek.

8 — Mektubda yazılan selâma karşılık, yine mektupla verilir.

İmâm Ebû Yûsuf (Rh.A.)'ın görüşü budur!

9 — Evine girdiği zaman ev halkına selâm vermek.

10 — İçinde kimse bulunmayan bir eve girdiğinde şöyle selâm verir:

«Esselâmu aleyna ve alâ ibâdillahis-salihîn). Böyle selâm verdiği zaman, o kimsenin selâmını Melekler alır ve karşılığını verir!

(Ruhü'l-Beyân tefsîri)

Yetmişüçüncü Bâb

Başkasının Evine Girme Âdâbı

Herhangi bir kimsenin evine gittiği zaman, önce içeriye girmek için izin istemesi gerekir. Eğer kendisine izin verilmezse, geri dönüp gider. İlle de gireceğim, diye ısrar etmez. Hattâ annesinin evine bile izinsiz giremez.

Eshâb'tan biri gelip:

— Ey Allah'ın Resûlü, annemin evine izinsiz girebilir miyim? diye sordu.

— İzin almadan, haber vermeden giremezsin! İçeriye âniden daldığın zaman belki annen çıplak olur. Sen onu bu vaziyette görmek ister misin? Elbetteki istemezsin! buyurdular...

(Mefâtihü'l-Cinan)

Yetmişdördüncü Bâb

Helâl Kazanç Elde Etmenin Âdâbı

En iyi amel helâl kazanç sağlamaktır. Resûlüllah Sallellahu Aleyhi Vesellem buyurmuşlardır ki:

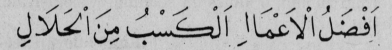

«Amellerin en üstünü, helâl kazanç elde etmek için çalışmaktır!»

Allah (C.C.)'ın bütün farzlarını elde etmek için, sıhhat lâzımdır. Sıhhat da ancak helâl kazançla elde edilir. Onun için helâl kazanç elde etmek, erkek-kadın her Müslümana farzdır, denilmiştir.

Evet! Kendine, çoluk çocuğuna harcamak, borcunu ödemek için çalışmak farzdır. Bunun ötesinde, sırf fakîrlere sadaka vermek, güçsüzlere, yoksullara yardım etmek için çalışmak müstehabtır. Yine de Nâfile namazı kılmaktan efdaldır!

Bu husûsda şöyle bir hikâye anlatılır:

Hazret-i Îsâ Aleyhisselâm ibâdetle meşgûl olup her şeyi terk eden bir zâhid'e rastlar. Zâhid'e sorar:

— Peki, sen bütün gün ibâdetle meşgûl oluyorsun, nafakanı kim temin ediyor?

— Bir kardeşim vardır, yememi içmemi hep o temin eder, diye cevâb verince Îsâ Aleyhisselâm şöyle buyurur:

HELÂL KAZANÇ ELDE ETMENİN ÂDÂBI

— Kardeşin ibâdette senden daha ileridir: Çünkü o, hem kendi ve çoluk çocuğunun nafakasını temin ediyor, hem de sana bakıyor. İki yönden ecir ve sevâb almaktadır.

Müreffeh yaşamak için çalışıp kazanmak:

Kişinin müreffeh yaşaması için çalışıp kazanmasına gelince; bu mübâhdır, harâm değildir. Çünkü Resûl-i Zîşan Efendimiz:

$$نِعْمَ الْمَالُ الصَّالِحُ لِلرَّجُلِ الصَّالِحِ$$

«İyi mal, iyi adama ne güzel de (yaraşır)!» buyurmuşlardır!

GÖSTERİŞ VE HERKESE BÖBÜRLENMEK İÇİN MAL EDİNMEK

Her ne kadar kazancı helâl olsa da, niyeti bozuk olduğu için, bu tür çalışma harâmdır...

BEŞ YOLDAN KAZANÇ ELDE EDİLİR:

1) Cihâd,
2) Ticâret,
3) Zirâat, yâni rençberlik,
4) San'at,
5) Dilencilik... Ancak bu son kısıma, şâyet bütün yolları denedikten sonra hiç bir şeyi elde edemiyen, günlük yiyeceği olmayan kişi için, müsâade edilir.

Nitekim hadîs-i şerîfde şöyle buyurulur:

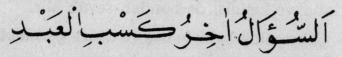

«Kulun, kazançta en son çâresi dilenciliktir!»

Hükmen veya hakîkaten hiç bir şeyi olmayıp da günlük nafakasını bütün çârelere baş vurduktan sonra yine de temin edemezse o zaman buna müsâade edilir, yoksa günlük yiyeceği kadar az bir şeyi varsa daha dilencilik yapamaz, harâm olur.

Dilencilik hakkında çok büyük bir îkâz vardır:

Resûlüllah Sallellahu Aleyhi Vesellem Efendimiz şöyle buyurmuşlardır:

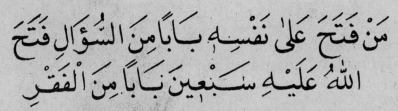

«Kim, kendi nefsi için dilenme bâbında bir kapı açarsa, Allah ona yetmiş tane fakîrlik kapısı açar!».

İbrâhim Edhem (Kuddise sirruhu) Hazretleri bir gemide seyâhat ederken, fırtına çıkar. Gemi batmağa yüz tutar tutmaz, içindekiler gelip korku ve endişelerini koca veli'ye arz ederler. Onlara şu öğütte bulunur:

— Bu fırtına, ihtiyaçlar içinde kıvranıp da yüzü suyunu dökerek başkalarına durumunu anlatan kimsenin o sıkıntılı durumuna nazaran hiçtir!

Helâl kazanç elde etmenin bir çok fâîdeleri vardır:

1 — Ticâretle helâl kazanç ettiği zaman, bundan malı ve mülkü çoğalır.

Ziraatle meşgûl olursa, ektiği ekinlerden, diktiği ağaçların meyvelerinden diğer hayvanlar bilhassa kuşlar bile yararlanır ve kendisi de bundan sevâb alır.

2 — Çalışmak sebebiyle boş ve avâre gezmekten kurtulmak,

3 — Nafakasını temin etmek için çalışırken, dediko-

du yapmağa, gıybet etmeğe ve sâir günâhları işlemeğe zaman bulamadığı için, günâhtan kurtulmak,

4 — Fakîrlik zilletinden kurtulmak. Zirâ fakîrlik iki kısımdır:

Birincisi sabreden fakîr... İkincisi devâmlı olarak hâlinden yakınan fakîr ki bu, (fakîrlik nerdeyse küfre sebeb olacak) kavline mâsadak olur.

Lokman Aleyhisselâm oğluna şu tavsiyede bulunmuştu:

Oğlum, helâl kazanç elde etmek sûretiyle fakîrlikten kurtul! Zirâ fakîrliğe düşen kişi üç şeyle burun buruna gelir: İnançları zayıflar, aklî dengesi bozulur, şahsiyetini yitirir. Bütün bunların ötesinde bir de insanların küçümsemesine uğrar...

Hazreti Ömer (R.A.)'in bu husûsta şöyle bir öğütü vardır:

«Kimse çalışmaktan geri durmasın! Devâmlı olarak rızık arasın! Çalışsın! (Yâ Rabbi bana rızık ver!) demekle yetinmesin! Çünkü biliyorsunuz ki, gök ne altın yağdırır ne de gümüş!..»

Yine bir gün Eshâb'dan Zeyd bin Eslem'in meyve aşıladığını görür ve şöyle hitâb ederek taltif eder:

— Aferin, çok güzel yapıyorsun! Çünkü sen bu işinle, hem kimseye muhtaç olmazsın, hem dînini daha iyi korursun, üstelik insanlar ve akrabaların arasında da saygınlık görürsün!

5 — Peygamberlerin mübârek âdet ve sünnetlerine uymak... Zirâ her Peygamber'in bir çalışıp kazanma usûlü vardı. Bizim Peygamberimiz (S.A.V.) âdet ve usûlü de cihâd ederek ganîmet malı elde etmekti...

Bir hadîste çalışmak şöyle övülmüştür:

مَنْ بَاتَ تَعْبًا مِنْ كَسْبِ الْحَلَالِ وَجَبَتْ لَهُ الْجَنَّةِ وَبَاتَ وَاللهُ رَاضٍ عَنْهُ

«Kim helâl kazanç yolunda yorulup da yatarsa, ona cennet vâcib olur. Ve Allah da kendisinden râzı olmuş bir halde yatmış olur.»

Çalışmak kul'dan rızık da Allah (C.C.)'tandır... İnsan ne kadar çalışırsa çalışsın Allah (C.C.) rızık vermedikten sonra hiç bir şeye sâhib olamaz! Onun için rızkı veren muhakkak ki Allah (C.C.)'dır. Buna böyle inanması lâzımdır. Hattâ yemek yemekle karın doyar. Fakat bu doymayı, yâni tokluğu yaradan da yine Allah-ü Azimüşşândır.

Bunu da böyle bilmek gerekir.

Yetmişbeşinci Bâb

Borçlanmanın Âdâbı

Bir mü'min bazen mâlî ve iktisâdî sıkıntılara düşebilir. Mü'min kardeşinden borç alması gerekebilir. Bu durum karşısında ondan borç alır, istediği zaman hemen borcunu öder. Daha borç alırken ödeme niyetiyle alır, aldatma ve dolandırma niyetiyle değil. İşte Resûlüllah Sallellahu Aleyhi Vesellem Efendimiz bu husûsda şöyle buyurmuştur:

مَنْ اَدَانَ وَهُوَ يَنْوِي قَضَاءَهُ وَكَّلَ بِهِ مَلَائِكَةً يَحْفَظُونَهُ وَيَدْعُونَ لَهُ حَتَّى يَقْضِىَ دَيْنَهُ

«Bir kimse, ödemek niyetiyle para alıp borca girerse, Allah ona Melekler tahsis eder ve o Melekler borcunu ödeyinceye dek onu korurlar ve ona duâ ederler.»

Borcunu ödemek niyetiyle para alıp da sonra ödemeden vefât ederse, Resûlüllah (S.A.V.) Efendimiz onun velîsi olur. Çünkü böyle teminât vermişlerdir.

Şâyet ödememek niyetiyle para alırsa ve ödemeden ölürse, kıyâmet gününde alacaklısına sevâblarını vermek sûretiyle borcunu ödeyecektir. Çünkü orada ne altın var ve ne de gümüş. En kıymetli paralar dahi orada geçmiyecektir.

Bir hadîs-i şerifde bu ne kadar güzel izâh edilmiştir:

$$اَلدَّيْنُ دَيْنَانِ فَمَنْ مَاتَ وَهُوَ يَنْوِى قَضَاءَهُ فَأَنَا وَلِيُّهُ وَمَنْ مَاتَ وَلَا يَنْوِى قَضَاءَهُ فَذٰلِكَ الَّذِى يُؤْخَذُ مِنْ حَسَنَاتِهِ لَيْسَ يَوْمَئِذٍ دِينَارٌ وَلَا دِرْهَمٌ$$

«Borç iki kısımdır: Kim, ödemek niyetiyle borç alır da ömrü vefâ etmeden ölürse ben onun velîsiyim; ödemek niyetinde olmadan borç para alıp da sonra ölürse, işte o kimsenin sevâblarından alınır (ve alacaklısına verilir), çünkü o gün ne dinar vardır ve ne de dirhem!»

Bir hadîs daha:

$$مَنْ أَخَذَ أَمْوَالَ النَّاسِ يُرِيدُ أَدَاءَهَا أَدَّى اللّٰهُ عَنْهُ وَمَنْ أَخَذَهَا يُرِيدُ اِتْلَافَهَا اَتْلَفَهُ اللّٰهُ$$

«İnsanların parasını ödemek niyetiyle alan kimseye ödemede Allah yardım eder. Kim de itlâf etmek (vermemek) niyetiyle alırsa Allah da onu itlâf eder.»

Borçlu olan kimse, alacaklısına karşı iyi davranmalıdır. Eline para geçer geçmez bekletmeden vermelidir. Şâyet vâdesi gelip de ödeme gücünden yoksun ise, o zaman gelip alacaklıdan özür dilemeli ve mühlet istemelidir.

Eline para geçer geçmez, henüz vâdesini beklemeden verirse, daha efdâl ve makbûl olur. Hadîs-i şerifte şöyle buyurulmuştur;

خَيْرُكُمْ اَحْسَنُكُمْ قَضَاءً وَمَهْمَا قَدَرَ عَلى
قَضَاءِ الدَّيْنِ فَلْيُبَادِرْ اِلَيْهِ وَلَوْ قَبْلَ وَقْتِهِ

«En iyiniz, ödemede güzel davrananızdır. Ödeme gücüne sâhib olur olmaz vaktinden evvel dahi olsa, hemen ödesin!»

Borcu ödeme bâbında Kâinatın Efendisi'nden şöyle nakledilmiştir:

«Dağlar kadar borcu olan kişi, şu duâyı okursa Cenâb-ı Hakk onun borcunu ödemesinde kolaylık ihsân eder:

اَللّٰهُمَّ اكْفِنِى بِحَلَالِكَ عَنْ حَرَامِكَ
وَاَغْنِنِى بِفَضْلِكَ عَمَّنْ سِوَاكَ

«Ellahümme ikfinî bi helâlike an harâmike veğninî bi fadlike ammen sivâke (Allahım, harâmına saptırmadan helâlınla beni yetindir, başkasına muhtaç kılmadan fadlınla beni zengin kıl!)»

Mümkün olduğu kadar borç para almamaya gayret etmelidir. Çünkü borç, insanın üzüntüsünü artırır, gece uykusuz bırakır, gündüz de zillet içinde bir hayata sürükler. Hadîs-i Nebevîde şöyle buyurulmuştur:

اِيَّاكُمْ وَالدَّيْنِ فَاِنَّهُ هَمٌّ بِاللَّيْلِ
وَمَذَلَّةٌ بِالنَّهَارِ

«Borca girmekten sakının! Çünkü o, geceleyin insanı üzer, gündüzleri de zillet içinde bırakır.»

(Mefâtihü'l-Cinan, Câmi'üs-Sağîr)

Yetmişaltıncı Bâb

Borç Vermenin Âdâbı

Kişi Müslüman kardeşine sadaka mı vermeli, yoksa borç para mı vermeli? Bunların hangisi daha evlâdır? Borç para vermek daha iyidir, demişlerdir.

Kişi, zenginin bile ihtiyâcını gidermeyi bir fırsat bilmelidir. Çünkü zengin iflâs edip fakîrleştiği zaman, kimseden borç isteyemez, sıkılır. Onun için ona bir dirhem bile olsa, borç para vermek, işini görmek bir fakîre yetmiş dirhem sadaka vermekten iyidir. Çünkü sadaka verdiğin kişi bazan ihtiyaç sâhibi olmayabilir. Fakat borç para isteyen insan mutlaka dardadır, sıkıntıdadır da onun için kapına gelmiştir...

Borç para istemek kolay iş değil! Nice meşakkat ve sıkıntı içinde istenir. Bu bakımdan sadakadan evlâ olmuştur. Hadîs-i şerîfde şöyle buyurulmuştur:

«İsrâ gecesi cennet kapısında şöyle bir yazı gördüm: Sadakanın karşılığında on sevâb vardır, borç para vermenin karşılığındaysa onsekiz sevâb var! Hayret edip Cebrâîl'e sordum: Nasıl oluyor da sadakanın karşılığı on, ödünç verilen paranın karşılığı onsekiz sevâb olabiliyor? Cebrâîl cevâb verdi: Çünkü sadaka zenginin de fakîrin de eline geçebilir. Amma ödünç para mutlaka ihtiyaç sâhibi olan kimsenin eline geçmektedir.»

Ödünç para vermenin fazîleti hakkında Allah (C.C.) şöyle buyurmuştur:

BORÇ VERMENİN ÂDÂBI

$$\text{مَنْ ذَا الَّذِي يُقْرِضُ اللَّهَ قَرْضًا حَسَنًا فَيُضَاعِفَهُ لَهُ أَضْعَافًا كَثِيرَةً}$$

«Kimdir o ki Allah'a güzel bir ödünç versin de Allah da onu kat kat, bir çok artırsın?» (1)

Allah (C.C.)'a ödünç para vermek demek, ödünç para verilen kimseden herhangi bir karşılık beklememek, demektir. Çünkü verilen ödünç para ancak Allah (C.C.) rızâsı için verilir. Allah (C.C.) rızâsı için verilen şeyin karşılığı beklenmez. Şu halde Allah (C.C.) rızâsı için bir adamın işini görmek karşılıksız kalmaz! Az önceki âyette de belirtildiği gibi, Allah (C.C.) karşılığını kat kat ihsân eder. Buna muhakkak nazarı ile bakmak gerekir.

Verilen borç paradan bir menfaat beklenmediğini gelin, hep birlikte İmâm A'zam Ebû Hanîfe (Rahmetullahi Aleyhi)'den öğrenelim:

Bir gün İmâm A'zam alacağını istemek için borçlunun kapısına gider, kapıyı çalar ve evin gölgesinden çekilip güneşin altında durur. Onu bu vaziyette görenler hayret içinde sorarlar:

— Neden güneşin altında duruyorsunuz da duvarın gölgesinden faydalanmıyorsunuz? Koca İmâm şu cevâbı verir:

— Ben bu ev sâhibine borç para vermiştim. Onu istemeğe geldim. Eğer evinin gölgesinden istifâde edersem, ondan yararlanmış olurum. Oysa ben yararlanmak için değil, Allah rızâsı için vermiştim. Yaptığım bu iyiliğin sevâbına bir halel gelmemesi için böyle davrandım!

Borç verdiği kimseye, vâdesi dolduğu zaman, ödeme

---
(1) Bakara Sûresi; âyet: 245.

gücünden mahrûm ise, ikinci bir mühlet tanımak... Yâhûd da alacağından tamamen vaz geçmək...

Allah (C.C.)'ın Resûlü Sallellahu Aleyhi Vesellem şöyle buyurmuşlardır:

$$\text{مَنْ اَنْظَرَ مُعْصِرًا اَوْ تَرَكَ لَهُ حَاسَبَهُ اللهُ حِسَابًا يَسِيرًا}$$

«Kim güç durumda olan (alacaklısına) mühlet tanırsa yâhûd da (alacağını) tamamen terk ederse, Allah onu kolay bir hesabla cennete geçiştirir!»

Diğer bir hadîs-i şerîf:

$$\text{مَنْ اَقْرَضَ دَينًا اِلىٰ اَجَلِهِ فَلَهُ بِكُلِّ يَوْمٍ صَدَقَةٌ اِلىٰ اَجَلِهِ}$$

«Kim belirli bir süreye kadar ödünç para verirse, o süre doluncaya kadar her gün bir sadaka vermiş sevâbı alır.»

Ödünç para isteyen kimseden, kefil veya şâhid isteyerek onu müşkül durumda bırakmamak...

İsrâiloğullarından biri, bir adama gelip bin altın ödünç istemiş. Adam ona:

— Hani şâhidin? diye sormuş, adam şu cevâbı vermiş:

— Şâhidim Allah'dır!

— Kefilin var mı?

— Kefilim de Allah'dır!

BORÇ VERMENİN ÂDÂBI

Bunun üzerine adam «Ben de Allah'ın şehâdet ve vekâleti ile sana bin altın veriyorum!» diyerek bin altını verdi.

Ödeme günü geldiğinde borçlu bin altını alıp alacaklıya teslim etmek üzere yola çıktı... Hava şartları müsâid olmadığı için gemiye binemedi ve nâçâr bir vaziyette o bin altını, içini oyduğu bir ağaca, durumu anlatan bir yazı ile birlikte koyup ağacı da iyice ziftleyip: «Yâ Rabbi! Ben bu parayı senin şehâdetin ve kefâletin tahtında almıştım! Ne olur sen bunu yerine ulaştır!» diye duâ yaparak denize bırakmış... Meğer parayı veren adam evlerinde odun kalmadığı için deniz kenarına odun toplamağa çıkmış, o adı geçen ağacı görünce hemen odun olarak onu almış, evine götürmüş, yardığı zaman içindeki mektubu ve altınları tertemiz görmüş ve kendisine âid olduğunu hemen anlamış ve Allah'a şükretmiş.

Bir müddet sonra belki denizle gönderdiğim para yerini bulmadı diyerek, bin altın daha yanına alıp alacaklısına gidince, alacaklı şöyle demiş:

— Buna gerek yok! O senin denize atmak sûretiyle yolladığın para bana çoktan vâsıl oldu!

Bunun üzerine hem borçlu hem de alacaklı çok sevinmişler ve Allah (C.C.)'a hamd-ü senâda bulunmuşlar...

(Buhârî, Şir'atü'l-İslâm)

Yetmişyedinci Bâb

Mü'min Olan Kimsenin Herhangi Bir Kimseye Dileğini Arzetmesi

Gerçek mü'min, kimseden bir şey istemez. İnsanların elindekine tama' etmez.

Bütün dilek ve ihtiyaçlarında tam ma'nâsiyle Allah(C.C.)'a tevekkül edip her işini O'na havale eder. Kendisini dâimâ tok görür, kimseye el-avuç açmaz, Allah(C.C.)'dan gayri kimseye minnet etmez. Bu evsafta olan kişiyi Allah(C.C.) aziz kılar, şahsiyet sâhibi yapar, kimseye muhtaç etmez. Herkesi ona muhtaç eder. Zira insanların elindekine tama' etmek ve insanlara karşı yüz suyu dökmek kişiyi küçük düşürür, fitne ve belâya sürükler. Bunun aksine, iffetli ve şahsiyetli olmak kişiye çok şey kazandırır. Nitekim hadîs-i şerîfde şöyle buyurulmuştur:

$$\text{مَنِ اسْتَعَفَّ أَعَفَّهُ اللهُ وَمَنِ اسْتَغْنَى أَغْنَاهُ اللهُ}$$

«Kim iffet sâhibi olmak isteyip de (kimseye el avuç açmazsa) Allah onu iffet sâhibi kılar, kimki kimseye muhtaç olmak istemezse (ve ona göre çalışırsa) Allah onu kimseye muhtaç etmez.»

Kıyâmet gününde bir takım insanlar kabirlerinden

dirilirler, kuşlar gibi uçup cennete girerler, cennette yaşamağa başlarlar. Melekler onlara sorarlar:

— Siz suâl, hesab ve mizan gördünüz mü?

— Görmedik! derler.

— Pekâlâ, siz kimlersiniz, dünyada ne iş yapardınız?

— Biz Muhammed Aleyhisselâm'ın ümmetindeniz. Dünyada gizli yerlerde dahi günâh işlemekten sakınırdık, Allah'ın verdiği rızka kanaat ederdik, yüz suyu döküp insanlardan bir şey istemezdik, diye cevâb verirler.

Bir hadîsde şöyle buyurulur:

$$\text{مَنْ يَتَكَفَّلَ اَنْ لَا يَسْأَلَ النَّاسَ شَيْئًا}$$
$$\text{اَتَكَفَّلُ لَهُ بِالْجَنَّةِ}$$

«Kim, insanlardan bir şey istememeğe kendi kendine kefil olursa, ben dahi ona cennetle kefil olurum!»

Sevban (R.A.) nefsine, yani kendi kendine o kadar kefil olurdu ki, bütün işlerini kendisi görürdü. Hattâ hayvan üstünde giderken elinden kamçısı düştüğü zaman iner yerden kamçısını, kimseye minnet etmeden kendisi alırdı.

İnsanlardan bir şey isteneceği zaman, esas olan budur. Son derece iffetli ve şahsiyetli olup kimseden bir şey istememeğe gayret eder. Lâkin bazen kişi çâresiz kalır, bir adamdan bir şey istemeğe mecbûr olur. İşte o zaman ne yapması gerekir? sorusuna şu cevâbı veririz:

Önce güzelce bir abdest alır, iki rek'at namaz kılar ve dileğini Allah (C.C.)'a sunar... Bu işi yapmak için Perşembe gününü ganîmet bilmelidir. O gün hâcetini arz eder. Sonra Âli-İmran sûresinin son âyeti olan:

يَا اَيُّهَا الَّذِينَ اٰمَنُوا اصْبِرُوا وَصَابِرُوا وَرَابِطُوا وَاتَّقُوا اللّٰهَ لَعَلَّكُمْ تُفْلِحُونَ

Âyete'l-Kürsî'yi, İnnâ enzelnahu sûresini, Fâtihâ'yi şerîfeyi okur. Ondan sonra salâvat-ı şerîfe getirir. Bunu müteakib soyca temiz ve takvâca olgun olan bir şahsa gider, durumunu münâsib bir lisânla arz eder. Resûlüllah Sallellahu Aleyhi Vesellem Efendimiz'in tavsiyesi böyledir:

اُطْلُبُوا الْحَوَايِجَ اِلٰى ذَوِي الرَّحْمَةِ مِنْ اُمَّتِي تُرْزَقُوا وَتَنْجَحُوا فَاِنَّ اللّٰهَ يَقُولُ رَحْمَتِي فِي ذَوِي الرَّحْمَةِ فِي عِبَادِي . وَلَا تَطْلُبُوا الْحَوَايِجَ عِنْدَ الْقَاسِيَةِ قُلُوبُهُمْ فَلَا تُرْزَقُوا وَلَا تَنْجَحُوا فَاِنَّ اللّٰهَ يَقُولُ اِنَّ سَخْطِي فِيهِمْ

«Hâcetlerinizi ümmetimden merhametli olanlardan isteyiniz, ki matlubunuza nâil olup merzuk olasınız. Zirâ Allah: (Benim rahmetim kullarımdan merhametli olanlardadır) buyurdu. İhtiyaçlarınızı sakın katı kalblilere arz etmeyiniz ki başaramazsınız, merzuk olmazsınız. Zirâ Cenâb-ı Vâcib'ül-vücûd Teâlâ ve tekaddes hazretleri: (Benim gazâbım onların üzerinedir!) buyurmuştur...»

Şâyet bu niteliği taşıyan bir kimse bulmazsa, o zaman mürüvvet bakımından bilinen kimselere baş vurur.

O evsafta da kimseyi bulamazsa, yüzünde nûr eseri olup da halkın yardımına koşanlara, koşamadıkları zaman üzülenlere baş vurur.

İhtiyacını arz ettiği kimseyi yüzüne karşı överek müdâhene etmez. Şayet işi görülürse Allah (C.C.)'a şükreder ve o zâta da duâ eder. Görülmezse yakınmaz, sabr eder ve işini göremediği kimseyi de zem etmez.

Mühim bir işi olan kimse ne yapmalıdır?

Resûlüllah Sallellahu Aleyhi Vesellem, böyle birine şu tavsiyede bulunmuşlardır:

اِنَّ مَنْ عَسُرَ عَلَيْهِ اَمْرٌ وَحَمَلَ دَيْنًا فَقَالَ اَلْفَ مَرَّةٍ لَاحَوْلَ وَلَاقُوَّةَ اِلَّا بِاللهِ الْعَلِيِّ الْعَظِيمِ سَهَّلَ اللهُ عَلَيْهِ ذَلِكَ

«Kim, güç bir işle karşılaşırsa, yâhûd borca girerse de bin kere (Lâ hâvle velâ kuvvete illâ billâhil-âliyyil-âzim) derse, Allah onun işini kolaylaştırır.»

(Mefâtihü'l-Cinan)

Yetmişsekizinci Bâb

A'mâ'ya Yardım Etmenin Âdâbı

A'mâ: Gözleri görmeyen kimseye denir. Bu hakîki ma'nâsıdır. Bir de basireti yani kalb gözü kör olanlar vardır ki, Allah İsrâ sûresinin

$$وَمَنْ كَانَ فِي هٰذِهِ اَعْمٰى فَهُوَ فِي الْاٰخِرَةِ اَعْمٰى وَاَضَلُّ سَبِيلًا$$

«Kim, bu dünyada a'mâ olursa (hakîkatleri görmezse) o âhirette de a'mâdır ve yolu daha çok şaşırandır» âyetinde onları beyân etmiştir. Allah (C.C.) o tür insanlardan bizleri korusun!

Hadîs-i şerîfde de bu tip insanlar dile getirilmiştir:

$$لَيْسَ الْاَعْمٰى مَنْ يَعْمٰى بَصَرُهُ وَاِنَّمَا الْاَعْمٰى مَنْ تَعْمٰى بَصِيرَتُهُ$$

«Gerçek kör, gözü kör olan değil; gerçek kör basireti kör olandır!»

İşte gerçekten hüsrâna uğrayacak olanlar, hakîkatleri göremiyen gâfillerdir ki onların kalbleri kararmış, basiretleri kör olmuştur.

Ama etrafı göremiyen bildiğimiz körler hiç bir zaman ayıplanmaz, kınanmazlar. Çünkü kendilerine verilen bu hastalık Allah (C.C.)'ın bir ibtilâ ve imtihanıdır. Nitekim Kudsî hadîsde şöyle buyurulmuştur:

$$اِذَا ابْتَلَيْتُ عَبْدِى بِحَبِيبَتِهِ ثُمَّ صَبَرَ عَوَّضْتُهُ مِنْهَا الْجَنَّةَ$$

«Gözlerini kör ederek kendisini imtihana çektiğim kul eğer sabrederse, o iki gözüne karşılık cennet veririm!»

Yine bir Hadîs-i Kudsî'de şöyle buyurulmuştur:

«Kulumun iki gözünü a'mâ kılmakla ibtilâ ettiğim, ve bu yüzden o sıkıntıda kaldığı zaman, bana hamd ve şükrederek sabrederse, onun için hoşnûd olacağım en büyük mükâfat: Cennettir!»

İşte Allah (C.C.)'ın imtihan ettiği bu a'mâlara kim yardım ederse Allah (C.C.)'da ona yardım eder. A'mânın sol elini kendi sağ eliyle tutup yol gösterirse, attığı her adım başında bir köle âzâd etmişcesine sevâb kazanır, diye eserde vârid olmuştur.

(Câmiü's-Sağîr, Mefâtihü'l-Cinan)

Yetmişdokuzuncu Bâb

Yolculuğun Âdâbı

En sevdiği kişilerden, beldesinden ayrılıp çeşitli sıkıntılara katlanarak sefere çıkması, gurbet kahrını çekmesi ancak şu altı sebebten ileri gelir:

Bu yolculuğu ya Hac farizesini ifâ etmek için yapar.. Yâhûd İlâhî kelimetullah için cihâd etmek üzere çıkar... Yâhûd din ilmini tahsil etmek için gider.

Ya da nefsini terbiye edip olgunluğa ermek için olur.. Yâhûd bulunduğu ülkede dînini tam anlamıyla uygulayamadığı için, daha serbest, daha hür olan memlekete gitmek amacıyla olur.

İşte bu altı sebebin tümü de makbûl, ma'kul ve merğubdur. Bunların tümü veya herhangi biri için yapılan yolculuk mübârek bir yolculuktur.

«Sefer» kelimesinin lûgat anlamı: Açıklık demektir... Bir adam yolculuğa çıktığında, nasıl bir adam olduğu belli olur.

Haşin tabiatli bir adamsa, yumuşak, tuğyan; içinde kıvranan bir kimse ise îmân ve i'zâna; kibirli bir şahıs ise tevazûa kavuşur. Çünkü kendi alışkanlığından yolculuk sebebiyle mahrûm kalınca, aslî cevheri meydana çıkar...

Sefer (yolculuk)'in fâideleri sayılmayacak kadar çoktur:

YOLCULUĞUN ÂDÂBI

1 — Yola çıkan kimseye Allah (C.C.) yardım eder. Hadîs-i şerîfde bu müjde şöyle verilir:

$$\text{اَحَبُّ شَيْءٍ اِلَى اللّٰهِ الْغُرَبَاءُ}$$

«Allah'ın en çok sevdiği şey, gariblerdir!» Bunu duyan Sahâbîler, gariblerin kimler olduğunu öğrenmek istediklerinde Allah'ın Resûlü Sallellahu Aleyhi Vesellem şöyle buyurdu:

«Dinleri için ülkelerini terk edip firar edenler!»

2 — Cenneti hak eder. Hadîs-i şerîfde belirtilmiştir:

$$\text{مَنْ فَرَّ بِدِينِهِ مِنْ اَرْضٍ اِلَى اَرْضٍ وَاِنْ كَانَ شِبْرًا اِسْتَوْجَبَتْ لَهُ الْجَنَّةَ وَكَانَ رَفِيقَ اِبْرَاهِيمَ وَمُحَمَّدٍ عَلَيْهِ السَّلَامُ}$$

«Kim, bir yerden bir yere dîni için, bir karış dahi olsa, geçerse cenneti hak etmiş olur. Hem İbrâhim'in hem de Muhammed (Aleyhisselâm'ın) arkadaşı olmuş olur.»

3 — Hem bol rızka kavuşur, hem de vücûdça sağlığı elde eder. Çünkü Peygamber Aleyhisselâm:

$$\text{سَافِرُوا تَصِحُّوا}$$

«Yolculuk yapın ki, sıhhata kavuşasınız!» buyurmuştur.

4 — Dâimâ Allah (C.C.)'ın himâyesinde olur. Ayrıca Allah (C.C.) ona yardım da eder. Resûlüllah (S.A.V.) Efendimiz buyurmuştur ki;

$$\text{عَلَيْكُمْ بِالسَّفَرِ فَاِنَّ الْمُسَافِرَ فِي عَوْنِ اللهِ تَعَالَى رَاكِبًا اَوْ مَاشِيًا}$$

«Yolculuk yapmalısınız, zirâ yolcu, ister binerek ister yaya yolculuk yapsın, dâimâ Allah'ın himâyesindedir.»

Yolculuk yapacak kimsenin riâyet etmesi gereken husûslar:

1 — Yolculuğa, Perşembe veya Pazartesi günü hareket etmeli. Çünkü bu günlerde ameller göğe urûc eyler, Resûlüllah (S.A.V.) Efendimize de Ümmetinin amelleri o günlerde sunulur.

2 — Evinden çıkarken ve seferden döndüğü zaman iki rek'at namaz kılmak.

Hadis-i şerifde şöyle tavsiye edilmiştir:

$$\text{اِذَا اَرَادَ اَحَدُكُمُ السَّفَرَ فَلْيُصَلِّ رَكْعَتَيْنِ فِي بَيْتِهِ وَاِذَا رَجَعَ فَلْيُصَلِّ رَكْعَتَيْنِ}$$

«Biriniz yolculuk yapmak istediğinde, evinde iki rek'at namaz kılsın; döndüğü zaman da iki rek'at namaz kılsın!»

Yolculuğa çıkarken şu duâyı üç kere okur:

$$\text{بِسْمِ اللهِ وَاٰمَنْتُ بِاللهِ وَاعْتَصَمْتُ بِاللهِ وَتَوَكَّلْتُ عَلَى اللهِ وَلَا حَوْلَ وَلَا قُوَّةَ اِلَّا بِاللهِ الْعَلِيِّ الْعَظِيمِ}$$

«Bismillâhi ve amentü billâhî va'tasemtu billâhi ve tevekkeltü alellâhi velâ havle velâ kuvvete illâ billâhilaliyyil-azîm...»

Eğer bir insan evinden çıkarken bu duâyı okursa, bir melek gelip onu hidâyetle müjdeler.

3 — Dostlarına ve arkadaşlarına vedâ etmek. Nitekim hadîs-i şerîfde şöyle buyurulmuştur:

اِذَا اَرَادَ اَحَدُكُمُ السَّفَرَ فَلْيُوَدِّعْ اِخْوَانَهُ
فَاِنَّ اللهَ جَاعِلٌ لَهُ فِى دُعَائِهِمُ الْبَرَكَةَ

«Biriniz sefere çıkmak istediğinde dostlarına vedâ etsin. Çünkü Allah onların duâlarında bereket kılar.»

Âilesine ve çoluk çocuğuna da şöyle diyerek vedâ eder: «Ben sizi emâneti zâyi etmiyen Zât-i Ecelli A'lâya tevdî ediyorum!»

4 — **Hayvana veya herhangi bir vâsıtaya binerken ve inerken «Besmele» çekmek.** Çünkü «Besmele»siz bindiği zaman Şeytan da ardından biner, diye rivâyet edilmiştir.

5 — **Yolculuğa çıkarken iyi bir arkadaş seçmek.** Çünkü Resûlüllah (S.A.V.) Efendimiz yalnız, tek başına yolculuk yapmaktan menetmiştir. Arkadaş sayısının dört olması tavsiye edilmiştir ve şöyle buyurmuştur:

خَيْرُ الرُّفَقَاءِ اَرْبَعَةٌ وَكَلِمَتُهُمْ وَاحِدَةٌ

En iyi arkadaş, aynı fikirde olan dört arkadaştır!»

Çünkü birisi hastalanıp da vasiyet ettiğinde, içlerinden biri vasî diğer ikisi de şâhid olur. Cemâatle namaz kılacakları zaman, biri imâm, ikincisi müezzin, diğer ikisi de cemâat olur. Biri bir işi görmek üzere gittiğinde, ikincisi ona arkadaş olur, diğer ikisi de eşyayı beklerler.

Eğer üç arkadaşlarsa, içlerinden biri Emîr (Başkan) olur. Hadîs-i şerîfde şöyle buyurulmuştur:

$$\text{اِذَا كُنْتُمْ ثَلَاثَةً فِى سَفَرٍ فَأَمِّرُوا اَحَدَكُمْ}$$

«Eğer yolculukta üç arkadaş iseniz, içinizden birini başkan seçin!» (Avarifü'l-Maârif)

Yolda arkadaşları ile güzel geçinir. Onları neşelendirmek için hoş sohbette bulunur. Korktukları zaman onlara cesâret verir, unuttuklarında hatırlatır, yolculuk esnasında karşılaştığı müşkül işlerde onlara danışır...

6 — Yolda tanımadıkları birine rastladıklarında, onun göreceği yoldan gitmezler. Çünkü şeytan ve cinnin câsûs olma ihtimâli vardır. Nitekim Resûlüllah (S.A.V.) Efendimiz bu husûsa işâret buyurmuşlardır:

$$\text{اِنَّ فِى الْفَلَاةِ نَوْعًا مِنَ الْجِنِّ يُقَالُ لَهُ الْغَوْلُ لِيُضِلَّ النَّاسَ عَنِ الطَّرِيقِ وَيُهْلِكَهُمْ}$$

«Harabe yerler ve sahralarda (Ğavl) adında bir çeşit cinler vardır ki, insanların yolunu şaşırtırlar ve onları helâke sürüklerler.»

Diğer bir hadîsde de şöyle buyurulmuştur:

«Size gaviller hücûm ettiği zaman hemen ezân okuyunuz!» (Meşârık)

7 — Gemiye bindiği zaman şu âyet-i kerîmeleri okur:

بِسْمِ اللهِ مَجْرَاهَا وَمُرْسَاهَا اِنَّ رَبِّى لَغَفُورٌ
رَحِيمٌ وَمَا قَدَرُوا اللهَ حَقَّ قَدْرِهِ وَالْاَرْضُ
جَمِيعًا قَبْضَتُهُ يَوْمَ الْقِيَمَةِ وَالسَّمٰوَاتُ
مَطْوِيَّاتٌ بِيَمِينِهِ سُبْحَانَهُ وَتَعَالَى عَمَّا يُشْرِكُونَ

«Bismillâhi mecrahâ ve mursâha inne Rabbî le ğafurun Rahîm... Ve mâ kadrullâhe hakke kadrihi vel-erdu cemiân kabdatuhu yevmel-kıyâmeti vessemâvatu metviyyatun bi yemînihi Sübhânehu ve teâlâ amma yüşrikun.»

Resûlüllah (S.A.V.) Efendimizin hadîsinde böyle tavsiye edilmiştir. Bu âyetleri okuyan kimse boğulmaktan kurtulur, denilmiştir.

8 — Bir yerde konakladığında yalnız başına değil de toplu halde konaklamak.

Tek başına konaklamaktan Resûlüllah Sallellahu Aleyhi Vesellem bizleri alıkoymuşlardır ve şöyle buyurmuşlardır:

اِنَّ تَفَرُّقَكُمْ فِى هٰذِهِ الشِّعَابِ وَالْاَوْدِيَةِ
اِنَّمَا ذٰلِكُمُ الشَّيْطَانُ

«Vâdilerde ve tenhâ yollarda yalnız başına konaklamanız, Şeytandandır!»

9 — Konakladığı yerde gece olunca şu duâyı okur:

«Yâ erdu Rabbî ve Rabbukillâhu! Eûzu billâhi min şerrike ve şerri mafiki ve şerri mâ debbe aleyki, ve min şerri külli esvedin ve esedin. Ve hayyetin ve akrebin ve min şerri sâkinil-beledî ve min şerri vâlidin ve mâ velede ve lehu mâ sekene filleyli venneharı ve hüvessemiul-alîm.»

10 — Geceleri gördüğü karartıdan korkmamak. Zirâ Mücâhid (R.A.) der ki:

«Gece gördüğün karartıdan sakın korkma! Çünkü o gördüğün şey senden daha çok korkar...»

11 — Yolu şaşırdığı zaman, sağ taraftaki yoldan gitmek. Çünkü Allah (C.C.) (Hadi) adında bir Melek gönderir, ona kılavuzluk eder. Nitekim hadîs-i şerîfde şöyle buyurulmuştur:

$$\text{اِذَا اشْتَبَهَ عَلَيْكُمُ الطَّرِيقُ فَعَلَيْكُمْ بِذَاتِ الْيَمِينِ فَاِنَّ عَلَيْهَا مَلَكًا يُسَمَّى هَادِيًا}$$

«Yol hususunda şüpheye düştüğünüzde sağ tarafı tercih edin. Çünkü orada (Hadi) adında bir Melek vardır.»

12 — Vâlîsi ve hâkimi bulunmayan ve kargaşanın hüküm sürdüğü ülkeye girmemek.

Ama son derece sağlam bir i'tikâd ve irâdeye sâhib olan kimse için böyle bir ülkeye girmekte beis yoktur. Çünkü o, tevekkül ve i'tikâdının eserini görür, inancı artar. Çünkü «Kader gelince, endişe ve korku faide vermez» buyurulmuştur.

Abdul-Melik İbn Mervan, ülkesinde Taun hastalığı salgın hale gelince, bir gece kölesini alarak gizlice kaçmaya koyulmuş... Yolda Halîfe'nin uykusu gelmiş.. Köleye:

— Haydi, bir şeyler anlat da uykum dağılsın! demiş...

— Sizi memnun edecek bir şey bilmiyorum! demişse de Halife ısrar etmiş ve nihâyet köle, «Size duyduğum bir hikâyeyi nakledeyim» demiş ve söze başlamış:

Bir gün bir tilki bir arslana gelerek:

— Ne olur ben bir güçsüz hayvanım. Yırtıcı kuşlardan çok korkarım! beni himâyene al! diye ricâda bulunmuş... Arslan da olur, demiş ve tilkiyi himâyesine almış, ve epeyce beraber gezmiş... Nihâyet havada büyük bir kuş görünce, tilki korkusundan titremeye başlamış... Ne olur beni koru, diye yalvarmış...

Arslan:

— Korkma sana bir şey yapamaz! demişse de tilkiye kâr etmemiş. Nihayet arslan tilkiyi sırtına almış... Derken kuş dolana dolana gelmiş tilkiyi arslanın sırtından kapıvermiş. Tilki feryad etmiş:

— Ey dağların ormanların şahı! Kurtar beni! Hani bana söz vermiştin, ne oldu? Arslanın cevâbı:

— Ne yapayım, ben seni yerden gelecek âfetlere ve belâlara karşı korurum, demiştim. Ve sözümde durdum... Bu gelen belâ ise üstten geldi. Üstten gelen belâ ve âfetleri önlemeye gücüm yetmez!

Kölenin ağzından bu hikâyeyi dinleyen Halife pişman olmuş, tevbe ve istiğfar ederek geri dönmüş ve şu beyti okumuş:

«Mukadder olan bir şeyden kaçarsan, emîn ol ki ona doğru ilerliyorsun, demektir!»

13 — Girdiği ülkenin ilk defa soğanını yer. Çünkü hadis-i şerifde:

$$\text{مَنْ اَكَلَ فِحَا اَرْضٍ لَمْ يَضُرُّهُ مَاؤُهَا}$$

«Kim bir yerin soğanını yerse, onun suyu ona zarar vermez!» buyurulmuştur.

14 — Evine döndüğü zaman kurban keser. Çünkü şöyle rivâyet edilmiştir:

«Resûlüllah Sallellahu Aleyhi Vesellem (seferden) Medine'ye döndüğünde bir deve kurban ederlerdi...»

15 — Uzak bir yerden geldiği zaman, çoluk çocuğunu haberdâr etmeden, gece eve girmemek. Gündüz girer. Çünkü belki hanımı kirli ve dağınık bir durumda olabilir, ya da hoşlanmayacağı bir şey ile karşılaşabilir. Nitekim bir hadîsde Allah'ın Resûlü Sallellahu Aleyhi Vesellem şöyle buyurmuşlardır:

$$\text{اِذَا طَالَ اَحَدُكُمُ الْغَيْبَةَ فَلَا يَطْرُقْ اَهْلَهُ لَيْلًا}$$

«Birinizin evden uzaklaşması hayli uzun olursa, evine gece gelmesin!»

Bu hadîsin vürûdundan sonra iki kişi evlerine geceleri girdiler, bir de ne görsünler, evlerinde yabancı erkekler yok mu; hayret ettiler...

16 — Seferden gelirken hediyesiz gelmemek. Torbasında bir taş olsa bile mutlaka bir hediye getirmek. Hadîs-i şerîfde şöyle buyurulur:

$$\text{اِذَا قَدِمَ اَحَدُكُمْ مِنْ سَفَرٍ فَلْيَقْدِمْ مَعَهُ بِهَدِيَّةٍ وَلَوْ يُلْقِى فِى مُخَلَّاةٍ حَجَرًا}$$

«Biriniz seferden geldiğinde, çantasında bir taş dahi olsa, bir hediye ile gelsin!»

(Mefâtîhü'l-Cinan)

Sekseninci Bâb

Mü'minlerin Biribirleri ile Sohbet Etmelerinin Âdâbı

Şurası bir gerçektir ki, Cenâb-ı Hakk(C.C.)'ın bütün emir ve yasakları iki esâsa dayanır:

1) Allah'ın emrine itâat...

2) Allah'ın kullarına şefkat ve merhâmet göstermek...

Evet, Allah'ın kullarına nasihat ve merhamet edip, işlerine elinden geldiğince yardım etmek hiç şüphe yok ki nâfile ibâdetten efdaldir.

Bu husûsda da bir çok usûl ve âdâb anlatılır:

1) Bir mü'minin üzülmesiyle üzülmek, sevincine iştirak etmek. Hadîs-i Nebevîde şöyle buyurulur:

مَثَلُ الْمُؤْمِنِينَ فِي تَوَادِهِمْ وَتَرَاحُمِهِمْ كَمَثَلِ الْجَسَدِ إِذَا اشْتَكَى بَعْضُهُ تَدَاعَى سَائِرُهُ بِالسَّهَرِ وَالْحُمَّى

«Mü'minler, birbirlerini sevmelerinde, yekdiğerlerine acımada tıpkı bir cesed gibidirler. O cesedin bir azâsı rahatsız olduğu zaman diğer bütün azâları nasıl acı çekip uykusuz kalırsa, işte bir mü'minin rahatsızlığı ile bütün mü'minler acı çekip uykusuz kalırlar.»

2 — İyi kimse olsun ya da kötü kimse olsun, herkese elinden geldiği kadar merhamet edip yardım etmek. Allah'ın Resûlü Sallellahu Aleyhi Vesellem şöyle buyurmuşlardır:

ارْحَمُوا مَنْ فِي الْأَرْضِ يَرْحَمْكُمْ مَنْ فِي السَّمَاءِ

«Yerdekilere merhâmet edin ki, göktekiler de size merhâmet etsinler!»

3 — Kendisine yapılan ezâ ve cefâya sabır edip, bu sabrın karşılığını Allah (C.C.)'tan beklemek. Kendisine haksız muâmele edenleri bağışlayıp hakkını helâl etmek.

Halkın, kendisine yaptığı ezâya sabr etmek gerçekten pek güçtür. Onun için yapılan sataşmalara sabretmenin mükâfatı da o derece büyüktür. Sonra, insanlar halkın dilinden kat'iyen kurtulamazlar. Bütün yüce sıfatla müttasıf, noksan sıfatlardan münezzeh ve müberrâ olmasına rağmen Allah (C.C.) bile halkın dilinden kurtulmamıştır. Ona ortak koşanlar ve inanmayanlar olmuştur.

Bir gün Mûsâ Aleyhisselâm İsrâiloğullarının sataşmasına çok üzülmüş ve dayanamamış, Allah (C.C.)'a:

— Yâ Rabbi! Ne olur onlar benim hakkımda böyle kötü konuşmasınlar, yalan ve iftiralarda bulunmasınlar! diye niyâz etmiş. Cenâb-ı Hakk (C.C.) şöyle buyurmuştur:

— Kendi hakkımda yapmadığımı senin hakkında nasıl yapayım! Onlar benim hakkımda da ileri geri konuşuyorlar... (Şerhü'l-Hatib)

4 — İnsanlara yardım etmek, işlerini görmek. Resûlüllah (S.A.V.) Efendimiz buyururlar ki:

$$\text{مَنْ مَشَى فِى حَاجَةِ اَخِيهِ سَاعَةً مِنْ لَيْلٍ}$$
$$\text{اَوْ نَهَارٍ قَضَاهَا اَوْ لَمْ يَقْضِهَا كَانَ خَيْرًا}$$
$$\text{لَهُ مِنِ اعْتِكَافِ شَهْرًا}$$

«Gece veya gündüz, her kim bir saat Müslüman kardeşinin işine koşarsa —o işini ister yapabilsin ister yapamasın— bu hareketi, bir ay i'tikâfa girmesinden daha iyidir.»

5 — Müslüman kardeşi güç ve üzüntülü bir durumda olduğu zaman, onu teselli edip ferahlatmaya çalışmak. Peygamber Aleyhisselâmın tavsiyesi:

$$\text{اِنَّ مِنْ مُوجِبَاتِ الْمَغْفِرَةِ اِدْخَالُ السُّرُورِ}$$
$$\text{عَلَى قَلْبِ اَخِيهِ الْمُسْلِمِ}$$

«Müslüman kardeşinin kalbini sevinçli kılması, bir mü'minin mağfiret olmasının sebeblerinden biridir!»

Abdullah b. Ömer ve Ali (K.V.)'nin Resûlüllah'tan yaptıkları bir rivâyete göre Allah'ın Resûlü Sallellahu Aleyhi Vesellem şöyle buyurmuştur:

«Farz ibâdetleri ifâ ettikten sonra, en efdal ibâdet Müslümanın kalbine sevinç koymaktır!»

6 — Suçluların afvına çalışmak. Yanlız bu ilâhî hudûda taâllük eden husûslarda olmamalıdır.

Öldürme hallerinde velîsine ricâ edip kısâsı afvettirmek için çalışmak ta iyi davranışlardandır. Nitekim Bakara sûresinde:

$$\text{وَاَنْ تَعْفُوا اَقْرَبُ لِلتَّقْوَى}$$

«Afvetmeniz takvâ'ya daha yakın (bir davranış) tır!» buyurulmuştur!..

Bir hadiste de Peygamber Aleyhisselâm şöyle buyurmuştur:

اِشْفَعُوا اِلَىَّ لِتُؤْجَرُوا اِنِّي أُرِيدُ الْاَمْرَ
فَأُخَرُّهُ كَىْ تَشْفَعُوا اِلَىَّ لِتُؤْجَرُوا

«Sevâba girmeniz için birbirinize şefâat edin. Ben bazı şeyleri hemen tatbik etmek isterim, fakat sevâba girmeniz için birbirlerinize şefâat edesiniz diye onu tehir ederim!»

«Dilin zekâtından daha iyi bir zekât yoktur!» buyurulduğunda, Eshâb-ı Kîram:

— Dilin zekâtı nedir, ey Allah'ın Resûlü, diye sordular. Şöyle buyurdu:

«Lisânen yapılan şefâattır: Çünkü onunla kan akıtılması durur, başkası yararlanır, bir diğerinden de zarar bertaraf edilmiş olur.»

7 — Yanında olsun olmasın, din kardeşinin ırz ve nâmûsunu korumak. Nitekim bir hadîsde şöyle buyurulur.

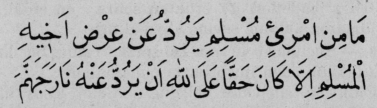

«Herhangi bir Müslüman, Müslüman kardeşinin ırz ve nâmûsuna halel verecek herhangi bir şeyi önlerse, Allah da ondan cehennem azâbını behemehal önler.»

Gücü yettiği halde, bir kimsenin Müslüman kardeşi-

MÜ'MİNLERİN BİRBİRLERİ İLE SOHBET ETMELERİNİN ÂDÂBI 465

ne karşı yardımı esirgerse bu insanlık dışı bir hareket olur. Bunun da vebâli pek büyüktür.

«Yanında bir mü'min alçaltılırsa, o da ona yardım etmeğe gücü yeterse ve etmezse Allah onu kıyâmet gününde şâhidler huzurunda mutlaka alçaltır.» buyurulmuştur.

8 — Kendine zulm eden kişiyi bağışlamak. Bir hadîsde şöyle buyurulur:

$$\text{اَحَبُّ النَّاسِ اِلَى اللهِ مَنْ هُوَ اَنْفَعُ لِلنَّاسِ}$$
$$\text{وَيَعْفُوا عَمَّنْ ظَلَمَهُ}$$

«İnsanlar arasında Allah'ın en çok sevdiği kişi, insanlara en yararlı olan ve kendisine haksızlık edeni bağışlayan kişidir!»

Rivâyet edilir ki, kıyâmet gününde bir kimse kendisine zulm eden kişiyi Cenâb-ı Hakk'a şikâyet ettiği zaman Allah (C.C.) şöyle buyuracak:

— Ey kulum, sen bunu afvetmiştin!

— Hayır Yâ Rabbi, ben onu afvetmedim!

— Pekâlâ sen duâ ederken: «Yâ Rabbi, beni ve bütün mü'min kardeşlerimi afvet diye duâ etmedin mi?»

— Evet!

— İşte, bu da senin mü'min kardeşindir. Ben o duânı kabûl ettim ve bu mü'min kardeşini de o duân sebebiyle bağışladım! İstersen o duânı red ederim!

— Hayır Yâ Rabbi, o duâmı geri çevirme! Ben de bu kardeşimi bağışlıyorum, diyecek; Allah da «Haydi her ikiniz de girin cennetime!» emrini verecek!

9 — Suç işleyenler özür beyân ettiklerinde onları afvetmek.

Bir kimse kendisinden özür dileyen kişiyi bağışlarsa Allah (C.C.) bir çok günâhları bağışlar. İmâm Şâfiî (Rahimehullah) Muğire b. Şu'be (R.A.)'dan:

Peygamber Sallellahu Aleyhi Vesellem diyor ki:

«Rabbim, tek bir özrün bağışlanması ile ikibin büyük günâh afveder.»

Kudsî bir hadîs:

اَطْلُبُ الْعِلَّةَ كَىْ اَغْفِرَ الذِّلَّةَ

«Günâhları bağışlamak için sebeb ve bahâne ararım!»

10 — Herkese, değeri kadar saygı göstermek, saygıda fazla ileri gitmemek.

Peygamber Aleyhisselâm'ın bu bâbtaki tavsiyesi:

مَنْ رَفَعَ اِنْسَانًا فَوْقَ قَدْرِهِ فَقَدْ اَطْغَاهُ وَاَنْسَا نَفْسَهُ وَمَنْ نَزَّلَهُ دُونَ قَدْرِهِ فَقَدِ احْتَنَّ عَدَاوَتَهُ

«Kim, bir insana değerinden fazla kıymet verirse, onu azdırıp nefsini unutturur. Kimde değerinden aşağı düşürürse, düşmanlığını kazanmış olur.»

Mü'minlerin annesi Hazret-i Âişe (R. Anhâ) çadırında istirahat buyururlarken karşıdan bir fakîr geldi ve şöyle dedi: «Haydi şuna biraz ekmek veriniz!»

Biraz sonra uzaktan bir atlı misâfir geldi. Onu görünce şöyle dedi:

— Şunu da eve alınız, misâfir edip i'zaz ve ikrâmda bulununuz!» Yanındakiler bu iki kişiye karşı yaptığı farklı muâmeleyi görünce, sebebini sordular. Şu cevâbı verdi:

«Allah insanları derecelendirmiştir.. Bizim o derecelere riâyet etmemiz gerekir. Bu fakîr bir ekmeğe râzı olur. Fakat zengin birine bir ekmek verip savmamız gayet çirkin bir davranış olur. Nitekim herkese aklî kavrayışına göre konuşulmaktadır.»

İnsanlara ayağa kalkmak, onlarda görülen îmân, iz'an ve fazîletten dolayı olursa bunda bir sakınca yoktur, ayağa kalkılıp ikrâm edilir.

11 — **Her sınıf insana iyi davranmak gerekir.** Ne var ki bu davranışlar, dine bir halel getirmemelidir. Bu şartla herkese karşı güzel davranmakta yarar vardır. Çünkü bütün insanlar kendilerine güzel davranıldığında, hoşlanırlar, memnun kalırlar.

12 — **Her milletin başkanlarına ikrâmda bulunmak.** Çünkü Fahr-ı Âlem Efendimiz Eshâbı ile birlikte otururlarken, Cerir b. Abdullah içeri girdi. Oturacak bir yer bulamayınca Peygamber (S.A.V.) Efendimiz mübârek ridâlarını çıkarıp serdi ve ona:

— Haydi buyurun oturunuz! dedi. O da ridâyı alıp öptü, gözlerine sürüp ağladı ve başına koydu. Bunun üzerine Resûlüllah (S.A.V.) Efendimiz sağına soluna bakındı ve şöyle buyurdu:

«Size bir kavmin ulusu geldiği zaman, ona ikrâm edin!»

Diğer bir hadîsde ise şöyle buyurmuşlardır:

إِذَا أَتَاكُمْ كَرِيمُ قَوْمٍ فَاكْرِمُوهُ وَلَوْ كَانَ كَافِرًا

«Size bir kavmin ulusu geldiği zaman, kâfir olsa dahi ona ikrâmda bulunun!»

Kâfire hürmet, onun Müslüman olmasını temenni ve ricâ etmek kasdıyle olursa, câizdir, Resûlüllah (S.A.V.)

Efendimiz de bunu kasd etmiştir, diye te'vîl edilmiştir bu hadîs...

13 — Zenginlere karşı tabasbus edip bir köpek misâli yaltaklanmamak.

14 — Fakîrlere karşı böbürlenmeyip tevazû göstermek. Tevazû demek, kendini herkesten aşağı görmek, insanları kendinden efdal görmek, demektir.

15 — Kendini övdüklerini duyduğunda, hoşlanmamak. Çünkü bu kendini beğenmişliğe iter. Yine bu kendini beğenmişlik Şeytanın özelliklerindendir. Zirâ Şeytan önce kendini beğenmiş, kendini herkesten üstün görmüş ve ondan sonra da kibire kapılmıştır. Daha sonra da ma'lûm olduğu vechile huzûr-i ilâhî'den tard edilmiştir..

16 — Yaşlılara saygı göstermek. Zirâ îmân etme, Peygambere daha yakın olma bakımından onlar, gençlerden öncedir. Bu bakımdan yaşlı kimselere hürmet etmek gerekir. Nitekim hadîs-i şerîfde şöyle buyurulmuştur:

مِنْ اِجْلَالِ اللهِ اِكْرَامُ ذِى الشَّيْبَةِ الْمُسْلِمِ

«Yaşlı bir Müslümana saygı göstermek, Allah'a olan saygıdandır!»

17 — Âlimlere saygı göstermek.

18 — Seyyidlere ve Efendilere hürmet göstermek. Ehl-i Beytten olanlara bilhassa hürmet etmek gerekir.

Bir gün Zeyd bin Sabit (R.A.) ata binerken, Abdullah bin Abbas (R.A.) gelip üzengesinden tutmak istedi. Zeyd b. Sabit (R.A.):

— Aman ey Resûlüllah'ın amcasıoğlu, olmaz böyle şey! diye konuşunca, Abdullah b Abbas (R.A.) şöyle konuştu:

— Biz, yaşlılarımıza böyle saygı göstermekle emrolunduk!

— Ver şu eline bir bakayım! dedi. İbni Abbas elini uzattı, Zeyd de onun elini öptü ve şöyle haykırdı:

— Biz de Ehl-i Beyt'e böyle hürmet etmekle emrolunduk! (Ravdatun-Nasihin)

19 — Güçsüzlere ve çocuklara da merhâmet etmek. İşte bu bâbtaki Peygamber buyruğu şöyledir:

$$\text{لَيْسَ مِنَّا مَنْ لَمْ يُوَقِّرْ كَبِيرَنَا وَلَمْ يَرْحَمْ صَغِيرَنَا}$$

«Büyüğümüze saygı göstermiyen, küçüğümüze acımayan bizden değildir!»

20 — Kim olursa olsun mü'min kardeşine yardım etmek. Peygamber Aleyhisselâm:

«Zâlim olsun, mazlûm olsun mü'min kardeşine yardım et!» buyurmuşlardır.

Mazlûma yardım bilinen husûstur. Zâlime yardım etmek ise, onu zulmünden alıkoymakla olur...

21 — İnsanlar arasında saygın olanların suçlarını, eğer şer'î cezâyı mûcib değilse, bağışlamak. Hadîs-i şerifte şöyle buyurulur:

$$\text{أَقِيلُوا ذَوِي الْهَيْئَاتِ عَشَرَاتِهِمْ}$$

«İnsanlar arasında saygınlığı olan kimselerin yanılmalarını bağışlayın.» Diğer bir hadîste ise şöyle buyurulur:

$$\text{اِدْرَءُوا الْحُدُودَ بِالشُّبُهَاتِ وَأَقِيلُوا الْكِرَامَ عَشَرَاتِهِمْ اِلَّا فِي حَدٍّ مِنْ حُدُودِ اللهِ}$$

«Şerî cezâları şüphelerle önleyin! Saygınlı kimselerin hatâlarını bağışlayın. Ancak Allah'ın hadlerinden (cezâlarından) bir cezâyı gerektiren husûsta olursa başka...»

22 — Verilen sözü yerine getirmek. Yâni bir kimseye bir söz vermişse, yâhûd birisiyle bir mukavele ve muahede imzalamışsa, riâyet edip, sözünden caymamak, ve imzaladığı o mukavele ve muahede'nin gereğini yerine getirmek gerekir.

İsmâil Aleyhisselâm Meryem Sûresinde, bu sıfatla övülmüştür:

$$ وَاذْكُرْ فِي الْكِتَابِ اِسْمَاعِيلَ اِنَّهُ كَانَ صَادِقَ الْوَعْدِ $$

«Kitabda İsmâili de an! Çünkü O sözünde duran bir kimse idi..»

Bir şeye söz verirken mutlaka (inşaellah) demesi de gerekir. Çünkü herhangi bir özür veya hastalık sebebiyle verdiği sözü yerine getiremezse, yine de karşılığında sevâb alır.

23 — Kimsenin ayıbını yüzüne vurmamak. Ayıp ve kusurları setretmenin de savâbı vardır. Hadîs-i Nebevîde şöyle buyurulur:

$$ مَنْ سَتَرَ عَلَى مُسْلِمٍ سَتَرَهُ اللهُ تَعَالَى فِي الدُّنْيَا وَالْآخِرَةِ $$

«Kim, bir Müslümanın ayıbını örterse Allah ta onun hem dünyada hem ahirette ayıbını örter».

24 — Gizli sohbet eden kimseleri dinlememek. Bu bâbta Resûlüllah (S.A.V.) Efendimizin şöyle bir ihtarı mevcuddur:

«Kim, istemedikleri halde, bir topluluğun sırrını dinlerse, Allah onun iki kulağına da (kıyâmet günü) kurşun akıtır!»

25 — Düşmanına karşı aynı şekilde davranmamak. Nitekim Hoca Hafız şöyle demiştir: «İki cihânın rahatlığı şu iki harfin tefsîridir ki: Birisi dostlara iyi davranmak, ikincisi düşmanları idâre etmek..»

Resûlüllah (S.A.V.) Efendimiz de böyle buyurmuşlardır:

$$ مُدَارَاتُ النَّاسِ صَدَقَةٌ $$

«**İnsanları idâre etmek bir sadakadır!**» Diğer bir hadîsinde ise şu açıklamayı yapmışlardır:

$$ اِنَّ اللَّهَ اَمَرَنِي بِمُدَارَاتِ النَّاسِ كَمَا اَمَرَنِي بِاِقَامَةِ الْفَرَائِضِ $$

«**Allah bana, farzları yerine getirmeği emrettiği gibi, insanları idâre etmesini de emretmiştir.**»

Bu (Mudâra) sözünü Ebüdderda Hazretleri şöyle açıklamışlardır. «Kalblerimizin nefret ettiği insanları tebessümle karşılamak!»

Yumuşak söz söylemek de bir idâre sayılır. Hazret-i Âişe (R. Anhâ) vâlidemiz anlatıyor:

Bir adam gelip içeri girmek için müsâde istedi. Allah'ın Resûlü Sallellahu Aleyhi Vesellem: «Bırakın, aşîretin kötü kardeşini gelsin içeri!» dedi. Sonra adam içeri girdi. Peygamber Aleyhisselâm ona güler yüz gösterdi, hoş sohbet etti. Adam çıktıktan sonra dayanamadım, sebebini sordum. Şöyle buyurdular:

«Kıyâmet gününde Allah katında mevki bakımından en kötü olanlar o kimselerdirki, kötülüklerinden korkulduğu için, insanlar tarafından terk edilirler.»

Hulâsa zararını önlemek için kötü kimseyi idâre etmek gerekir ve bu, haddi zâtında müstehabtır.

Hazret-i Îsâ Aleyhisselâm buyurur ki:

«Beyinsiz bir kimse tarafından gelecek zarara katlanın ki on sevâb alasınız!»

Yalnız hiç kimseye, hiç bir sûrette, dinî husûslarda göz yumulmaz ve idâre edilmez. Yukardaki açıklamalar dünyevî işlerdedir.. Dînî husûstaki göz yummağa «Mudahene» derler ki bu, kesinlikle yasaktır!

26 — Yumuşak davranmak. Mü'min kardeşine karşı kat'iyen somurtmamak.

Hazret-i Lokman (A.S.) der ki:

«Üç husûs vardır ki, ancak üç husûsla bilinir:

1) Halîm selîm kişi, ancak öfkelendiği zaman,
2) Kahraman, harbte,
3) Gerçek dost, ihtiyac ânında bilinir.»

27 — Rastladığı kimseye, nereden geldiğini ve nereye gittiğini sormamak. Çünkü söylenmesinde sakınca olan yerden geldiğini söylemek zorunda kalır ve bu yüzden yalan söyler. O da o kimsenin yalan söylemesine sebeb olmuş olur.

28 — Kendi ayıp ve kusûrları ile meşgûl olup, başkalarının ayıp ve kusurlarını araştırmamak. Hadîs-i Nebevî de şöyle buyurulur:

$$ خُصَّ البَلاءُ لِمَنْ عَرَفَ أَحْوَالَ النَّاسِ $$

$$ وَعَاشَ وَاسْتَرَاحَ مَنْ لَمْ يَعْرِفْهُمْ $$

«Belâ ve üzüntü insanların durumunu bilenlere mahsûstur, insanların durumunu bilmeyen rahat ve huzûr içinde yaşar.»

MÜ'MİNLERİN BİRBİRLERİ İLE SOHBET ETMELERİNİN ÂDÂBI 473

29 — Mümkün olduğu kadar insanlardan ayrı yaşar. Çünkü inzivâ hayatında izzet ve kerâmet vardır, ihtilatta ise zillet baş gösterir.

30 — Bir takım dünyâlıklar elde etmek için, rûhân alçak olan kişilerin karşısında yüz suyu döküp rezil olmamak. Resûlüllah Sallellahu Aleyhi Vesellem şöyle buyurmuşlardır:

لَا تَرْفَعُوا اَقْدَامَكُمْ اِلٰى مَنْ لَا يَعْرِفُ اَقْدَارَكُمْ

«Kadr-ü kıymetinizi bilmeyenlerin (kapılarına) ayaklarınızı kaldırıp gitmeyin!»

31 — Tanısın, tanımasın herkese iyilik yapmak.

32 — Dince ve dünyaca farklı olan kişilere dikkat edip denge sağlamak.

Peygamber Aleyhisselâm bu husûsu çok güzel izâh etmişlerdir:

خَصْلَتَانِ مَنْ كَانَتَا فِيهِ كَتَبَهُ اللهُ تَعَالٰى شَاكِرًا صَابِرًا وَمَنْ لَمْ تَكُونَا فِيهِ لَمْ يَكْتُبْهُ اللهُ تَعَالٰى شَاكِرًا وَلَا صَابِرًا مَنْ نَظَرَ فِي دِينِهِ اِلٰى مَنْ هُوَ فَوْقَهُ فَاقْتَدَى بِهِ وَنَظَرَ فِي دُنْيَاهُ اِلٰى مَنْ هُوَ دُونَهُ فَحَمِدَ اللهَ عَلٰى مَا فَضَّلَهُ اللهُ فِيهِ

«İki haslet vardır ki, kim kendinde bunları bulundururrsa Allah onu hem şükreden hem de sabreden kişi olarak kayd eder, kim de o iki hasleti kendinde bulundurmazsa Allah onu ne şükredici ve ne de sabredici olarak kat'iyen kayd etmez:

Dince kendinden üstün olana bakıp ona uymak.. Dünyaca kendinden aşağı olana bakıp (ibret alarak) Allah'a, kendisine verdiği üstünlük için, hamd-ü senâda bulunmak.»

Diğer bir hadîste şöyle buyurulmuştur:

$$ \text{لَنْ يَزَالَ النَّاسَ بِخَيْرٍ مَاتَبَايَنُوا وَتَفَاوَتُوا فَاِذَا تَسَاوَوْا اهْلَكُوا} $$

«İnsanlar farklı oldukları sürece mutlu olurlar. Her bakımdan eşit olurlarsa helâk olurlar.

33 — Şakadan dahi olsa kimseyi korkutmamak. Resûlüllah Sallellahu Aleyhi Vesellem Efendimiz buyururlar ki:

$$ \text{لَا يَحِلُّ لِمُسْلِمٍ اَنْ يَرُوعَ مُسْلِمًا وَلَا يَحِلُّ لِمُسْلِمٍ اَنْ يُشِيرَ اِلَى اَخِيهِ بِنَظْرَةٍ يُؤْذِيهِ} $$

«Bir Müslümanın diğer bir Müslümanı korkutması helâl değildir, bir Müslümanın diğer bir Müslümana, sert sert bakıp işâret ederek eziyet etmesi de helâl olmaz!»

34 — Yaşlı kimseler gördüğü zaman: «Bu adam benden üstündür, çünkü benden yaşlı olması hasebiyle Allah'a benden daha çok ibâdet yapmıştır» demesi; kendinden küçük olanı gördüğünde de: «Bu delikanlı da benden efdaldir. Çünkü yaşı benden aşağı olması hasebiyle günâhı da benden azdır» demesi ve ona göre davranması gerekir.

MÜ'MİNLERİN BİRBİRLERİ İLE SOHBET ETMELERİNİN ÂDÂBI 475

Böyle yaparsa nefsini terbiye etmiş, rûhen de tekâmüle ermiş olur.

35 — Zâlimlere kat'iyen yardım etmemek: Çünkü kim zâlimlere yardım ederse, Allah o zâlimleri onun başına musallat kılar. Nitekim bir hadîs-i şerîfte şöyle buyurulmuştur:

مَنْ اَعَانَ ظَالِمًا سَلَّطَهُ اللهُ عَلَيْهِ

«Kim bir zâlime yardım ederse, Allah onu başına musallat kılar».

Bir terzi Abdullah b. Mübarek'e sordu:

— Ben zâlimlerin elbisesini dikiyorum, acaba ben onlara yardım etmiş olurmuyum? Cevâb verdi:

— Sen değil, O elbisenin dikildiği ipliği satan kimse bile zâlime yardım etmiş olur! Sen de bu itibarla zâlim olursun..

36 — İnsaflı olmak. Hiç bir sûrette insafı bırakmamak. Nitekim bir hadîste şöyle buyurulmaktadır:

لَا يَسْتَكْمِلُ الْعَبْدُ الْإِيمَانَ حَتَّى يَكُونَ فِيهِ
ثَلَاثُ خِصَالٍ اَلْإِنْفَاقُ مِنَ الْإِقْتَارِ وَالْإِنْصَافُ
مِنْ نَفْسِهِ وَبَذْلُ السَّلَامِ

«Şu üç haslet kendinde bulunmadıkça bir kul îmânın tamamını elde edemez: Darlıkta dahi infâkı elden bırakmamak, her hal-ü kârda insafı elden bırakmamak, rastladığı her insana bolca selâm vermek...»

37 — Bir kimseye öğüt vermek istediğinde, son derece nâzik davranmak, ayıbını yüzüne vurmadan onun ayıplarını dile getirmek, insanlar içinde onu rezil etmemek için genel anlamda, onun şahsını göstermeden isminden bahs etmeden, konuşmak.

Bu sûretle yaptığı işin fenâlığını ona dolaylı olarak anlatmak.. Nitekim Resûlüllah Sallellahu Aleyhi Vesellem Efendimiz bir kimseyi uyarmak istediği zaman, «**Ne oluyor o insanlara ki böyle işlerde bulunurlar**» diyerek umûmî ma'nâda îkâz ederlerdi.

38 — Dâîmâ iyilerle düşüp kalkmak. Nitekim Resûlüllah (S.A.V.) Efendimizin bu bâbta da şöyle bir uyarışı vardır:

$$\text{لَا تُصَاحِبْ اِلَّا مُؤْمِنًا وَلَا يَأْكُلْ طَعَامَكَ اِلَّا التَّقِيُّ}$$

«**Ancak mü'min olanla arkadaşlık yap! Yemeğini de ancak müttaki olan yesin!**»

Diğer bir hâdîs-i şerîf :

$$\text{اَلْمَرْءُ عَلَى دِينِ خَلِيلِهِ فَلْيَنْظُرْ أَحَدُكُمْ مَنْ يُخَالِلْ}$$

«**Kişi arkadaşının dîni üzeredir! Biriniz, onun kimle düşüp kalktığına iyice baksın!**»

39 — Uzakta bulunan bir mü'min kardeşine, bir mektup yazıp onun çoluk çocuğunun durumunu bildirmek Bu da islâmî âdâb ve usûldendir. Çünkü Müslümanların her bakımdan yardımlaşmaları, mânevî yönden de bir birlerini uyarmaları gerekir.

(Mefâtihü'l-Cinan, Câmi'üs- Sağîr)

Seksenbirinci Bâb

Meclis'in Âdâbı

Müslümanların birbirleriyle sohbet etmek, dertleşmek için bir araya gelip toplandıklarında, o toplandıkları yerin âdâbına riâyet etmeleri gerekir. Herşeyde olduğu gibi toplantı yerlerinin de kendine has âdâb ve erkânı vardır. Şimdi bu âdâbı şöyle sıralayalım:

1 — Mecliste, ilk def'a âlimlere yer verilir.. Sonra yaşlılara sonra da gençlere yer gösterilip oturtturulur. Bu tertibe riâyet edilmeyip de; câhil âlime, genç yaşlıya tercih edilseydi, yer ayrılır, o câhil ile o genci içine alıp helâk ederdi...

2 — Gittiği mecliste oturacağı zaman kıbleye karşı oturur. Nitekim hadîs-i şerîfte şöyle buyurulmuştur:

$$\text{خَيْرُ الْمَجَالِسِ مَا اسْتُقْبِلَ الْقَبْلَةُ}$$

«Meclisin içinde hayırlısı kibleye karşı oturandır!»

3 — Meclise gelen kişi, kimin tarafına yönelirse, onun o kişiye yer açması gerekir.

4 — Vardığı mecliste iki kişinin arasına oturması gerekirse, mutlaka onlardan izin almalıdır. Çünkü kendi aralarında belki gizli bir işi görüşmektedirler, izinleri alınmadan oturulursa gücenebilirler. Onun için buna da dik-

kat etmek gerekir.. Resûlüllah (S.A.V.) Efendimiz bu hususta da şöyle buyurmuşlardır:

$$\text{لَا يَحِلُّ لِرَجُلٍ أَنْ يُفَرِّقَ بَيْنَ الْاِثْنَيْنِ اِلَّا بِاِذْنِهَا}$$

«Kişiye, iki kişinin arasına, izinleri olmadan oturması helâl olmaz!» (Mesâbih)

$$\text{مَلْعُونٌ عَلٰى لِسَانِ مُحَمَّدٍ مَنْ قَعَدَ وَسَطَ الْحَلْقَةِ}$$

5 — Halkanın ortasına oturmamak. Şöyle buyurulur:

«Halkanın ortasına gelip oturan kişi, Muhammed (Aleyhisselâm'ın) dilinde lânetlenmiştir».

6 — Kimseyi rahatsız etmeden, bulduğu yerde oturur. Kendisinin oturması için kimseyi kaldırmaz. Hadîs-i şerîfde şöyle buyurulmuştur:

$$\text{اِذَا انْتَهٰى اَحَدُكُمْ اِلَى الْمَجْلِسِ فَاِنْ وُسِّعَ لَهُ فَلْيَجْلِسْ وَاِلَّا فَلْيَنْظُرْ اِلٰى اَوْسَعِ مَكَانٍ يَرَاهُ فَلْيَجْلِسْ فِيهِ}$$

«Biriniz bir meclise geldiği zaman, şâyet kendisine yer açılıp gösterilirse oraya otursun, aksi halde daha geniş bir yere bakıp arasın ve orada otursun!».

7 — Biri, kendini oturtmak için ayağa kalkarsa ve ona yerini verirse oraya oturmamak. Çünkü bu da yasak edilmiştir.

8 — Vardığı meclisin baş köşesine oturmamak. Meclistekiler kendine nereyi gösterirlerse oraya oturmak.

9 — Güneş ile gölge birbirlerine karıştığı yere oturmaktan kaçınmak. Bu hususta da yasak vârid olmuştur. Zirâ orası şeytanın yeridir, denilmiştir.

10 — Sık oturmak. Birbirlerinden ayrı oturmak kalblerindeki karşılıklı sevgiyi zedeler. Resûlüllah Sallellahu Aleyhi Vesellem'in Eshâbı birbirinden ayrı otururlarken, onları o hallerinde görünce şöyle buyurdular:

$$\text{مَالِى أَرَاكُمْ عِزِينَ لَا يَجْمَعُكُمْ مَجْلِسٌ وَاحِدٌ}$$

«Neden sizi öyle dağınık halde görüyorum! Tek meclis sizi neden birleştirmiyor»

Bundan, öyle oturmalarının yasak olduğu anlaşılmıştır. Yâni, Resûlüllah Sallellahu Aleyhi Vesellem Efendimiz dağınık oturmayı yasak kılmıştır.

11 — Müslümanlar, fakîrler, takvâ ehli, âlimler, hikmet ehli ve meşâyih'ın meclislerini bir fırsat ve ganîmet bilmelidirler.

12 — Meclisin emânetini korumak, orada konuşulan gizli sözleri kimseye ifşa etmemek. Çünkü bu harâmdır. Nitekim Efendimiz bu bâbda da bizleri uyarmışlardır:

$$\text{إِنَّمَا يَتَجَالَسَانِ الْمُجَالِسَانِ بِأَمَانَةِ اللهِ تَعَالَى}$$
$$\text{فَلَا يَحِلُّ لِأَحَدِهِمَا أَنْ يَفْشِى عَلَى أَخِيهِ مَا}$$
$$\text{يَكْرَهُ إِفْشَاؤُهُ وَلَا يُفْشِى سِرَّ أَخِيهِ}$$
$$\text{فَإِنَّهُ مِنَ الْخِيَانَةِ}$$

«İki kişinin bir arada oturdukları meclis Allah'ın emânetidir! Birinin diğer Müslüman kardeşinin hoşlanmadığı sözler ifşâ etmesi helâl olmaz. Kardeşinin sırrını katiyen ifşâ etmez. Çünkü bu hıyânet sayılır.»

13 — Meclisde iki kişi kulak kulağa, burun buruna gelip gizli konuşmazlar. Çünkü bu durumlar, orada bulunanları rahatsız eder ve kendilerinden güveni kaldırır.

14 — Meclisten kalkıp ayrılacağı zaman, oradakilerden müsâde istemek. Çünkü tekrar gelip oturacağı zaman aynı yerinde oturması onun hakkıdır.

15 — Meclise gelen bir topluluğa karşı ayağa kalkıp onlara yer göstermek ve onları güler yüzle karşılamak câizdir. Onun için bu husûsa da dikkat etmek gerekir.

16 — Bir meclisde birinin üzerinde bit, pire ve benzeri şey görürse, onu eli ile alıp o kimseye gösterir (gizlice) **ve yere atar.**

(Mefâtihül'Cinan, Câmiî us-Sağîr.)

Seksenikinci Bâb

Konuşmanın Âdâbı

«Mü'minin hasletlerinden en üstün haslet; sükûttur. Onda âfiyet'in Onda dokuzu vardır», buyurulmuştur.

Zarûrî hallerin dışında konuşmamak, sükût etmek ahlâkın en efdal ve en makbûl yönüdür! Zirâ sükût az evvel de açıkladığımız gibi, âfiyetin onda dokuzunu kişiye kazandırır. Yâni âfiyet on parçadır. Bu on parçanın dokuzu sükût ile elde edilir, demektir. Diğer biri ise ancak konuşmakla elde edilir. Yâni, insan lüzumsuz konuşursa bir âfiyet elde eder, demektir.

Hazreti İsâ Aleyhisselâm'a ricâ ettiler:

— Ey İsâ, bizi cennete götürecek bir amel tavsiye eder misiniz? diye. Şöyle buyurdu:

— Hiç konuşmayın!

— Hiç konuşmadan olur mu? Mutlaka konuşmamızın icâb ettiği yerler vardır!

— Hayırdan mâadâsını konuşmayın. Mutlaka konuşmanız gerekiyorsa o zaman hayırlı ve faideli olan sözleri söyleyin. Öyleyse sükût etmek demek, gıybet ve malâyânîden uzak durup onları talaffuz ve tekellüm etmemek, demektir.

Sükût hikmet demektir.. Nitekim :

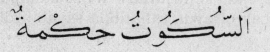

«Sükût serâpâ hikmettir» buyurulmuştur.

Hazreti Dâvût Aleyhisselâm zırh yaparken, Lokman Aleyhisselâm ONU gördü. Onunla konuşacak oldu, fakat hikmeti bunu engelledi. Tam bir sene bekledikten, ve Dâvûd Aleyhisselâm o zırhı bitirdikten sonra gelip: «**Harp için ne güzel bir şeydir bu yaptığın?**» dedi.

Söz söylemenin yâni, konuşmanın da bir çok âdâbı vardır :

1 — **Söze başlarken «Besmele» çekerek ve hamdü senâda bulunarak başlamak.**

2 — **Konuşurken çokça salâvat-ı şerîfe getirmek.**

3 — **Herkesin anlayabileceği dilde konuşmak.** Farsça veya Arapça bir takım kimsenin anlamayacağı kelimelerle cümle kurarak konuşmak, her şeyden önce meclisdekileri rahatsız eder. Ayrıca bu tür konuşmalar, kibir ve gurura yol açar.

Resûlüllah Efendimiz bizleri bu konuda şöyle uyarmışlardır:

$$\text{اِنَّ اَبْغَضَكُمْ مِنِّي مَجْلِسًا اَلثَّرْثَارُونَ الْمُتَفَيْقِهُونَ الْمُتَشَدِّقُونَ}$$

«**Meclisimde en çok öfkelendiğim kişiler, kibirli bir edâ ile anlaşılması güç olan sözleri geveleyip konuşanlardır.**»

Eshâb-ı Kîram hadîsin metninde geçen: (El-mutefeykıh) kimdir? diye sorduklarında, «**Kibir ve gururlu kimse**» diye cevâb verdi.

4 — **Gâyet tane tane ve ağır ağır konuşmak.** Peygamber Aleyhisselâm konuşurlarken biri kalkıp eğer onun sözlerini sayacak olsaydı, rahatlıkla sayabilirdi, diye rivâyet edilmiştir.

KONUŞMANIN ÂDÂBI

5 — Konuşma esnâsında, manzum, sec'ili, fesâhat ve belâğetli sözler söyliyeyim, diyerek kendini külfete sokmamak. Hadîs-i Nebevîde:

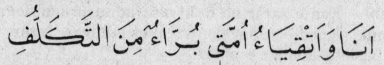

«Ben ve ümmetimin müttakileri tekellüften berîyiz!» buyurulmuştur.

6 — Söylemek istediği sözü unutursa, hatırına getirmek için salâvat-ı şerîfeyi çokça getirmek. Böyle yaparsa unuttuğu şeyi hemen hatırlar.

7 — Bir şeyi unutmamak isterse: (Hayrı hatırlatan ve yapan Allah'a hamd olsun!» duâsını çok okumak.

8 — Bir şey vâd ediyorsa, yâhûd ilerde bir haber verecekse, yâni, istikbale ma'tuf beyân ve sözlerde bulunuyorsa (inşâallah) sözü ile tekid etmek.

Kur'ân-ı Kerîm'in Kehf sûresinde böyle tavsiye edilmiştir:

«Hiç bir şey hakkında: «Ben bunu her halde yarın yapacağım» deme, meğer ki (sözünü) Allah'ın dilemesi (ne bağlamış olasın)»

9 — Konuşurken kendine zarar verecek sözleri söylemekten kaçınmak. Meselâ:

«Şu sözde yalanım yoktur. Eğer yalan söylersem gözlerim kör olsun, yâhûd buradan sağ-sâlim kalkmayayım» gibi sözlerden şiddetle kaçınmalıdır.

Çünkü: «Belâ dilden gelir!» buyurulmuştur.

Derler ki Hazreti Ya'kûp çocuklarına: «Onu bir kurtun yemesinden korkarım» dediği için, bu sözü red edilmeyip Yûsûf Aleyhisselâm hakkındaki olayı meydana gelmiştir.

10 — Kendi zararına dahi olsa konuşurken doğru konuşmak. Ömer b. Ubey'den rivâyet ediliyor: İnsan dinde dört hasletle kemâle erebilir:

1) Kimsenin malını, mülkünü ve mevkii'ni kıskanmamak,

2) Yapılan ezâ ve cefâlara katlanmak,

3) Kendi nefsi için sevdiğini mü'min kardeşi için de sevmek,

4 — Doğruluktan ayrılmamak.. Nitekim: «Kurtuluş doğrulukta; helâk ise yalandadır» buyurulmuştur.

Kısa bir hikâye :

Bâğdâdda iki kişi kavga eder. Biri diğerini tam mağlûp edecekken elinden kurtulup kaçar. Öteki elindeki kılıcı ile ardına düşer.. Derken kaçan kişi bir şeyhe rastlar ve:

— Şeyhim, ne olur şu ardımdan gelen zalimin elinden beni kurtar! diye yardım ister. Şeyh de ona orada bulunan bir büyük küpe girip gizlenmesini emreder, adam küpe girip gizlenir.. Ardından pür-hiddet gelen zâlim Şeyh'e:

— Çabuk söyle, buraya gelen adam ne oldu, nereye doğru gitti? diye sorar. Şeyh hiç yalan söylemeden doğru küpü gösteriverir. Adam küpe gider bir de ne görsün: Küpün ağzında örümcekler ağ yapmş, on senedenberi yanına gidilmemiş olan bir küpün hâlini almış.. Bunu görünce:

— Demek ki senin maksadın, beni meşgul edip o adamı elimden kaçırmakmış! deyip uzaklaşır.

Zâlim uzaklaştıktan sonra adam, korku ve heyecandan kan-ter içinde kalmış bir vaziyette küpten çıkar ve Şeyh'e:

— Adam küpün yanına geldiği zaman, artık hayatımdan ümidimi kesmiştim. Yüzde yüz öleceğime inanmıştım. Çok korktum çok!

Şeyh şöyle konuşur:

— Evet, nerdeyse ölecektin! Fakat seni, benim doğru söylememden ötürü Allah kurtardı. Zirâ: (Kurtuluş doğruluktadır!) buyurulmuştur.

اَلْعَطْسَةُ عِنْدَ الْحَدِيثِ شَاهِدٌ عَدْلٌ

11 — Konuşurken aksırmayı bir fırsat ve ganîmet bilmek. Hadîs-i şerîfde:

«Konuşurken aksırmak, âdil bir şâhiddir!» buyurulmuştur.

İki kimsenin arasını bulmak için söylenen sözler, yalan dahi olsa, yalan sayılmaz. Harbdeki aldatmacalar da yalan sayılmaz. İşte bu hususta Resûlüllah (S.A.V.) Efendimizin bir açıklaması:

«Sizi neden, pervânenin ateşin etrafında üşüştüğü gibi, yalana üşüşmekte olduğunuzu görüyorum! Şunu da iyi biliniz ki her yalan kayda alınıp yazılmaktadır. Ancak kişinin harbde yalan söylemesi müstesnâ... Çünkü harb bir aldatmacadır! Bir de aralarında kin ve dargınlık olan iki kişiyi barıştırmak için söylenen yalan. Bir de kadını hoşnûd tutmak için söylenen yalan müstesnâ!..»

Bir kimse irtikâb ettiği kötü şeyler ve günâhlar hakkında pişmanlık duyarak gizliliğe riâyet edip inkâr etmesi de yalan sayılmaz.

Çünkü hayâsızlığı irtikâb etmek günâh olduğu gibi, onu ifşâ etmek de ayrı bir günâhtır. Hadîs-i şerîfde böyle açıklanmıştır:

مَنِ ارْتَكَبَ شَيْئًا مِنْ هٰذِهِ الْقَاذُورَاتِ فَلْيَسْتَتِرْ

«Kim bu kirliliklerden bir şeyi irtikâb ederse açığa vurmasın, gizlesin.»

12 — Aşırı münâkaşa ve mücâdeleye girişmekten kaçınmak. Resûlüllah (S.A.V.) Efendimiz şöyle buyurmuşlardır:

$$\text{مَنْ تَرَكَ الْمِرَاءَ وَهُوَ مُحِقٌّ بُنِيَ لَهُ بَيْتٌ فِي الْجَنَّةِ الْأَعْلَى}$$

«Kim, haklı olduğu hâlde münâkasa ve mücâdeleyi terk ederse, onun için cennetin en yüksek köşesinde bir saray yapılır...»

Yine şöyle buyurmuşlardır:

$$\text{وَمَنْ تَرَكَ الْمِرَاءَ وَهُوَ مُبْطِلٌ بُنِيَ لَهُ بَيْتٌ فِي رِبْضِ الْجَنَّةِ}$$

«Kim de haksız olarak giriştiği mücâdele ve münâkaşayı bırakırsa Allah onun için cennetin bir köşesinde bir ev yapar.»

Diğer bir hadîs meâli şöyledir:

«Kulda îmânın hakîkatı, haklı olsa dahi, mücâdeleyi terk etmedikçe tamamlanmaz.»

Çünkü mücâdele hakkında:

«Bu, sapıklık ve düşmanlığın anahtarıdır!» buyurulmuştur.

13 — Çirkin ve müstehcen olan şeylere dilini alıştırmamak. Zirâ Resûlüllah Sallellahu Aleyhi Vesellem Efendimiz şöyle buyurmuşlardır:

$$\text{إِيَّاكُمْ وَالْفُحْشَ وَالتَّفَحُّشَ}$$

«Fuhşiyâtı işlemekten ve söylemekten şiddetle kaçınınız!»

Bir hadîsde de şöyle buyurulmuştur:

$$ لَيْسَ الْمُؤْمِنُ بِالطَّعَانِ وَلَا بِاللَّعَانِ وَلَا الْفَاحِشِ وَلَا الْبَغِيِّ $$

«Mü'min, aslâ tâ'n edici, lânet edici, çirkin iş işleyici ve hayâ dışı söz söyleyici olamaz!»

Yâni bu çirkin vasıflar gerçek bir Müslümana yakışmaz, demektir.

Bir gün Hazreti Îsâ Aleyhisselâm Havârîleri ile bir domuzun yanından geçerlerken, şöyle der:

— Haydi selâmetle geç git! Havârîler şaşırırlar ve derler ki:

— Domuza böyle hitâb edilir mi hiç? Şöyle cevâb verdi:

— Dilimi kötü söze alıştırmak istemiyorum! Bunun için domuza böyle hitâb ettim...

Yine Havârîler gebermiş bir köpeğin arzettiği çirkin manzaradan söz ederler. Îsâ Aleyhisselâm onlara şöyle hitâb eder:

— Ama dişleri pek beyaz! Görüyorsunuz ya, ne kadar beyaz ve güzel dişleri var!

Onun için mü'minler hakkında konuşurken onların kötü taraflarını değil de iyi taraflarını arayıp bulmalı ve öyle konuşmalıdır. Kişi böyle yaparsa hem hüsn-ü zanda bulunmuş olur, hem de dilini kötüye alıştırmaktan kurtulur..

14 — Bir mü'mine hitâben: (Sen şu çirkin işi yaptın! Amma da günâhkârsın!) deyip ayıplamamak!

Çünkü kişi böyle davrandığında, kendisi de aynı günâhı işlemek tehlikesiyle karşılaşabilir. Kim bilir belki o adam o günâhtan pişman olmuş da tevbe etmiştir. Onun için ileri geri konuşmamak gerekir. Resûlüllah Efendimiz bizi bu bâbta da şöyle uyarmaktadır:

من عيّر أخاه بذنب قد تاب منه لم يمت حتى يعمله

«**Kim Müslüman kardeşini, işleyip de tevbe ettiği bir günâhtan dolayı ayıplarsa, kendisi de aynı günâhı işlemedikçe (aynı hatâya düşmedikçe) ölmez!**»

Eski sâlih Müslümanlar bu tür davranışlardan her zaman kaçınırlardı...

15 — **Kimseyi yüzüne karşı meth etmemek.** Çünkü kişiyi yüzüne karşı medh etmek, kibir, gurur ve kendini beğenmişliğe itiverir. Onun için: «Birini medh etmek, onu bir nevi boğazlamaktır!» diye buyurulmuştur.

Yine bir hadisde şöyle buyurulmuştur:

إذا رأيتم المدّاحين فاحثوا في وجوههم التراب

«**Meddahları gördüğünüz zaman, yüzlerine toprak saçınız!**» Yâni, onlara bir şey vermeyin, çünkü onlar dünyalık elde etmek için böyle dalkavukluk yaparlar, kendilerine bir şey verilmediğinde, ümitlerini kesip savuşurlar.

Yâhûd (biraz bir şey vererek onları defediniz ki, sizde gurur ve kibire sebeb olmasınlar) demektir bu. Yâhûd da sırf tevazu'u izhâr etmek için toprak saçılır ki anlamı: (Beni boşuna öğme, işte ben topraktan yaratılmış basit bir kimseyim!) demek olur. Bu övülme bâbında Peygamber Aleyhisselâm bizzat kendi hakkında şöyle buyurmuşlardır:

أَنَا عَبْدُ اللهِ أَرْجُوهُ وَاَخَافُهُ فَلَا تُطْرُونِى
كَمَا أَطْرَتِ النَّصَارَى عِيسَى بْنِ مَرْيَمَ

«Ben Allah'ın kuluyum. O'ndan hem umarım, hem de korkarım! Hıristiyanların Meryemoğlu Îsâ'yı uzun uzun methettikleri gibi beni övmeyin!»

Bir de adam Allah'ın Resûlünü övünce, şöyle buyurdular:

«Allah'ım, beni onların sandıklarından daha iyi eyle, hakkımda bilmedikleri husûsu da bağışla!»

Hazret-i Ömer (R.A.), kendisini öven bir adama şöyle dedi:

«Beni de kendini de helâk mı etmek istiyorsun?»

Ne var ki lâtife etmek ve şaka yapmakta hiç bir sakıncası yoktur. Yaşlı bir kadın Peygamber Aleyhisselâm'a:

— Ben cennete girmek isterim, deyince Peygamber Aleyhisselâm şöyle buyurdu:

— İhtiyar kadınlar cennete giremez! Kadın, Aleyhisselâtü Vesellem Efendimizin ne demek istediğini anlamadı. Bunun üzerine pek üzüldü. Hazret-i Âişe (R. Anhâ):

— Ey Allah'ın Resûlü, kadını üzdünüz! deyince, Peygamber Aleyhisselâm hemen Vakıa sûresindeki:

اِنَّا اَنْشَأْنَاهُنَّ اِنْشَاءً فَجَعَلْنَاهُنَّ
اَبْكَارًا عُرُبًا اَتْرَابًا

«Hakikat biz onları, yepyeni bir yaratılışla yarattık da, kız oğlan kızlar, zevclerine sevgi ile düşkün, hep bir yaşıt yaptık.»

Âyetini okudular. Kadın, ihtiyar olarak değil de genç olarak cennete gireceğini anlayınca, sevindi ve sevincini izhâr etti. Resûlüllah Aleyhisselâm'ın şaka yaptığını anladı...

Bir gün de Hazret-i Enes (R.A.) ile: «**İki kulaklı!**» diye hitâb ederek şakalaşmışlardır. Bu sözü ile onun keskin zekâlı olduğunu anlatmak istediler.

Abdullah b. Abbas (R.A.) toplantısında bulunan cemâatın bıkkınlığını görünce: «Birbirinizi uyandıracak, kalblerinizi hoş tutacak sözler söyleyiniz?» demiştir. Çünkü kalbler ferahlanınca, yapılan ibâdetlerden zevk alır, neş'e duyar.

İmâm-ı Ali (K.V.) de:

«**Kalbleri ferahlandırarak diri tutun, çünkü onlar da bedenler gibi yorulup güçsüz düşer!**»

İbni Uyeyne (R.A.)'ın sözü: «Malâyâ'nî karıştırmamak, her sözü yerinde sarfetmek, kimseyi rencide etmemek kayd-ü şartıyla latife yapmak sünnettir!»

Bir hadîsde şöyle buyurulmuştur:

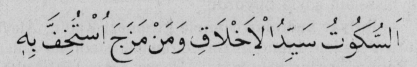

«**Sükût en iyi ahlâktır. Çok şaka yapan kişi mehâbetini kaybeder, halk arasında hafife alınır.**»

16 — Konuşurken, sözün nereye gideceğini hesaplayarak konuşmak. Çünkü bir gün bir adam Peygamberimizin huzûrunda: «Kim Allah'a ve Resûlüne itâat ederse doğru yolu bulur, kim de her ikisine âsî olursa sapar» dediği zaman, Resûlüllah (S.A.V.) Efendimiz:

«**Sen ne kötü hatibsin!** (Kim Allah'a ve Resûlüne baş kaldırırsa) **tâbirini kullan;** (her ikisine âsî gelirse) **tâbirini kullanma!** diyerek ihtar buyurmuşlardır.

KONUŞMANIN ÂDÂBI

Çünkü adam uygun bir tâbir kullanmamış, Allah ve Resûlünü, tek zamirle göstermek istemiştir ki bu, kelâm âdâbına münâfidir.

Yine bir gün Fahr-i Kâinat Efendimiz Abbas b. Abdul-Muttalib'e:

— Ben mi büyüğüm yoksa sen mi? dediğinde, Abbas (R.A.):

— Sen benden daha iyisin, ben ise yaşça senden büyüğüm, diyerek kelâm âdâbına ve inceliklerine riâyet etmiştir: Eğer: «Ben senden yaşça daha büyüğüm!» deseydi edebe muhâlif hareket etmiş olurdu. Bu sözünde ayrıca bir incelik daha vardır: «Ben senden yaşça daha fazlayım!» demedi. Çünkü üstünlük Resûlüllaha mahsûstur.

17 — Büyüklere karşı yüksek sesle konuşmamak.

Hazreti Ebû Bekr es-Sıddık (R.A.) Hucurat sûresindeki:

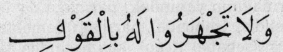

«**Ona yüksek sesle (bağırarak) konuşmayın!**» âyeti nâzil olduktan sonra, Peygamberimiz (S.A.V.)'in huzûrunda son derece gizli ve alçak bir sesle konuşurlardı.

18 — Başına gelen belâ ve üzüntüleri zamana izâfe etmemek. «Ne yapalım işte zaman bu! Artık zaman bozuldu. Bunlar hep zamanın gereğidir!» gibi sözleri kullanmamalıdır. Çünkü vukua gelen hâdiseleri zamana izâfe etmek aynı hatâdır. Zirâ gerçek tasarruf sâhibî, halleri değiştiren, her şeyi evirip çeviren yalnız Cenâb-ı Kibriyâ Hazretleridir. Zaman da insanlar ve diğer yaratıklar gibi bir mahlûktur. Ona bir şey isnâd edilmez.

Kudsi hadîsde şöyle buyurulmuştur:

«**Âdemoğlunun zamana sövmesi beni üzer, çünkü zamanı da yaratan benim!**» Diğer bir hadîsde ise şöyle buyurulur:

«Zamana sövmeyin! Çünkü zamanı da Allah yaratmıştır!»

Şu halde bazı insanların: «Ah şu felek yok mu? Belimi felek bükmüştür! Felekten şikâyetçiyim!» gibi sözleri hatâdır. Şöyle ki: Eğer (felek)den murad Cenâb-ı Hakk(C.C.) ise, Esmâ-i Hüsnâda böyle bir isme rastlanmamıştır. Eğer bu kelimeden gökler kasd ediliyorsa, gökler halik değil mahlûkturlar. Bir şey yapmağa güçleri yoktur. Eğer bundan (felek)in yaratıcısı kasd ediliyorsa, hakîki lâfızlardan udûl etmeye bir karine-i mânîâ yokken böyle mecâzî lâfızları kullanmakta ne fâide vardır?

19 — Dilini dâimâ hoş sözlere alıştırmak. Hattâ bazı anlarda, havanın rutubetinden ya da başka sebebden gökde meydana gelen gök belirtisine (kavs-i semâ) demelidir; (Kavs-i kazeh) dememelidir. Çünkü (kazeh) şeytan adıdır.

Baş parmağının yanındaki parmağa da (şehâdet parmağı) demelidir; (sebbabe) parmağı demekten kaçınmalıdır. Çünkü (sebabe) (seb) kelimesinden türemiştir ki (sövmek) ma'nâsınadır.

Bazan insana bir uyuşukluk çöker. İşte o zaman «Bugün üzerimde bir murdarlık vardır» dememeli. «Bu gün mizac ve tabiatımda bir değişme hâsıl oldu» demelidir.

Hazreti Ömer (R.A.) ateş yakıp oturan bir topluluk gördüğü zaman:

— Ey ziyâ ehli! diye hitâb etti de, (Ey ateş ehli!) diye hitâb etmedi. Çünkü ateş anlamında olan (nâr) kelimesi bazen cehenneme de itlâk edildiği için, dilini ona alıştırmak istemedi.

20 — Mü'min kardeşinin kendisine söylediklerini bir emânet olarak kabûl etmek.

Onun sırrını ifşâ etmez ki, emânete ihânet etmiş olmasın. Nitekim hadîs-i şerîfde:

اَلْحَدِيثُ بَيْنَكُمْ اَمَانَةٌ

«Aranızdaki konuşma bir emânettir!» buyurulmuştur.

«İyilerin göğüsleri (kalbleri) sırların kabirleridir!» diye rivâyet edilmiştir. Onun için söylenen sözleri kalbin derinliklerinde gömmelidir!

21 — İnsanlara karşı daimâ iyi zanda bulunmak gerekir. İnsanların her zaman övünülecek hallerini aramalıdır. Zirâ bir mü'minin kötü olduğuna doksandokuz ihtimâl, iyiliğine de bir ihtimâl mevcûd ise yine de o bir ihtimâli de tercih etmek gerekir. Fıkıh kitablarında böyle açıklanmıştır.

Kötü zannın ne kadar kötü olduğunu Peygamber Aleyhisselâm'ın dilinden dinleyelim:

اِيَّاكُمْ وَالظَّنَّ فَاِنَّ الظَّنَّ اَكْذَبُ الْحَدِيثِ

«Zan'dan uzak durun! Çünkü zan sözün en yalanıdır!»

22 — Çok gülmekten kaçınmak. Çünkü çok gülmek kalbi öldürüp karartır. Nitekim hadîs-i şerîfde şöyle buyurulur:

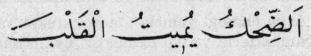

«Gülmek kalbi öldürür.»

Mü'minlerin Emîri Hazret-i Ömer (R.A.) der ki:

«Çok gülenin muhabbeti azalır. Çok şaka yapan kimse de (herkes tarafından) istihfaf edilir.

Ortada gülecek ve hayreti mucib olacak bir şey yokken gülmemeli... Çünkü hayreti mucib bir şey yokken gülmek, delilik belirtisidir. «Hayret duymadan gülmek deliliktir!» buyurulmuştur. (Mefâtihü'l-Cinan)

Seksenüçüncü Bâb

Yemek Yemenin Âdâbı

Helâl kazanç, helâl lokma içindir. Çünkü lokma (yemek yemek) bedenî ibâdetlerin tümünü takviye ettiği için, helâl lokmayı elde etme; ilmi, ibâdet ve tâat ilminden önce gelmiştir.

İbni Sîrin (Rahimehullah) Hazretlerine biri gelip:

— Bana ibâdet ve tâat ilmini öğretir misin? diye ricâda bulundu. İbni Sîrin ona sordu:

— Sen nasıl yemek yersin?

— Karnım doyuncaya kadar yerim!

— Sen önce git de nasıl yemek yeneceğini öğren, sonra gel ben sana nasıl tâat ve ibâdet edileceğini öğreteyim!

Bu bâbta da bir çok âdâb ve usûl anlatılmıştır:

1 — Arpa ekmeği yemek. Onda bereket vardır. Sonra o Peygamberlerin yediği ekmektir. Lâkin herkes kendi evinde kullanmak için buğday ile arpayı birbirine karıştırırlar ki, bunda da bereket vardır. Nitekim bir hadîsde bu açıklanmıştır:

ثَلَاثٌ فِيهِنَّ الْبَرَكَةُ اَلْبَيْعُ اِلَى اَجَلٍ وَ الْقَارِضَةُ وَخَلْطُ الْبُرِّ بِشَعِيرٍ لِلْبَيْتِ لَا لِلْبَيْعِ

«Şu üç şeyde bereket vardır:

1) Metâını veresiye satmak,
2) Bir kimseye sermâye verip meydana gelen kazançta onu ortak etmek,
3) Evinde yemek üzere arpayı buğdaya karıştırmak.»

2 — Buğday ile arpa ununu elemek. Nitekim:

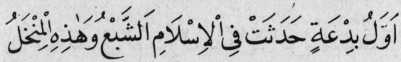

«İslâmda ilk defa ihdâs edilen husûs: Doyuncaya kadar doymak ve un elemek!» buyurulmuştur.

Eski sâlih Müslümanların evlerinde un elemek için elek kullanılmıştır.

Yemek yemek de üç derecede olmalıdır:
1) Karnını üçe taksim edip, birini yemek ile su, birini de nefes için tahsis etmek,
2) Karnını ikiye bölüp, birini yemek ile su, ikincisini de sadece nefes almak için tahsis etmek,
3) Bir insanın yemek yemesi, tıpkı hastanın yemesi şeklinde olmalı, uykusu da suda boğulmaktan korkan kimsenin uykusunu andırmalıdır.

3 — Etle çorbayı devamlı yemeyip, ara sıra terk etmek.

Emirü'l Mü'minîn Ali İbn. Ebû Talip Hazretleri:

«Kim kırk gün et yemezse, ahlâkı tağayyur eder, kim de kırk gün devamlı et yerse kalbi kararır ve katılaşır.» buyurmuştur. Hulâsa bu husûsta da itidâle riâyet etmek gerekir.

Et'in bir çok fâidesi vardır: İnsanın duyma, görme duygusunu artırır, dimağına da kuvvet verir. Ekmekle yenecek katıkların başında ve en önünde gelir.

Etin en lezzetli ve yararlı tarafı, bel kemiklerinde sâbit olan ettir.

Koyun etine gelince; bu da mizaca uygun ve mutedildir. Erkek hayvanın eti dişi hayvanın etinden hafiftir. Siyah hayvanın eti beyazınkından lezzetlidir. Sığır hayvanın eti zararlıdır, sütü ise şifâdır. Yağı ise devâdır. Nitekim hadîs-i şerîfde şöyle buyurulmuştur:

$$\text{اِنَّ اللهَ تَعَالَى لَمْ يُنْزِلْ دَاءً اِلَّا اَنْزَلَ لَهُ شِفَاءً اِلَّا الْهَرَمُ فَعَلَيْكُمْ بِاَلْبَانِ الْبَقَرِ فَاِنَّهَا تَرُمُّ مِنْ كُلِّ شَجَرٍ}$$

«Allah Teâlâ şifâsız hiç bir hastalık yaratmamıştır. İhtiyarlık hariç! Sığır sütünü içmelisiniz! Çünkü o her çeşit ottan meydana gelmektedir.»

Et, insanın ahlâkını da yüzünü de güzelleştirir. Hadîs-i şerîfde:

$$\text{اَكْلُ اللَّحْمِ يُحْسِنُ الْوَجْهَ وَيُحْسِنُ الْخُلْقَ}$$

«Et yemek, yüzü güzelleştirir, ahlâkı da güzelleştirir» buyurulmuştur.

Yine şöyle buyurulmuştur: «Dünya ve âhiret yemeklerinin ulusu ettir!»

4 — Hamuru iyice yoğurup ekmeği (mümkün mertebe) küçük yapmaktır. Çünkü bu, berekete sebeb olur.

5 — Yemek yerken sofraya marul ve tere gibi yeşillikler koymak.

Hadîs-i şerîfde şöyle buyurulmuştur:

زَيِّنُوا فَوَائِدَكُمْ بِالْبُقُولِ فَاِنَّهَا مُطَّرِدَةٌ لِلشَّيْطَانِ مَعَ التَّسْمِيَةِ

«Sofralarınızı yeşilliklerle süsleyiniz. Çünkü o, Besmele ile birlikte, şeytanı durdurmaz kovar.»

İbrâhim En-Nahaî'nin görüşü:

«Üzerinde yeşillik bulunmayan sofra, akılsız ihtiyar gibidir!»

Ca'fer Es-Sadık Hazretleri:

«Mal ve evlâdının çoğalmasını isteyen, bakliyât (yeşillik) yemeğe devam etsin!» buyurmuştur.

Yeşillikle süslenen bir sofrada Meleklerin de hazır bulunduğu rivâyet edilmiştir.

İsrâiloğullarına inen yemekte, pırasa hâriç bütün bakliyât (yeşillikler) mevcûd idi, diye rivâyet edilmiştir.

6 — **Yemeği yalnız yememek.** Hadîs-i şerîfde şöyle buyurulmuştur:

اَحَبُّ الطَّعَامِ اِلَى اللهِ مَا كَثُرَتْ عَلَيْهِ الْاَيْدِي

«Allah'ın en sevdiği yemek, üzerinde çok el bulunan yemektir!»

Evet, toplu olarak yenen yemek doyurmak ve bereketli olmakta, yalnız yenen yemekten daha elverişlidir. Hem insanlar arasında sevgi ve muhabbete de yol açmaktadır.

Peygamber (S.A.V.) Eshâbı, yemek yedikleri zaman karınlarının doymadıklarından yakınınca, şöyle buyurmuştur: «Herhalde yemeği yalnız yiyorsunuz?»

— Evet, ey Allah'ın Resûlü! dediler.

— «Yemeği toplu halde yeyin ve yemek yerken Allah'ın adını anın (Besmele çekin) ki hakkınızda hem bereketli ve hem de mübârek olsun!» buyurdular.

7 — **Yemeği büyük kabda yemek. Çünkü küçük çanaklarda bereket yoktur.**

Resûlüllah (S.A.V.) Efendimizin «Garra» adında büyük bir çanağı vardı, onu dört kişi zor taşıyabiliyordu. Yemeği o büyük kabta yerlerdi, diye Hazret-i Enes (R.A.) dan nakledilmiştir. Evet, dört kişinin getirebileceği büyük bir kabta yemeleri, yemeği yalnız değil, bir çok kimselerle birlikte yediklerine bir işârettir. Yoksa hayatı boyunca bir kere olsun Peygamber Aleyhisselâm doyuncaya kadar yemek yememişlerdir. Bu kesinlikle sâbittir.

8 — **Yemeğin hazırlandığı yere bizzat kendisi gitmeli, buraya getirin diye emretmemelidir.**

9 — **Yemek yerken ayakkabılarını çıkarmak,**

10 — **Adı, Resûlüllah Efendimizin adına uygun olan bir kimsenin sofrada bulunmasını bereket saymak.** Bu da sofranın âdâbındandır.

11 — **Yemek yerken, namazda oturduğu gibi belini büküp tevazû göstermek.**

Yemek yerken, başını yukarı kaldırmak, yâhûd bir yere dayanmak yâhûd da sağına soluna bakmak edebe muğâyir bir harekettir. Resûlüllah (S.A.V.) Efendimiz yemek yerken fevkalâde mütevazi davranırlardı. Hem de şöyle buyururlardı:

اَنَا عَبْدُ اللهِ آكُلُ كَمَا يَأْكُلُ الْعَبْدُ

وَاَجْلِسُ كَمَا يَجْلِسُ الْعَبْدُ

«Ben de Allahın kuluyum! Kul'un yediği şekilde yer, oturduğu biçimde otururum!»

12 — İyice acıkmadıkça yememek. Yediği zamanda da doymadan elini çekmek.

«Kim bu çeşit yemek yerse, doktora muhtaç olmaz!» diye nakledilmiştir.

13 — Her ne kadar mubâh ise de doyuncaya kadar yemek yemekten kaçınmak.

Hadîsde şöyle buyurulur:

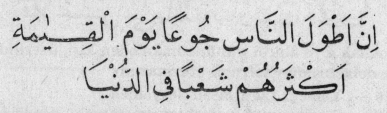

«Kıyâmet gününde en uzun açlığı, dünyada en çok doyanlar çekecektir!»

Yahya b. Muaz Hazretleri de şöyle demiştir:

«Firdevs cennetindeki düğün yemeği için, kendinizi dünyada aç bırakın (az yemek yiyin)!»

Açlığa devam eden kişi, aç ve muhtaçların halini bilir. Onları dâimî hatırından çıkarmaz.

Yûsuf Aleyhisselâm da açlığa devam ederdi. Kendisine:

— Bunca hazineler elindeyken sen nasıl açlığı tercih edersin? diye soranlara şöyle cevâb verirdi:

— Tok olduğum zaman, açların hallerini unuturum diye korkuyorum!

Açlık, aklı temiz ve berrak tutar, tokluk ise kalbi karartır... Unutkanlığa da yol açar.

Aç kalmasını bilen bir kimsenin kalbi dâimâ yumuşak ve aydınlık olur. Rûhu daralmaz, ferah olur. Tokluk ise kalbe zulmet getirir. Tok olan, obur olmaktan kurtulamayan kimsenin kalbi katı ve karanlık olur.

14 — Sabah yemeğini yemeden evden çıkmamak. Zirâ sabah yemeği insan vücûdu ve sağlığı için çok yararlıdır.

15 — İçki içilen sofrada oturmamak. Hadîs-i şerîfde şöyle buyurulur:

مَنْ كَانَ يُؤْمِنُ بِاللهِ وَالْيَوْمِ الْاخِرِ فَلَا يَجْلِسْ عَلَى مَائِدَةٍ يُدَارُ عَلَيْهَا الْخَمْرُ

«Allah'a ve âhiret gününe îmân eden kişi, üzerinde içkinin dolaştırıldığı sofraya oturmasın!»

16 — Yemeği iyi kimselerle yemek.

17 — Sıcak yemek yemekten kaçınmak. Hadîs-i Nebevîde bu husûs da îzâh edilmiştir:

رُفِعَتِ الْبَرَكَةُ عَنِ الثَّلَاثِ فِي الْحَارِّ حَتَّى يَبْرُدَ وَمِنَ الْغَالِي حَتَّى يَرْخُصَ وَمِمَّا لَا يُذْكَرُ اسْمُ اللهِ عَلَيْهِ

«Üç şeyden bereket kaldırılmıştır: Soğuyuncaya kadar sıcak yemekten, ucuzlanıncaya kadar pahalı şeyden, Besmele çekilmeyen şeyden...»

18 — Yemeğin üstünü kapamak. Zirâ bu, bereket bakımından çok elverişlidir, diye eser vârid olmuştur.

19 — Akşam yemeğini terk etmemek. Nitekim haberde:

«İcâb etmeden kan aldırmak zararlıdır, akşam yemeğini terk etmek de ihtiyarlığa yol açar» diye vârid olmuştur.

20 — Yemeğin içine bir sinek düşerse, her iki kanadıda yemeğe girmiş olsa dahi tiksinmeden o yemeği yemelidir. Çünkü sinek bir yemeğe düştüğünde, dâimâ zehirli kanadının üzerine düşer. Diğer kanadında şifâ vardır. O zehirli kanadının zehrini etkisiz kılmak için öbür kanadını da daldırmak gerekir. Nitekim hadîs-i şerîfde böyle tavsiye edilmiştir:

اِذَا وَقَعَ الذُّبَابُ فِى الطَّعَامِ فَامْلِقُوهُ فَاِنَّ فِى اَحَدِ جَنَاحَيْهِ سَمًّا وَفِى الْاٰخَرِ شِفَاءٌ وَيُقَدِّمُ السَّمَّ وَيُؤَخِّرُ الشِّفَاءُ

«Yemeğe sinek düştüğü zaman onu yemeğe iyice batırın. Çünkü kanatlarının birinde zehir, diğerinde ise şifâ vardır. Önce zehirli kanadı, sonra şifalı kanadı girer (yemeğe).»

21 — Yemekten önce ellerini yıkamak. Yemekten önce el yıkamak yemek abdestidir; fakîrliği giderir.

22 — Yemekten önce el yıkandığında bir havlu ile kurulamak gerekir, ki bereketi yemeğe değsin...

23 — Yemekten sonra ellerini yıkamak. Bu da küçük günâhların bağışlanmasını sağlar. Ellerindeki yaşlığı gözlerine sürmek de sağlığa güzel bir sebeb teşkil eder, diye eser vârid olmuştur. (Avarifü'l-Maârif, Gunye)

24 — Yemekten önce Besmele çekmek. Besmeleyi şöyle çeker: (Bismillâhi evvelehu ve ahirehu). Şâyet yemeğin evvelinde Besmeleyi unutursa, ortasında; ortasında da unutursa sonunda çeker.

Peygamber Aleyhisselâm:

Bir adamın besmelesiz yemeğe başladığını gördü. Onu öylece seyretti. Sonuna doğru Besmele çekince, tebessüm buyurdular. Meğer yemeğe Besmelesiz başladığı için şeytan da sofraya oturmuş, adamla yemek yemeğe başlamış... Adam Besmeleyi çekince tutunamadan kaçıp gitmiş... Resûlüllah Sallellahu Aleyhi Vesellem de bunu görünce, tebessüm buyurmuş... (Avarifû'l-Maârif)

25 — Yemekten sonra Allah'a hamd ve şükretmek. Bir kimse yemekten sonra: «Elhamdü lillahillezî et'ameni **haza ve rezekenihi min ğayri havlin vela kuvvetin**» derse, tüm geçmiş küçük günâhları bağışlanır.

26 — Yemekten önce tuza banmak. Çünkü tuzda yetmişdört derde şifâ vardır: Sinir, cüzzam, baras, karın ağrısı ve baş ağrısı hastalıklarına iyi gelir. Nitekim Peygamber(S.A.V.) Efendimiz Hazret-i Ali(K.V.)'ye hitâben şöyle buyurmuştur:

«Ey Ali, yemeğe tuzla başla! Çünkü tuz yetmiş derde **devâdır.** O dertlerden bazıları şunlardır: Sinir hastalığı, **cüzzam, baras,** karın ağrısı, diş ağrısı.»

Diğer bir hadîsde şöyle buyurulmaktadır:

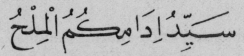

«**Katıklarınızın en büyüğü tuzdur!**»

27 — Yemeği sağ el ile yemek. Nitekim hadîs-i şerîf de şöyle buyurulur:

YEMEK YEMENİN ÂDÂBI

«Biriniz yemeği sağ eliyle yesin, sağ eliyle içsin, sağ eliyle alsın, sağ eliyle versin; zirâ şeytan, sol eliyle yer, sol eliyle içer, sol eliyle alır, sol eliyle verir.»

28 — Yemeği şu üç parmağı ile yer: Baş parmak, müsabbihe parmağı ve orta parmak...

29 — Mümkün olduğu kadar kaşıkla yemek yememek. İmâm Ebû Yûsuf (Rh. A), Halife Harun er-Reşid'le yemek yerken, Halife, kendine has olan süslü kaşıkları emrettiğinde, İmâm Ebû Yûsuf (Rh. A) şöyle dedi: Kur'ân-ı Azimüşşân'da:

$$ وَلَقَدْ كَرَّمْنَا بَنِي آدَمَ $$

buyurulmuştur. Bu âyetin tefsîrinde Âdemoğullarının şerefli olmaları, onlara yemek yemek için verilen parmaklardan ötürü olduğu, zikredilmiştir. Halife bunu duyunca, hemen elindeki kaşıkları fırlatıp attı.

30 — Tek parmakla yemekten kaçınmak. Zirâ tek parmakla yemek gazâba mucibdir. İki parmakla yemek kibre alâmettir, üç parmakla yemek ise sünnettir, dört parmakla yemek ihtirastır, diye İmâm Şâfiî (Rh. A.) Hazretlerinden mervîdir. (İhyâ)

31 — Yemekten sonra su içmemek.

32 — Ekmeğe saygı göstermek. Çünkü bir lokmanın üçyüz altmış hizmetçisi vardır: Bunların ilki Mikâil Aleyhisselâm, sonuncusu da o ekmeği pişirendir, diye rivâyet edilmiştir.

33 — Sofra üzerine düşen ekmek parçalarını ve kırıntılarını toplayıp yemek.

Hadîs-i Nebevîde şöyle buyurulur:

$$ مَنْ أَكَلَ مَا يَسْقُطُ مِنَ الْمَائِدَةِ عَاشَ فِي سَعَةٍ وَعُوفِيَ فِي وَلَدِهِ $$

«Sofradan düşeni yiyen kimse müreffeh geçinir ve çoluk çocuğu da sıhhatli olur.»

Yine haber vârid olmuştur ki:

«Sofradan düşen kırıkları yemek hûrîlere kavuşmağa vesiyledir!»

34 — Ekmeği iki eliyle kırmak. Zirâ tek el ile kırmak kibre alâmettir.

35 — Ekmeğin üstüne tuzluk, çanak ve kaşık gibi şeyleri koymamak.

Peygamber Aleyhisselâm'ın öğüdüdür:

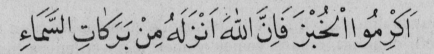

«Ekmeğe saygı gösterin. Çünkü Allah onu göğün bereketlerinden indirmiştir.»

36 — Ekmeğin bütün parçalarını yemek, hiç bir parçasını atmamak. Yâni, ekmeğin yüzünü ve kenarını yeyip de içerisini yememek, hem ekmeğe saygısızlık sayılır, hem de kıtlığa sebeb olur. (Nikâye)

37 — Lokmayı küçük yapmak.

38 — İyice çiğnemek.

39 — Bir lokmayı iyice çiğneyip yutmadan diğer lokmayı almamak.

40 — Yemeği çiğnerken ağzını fazla açmamak.

41 — Yemek yerken elini vücûduna veya elbisesine sürmemek.

42 — Öksüreceği ya da aksıracağı zaman, yüzünü yemekten uzak tutmak için arkaya çevirmek.

43 — Yanında yiyenlerin lokmasına bakmamak.

44 — Gerek ekmeği gerekse eti bıçak ile kesmemek. Çünkü bu, Acemlerin âdeti olduğu için nehyedilmiştir. Eti diş ile parçalamanın daha âfiyetli ve sağlıklı olduğu da ayrıca rivâyet edilmiştir.

45 — Yemek sıcaksa, soğutmak için onu üfürmemek. Çünkü bu, yemeğin bereketini giderir. Bu bakımdan soğuyuncaya kadar sabretmek gerekir. Hadîs-i şerîfde:

«Yemeğe üfürmek, bereketini giderir!» buyurulmuştur.

46 — Yemek yerken bir lokmayı eline aldığı zaman, başını çanağa uzatmamak.

47 — Lokmayı ağzına koyduktan sonra elini çanağın içine silkmemek.

48 — Yemeğin içinde bulunan kemik ve çekirdekleri ağzından çıkarırken yüzünü yemekten uzak tutmak.

49 — Sirkeli yemekten bir lokmayı yağlı yemeğe karıştırmamak.

50 — Dişi ile kestiği etin parçasını çorba veya herhangi bir yemeğin içine atmamak.

51 — Yemek yerken kişinin tiksindiği sözler söylememek. Yemeği beğenmemezlik yapmamak. Ama insan vücûduna zarar verecek şeyler varsa münâsib bir dil ile hatırlatmak gâyet yerinde bir hareket olmuş olur.

52 — Yemek yerken susmamak. Çünkü yemek yerken suskun oturmak ateşperestlerin âdetidir. Onun için sâlih ve âlimlerin sözlerini konuşmak gerekir.

53 — Yemek yemeğe başladığında, Allah (C.C.)'ın:

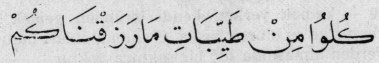

«Size rızık olarak verdiğimiz şeylerin (maddeten ve mâ'nen) en temiz olanlarından yeyin.» (Bakara sûresi) kavline imtisal etmeği niyet etmek.

54 — Yemek yerken, gelen kimsenin selâmını beklemek... Ondan sonra yemeğe dâvet etmek. Çünkü hadîs-i şerîfde:

$$\text{اَلسَّلَامُ قَبْلَ الْكَلَامِ وَلَا تَدْعُوا اَحَدًا اِلَى الطَّعَامِ حَتَّى يُسَلِّمَ}$$

«Selâm kelâmdan önce gelir. Kimseyi, selâm verinceye kadar, yemeğe dâvet etmeyin!» buyurulmuştur.

55 — Yemek zamanı, kimsenin evine, dâvetsiz gitmemek. Çünkü dâvetsiz olarak girenler hakkında şöyle vârid olmuştur:

«Dâvetsiz olarak birinin evine giren, hırsız olarak girmiş, yağmacı olarak çıkmış olur.»

İşte bu hadîsi gözönünde tutarak, dâvetsiz kimseyi rahatsız etmemek gerekir.

56 — Toplu halde yemek yerken, arkadaşlarının durumunu düşünmek ve ona göre yemek... Yalnız yediği zamanda da fakîrleri düşünüp az yemek ve yemek artırmak...

57 — Sofradan kalkarken, yemek bulamayan yoksulları hatırlayıp, hâline şükretmek.

58 — Yemeği masiyete dönüştürecek husûslardan kaçınmak. Meselâ, şarkılı ve kumarlı sofralarda oturmaktan kaçınmak, şarkı söyliyerek, oyun oynayarak yemek yemekten imtinâ etmek gibi...

59 — Yemek yerken kendi önünden yemek. Ama meyve, tuz ve su olursa başka. O zaman onları bulundukları yerden almasında hiç bir sakınca yoktur.

60 — Yemeğin ortasından ve üstünden yemeyip aşağısından yeyin. Zirâ bereket yukarısından aşağıya doğru iner, demişlerdir.

61 — **Yemek yerken sofradakilerin yüzüne bakmamak.**

62 — **Doysa bile, başkalarını mahcup etmemek için, elini sofradan çekmemek.**

63 — **Üç kere (Buyrun!) dedikten sonra, arkadaşlarını yemîn billâh ederek yemeğe zorlamamak.** (İhyâ-i Ulûm)

64 — **Yemek bittikten sonra sofradan arkadaşlarından sonra kalkmak.**

Çünkü Resûlüllah Sallellahu Aleyhi Vesellem Efendimiz bir cemâatle yemek yediği zaman, sofradan en son kalkarlardı, diye rivâyet edilmiştir.

Sofra hazırlandığı zaman, namaz vakti gelse bile, önce yemeği yemek gerekir.

Çünkü hadîs-i şerîfde böyle tavsiye edilmiştir:

$$\text{إِذَا حَضَرَ الْعَشَاءُ وَالْعِشَاءُ فَابْدَؤُا بِالْعِشَاءِ}$$

«Akşam namazı ile akşam yemeği bir araya gelip hazır olduğu zaman, önce yemek yeyin!»

Tabii namaz geçmemesi şarttır. Eğer vakit daralmışsa, akşam namazı geçmek üzereyse başka. O zaman önce namaz kılınır, sonra yemek yenir.

65 — **Katıksız ekmek yemek.** İbni Sâlim'den rivâyet edilmiştir:

«Kim sırf edebe riâyet etmek için katıksız ekmek yerse, ölümden başka hiç bir hastalık görmez.»

66 — **Ayakta ve yürürken yemek yememek.** Bu, âdilik ve görmemişlik alâmetidir!

Kişinin muhtaç ve fakîr olmasına yol açar, diye rivâyet edilmiştir.

67 — Tek kişilik yemeği iki kişinin yemesini engellememek. Çünkü o yemek iki kişiye de yeter. Hadîs-i şerîfde:

$$طَعَامُ الْوَاحِدِ يَكْفِى الْاِثْنَيْنِ$$

«Tek kişinin yemeği iki kişiye yeter» buyurulmuştur.

68 — Yemek yediği üç parmağı önce yalar, sonra yıkar, daha sonra da kurular. Çünkü Resûlüllah (S.A.V.) Efendimizin tavsiyesi budur:

$$اِذَا اَكَلَ اَحَدُكُمْ فَلَا يَمْسَحْ يَدَهُ حَتَّى يَلْعَقَهَا$$

«Biriniz yemek yediğinde, yalamadıkça elini silmesin!»

69 — Yemek yediği tabağı yalamak. Hadîs-i şerîfdeki tavsiye budur:

$$مَنْ اَكَلَ فِى قَصْعَةٍ فَلَحَسَهَا اِسْتَغْفَرَتِ الْقَصْعَةُ لَهُ$$

«Kim, bir tabakta yemek yer de sonra o tabağı iyice yalarsa, tabak onun için istiğfar eder.»

Çanağın istiğfar etmesi demek, yemekten sonra kişinin şükretmesi demektir. Yâni, kişi tabağını yaladıktan sonra Allah (C.C.)'a şükreder. Ve bu şükür sebebiyle afv-u mağfirete uğrar. Onun afvolmasına böylece çanak vesile olmuş olur.

70 — Mü'minin artığı olan yemeği yemek. Zirâ onda hayr ve bereket vardır.

71 — Yemekten sonra kürdan ile dişlerin arasını temizlemek. Dişlerin arasını temizlerken, diş aralarından çıkanları yutmamak. Hadîs-i şerîfde bunun ifâdesi şöyle anlatılmıştır:

$$ \text{تَخَلَّلُوا فَاِنَّهُ نَظَافَةٌ وَالنَّظَافَةُ تَدْعُو اِلَى الْاِيمَانِ وَالْاِيمَانُ مَعَ صَاحِبِهِ فِي الْجَنَّةِ} $$

«Dişlerinizi hilallamak sûretiyle temizleyin. Çünkü bu bir nezâfettir, nezâfet îmânâ, îmân da sâhibi ile beraber cennette olmaya yol açar.»

Onun için dişleri temizlemek rızkın geniş olmasına sebeb olur, demişlerdir.

Diş etlerinin gelişmesine ve sağlıklı olmasına da yol açar bu. (Avarifü'l-Maârif)

72 — **Yemek hazm olmadan önce yatmamak.** Çünkü hazmden önce yatmak kalbi katılaştırır. Hadîs-i Nebevî de şöylece tavsiye edilmiştir:

$$ \text{اَذِيبُوا طَعَامَكُمْ بِالذِّكْرِ وَالصَّلَاةِ} $$

«Yemeğinizi zikir ve namazla eritiniz!»

Onun için kişi, yemekten sonra hiç olmazsa dört rek'at namaz kılmalı, yâhûd yüz kere «Sübhanellah» demelidir, yâhûd da bir cüz Kur'ân okumalıdır.

73 — **Balı, şifâ niyetiyle yemek.** Çünkü yetmiş Peygamber ona bereketle duâ ettiler. Hem Kur'ân-ı Âzîmüşşân'da onun hakkında:

$$ \text{فِيهِ شِفَاءٌ لِلنَّاسِ} $$

«Onda insanlar için şifâ vardır» (1) buyurulmuştur.

Kim her ay üç sabah bal yerse o ayda hiç bir hastalık görmez...

---

(1) Nahl sûresi; âyet: 69.

Hasta olan bir adam, eşinin mehrinden üç dirhem ödünç alsa ve o üç dirhemle bal satın alıp yağmur suyu ile şerbet yapıp içerse Biiznillâhi Teâlâ şifâ bulur. Çünkü mehir hakkında Nisa sûresinde:

$$فَكُلُوهُ هَنِيئًا مَرِيئًا$$

«Onu da içinize sine sine yeyin!» buyurulmuştur.

Bal hakkında, Kur'ân-ı Kerîm'de:

$$فِيهِ شِفَاءٌ لِلنَّاسِ$$

«Onda insanlar için şifâ vardır!» buyurulmuştur.

Yağmur suyu hakkında da yine Kur'ân-ı Kerîm'de:

$$وَنَزَّلْنَا مِنَ السَّمَاءِ مَاءً مُبَارَكًا$$

«Biz gökten mübârek bir su indirdik» (2) buyurulmuştur.

Bir hadîsde ise şöyle buyurulmuştur:

«Helâl bir dirhemle bal satın alınıp yağmur suyu ile içilirse, her hastalığa şifâ olur.»

74 — Pirinç pilâvını yediği zaman, Resûlüllah (S.A.V.) Efendimize salâvat-ı şerîfe getirmek. Bir hadîsde pirincin önemi şöyle anlatılır:

«Ben lâtif bir cevher idim. Arşın etrafını dolaşıyordum. Allah bana nazar eyledi. Sıkıldım ve terledim. Benden yedi damla ter düştü; Allah birinci damladan Ebu Bekr'i, ikinci damladan Ömer'i, üçüncü damladan Osman'ı, dördüncü damladan Ali'yi yarattı. Beşinci damla-

---

(2) Kaf sûresi; âyet: 9.

YEMEK YEMENİN ÂDÂBI

dan gül'ü, altıncı damladan pirinci, yedinci damladan kabağı yarattı...»

Pirinç yemek vücûda çok yarar te'min eder.

75 — Bakla yemek' Resûlüllah (S.A.V.) Efendimiz şöyle buyurmuşlardır:

$$\text{مَنْ اَكَلَ فُولَةً بِقِشْرِهَا اَخْرَجَ اللهُ مِنْهُ الدَّاءَ بِمِثْلِهَا}$$

«Kim fulu (baklayı) kabuğu ile birlikte yerse, Allah ondan, o nisbette hastalığı çıkarır.»

Bazıları kabuksuz yemeği tavsiye etmişlerdir. Çünkü kabukla yemek mideye ağır gelir, hazmı güçleştirir. Buna rağmen hadîs-i şerîfin gereğini yapmak daha uygun bir hareket tarzı olur. Zirâ onun kabuğunda da fayda mülâhaza edilebilir. Çünkü bazılarına göre kabuğunda (elif) harfi yazılmıştır. Aksini tavsiye edenlerin gâyesi, baklanın bereketinden insanları yoksun etmektir.

76 — Çörek otu yemek. Yediğinde de şifa niyetiyle yemek. Hadîs-i şerîfde bunun da fâidesi anlatılmıştır:

$$\text{اَلْحَبَّةُ السَّوْدَاءُ شِفَاءٌ مِنْ كُلِّ دَاءٍ اِلَّا الْمَوْتَ}$$

«Çörek otu, ölüm hariç, bütün derde devâdır!»

77 — Patlıcanın yararlı olduğuna inanarak yemek. Resûlüllah (S.A.V.) Efendimiz onu yediği zaman şöyle buyururlardı:

$$\text{مَنْ اَكَلَهُ عَلَى اَنَّهُ دَاءٌ كَانَ دَاءً وَمَنْ اَكَلَهُ عَلَى اَنَّهُ دَوَاءٌ كَانَ دَوَاءً}$$

«Kim, onu zararlı niyetine yerse o zararlı olur. Kim de onu deva niyetiyle yerse deva olur.»

Abdullah b. Abbas (R.A.)'dan:

Ensâr'dan bir zâtın ziyâfetinde Resûlüllah Sallellahu Aleyhi Vesellem ile beraberdim. Bir tabak içinde sofraya patlıcan getirmişlerdi. Orada bulunanlardan biri dedi ki:

— Ey Allah'ın Resûlü patlıcan safra yapar, ağız kokusunu çirkinleştirir ve ondan maraz hâsıl olur. Bunun üzerine Peygamber Aleyhisselâm şöyle buyurdu:

«Sus! sus! sus!» böylece onu susturduktan sonra şöyle buyurdu:

«Mi râc gecesi Cennetü'l-me'vâ'ya girdim. Sidretülmünhehâyı gördüğümde bir de baktım ki altında patlıcan, dallarında asılıydı.

Cebrâil'e sordum:

— Bu patlıcandır, değil mi?

— Evet, ey Muhammed! Bu, Allah'ın birliğini, senin de Peygamberliğini ikrar ve i'tirâf eden ilk ağaçtır! dedi.»

Bir hadîsde de onun hakkında şöyle buyurulmuştur:

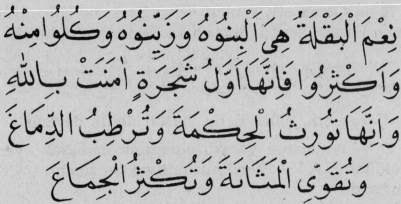

«Ne güzel yeşilliktir o! Onu iyi pişirin. Onu iyice süsleyin. Ondan yiyin. Hem de çok yiyin. Çünkü o, Allah'a îmân eden ilk ağaçtır. Onu yiyen hikmetli sözler konuşur, ayrıca o dimağı tazeler, mesâneyi takviye eder ve cinsî münâsebet gücünü arttırır.»

Mâdemki patlıcanı Resûlüllah Sallellahu Aleyhi Vesellem Efendimiz sevmiştir, bizim de sevmemiz gerekir.

Hârûn Er-Reşid'in meclisinde yemek yeniyordu. Sofraya kabak yemeği geldi.

İmâm Ebû Yûsuf (Rh. A.) dedi ki:

— İşte, Peygamber'in çok sevdiği yemek! O kabağı pek severlerdi... Orada oturanlardan biri:

— Ben kabak sevmem! dedi... İmâm Ebû Yûsuf (Rh. A.):

— Getirin bir kılıç, uçuralım bu adamın kafasını! diye fetvâ vermek üzereyken adam, sözümü geri alıyorum, dedi ve îmânını da nikâhını da tazeledi. Ancak böyle yapmakla ölümden kurtulabildi. (Şerhun-Nikâye)

78 — **Kabak yemeği yemenin de sünnet olduğuna inanmak.** Hadîs-i şerîfde şöyle buyurulmuştur:

$$اَلدُّبَّاءُ تُكَبِّرُ الدِّمَاغَ أَوْ تَزِيدُ فِي الْعَقْلِ$$

«Kabak dimağı güçlendirir, aklı arttırır!»

79 — **Herise (keşkek) yemek.** Keşkek yemeğe devam etmek de iyidir. Cebrâîl Aleyhisselâm bunu Peygamberimize öğretmişlerdir. Fâideleri pek çoktur: Gece ibâdete kalkmak için insanı dinç kılar, cimâ gücünü artırır..

80 — **Mercimek çorbasına riâyet edip devamlı olarak yemek.** Hadîs-i şerîfde şöyle buyurulur:

$$عَلَيْكُمْ بِالْعَدَسِ فَإِنَّهُ مُبَارَكٌ يَرِقُّ الْقَلْبَ$$
$$وَيَكْثُرُ الدَّمْعَةَ وَقَدْ بَارَكَ اللّٰهُ فِيهِ سَبْعِينَ نَبِيًّا$$

«Mercimek yemelisiniz! Çünkü o mübarek bir yemektir; kalbi yumuşatır, göz yaşını akıtır, Allah onda yetmiş Peygambere bereket halk etti. Ne var ki bunu çok çok yememek lâzımdır.»

81 — Hastaya telyine (bulamaç) yedirmek. Bu yemek, buğday ununa, süt ve bal karıştırarak yapılır. Hadîs-i şerifde:

$$\text{اَلتَّلْيِنَةُ مَجَمَّةٌ لِفُؤَادِ الْمَرِيضِ تَذْهَبُ بِبَعْضِ الْحُزْنِ}$$

«Telyine (bulamaç) hastanın moralini düzeltir, üzüntülerinin hiç olmazsa bir kısmını giderir» buyurulmuştur.

Diğer bir hadîsde ise: «Bulamaçta, her hastalığa karşı bir şifâ vardır» buyurulmuştur.

82 — Peynir ile ceviz yemek. Yalnız ceviz yemek zararlıdır, ikisi karışık olursa devâlı ve faydalıdır.

83 — Kuru üzüm yemek. Onun hakkında şöyle buyurulmuştur:

$$\text{عَلَيْكُمْ بِالزَّبِيبِ فَاِنَّهُ يَكْشِفُ الْمُرَّةَ يَذْهَبُ بِالْبَلْغَمِ وَيَشُدُّ الْعَصَبَ وَيَذْهَبُ بِالْعَيَاءِ يُحْسِنُ الْخُلُقَ وَيُطَيِّبُ النَّفْسَ وَيَذْهَبُ بِالْهَمِّ}$$

«Kuru üzüm yemeniz lâzımdır. Ekşimeye iyi gelir, balgamı söker, damarları kuvvetlendirir, vücûda ferahlık verir, yorgunluğu giderir, ahlâkı güzelleştirir, rûhu hoş tutar, üzüntüyü de giderir.»

Hazret-i Ali (K.V.)'den:

«Kim günde yirmibir kırmızı üzüm tanesi yerse, cesedinde kerih görünen hiç bir şey kalmaz!»

Bunun fâidesi de pek çoktur. Hele onu fıstık ile karıştırıp yemek, unutkanlığı giderir, zihni açar, aklı geliştirir. Ancak kuru üzümü yerken çekirdeğini çıkarmak gerekir...

84 — **Ayva yemek.** Ayva yemek kalbi cilâlandırır. korkak kimseye cesâret verir. Mideye kuvvet verir, kanı ıslâh eder, şehveti tahrik eder, bulantıyı önler, idrarı söktürür, susuzluğu önler. Hâmile kadın üçüncü ve dördüncü ayda ayva yerse doğacak çocuk gayet güzel olur. Geçmiş milletlerden bir kavmin çocukları çirkin doğarmış. Peygamberlerine bundan yakınmışlar. Cenâbı Hakk (C. C.) tarafından o kadınlara hâmile iken ayva yedirmek hakkında o Peygambere vayh geldi. Ne var ki çok yememeli ve bıçakla da kesmemeli. Çünkü bıçak ondaki hasse ve suyunu çeker...

Hadîs-i şerîfde vârid olmuştur:

كُلُوا السَّفَرْجَلَ فَإِنَّهُ يُجْلِي عَنِ الْفُؤَادِ وَيُذْهِبُ بِطَحَرَ الصَّدْرِ

«Ayva yiyiniz! O kalbi aydınlatır. Göğüs darlığını önler.»

Diğer bir hadîsde:

«Aç karnına ayva yiyiniz. Çünkü o göğsün vağdını giderir» buyurulmuştur.

Bir hadîsde de: «**Ayva yiyiniz, çünkü o gönlü toplar, kalbe cesâret verir, (doğacak) çocuğu da güzelleştirir.**» Hulâsa ayvanın büyük faydası vardır ve denenmiştir. Hele aç karnına yemek hemen te'sirini gösterir.

85 — **Nar yemek.** Hadîs-i şerîfde şöyle buyurulmuştur:

مَا مِنْ رُمَّانٍ إِلَّا وَفِيهِ قَطْرَةٌ مِنْ مَاءِ الْجَنَّةِ

«Her narda mutlaka cennet sularından bir damla vardır.»

Onun için nar yerken danelerine çok dikkat etmek, tek bir danesini bile yere düşürmemek, yerken kimseyi ortak etmemek gerekmektedir. Çünkü cennet suyunun bulunduğu damla düşen danede, yâhûd başka birine verilen danede olabilir. Bu yüzden asıl nar yiyen kişi ondan mahrum kalabilir. Onun için buna çok dikkat etmek lâzımdır..

Narın danelerinde bulunan o ince zarın da pek yararı vardır. Mideye son derece fâidelidir. Ona «Dibâğül-Mi'deti (mideyi sertleştiren, geren)» denilmiştir.

Ekşi nar ile tatlı narı, zarları ile sıkıp içmek hararetı defeder. İshâl ve safraya da iyi gelir.

86 — İncir yemek. İncir kalbi yumuşatır, kulunç hastalığına iyi gelir, aynı zamanda artığı olmayan pek güzel bir meyvedir. Çok yararlıdır.

İncir'in önemi hadîsde şöyle belirtilmiştir:

كُلُوا التِّينَ فَلَوْ قُلْتُ اِنَّ فَاكِهَةً نَزَلَتْ مِنَ الْجَنَّةِ بِلَا عُجْمٍ لَقُلْتُ هِيَ التِّينُ وَاِنَّهُ يَذْهَبُ بِالْبَوَاسِيرِ وَيَنْفَعُ مِنَ النَّقْرِيسِ

«İncir yiyiniz! Eğer cennetten inen bir meyve vardır dersem, onun incir olduğunu söylerim. Çünkü bâsuru iyileştirir, nikris hastalığına da iyi gelir.»

87 — Kavun yemek. Kavunda bereket vardır, içinde de cennet sularından bir su bulunmaktadır, diye nakledilmiştir. Kim onu kabuğu, çekirdeği, suyu, hulâsa bütün parçaları ile yiyebilirse yesin, diye mervîdir.

YEMEK YEMENİN ÂDABI

Hadîs-i şerifde şöyle buyurulur:

مَا مِنْ طَعَامٍ فِي الْجَنَّةِ اِلَّا وَفِيهَا مِنْ لَذَّةِ ذٰلِكَ الطَّعَامِ

«Cennette bulunan her yemeğin lezzetinden mutlaka kavunda bulunmaktadır.»

Bir hadiste de:

«O, karın doyurduğu için bir yemek, susuzluğu giderdiği için bir su güzel koktuğu için bir reyhan mideyi ve karnı temizlediği için bir sabundur» buyurulmuştur.

Kavunun diğer fâideleri:

Mesaneyi temizler, menîyi çoğaltır, cinsî münâsebet gücünü artırır, vücûda zararlı olacak şeyleri önler, insanın derisini güzelleştirir, ağız kokusunu güzelleştirir, baş ağrısına iyi gelir, gözlerin görme gücünü artırır, iştah açar, karındaki kurtları döker, tam yetmiş hastalığa devâdır. «Besmele» ile yenirse tesbîh eder. Sünnet olan kavunu ekmek ile yemektir. Resûlüllah (S.A.V.) Efendimizin kavunu sol eline, ekmeği de sağ eline alıp yediği ve şöyle buyurduğu nakledilmiştir:

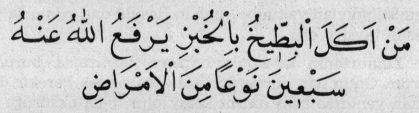

«Kim, kavunu ekmekle birlikte yerse, Allah onun yetmiş çeşit hastalığını bertaraf eder.»

Yine bir hadîsde şöyle buyurulmuştur:

«Yemekten önce kavun yemek, karnı yıkar, hastalığı kökünden söküp atar.»

Bir kimse kavun satın alacağı zaman Besmele çekerek:

$$\text{اِنَّ الْبَقَرَ تَشَابَهَ عَلَيْنَا وَاِنَّا اِنْ شَاءَ اللهُ لَمُهْتَدُونَ}$$

âyeti kerîmesini okusun. Keserken de:

$$\text{فَذَبَحُوهَا وَمَا كَادُوا يَفْعَلُونَ}$$

âyetini okusun.

Sonra seçerken çizgili olanları seçmeli, bilhassa tek çizgililere dikkat etmelidir.

88 — Yumurta yemek... Peygamber Aleyhisselâm yumurta yerlerdi ve şöyle buyururlardı:

$$\text{اِنَّ نَبِيًّا اِشْتَكَى اِلَى اللهِ ضَعْفًا فَاَمَرَهُ بِاَكْلِ الْبَيْضِ}$$

«Bir Peygamber vücûdundaki güçsüzlükten Allah'a yakındı. Allah da ona yumurta yemesini emretti.»

Hazreti Ali (K.V.)'den:

«Bir adam geldi, Peygamber Aleyhisselâm'a çocuklarının azlığından yakındı. Allah'ın Resûlü ona yumurta yemesini tavsiye etti.»

Yumurtanın sarısında hararet, beyazında burudet vardır. Onun için yumurtayı rafadan yemek gerekir. Rafadan yenilirse hem hazmi kolay olur, hem öksürüğe iyi gelir, hem de boğazda olan sertliğe iyi gelir. Ayrıca sesi de güzelleştirir.

Nefes darlığına, idrar tutmayana, kan idrarına da iyi gelir. Cinsî münâsebet gücünü artırır.

Çiğ yumurtanın beyazı, bir kimsenin yüzüne sürülse sıcakta güneşin te'sirini önler, vücûd yanıklarına iyi gelir.

YEMEK YEMENİN ÂDÂBI

89 — Zeytin yağı yemek veya içmek. Bir hadîsde:

$$\text{عَلَيْكُمْ بِزَيْتِ الزَّيْتُونِ فَكُلُوهُ وَادَّهِنُوا بِهِ فَاِنَّهُ يَنْفَعُ مِنَ الْبَاسُورِ}$$

«Zeytin'in yağına dikkat gösterin! Onu yiyin, onunla yağlanın, çünkü bâsur hastalığına iyi gelir» buyurulmuştur.

Diğer bir hadis:

«Zeytin yağını yiyin. Onunla yağlanın (yağ olarak kullanın). Çünkü cüzzam hastalığı dâhil, tam yetmiş derde devâdır!»

90 — Hindiba yemek. Hadîs-i şerîfde şöyle buyurulur:

$$\text{عَلَيْكُمْ بِالْهِنْدِبَا فَاِنَّهُ مَامِنْ يَوْمٍ اِلَّا وَهُوَ يَقْطُرُ عَلَيْهِ قَطْرٌ مِنْ قَطْرِ الْجَنَّةِ}$$

«Hindiba edinmelisiniz! Çünkü, hiç bir gün yoktur ki onun üzerine cennet damlalarından bir damla damlamasın!»

91 — Siyah helilec yemek. Hadîsde şöyle tavsiye ediliyor:

$$\text{عَلَيْكُمْ بِالْهَلِيلَجِ الْاَسْوَدِ فَاشْرَبُوهُ فَاِنَّهُ مِنْ شَجَرِ الْجَنَّةِ طَعْمُهُ مُرٌّ وَهُوَ شِفَاءٌ مِنْ كُلِّ دَاءٍ}$$

«Siyah helilec edinmelisiniz. Onu için! Çünkü o cennet ağacındandır. Acıdır, fakat her hastalığa şifadır!»

92 — Sinâmeki ve raziyâne kullanmak... Nitekim bir hadîsde şöyle buyurulur:

$$\text{عَلَيْكُمْ بِالسِّنَاءِ وَالسُّنُوتِ فَإِنَّ فِيهِمَا شِفَاءٌ مِنْ كُلِّ دَاءٍ إِلَّا السَّامُ}$$

«Raziyâne ve sinâmekiyi kullanın! Çünkü o ölüm hariç, tüm hastalıklara şifâdır.»

93 — Çiğ sarımsak yemek. Hadîs-i Nebevîde buyurulur ki:

$$\text{كُلِّ الثُّومَ فَلَوْلَا أَنِّي أُنَاجِي الْمَلَائِكَةَ لَأَكَلْتُهُ}$$

«Çiğ sarımsak ye! Eğer ben Meleklerle konuşmasaydım, mutlaka onu yerdim.»

Ne varki namaz kılarken kokusunu her ne sûretle olursa olsun, gidermek lâzımdır...

(Mefâtihü'l-cinan, Câmi'üs-sağîr)

Seksendördüncü Bâb

Su İçmenin Âdâbı

Hararet basınca insan su içmek ister. Susuz yapamaz. Tabii su da Allah (C.C.)'ın insanlara verdiği ni'metlerin en büyüklerinden sayılır. Lâkin yemekte olduğu gibi su içmekte de bazı kurallar vardır. Bu kurallara riâyet etmek gerekmektedir. Onun âdâb ve usûllerini şöylece sıralayabiliriz:

1 — **Su kaplarının topraktan olması.** Hadîs-i şerifde şöyle buyurulur:

$$\text{اِنَّ اللهَ وَمَلَائِكَتَهُ يُصَلُّونَ عَلَى أَهْلِ بَيْتٍ آنِيَتُهُمُ الْخَزَفُ}$$

«Çanakları toprak olan hânenin ehline Allah rahmet eder, melekler de istiğfar ederler.»

İbni Abbas (R.A.), sırça ve billur kablarda su içerler ve şöyle derlerdi:

— Ne kadar güzel şey bu! Çünkü içinde toz ve benzeri şeyler varsa, rahatlıkla görülebiliyor.

Bunların edinilmesinde de sakınca yoktur. Ne var ki böbürlenmek ve herkese karşı gösteriş yapmak için edinilmemelidir. Çünkü o takdirde memduh değil, mezmum olur.

2 — Ayakta su içmekten kaçınmak.

Resûlüllah Sallellahu Aleyhi Vesellem şöyle buyururlar:

$$\text{لَا يَشْرَبَنَّ اَحَدُكُمْ قَائِمًا فَمَنْ نَسِىَ وَشَرِبَ فَلْيَسْتَقِئْ}$$

«Sizden biriniz ayakta su içmesin, eğer unutup da içerse kussun!»

Fakat zemzem suyu, ile abdestten artan suyu ayaküstü içer. Bu husûsta eser vârid olmuştur.

3 — Su kablarının ağzını kapamak.

Bu husûsta öyle buyurulmuştur:

$$\text{غَلُّوا الْإِنَاءَ وَاَوْكُوا السِّقَاءَ فَاِنَّ فِي السَّنَةِ لَيْلَةً تَنْزِلُ فِيهَا وَبَاءٌ لَا تَمُرُّ بِاِنَاءٍ لَيْسَ عَلَيْهِ غِطَاءٌ اَوْ سِقَاءٍ لَيْسَ عَلَيْهِ وِكَاءٌ اِلَّا نَزَلَ فِيهِ مِنْ ذٰلِكَ الْوَبَاءِ}$$

«Çanağı örtün. Su kabını kapayın! Çünkü senede bir gece vardır ki, o gecede veba iner. Üstü örtülmemiş hangi yemek kabına, yâhûd üstü kapanmamış hangi su kabına uğrarsa o belâdan içine mutlaka inip düşer!»

4 — Gerek ırmak ve gerekse havuzda su içeceği zaman hayvan gibi eğilip de su içmemek. Şâyet içecek bir tas bulamazsa eli ile edeb ve terbiye kurallarına riâyet ederek içer.

5 — Suyu eline aldığında Besmele çekmek...

6 — Suyu üç solukta içmek. Birinci nefeste: (Elhamdu lillah), ikincisinde Eûzü billâhi mineşşeytanirracîm), üçüncüsünde «Ellehumec'alhu şifâen min külli dâin (Allah'ım bunu her hastalığa karşı bir şifâ kıl!)» der.

7 — Her nefes aldıkça su kabını yukarıya kaldırmak. Yâni, suyun içine üfürmemek. Hadîs-i şerîfde:

$$\text{اَبِنِ الْقَدَحَ عَنْ فِيكِ ثُمَّ تَنَفَّسْ}$$

«Kadehi ağzından uzaklaştır da öyle nefes al!» buyurulmuştur.

8 — Su kabını iyice doldurmak... Böyle yapmakla Mecûsîlerin yaptığını yapmamış olur. Resûl-i Ekrem Efendimiz şöyle buyurmuşlardır:

$$\text{اِتْرَعُوا الطَّسُوسَ وَخَالِفُوا الْمَجُوسَ}$$

«Tasları doldurun. Mecûsîlere muhâlif olun!»

9 — Suyu süzerek içmek, birden mideye indirmemek. Çünkü birden mideye indirirse ciğer hastalığına yakalanır.

İşte, Resûlüllah (S.A.V.) Efendimizin mübârek tavsiyeleri:

$$\text{اِذَا شَرِبْتُمُ الْمَاءَ فَاشْرَبُوهُ مَصًّا وَلَا تَشْرَبُوهُ عَبًّا فَإِنَّ الْعَبَّ يُورِثُ الْكَبَادَ}$$

«Su içtiğiniz zaman, onu emerek için, birden mideye indirmek sûretiyle içmeyin! Çünkü bu tür içmek ciğer hastalığına yol açar.»

10 — Suyun soğuğunu ve lezzetli olanını içmek. Çünkü bu, hem harareti çabuk giderir, hem bedene yararlı olur, hem de hamd-ü senâya sevk eder. Hadîs-i şerifde:

$$أَطْيَبُ الشَّرَابِ الْحُلْوُ الْبَارِدِ$$

«En güzel içecek, tatlı ve soğuk olanıdır!» buyurulmuştur.

Elle su içmek te gayet iyidir. Lâkin önce eli yıkamalı, suyu ondan sonra içmeli!..

Peygamber Aleyhisselâm şöyle buyururlar:

$$اِغْسِلُوا اَيْدِيَكُمْ ثُمَّ اشْرَبُوا فِيهَا فَلَيْسَ مِنْ اِنَاءٍ اَطْيَبُ مِنَ الْيَدِ$$

«Elinizi yıkayın. Sonra avucunuzda su için! Elden daha güzel ve hoş bir kab yoktur!»

(Mefatihü'l-Cinan)

Seksenbeşinci Bâb

Elbise Giymenin Âdâbı

Elbise giymenin de bir çok âdâb ve prensibleri vardır:

1 — Elbise kalın olmak, içinden et ve vücûd çizgileri belli olacak kadar ince ve şeffaf olmamak. Çünkü hadîs-i şerifde:

$$مَنْ رَقَّ ثَوْبُهُ رَقَّ دِينُهُ$$

«Kimin elbisesi ince olursa, dîni de ince olur!» buyurulmuştur. Bu tür elbise kişiyi kibir ve gururdan da korur. Fazla geniş ve bol da olmamalıdır. Nitekim bir hadîsde şöyle buyurulur:

$$اِلْبَسِ الْخُشْنَ الضَّيِّقَ حَتَّى لَا يَجِدَ الْغِرُّ وَالْفَخْرُ مَسَاغًا$$

«Dar ve kalın elbise giy ki, kibir ve gurur (sana gelmeye) bir yol bulamasın!»

Böyle ince elbiseleri giyen kimseleri Hazret-i Ömer (R. A.) nûra ile terbiye edip: «Bu ince ve şeffaf elbiseleri evinizde kadınlarınıza bırakınız, onlar giysin» derlerdi.

2 — Yün elbise giymek. Çünkü bu çeşit elbise, Peygamberlerin elbiseleridir.

Resûlüllah (S.A.V.) Efendimiz:

$$\text{عَلَيْكُمْ بِلِبَاسِ الصُّوفِ تَجِدُوا حَلَاوَةَ الْإِيمَانِ}$$

«Yün elbise giymelisiniz ki, îmânın tadını bulasınız!» buyurmuştur.

Diğer bir hadîs meâli:

«İlk defa yün elbisesini, Âdem ile Havva, cennetten çıktıklarında, giymişlerdir.»

3 — Âba giymek. Hazret-i Süleymân (A.S.)'ın âba giydiği nakledilir.

4 — Beyaz elbise giymek. Hadîs-i şerîfde:

$$\text{اِلْبَسُوا الْبَيَاضَ فَإِنَّهَا اَطْهَرُ وَاَطْيَبُ وَكَفِّنُوا فِيهَا مَوْتَاكُمْ}$$

«Beyaz elbise giyin; çünkü o daha temiz ve daha güzeldir. Hem ölülerinizi de onunla kefenleyin!» buyurulmuştur.

Bu elbiselerden murad mest değildir. Çünkü mestte siyah renk tercih edilir.

Âlimlerin mesti dâimâ siyah olmuştur. Peygamber Sallellahu Aleyhi Vesellem Efendimiz de siyah mest giyerlerdi. Yâni, Peygamberimizin mesti de siyahtı...

Yeşil renk de gözleri aydınlatır ve dinlendirir. Resûlüllah (S.A.V.) Efendimizin yeşil giydikleri nakledilmiştir.

5 — Erkekler kırmızı renkden kaçınmalıdır. Çünkü kırmızı şeytan alâmetidir.

ELBİSE GİYMENİN ÂDÂBI

Hadîsde şöyle buyurulmuştur:

اِيَّاكُمْ وَالْحُمْرَةَ فَاِنَّهَا زِىُّ الشَّيْطَانِ

«Kırmızıdan kaçının. Çünkü o şeytanın kisvesidir!»

«Kadınlara gelince, onlar her çeşit renkte elbise giyebilirler. Ne var ki, erkekler kırmızı ve sarı renk elbise giymemelidirler.

6 — **Elbiseyi yıkamak.** Yani, dâimâ temiz tutmak. Çünkü nezâfet kişiden üzüntüyü giderir.

7 — **Elbiseyi kendi hâline ve ölçüsüne göre giymek.**

Kişi, Allah (C.C.)'ın verdiği ni'metleri kendi üzerinde görmek ve karşılığında şükretmek amacıyla yeni elbiseler giyer. Sırf bu maksadla kat kat elbisesi olmakta bir sakınca yoktur. Fakîrler de kendi durumlarına göre giyinirler. Bütün elde ve avuctakini elbiselere yatırmazlar. Çünkü onları zengin sanan diğer fakîrler, bir şeyler umarlar, kendilerine sadaka verilmeyince de bu defa üzülürler.

Bir hadîsde şöyle buyurulmuştur:

اِنَّ اللهَ يُحِبُّ اَنْ يَرَى اَثَرَ نِعْمَتِهِ عَلَى عَبْدِهِ

«Allah, ni'metinin eserini kulun üstünde görmek ister.»

8 — **Elbise giyerken Besmele çekmek.**

9 — **Elbise giyerken namazda avret yerini örtmek, mü'minlere kendini sevdirmek gibi husûsları mülâhaza etmek.** Bu niyetle elbise giymek, insanı güzelleştirir, aklı geliştirir. Üzerinde bu elbise bulunduğu müddetçe amel defterine sevâo yazılır.

10 — Elbise giyerken, sağ taraftan giymek, çıkarırken de sol taraftan çıkarmak.

11 — Elbise giydiği zaman Allah (C.C.)'a hamd-ü senâda bulunmak. Şu duâyı okumak:

«Elhamdü lillahillezî kesani haza ve razakanihi men ğayrı havlin minni ve la kuvvetin.»

Elbise giyerken her kim bu duâyı okursa, tüm geçmiş günâhları bağışlanır.

12 — Çıkardığı elbiseleri Besmele ile dürer. Zirâ dürülmeyen elbiseyi şeytan giyer. Hem dürülmeyen elbise çabuk eskir. Bir insan, elbisesini çıkarırken elbise lisân-ı hâl ile: «Sen beni gece süsledin, ben de seni gündüz süslerim!» diye nidâ eder.

Gece zîneti onu dürmektir. Nitekim bir hadîsde şöyle buyurulmuştur:

اِطْوُوا اِثْيَابَكُمْ تَرْجِعْ اِلَيْهَا رُوحُهَا فَاِنَّ الشَّيْطَانَ اِذَا وَجَدَ ثَوْبًا مَطْوِيًّا لَمْ يَلْبَسْهُ وَاِذَا وَجَدَ ثَوْبًا مَنْشُورًا لَبِسَهُ

«Elbiselerinizi dürün! Ki rûhu ona avdet etsin. Çünkü şeytan elbiseyi dürülmüş olarak gördüğünde giymez, ama dürülmemiş olarak gördüğü elbiseyi hemen giyer.»

(Câmiüs-Sağîr, Mefâtihü'l-Cinan)

Seksenaltıncı Bâb

Ev Yapmanın Âdâbı

İnsanoğlunun başını sokacak, içinde istirahat edip uyuyacak bir eve mutlaka ihtiyacı vardır. Böyle bir ev yapmanın da tabiî ki bazı usûl ve âdâbı vardır:

1 — **Binanın yüksekliği altı arşından fazla olmamak.** Hadîs-i şerîfde şöyle buyurulur:

$$\text{مَنْ رَفَعَ بِنَاهُ فَوْقَ سِتَّةِ اَذْرُعٍ نَادَاهُ مُنَادِيًا اَفْسَقَ الْفَاسِقِينَ}$$

«Kim binasını altı arşından fazla yükseltirse bir çağırıcı şöyle seslenir: «Ey fasıklar fasıkı!»

2 — Genişlik bakımından da ihtiyaçtan fazla taş harcamamak.

3 — Bina yaparken, kendini ve çoluk çocuğunu yazın sıcaktan kışın da soğuktan korumayı niyet etmek.

4 — Gerçek ihtiyacı yoksa, bina yaptırmamak. Hadîs-i şerîfde şöyle buyurulmuştur:

$$\text{اِذَا اَرَادَ اللهُ بِعَبْدٍ شَرًّا جَعَلَ مَالَهُ فِي الطِّينَيْنِ}$$

«Allah bir kuluna şer murad ettiğinde, malını boş yere ağaç ile kiremide harcatır.»

İlk defa kiremit pişirmeği Firavun icat etmiştir.

$$\text{فَأَوْجِدْ لِي يَاهَامَانُ عَلَى الطِّينِ}$$

Lafsı celîlinde beyân olunduğu vechile ihtiyaç fazlası bina ile meşgûl olmanın bir işe yaramıyacağı, böyle bir işin aslâ bereketi ve faydası bulunmayacağı anlaşılmıştır.

Halife Harun Er-Reşid büyük bir saray yaptırdığında Ulemâdan Muhammed b. Essima şöyle dedi: «Çamuru yükselttin, dîni alçalttın!» Eğer bu yaptırdığın senin öz parandan ise israf etmiş oldun. Allah müsrifleri sevmez! Şâyet başkasının parası ile yaptırdın ise zulmetmiş oldun, Allah ise zâlimleri sevmez.» Bir rivâyet de: «Sen hâinsin, Allah hâinleri sevmez!» şeklinde vârid olmuştur.

Padişahlardan biri büyük bir saray yaptırır. Halkı küme küme dâvet edip ziyâfet verir. Aralarında dolaşıp sarayı nasıl bulduklarını sorar. Hemen hepsi «Gâyet güzel olmuş!» diye cevâb verirler. Sonra seyyahlardan iki âbid beliriverir. Onlara da sorduğunda, şu cevâbı alır:

«Bu sarayın sayılmayacak kadar kusurları vardır. En önemli kusurları ise şu iki kusurdur:

a) Bu sarayda yaşayan kişi mutlaka bir gün ölecektir!

b) Bu saray da bir gün harâb olup gidecektir!» (Hâlisetü'l-Hakâyık)

5 — **Binayı hemen değil de, ağır ağır yapmak.** Nitekim Hazreti İbrâhim Aleyhisselâm Kâ'be'yi bina ederlerken günde bir sıradan fazla taş koymazlardı. Oysa o isteseydi hemen bitiriverirdi. Yâni, bir günde tamamlardı.

6 — **Binâyı helâl para ile yapmak.** Çünkü helâl para ile atılan temel son derece sağlam olur.

7 — **Binaya canlı hayvan resmi yaptırmamak.**

Resûlüllah (S.A.V.) Efendimiz hâne-i saâdetlerinde bulunan bir yastıkta canlı hayvan resmi gördüklerinde, Hazreti Âişe (R. Anhâ)'ya hitâben şöyle buyurdular.

«Bilmiyor musun, içinde resim bulunan bir eve Melekler girmez! Resim yapan kimse kıyâmet gününde (haydi yaptıklarınıza can verin) sözü ile azâba uğratılır.»

İçinde resim bulunan eve girmeyen melekler, mü'minleri ziyâret etmek ve zikirlerini dinlemek için gelen Meleklerdir. Yoksa insanların sevâb ve günâhlarını yazmakla görevli bulunan Hafeze Melekleri değildir. Çünkü bu Hafeze Melekleri ne sûretle olursa olsun insanlardan kat'iyen ayrılmazlar, ağızlarından çıkanları ve yaptıkları işleri yazarlar.

Nakşedilen resimlerin başı yoksa bir sakınca yoktur.
(Şerhül-Meşarık)

8 — **Evin içini ve avlusunu temiz tutmak.**

«Evin avlusunu temiz tutmak rızkı celb eder, zenginliğe yol açar» buyurulmuştur.

9 — Eve girdiği zaman selâm verir. Şâyet kimse yoksa üç kere «İhlâsı şerîfi» okur.

Evde yapılması gereken bazı işler:

Bulaşık kaplarını yıkamak... Güzel yazılar yazmak... Gelenlere tatlı söz, güler yüzle muâmele etmek... Teheccüd namazı kılmak... Her gün Vakıa sûresini okumak... Beş vakit namazı tadil-i erkân ile edâ etmek... Çünkü bunların hepsi fakîrliği giderir.

Evde köpek beslememek... Çünkü içinde köpek bulunan eve Melek girmez. Hadîs-i şerîfde şöyle buyurulmuştur:

$$\text{لَا يَدْخُلُ الْمَلَائِكَةُ بَيْتًا فِيهِ كَلْبٌ}$$

«İçinde köpek bulunan eve Melekler girmez!»

10 — **Evde misâfir için bir oda tahsis etmek...** Çünkü misâfir için hazırlanan oda o evin bir zekâtı sayılır.

Hadîs-i şerifde şöyle buyurulmaktadır:

$$اِنَّ لِكُلِّ شَيْءٍ زَكَاةً وَزَكَاةُ الدَّارِ بَيْتُ الضِّيَافَةِ$$

«Her şeyin bir zekâtı vardır. Evin zekâtı ise misâfir için hazırlanmış odadır.»

11 — **Evi güzel kokulu şeylerle buhurlandırmak.**

(Buhârî, Mefâtihü'l-Cinan)

Seksenyedinci Bâb

Uykunun Âdâbı

Cenâb-ı Hak (C.C.) Nebe' sûresinin dokuzuncu âyetinde şöyle buyurmuştur:

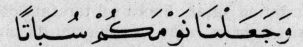

«Biz uykunuzu bir dinlenme kıldık.»

Bu âyetle, uykunun bir dinlenme ve rahat olduğu sâbit olmuştur.

İnsanoğlunun her davranışında olduğu gibi, bu işinde de bir takım âdâb ve prensip anlatılmıştır:

1 — Uykuya yatmazdan önce abdest almak. Şâyet abdesti varsa yenilemek...

Resûlüllah Sallellahu Aleyhi Vesellem Efendimiz şöyle buyurmuşlardır:

«Kim, abdestli olarak yatarsa, ibâdet edici olarak yatmış olur... Rûhu da Allah'a secde edici olarak urûc eder. Böyle olmazsa tabii ki bu imkânlara sâhib olamaz, sonra göreceği rüya da sadık bir rüya olur.»

2 — Uykuya yatmazdan önce misvâk kullanmak

3 — Uykudan kalktığı zaman da misvâk kullanmak.

4 — Kıbleye karşı sağ yanı üzerine, sağ elini sağ yüzünün altına koyup yatmak.

Şâyet bir kimsenin önemli bir işi olup da istihâre yapmak isterse, abdest alıp döşeğine oturur. Üç kere salâvat-i şerîfe, on kere Fâtihayı şerîfe ve on bir kere İhlâs-ı şerîf okur. Sonra üç kere yine salâvat-ı şerîfe getirir. Bunlardan sonra az önce târif ettiğimiz şekilde uykuya dalarsa dileğini rüyâsında görür, diye eser vârid olmuştur.

Bazı rivâyetlerde ise, yatma şekli şöyle anlatılmıştır: Biraz sağ tarafına yatar.. Sonra sol tarafına döner, daha sonra da sırt üzerine yatar. Ayaklarını da birbirlerinin üstüne koymaz. Nitekim bir hadîs-i şerîfde şöyle buyurulmuştur:

$$اِذَا اسْتَلْقَى اَحَدُكُمْ فَلَا يَضَعْ اِحْدَى رِجْلَيْهِ عَلَى الْاُخْرَى$$

«Biriniz sırt üstünde yattığında ayaklarının birini ötekinin üstüne koymasın!»

5 — Yatarken bütün günâhlarına tevbe ve istiğfar etmek...

6 — Şu yatışım son yatışımdır, diye niyet etmek... Belki sağ çıkmayacağına i'tikâd etmek. Çünkü şöyle buyurulmuştur:

$$اِنَّ النَّوْمَ اَخُو الْمَوْتِ$$

«Uyku ölümün kardeşidir!»

7 — Kur'ân'dan birkaç âyet okumak. Lâkin bu husûsta muhtar olan Âyete'l-Kürsî'yi okumak.

Resûlüllah (S.A.V.) Efendimizin Beytül-mâl hurmalarını beklemeye memur ettiği Ebû Hüreyre (R.A.) der ki: «Beytül-mâl hurmalarını beklerken bir gece, bir hırsız bir mikdar hurma alıp kaçtı. Hemen arkasından koşup onu yakaladım.

— Ne olur sana ilişme, çoluk çocuğum açtır, bunları onlara yedireceğim! diye ricâ etti. Peki, bundan sonra aynı şeyi yapma! diye tenbih ettim. O da bu teklifimi kabûl edip: «Olur!» dedi. Ertesi gün Peygamber Aleyhisselâm'ın huzûruna çıkınca bana sordu:

— Hırsızı ne yaptın? diye sordu. Ben de macerayı anlattım. Peygamber Aleyhisselâm:

— O, mutlaka yine gelir, dedi. Hakîkaten ikinci gece yine geldi... Bu defa ondan kesin söz aldım. Bir daha gelmiyeceğine dair yemîn etti. Peygamber Aleyhisselâm'a durumu anlatınca, «Gene gelir» buyurdu. Üçüncü gece yine geldi; tarı hurmayı alıp giderken yakaladım, elbisesinden tutup doğru Peygamber'in huzûruna getirmek istedim. Adam şöyle konuştu:

— Sana bir şey öğreteceğim; yatarken Âyete'l-Kürsî oku. Hem mutlu olursun, hem de sana ve bu mala şeytân yaklaşamaz! Sabaha kadar görevli melek seni muhafaza eder. Bunun üzerine adamı salıverdim, gitti. Sabahleyin Peygamber Aleyhisselâm'ın huzûruna çıktığımda, şöyle buyurdular:

«İşte o adam şeytandı... Yalancı olduğu halde sana doğru söyledi. Yâni, yaptığı tavsiye doğru idi.»

Peygamber Aleyhisselâm'ın bunu doğrulaması, Âyete'l-Kürsî'nin hırsızlara karşı son derece büyük bir silâh olduğuna delâlet eder.

8 — **Yattığı zaman, uykusu gelinceye kadar tesbîh, tahmîd ve tehlîlden hâli kalmamak.** Uyku bir nev'i ölüm olduğundan, kişi ne hâl üzere ölürse, o hâl üzere dirilir.

«Öldüğünüz gibi dirilirsiniz!» buyurulmuştur. Uyku bastırdığı zaman:

«Yâ Rabbi, beni kullarının dirileceği gün, azâbından koru!» demelidir.

9 — Peygamber Aleyhisselâm'ı kim rü'yâsında görmek isterse, yatacağı zaman çokça salâvat-ı şerîfe getirir ve şu duâyı üç kere okur:

اَللّٰهُمَّ رَبَّ الْبَلَدِ الْحَرَامِ وَالشَّهْرِ الْحَرَامِ وَالْحِلِّ وَالرُّكْنِ وَالْمَقَامِ اِقْرَأْ عَلٰى رُوحِ مُحَمَّدٍ مِنَّا السَّلَامَ

«Ellahümme Rabbel-beledil-harâm, Veşehril-harâm vel-hillil-harâm. Verrükni vel-makan.. İkre' alârûhi Muhemmedin minesselâm.»

İmâm Ali (K.V.)'den:

«Ne zaman Peygamberi rüyâda görmek istedimse, yatacağım zaman, El-abherî namazını kılarım ve Peygamberimizi görürüm.»

Hazret-i Ömer (R.A.)'dan:

«Her kim el abheri namazını kılıp, Efendimizi rü'âda görmezse, ben Ömer değilim. Nefsin yed-i kudretinde olan Allah'a yemîn ederim ki, bir kimse bu namazı kılarsa Allah onun ihtiyaçlarını giderir, yer dolusu olsa bile günâhlarını siler... Ölürken susuzluk çekmez, kabrine gül ve yasemin döşenir. Etrafında abhe dedikleri güzel kokulu otlar biter. Kabrinden kalktığı zaman başına kerâmet tacı giydirilip, kendisini halâs ve ikram berâatiyle tam onikibin Melek karşılar. Kıyâmet günü Melekler ve Peygamberler safında yer alır. Dilediği kadar insanlara şefâat etme yetkisi verilir.»

Bu namaz dört rekâttır. Her rekâtında bir Fâtiha, on kere (İnnâ enzellahu) sûresi okunur. On beş kere (Sübhanellâhi velhamdülillâhi ve lâ ilâhe illellahu vallâhu ekber) diyerek rükûa varılır. Rükûda üç kere (Sübhânelrabbiel azîm) dedikten sonra üç kere (Sübhânellahi vel-hamdülillâhî ve lâ ilâhe illellahu vellahu ekber) denir. Başını rükûdan kaldırdığı zamanda da, secdeye varınca da aynı şeyi tekrar eder (Beş kere). Bu tertip üzere dört rek'at namazı kıldıktan sonra selâm verir. Hiç konuşmadan on kere (İnnâenzelnâhu) sûresini okur. Adı geçen tesbihi 33 kere okuduktan sonra (Cezellahu anne Muhammeden sellallahu aleyhi ve Sellem'e bimâ hüve ehluh) der.

10 — Uykudan uyandığı zaman (Lâ ilâhe illellahu vahdehu lâ şerike leh. Lehül mülkü ve lehül hamdü ve hüve alâ külli şey'in kadîr. Ve lâ havle velâ kuvvete illâ billâhil aliyyil azîm) der. Ondan sonra üç kere (Allahım beni bağışla) der.

11 — Sabah namazı vaktinde uyumamak. Zirâ rızka mâni olur, diye eser vârid olmuştur. «Üzerine güneş doğdurmak rızkı önler» buyurulmuştur.

12 — Zevâlden önce bir saat kadar uyku kestirmek. Bu eski olgun Müslümanların âdeti idi. Vücûda âfiyet ve sıhhat verir, gece ibâdeti için insanı dinç kılar.

13 — Güneş doğarken ve batarken uyumamak. Hadîs-i şerîfde:

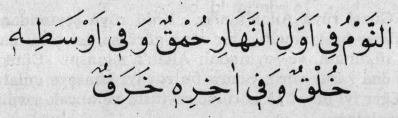

«Sabah vakti gün doğarken uyumak ahmaklık alâmetidir. Gün ortasında uyumak güzel ahlâktandır. Gün sonunda uyumak yorgunluktur.» Yâni akıllı olan kişi, güneş doğarken uyumaz. Zirâ rızkın dağıldığı zaman uyumak ahmaklıktır. Akıllılık değildir. Gün ortasında uyumak ise Peygamberlerin, velîlerin âdetleri olduğu için insanı rûhen olgunlaştırır, aklen geliştirir.

14 — Gördüğü rüyâyı bir fırsat saymak. Eğer sevinçli bir rüyâ ise, bunu Allah (C.C.)'tan kendisine bahşedilen bir lütûf olarak kabûl eder, dolayısıyla da şükr eder. Eğer kötü ise bunun günâhı yüzünden görüldüğünü anlar, derhal tevbe istiğfar edip sol tarafına döner, üç kere tükürüp hem şeytanın ve hemde o rüyânın şerrinden Allah (C.C.)'a sığınır. Bunu müteakib kalkıp iki rek'at namaz kılar, Cenâb-ı Hakk (C.C.)'a tevekkül eder. Ve bu rüyâyı kimseye anlatmaz. Hadîs-i şerîfde şöyle buyurulmuştur:

اَلرُّؤْيَا الصَّالِحَةُ مِنَ اللهِ وَالرُّؤْبُ السَّوْءُ مِنَ الشَّيْطَانِ فَمَنْ رَأَى رُؤْيَا فَكِرَ مِنْهَا شَيْئًا فَلْيَنْفُثْ عَنْ يَسَارِهِ وَلْيَتَعَوَّذْ بِاللهِ مِنَ الشَّيْطَانِ فَاِنَّهَا تَضُرُّهُ وَلَا يُخْبِرْ بِهَا اَحَدًا فَاِنْ رَأَى رُؤْيَا حَسَنَةً فَلْيُبَشِّرْ وَلَا يُخْبِرْ اِلَّا مَنْ يُحِبُّ

«Güzel rüyâ Allah'tandır. Kötü rüyâ şeytandandır. Bir kimse hoşlanmadığı bir rüyâ görürse, sol tarafına üç kere tükürsün, ve şeytandan Allah'a sığınsın. Çünkü o rüyâ ona zarar verir. Sonra bu rüyâyı kimseye anlatmasın. Eğer iyi bir rüyâ görürse sevinsin ve ancak sevdiklerine anlatsın.»

İbni Sîrin (Rahimehullah) Hazretlerinin naklettiğine göre rüyâ üç kısımdır:

a) Düşündüğünü rüyâda görmek.

b) Şeytan korkutması. Çünkü şeytan dâimâ mü'mini korkutur, bazen de aldatır, kimi zaman da yıkanmasını gerektirecek şeylerle meşgûl eder. Mücâdele sûresi'nin onuncu âyetinde şöyle buyurulmuştur:

$$اِنَّمَا النَّجْوٰى مِنَ الشَّيْطَانِ لِيَحْزُنَ الَّذِينَ اٰمَنُوا$$

«Öyle fısıltı sırf şeytandandır. İmân edenleri tasaya düşürmek içindir bu.»

İşte bu iki kısım rüyâ, Edğas-ü ehlâmdır ki, tâbirleri yoktur. Uykunun âdâbına riâyet edilmediği, yâhûd aç karnına ya da tok karnına yatıldığı, ya da susuz olarak yatıldığı, yâhûd da çeşitli düşünce ve mülâhazalar içinde fikren meşgûl olarak uykuya varıldığı için görülmüştür.

c) **Allah (C.C.) tarafından bir beşâret (müjde) dir.** Levhi Mahfuzdan rüyaya müvekkel olan (görevlendirilen) bir Melek vâsıtasıyla, mü'minin kalbine ilkâ edilir. İşte bu rüyâ tâbir edilir. Ona sadık rüyâ denir. Hadîs-i şerîfde:

$$اَلرُّؤْيَا الصَّالِحَةُ جُزْءٌ مِنْ سِتَّةٍ وَاَرْبَعِينَ جُزْءًا مِنَ النُّبُوَّةِ$$

«Sâlih rüyâ Nübüvvetin kırkaltı parçasından bir parçadır!» buyurulmuştur.

Bu gibi rüyâyı, sevdiklerine anlatır ki, onlar da hayr ile tâbir etsinler. Çünkü kendisini sevenler dâimâ iyiliğini isteyenlerdir.

Rüyâ hakkında şöyle buyurulmuştur.

$$اَلرُّؤْيَا عَلٰى رِجْلِ طَائِرٍ مَا لَمْ تُعَبَّرْ فَاِذَا عُبِّرَتْ وَقَعَتْ وَلَا تَقُصَّهَا اِلَّا عَلٰى ذَوِي رَأْيٍ$$

«Kişinin rüyâsı tâbir edilmedikçe bir kuştur... Tâbir edildiği zaman vâkî olur onun için onu ancak ileri görüşlü kişilere anlat!»

Rüyâyı anlatırken aslâ yalan katmamak. Peygamber (S.A.V.) Efendimiz:

$$اِنَّ مِنْ اَعْظَمِ الْفِرَى اَنْ يَرْوِيَ عَنْهُ مَا لَمْ يَرَ فِى الْمَنَامِ$$

«En büyük iftirâlardan biri de, uykuda görmediğini anlatmaktır!»

Seher vaktinde görülen rüyâ:

Seher vaktinde görülen rüyâ ile teberrük olunur. Çünkü bu, sâdık bir rüyâ olduğunu göstermektedir. Hadîs-i şerîfde:

$$اَصْدَقُ الرُّؤْيَا مَا كَانَ بِالْاَسْحَارِ$$

«En dorğu rüyâ seher vakitlerinde görülen rüyâdır!» buyurulmuştur.

Uyanık hâlinde doğruluktan ayrılmayan kişinin rüyâsı da doğru olur. Hadîsi şerîfde şöyle buyurulmuştur:

$$اَصْدَقُكُمْ رُؤْيَا اَصْدَقُكُمْ حَدِيثًا$$

Rüyâsı en doğru olanınız, konuşması en doğru olandır!»

Her zaman Allah (C.C.) tan korkan kişi kat'iyen korkulu rüyâ görmez. Çünkü iki korku bir yerde barınamaz! İbni Şirin, (Rahimehullah) Hazretleri der ki:

«Uyanıkken Allah'tan kork ki uyurken korkulu rüyâ görmiyesin!»

RÜYÂ TABİRİ :

Rüyâda kadın görmek iyidir. Deve görmek harbe işârettir. Süt görmek İslâm fıtratıdır. Yeşillik görmek cennettir. Gemi görmek kurtulmaktır.

Hurma görmek rızıktır, diye hadîs-i şerîfde vârid olmuştur. Nitekim bir hadîs-i şerîfde şöyle buyurulur:

اَلْمَرْأَةُ خَيْرٌ وَالْبَعِيرُ حَرْبٌ وَاللَّبَنُ فِطْرَةٌ وَالْخَضْرَةُ جَنَّةٌ وَالسَّفِينَةُ نَجَاةٌ وَالتَّمْرُ رِزْقٌ

«Kadın görmek hayırdır, deve görmek harbtır. Süt görmek İslâm fıtratıdır, yeşillik cennettir, gemi kurtuluştur. Hurma ise rızıktır!»

(Mefâtihü'l-Cinan)

Seksensekizinci Bâb

Yol Yürümenin Âdâbı

Mü'min olan kişi, sabahleyin kalkıp yola çıktığı zaman şu hûsuslara riâyet eder:

1 — Besmele çekip işlerini Allah (C.C.) a havâle eder. Hadîs-i şerîf:

إِذَا خَرَجَ الرَّجُلُ مِنْ بَيْتِهِ فَقَالَ بِسْمِ اللهِ تَوَكَّلْتُ عَلَى اللهِ وَلَا حَوْلَ وَلَا قُوَّةَ اِلَّا بِاللهِ يَقُولُ مَلَكٌ كُفِيتَ وَهُدِيتَ وَوُقِيتَ فَيَنْحَى الشَّيْطَانُ فَيَتَلَقَّاهُ شَيْطَانٌ اٰخَرُ فَيَقُولُ لَهُ كَيْفَ لَكَ بِرَجُلٍ قَدْ كُفِىَ وَهُدِىَ وَوُقِىَ

«Kişi evinden çıktığı zaman: (Bismillâhi tevekkeltü alellâhi velâ havle velâ kuvvete illâ billahi) derse bir melek şöyle der: Kifâyet olundun, hidâyet olundun ve korundun. Şeytan yanından uzaklaşır. Ona diğer bir şeytan rastlar da şöyle der: Kifâyet olunan, hidâyet olunan ve hıfz edilen bir adama sen nasıl musallat olabilirsin?» (Hülâse-tül-Hakâyık)

YOL YÜRÜMENİN ÂDÂBI

2 — Yürürken öne doğru eğilmek. Çünkü bu tür yürüyüş tevazû işâretidir.

3 — Yürürken başını yukarı kaldırıp sağa sola bakmak sûretiyle yürümez. Zira böyle bir yürüyüş kibre delâlet eder.

4 — Fitneye yol açacağından iki kadın arasında yürümemek.

5 — Yürürken yolda halka zarar verecek bir şeyi gördüğünde, derhal onu bertaraf eder. Zirâ bu imândan bir cüzdür.

6 — Yol üzerinde oturmamak. Çünkü bu halka eziyet vermek olur. Aynı zamanda fâkirliğe yol açar.

7 — Yol üzerinde tükürmek ve sümkürmekten son derece sakınmak.

8 — Arkadaşları yaya yürürken kendisi hayvana binmez.

Bir gün Ubey b. Ka'b (R.A.) hayvana binip arkasında bir takım insanlar yürüyordu. Bunu Ömer (R.A.) görünce kamçı ile hücûm etti. Ubey b. Ka'b (R.A.) dedi ki

— Nedir bu hâl ey mü'minlerin Emîri

— Bu hâl, arkadan giden için bir zillet, önden hayvan üzerinde giden için de bir şöhret ve âfettir, diye cevapladı.

Fahr-i Âlem Sallellahu Aleyhi Vesellem bir gün Cennetül'l-Bâki'de yürürken arkasından gelen Eshâbın ayak seslerini duydu ve durdu. Eshâbına şöyle hitâb etti: «Haydi siz önümde yürüyün, arkamı Meleklere terk edin!»

İbni Şîr'in Hazretlerine yolda arkadaşlık yapan zât ondan ayrılırken nasihât istedi. O da şöyle buyurdu: «Sen herkesi tanı, seni kimse tanımasın; sen herkese git, sana kimse gelmesin; sen iste, senden kimse bir şey istemesin. İşte sen bunları yapabilirsen, durma yap!»

9 — Yaşça kendisinden büyük olan kimsenin önüne geçmez. Çünkü bu hâl, fakîrliğe yol açar.

10 — Kureyş kabîlesinden birine rastladığı zaman onu öne geçirir.

11 — Hızlı yürümemek. Çünkü hızlı yürümek insandaki muhabbeti giderir. Ne var ki edep üzerine yürürken şâyet yorulursa canlanmak için süratli yürür. Çünkü böyle yürümek kişiyi bir anda canlandırır ve yorgunluğu da önler. Nitekim hadîs-i şerîfde:

$$اِذَا اَعْيَى اَحَدُكُمْ فَلْيُسْرِعْ$$

«Biriniz yorulursa süratli yürüsün!» buyurulmuştur.

12 — Kırk yaşını geçenler değnek (baston) ile yürürler. Değnek ile yürümekte yedi haslet vardır:

1) Peygamberlere uymuş olur. Çünkü baston ile yürümek bütün Peygamberlerin sünnetidir.

2) Baston sâlih kişilerin süsüdür.

3) Kuduz köpek, yılan ve akreb gibi düşmanlara karşı bir silâhtır.

4) Güçsüzler için bir destek ve kuvvettir.

5) Münâfıkların burnunu kırar. Çünkü onlar baston ile gezenlerden hoşlanmazlar, öfkelenirler.

6) Sevâbların artmasını sağlar.

7) Mescitten başka yerlerde namaz kıldığında kıbleye karşı alâmet olarak diker. Bunlardan başka daha nice fâideleri bulunduğunu Taha sûresinde:

$$وَلِيَ فِيهَا مَآرِبُ اُخْرَى$$

«Onda, bana mahsûs başka hâcetler de vardır» âyeti anlatmaktadır...

Hasan el-Basrî Rahimehullah böyle anlatmıştır.

(Mefâtihü'l-Cinan, Câmiüs'sağîr)

Seksendokuzuncu Bâb

Aşûre Gününün Âdâbı

Muharrem ayının onuncu gününe saygı göstermek İslâmî edeb ve eski usûl ve prensiblerdendir.
Neden mi?
Çünkü Hazret-i İbrâhim Aleyhisselâm'ın doğumu, Nemruttan kurtuluşu; Hazret-i Nuh'un kurtuluşu, Hazret-i Mûsâ'nın Firavundan kurtuluşu; Hazret-i Eyyûb'un hastalıktan iyileşmesi; Hazret-i İdris ile Îsâ Aleyhisselâm'ın göğe çıkışları; Hazret-i Ya'kub'un Yûsuf Aleyhisselâm'a kavuşması; Hazret-i Yûnus'un balığın karnından çıkıp kurtulması; Cebrâîl ve Mikâîl Aleyhisselâm'ın yaradılışı; Arşın yaratılışı hep bu güne, yâni Aşûre gününe rastlamıştır.
Kıyâmet dahi o günde kopsa gerektir.
O günde tutulacak orucun fazîleti:
Resûlüllah Sallellahu Aleyhi Vesellem şöyle buyurmuşlardır:

$$صَوْمُ يَوْمِ عَاشُورَآءَ كَفَّارَةُ سَنَةٍ$$

«Aşûre günü oruç tutmak, bir yıllık günâha keffârettir!»

Eski sâlih Müslümanlar Aşûre günü çocuklarına yemek yedirmezlerdi ki, mânen oruçlu sayılsınlar da büyük sevâblar elde edelim diye...

Peygamber Aleyhisselâm Aşûre günü akşama kadar yemek istemesinler diye sabilerin ağzına mübarek tükürüklerini sürerlerdi. Anne ve babaların dahi bundan ecir alması me'mul'dur.

Aşûre günü, hayvanların bile yavrularını emzirmedikleri mervîdir.

Bir gün Allah (C.C.)'ın Resûlü Sallellahu Aleyhi Vesellem avcının tuzağında yakalanmış bir geyik gördü. Geyik Efendimizi görünce;

— Ne olur Ey Allah'ın elçisi, bana şefâat et! Kefil olup beni bu avcının elinden kurtar. Akşama kadar gidip yavrularımı emzireyim... Sonra dönüp yine gelirim! dedi.

Resûlüllah (S.A.V.) Efendimiz durumu avcıya anlatınca, avcı:

— Akşama kadar demesinin sebebi nedir? diye sordu. Geyik şöyle izâh etti:

— Bugün Aşûre günüdür. Biz bugün, yavrularımız da oruçlu olsunlar diye, onları akşama kadar emzirmeyiz. Sırf bugüne karşı olan saygımızdan ötürü böyle yaparız. Resûlüllah Sallellahu Aleyhi Vesellem Efendimiz geyiğin dediklerini avcıya anlatınca, avcı şöyle haykırdı:

— Şu anda ben bu geyiği sana bağışladım! Artık o serbesttir. Ben de seni aynı geyiğin sevdiği gibi sevdim. Tebliğ ettiğin dînin büyük bir din olduğunu anladım. Çünkü hayvanlar bile sana ihtiyaçlarını rahatlıkla anlatabiliyorlar. Şu andan itibaren ben de İslâmiyeti kabul ediyorum...

Aşûre günü oruç tutmanın faziletine dâir Allah (C. C.)'ın Resûlü Sallellahu Aleyhi Vesellem şöyle buyurmuşlardır:

AŞÛRE GÜNÜNÜN ÂDÂBI

مَنْ كَانَ قَاطِعًا لِلرَّحِمِ فَوَصَلَهُ يَوْمَ عَاشُورَاءَ فَجَعَلَ اللهُ لَهُ نَصِيبًا فِي ثَوَابِ يَحْيَى بْنِ ذَكَرِيَّا وَعِيسَى عَلَيْهِمَا السَّلَامُ وَكَانَ مَعَهُمَا فِي الْجَنَّةِ كَهَاتَيْنِ وَشَبَّكَ بَيْنَ السَّبَابَةِ وَالْوُسْطَى

«Akrabası ile alâkasını kesen kişi, Aşûre günü akrabasını ziyâret ederse Allah ona Zekeriya oğlu Yahyâ ile Îsâ Aleyhisselâm'ın sevâbını nasib eder ve onu cennette onlarla beraber şu iki (parmak) gibi yan yana kılar. —Orta parmağı ile şehâdet parmağını birleştirdi.—»

Aşûre günü sadaka vermenin karşılığı:

Allah(C.C.)'ın Resûlü Sallellahu Aleyhi Vesellem buyurmuşlardır:

مَنْ تَصَدَّقَ يَوْمَ عَاشُورَاءَ مِقْدَارَ مِثْقَالِ ذَرَّةٍ أَعْطَاهُ اللهُ مِنَ الثَّوَابِ مِثْلَ جَبَلِ أُحُدٍ وَكَانَ فِي مِيزَانِهِ يَوْمَ الْقِيَمَةِ

«Kim, Aşûre günü zerre kadar bir sadaka verirse, Allah ona Uhud dağı kadar sevâb verip o sevâbı da kıyâmet gününde mizânında olur.»

Bir hadîs meâli daha:

«Kim Aşûre günü bir âlimin bulunduğu meclise, yâhûd Allah'ı zikrettikleri yere gelip onlarla beraber bir saat oturursa Allah'ın onu cennete koyması bir hak olur.»

Aşûre günü selâm vermeğe de özen göstermelidir. Çünkü bunun hakkında Allah'ın Resûlü Sallellahu Aleyhi Vesellem şöyle buyurmuşlardır:

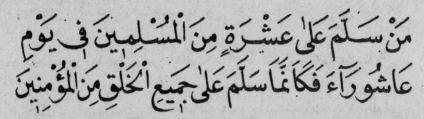

«Kim, Aşûre günü Müslümanlardan on kişiye selâm verirse, bütün mü'minlere selâm vermiş olur.» Yâni aynı sevâbı alır, demektir bu...

Aşûre günü yetimin başını okşamanın da pek büyük sevâbı vardır. İşte bu bâbtaki Peygamber (S.A.V.) buyruğu:

مَنْ مَسَحَ بِيَدِهِ رَأْسَ يَتِيمٍ يَوْمَ عَاشُورَاءَ رَفَعَ اللهُ لَهُ بِكُلِّ شَعْرَةٍ دَرَجَةً فِي الْجَنَّةِ

«Kim, Aşûre günü, bir yetimin başını okşarsa Allah her kılına karşılık onun için cennette bir derece yükseltir!»

(Mefatihü'l-Cinan)

ÇEŞİTLİ MES'ELELER

Suya ve aynaya bakmak güzel davranışlardandır... Aynada kendini gördüğü zaman şu duâyı okur:

اَلْحَمْدُ لِلّٰهِ الَّذِى سَوّٰى خَلْقِى فَعَدَلَهُ وَكَرَّمَ صُورَةَ وَجْهِى وَحَسَّنَهَا وَجَعَلَنِى مِنَ الْمُسْلِمِينَ اَللّٰهُمَّ كَمَا حَسَّنْتَ خَلْقِى فَحَسِّنْ خُلُقِى

«Elhamdü lillahillezi sevva halkî fe adelehu ve kerreme sûdete vechi ve hasseneha ve Cealleni minel-müskimine. Ellahümme kemâ hassente halkî fe hassin huluki.»

(Mefâtihü'l-Cinan)

EVDE BEYAZ HOROZ BESLEMEK

Bir mü'min için evde horoz beslemek de âdâbdandır. Hadîs-i şerifde şöyle buyurulmuştur:

اِتَّخِذُوا الدِّيكَ الْاَبْيَضَ فَاِنَّ دَارًا فِيهَا دِيكٌ اَبْيَضُ لَا يَقْرَبُهَا شَيْطَانٌ وَلَا سَاحِرٌ وَلَا الدُّوَيْرَاتُ حَوْلَهَا

«Beyaz horoz edinin! İçinde beyaz horoz bulunan eve şeytan, sihirbaz ve etrafında dolaşan muzur yaratıklar kat'iyen giremez!»

Diğer bir hadîsde şöyle buyurulur:

اَلدِّيكُ الْاَبْيَضُ صَدِيقِى وَصَدِيقُ صَدِيقِى وَعَدُوُّ عَدُوِّ اللّٰهِ

«Beyaz horoz dostumdur, dostumun dostudur. Allah'ın düşmanına da düşmandır.»

Bu hususta diğer bir hadîs meâli:

«Başının ortası açık olan beyaz horoz benim sevgilimdir, sevgilim olan Cebrâîl'in dahi sevgilisidir. Bulunduğu hanede dört sağdan, dört soldan, dört önden, dört arkadan olmak üzere tam onaltı evi (her türlü ezâ veren yaratıklardan) korur.»

Bir hadîs meâli daha:

«Horoz namaz (vaktini) bildirmek için öter. Kim beyaz horoz edinirse, şu üçün şerrinden korunmuş olur: Şeytan... Sihirbaz... Kâhin...»

Diğer bir hadîsde horoz şöyle anlatılır:

صَوْتُ الدِّيكِ وَضَرْبُهُ بِجَنَاحَيْهِ رُكُوعُهُ وَسُجُودُهُ

«Horozun sesi, kanatlarını çırpması onun rükû'u ve sücûdudur!»

Bir hadîsde de şöyle buyurulmuştur:

«Horozun sesini duyduğunuz zaman, Allah'ın lûtfundan isteyin. Çünkü o bir Melek görmüştür... Merkep sesi (anırması)nı duyduğunuz zaman, Allah'a şeytandan sığının... Çünkü o şeytanı görmüştür.»

GÜVERCİN BESLEMEK

Evde güvercin beslemek İslâm'ın güzel edeb ve âdetindendir. Lâkin kanadları kesilmiş olmalıdır ki uçamasın...

Herhangi bir evde güvercin bulunursa, o eve cin tâifesi musallat olamaz, çocukları da cinlerden korurlar. İşte bu husûstaki Peygamber (S.A.V.) buyruğu:

اِتَّخِذُوا الْحَمَامَ الْمُقَصَّصَ فَاِنَّهَا تُلْهِى الْجِنَّ عَنْ صِبْيَانِكُمْ

«Kanadları kesilmiş güvercinler edinin! Çünkü onlar, cinleri yavrularınızdan uzaklaştırır.»

KOYUN BESLEMEK

Koyun beslemek de İslâmî usûl ve âdetlerdendir. Resûlüllah(S.A.V.) Efendimiz:

$$اِتَّخِذُوا الْغَنَمَ فَاِنَّهَا بَرَكَةٌ$$

«Koyun besleyin çünkü o serâpâ berekettir!» buyurmuştur. Diğer bir hadîsde şöyle buyurulmuştur:

$$اَلشَّاةُ فِي الْبَيْتِ بَرَكَةٌ وَالشَّاتَانِ بَرَكَتَانِ وَالثَّلَاثُ ثَلَاثُ بَرَكَاتٍ$$

«Evdeki bir koyun bir bereket, iki koyun iki bereket, üç koyun ise üç berekettir.»

GEĞİRMEK VE AKSIRMAK

Geğirmekte olsun aksırmakta olsun, fazla ses çıkarmamak da İslâmî edeb ve terbiye icâbıdır. Nitekim bir hadîsde geğirirken veya aksırırken ses çıkartan kişiyi şeytanın çok sevdiği anlatılmaktadır:

$$اِذَا تَجَشَّا اَحَدُكُمْ اَوْ عَطَسَ فَلَا يَرْفَعْ بِهِمَا الصَّوْتَ فَاِنَّ الشَّيْطَانَ يُحِبُّ اَنْ يَرْفَعَ بِهِمَا الصَّوْتَ$$

«Biriniz geğirirse veya aksırırsa yüksek sesle yapmasın. Çünkü şeytan yüksek sesle aksıran ve geğiren kimseyi sever.»

Aksırırken elini yüzüne tutup hafif sesle aksırmak.

Peygamber Aleyhisselâm'ın tavsiyesi:

$$\text{اِذَا عَطَسَ فَلْيَضَعْ كَفَّيْهِ عَلَى وَجْهِهِ وَلْيَخْفِضْ صَوْتَهُ}$$

«Aksırdığı zaman, iki avucunu yüzüne koysun ve sesini alçaltsın!»

Aksırdığı zaman, (Elhamdü lillâh) demek Âdem Aleyhisselâm'ın sünnetidir. Aksırıp da (Elhamdü lillâh) demeyen kimseye cevâb vermek gerekmez! Hadîs-i şerîfte şöyle buyurulmuştur:

$$\text{اِذَا عَطَسَ اَحَدُكُمْ فَحَمِدَ اللهَ فَشَمِّتُوهُ وَاِذَا لَمْ يَحْمِدِ اللهَ فَلَا تُشَمِّتُوهُ}$$

«Biriniz aksırdığı zaman (Elhamdu lillâh) derse, (Yerhemukellah!) diyerek mukâbele ediniz! Allah'a hamd etmezse ona (Yerhemukellah!) demeyiniz!»

Üçten fazla aksırırsa bilinki o zükkan illetindedir ona duâ etmek gerekir. İşte Resûlüllah (S.A.V.) Efendimizin buyruğu:

$$\text{اِذَا عَطَسَ اَحَدُكُمْ فَلْيُشَمِّتْ جَلِيسَهُ فَاِنْ زَادَ عَلَى ثَلَاثٍ فَهُوَ مَزْكُومٌ}$$

«Biriniz aksırdığı zaman, yanında oturan ona (Yerhemukellah!) desin. Aksırması şayet üçü geçerse bilsin ki o zükkan illetine yakalanmıştır.»

Derileri ürperen kişinin de (Elhamdu lillâh!) demesi gerekir. Çünkü ürpermek mağfiret belirtisidir!

ÇEŞİTLİ MES'ELELER

Eğer Allah (C.C.) korkusundan dolayı ürpermişse bil ki, bütün Günâhları dökülmüştür. Tıpkı çürümüş ağacın yaprakları döküldüğü gibi... Hadîs-i şerîfde şöyle buyurulur:

$$\text{اِذَا اقْشَعَرَّ جِلْدُ الرَّجُلِ مِنْ خَشْيَةِ اللهِ تَحَاتَتْ خَطَايَاهُ كَمَا يَتَحَاتُ عَنِ الشَّجَرَةِ الْبَالِيَةِ وَرَقُهَا}$$

«Eğer kişinin derisi Allah korkusundan ürperirse, hatâları, eski ağaçtan yaprakların döküldüğü gibi dökülür.»

NAMAZ VAKTİNİ BEKLEMEK

Namaz kılmak amacıyla câmiye giren kişi kıbleye karşı namaz vaktini beklemek üzere oturur.

Bir hadîsde şu müjde verilmiştir:

$$\text{اِذَا تَوَضَّأَ اَحَدُكُمْ فَاَحْسَنَ وُضُوءَهُ ثُمَّ خَرَجَ عَائِدًا اِلَى الْمَسْجِدِ فَلَا يَشْتَبِكَنَّ بَيْنَ يَدَيْهِ فَاِنَّهُ فِي صَلَاةٍ}$$

«Biriniz abdest aldığı zaman, abdestini güzel alırsa sonra câmiye çıkarsa ellerini (parmaklarını birbirine) geçirmesin! Çünkü o namazda sayılır!»

FALCIYA İNANMAMAK

Yıldıznâmeye bakan kimseyi doğrulamaz. Hadîs-i şerîfde şöyle buyurulmuştur:

مَنْ أَتَى كَاهِنًا أَوْ مُنَجِّمًا فَصَدَّقَهُ بِمَا قَالَ فَهُوَ كَافِرٌ بِمَا أُنْزِلَ عَلَى مُحَمَّدٍ عَلَيْهِ السَّلَامُ

«Kim bir kâhini veya müneccimi gelip tasdik ederse, Muhammed Aleyhisselâm üzerine indirileni inkâr etmiş olur.»

Bir hadîsde şöyle anlatılmıştır:

«Eshâbım anıldığı zaman (ileri geri konuşmaktan kendinizi) tutun, yıldızlar anıldığı zaman yine kendinizi tutun! Kaderden söz açıldığı zaman yine kendinizi tutun (ileri geri konuşmayın!).»

KULAK ÇINLAMASI

Kulak çınladığı zaman (Beni hayr ile anan kimseyi Allah yâd etsin) der.

Resûlüllah (S.A.V.) Efendimiz buyurmuştur:

إِذَا طَنَّتْ أُذُنُ أَحَدِكُمْ فَلْيَذْكُرْنِي وَلْيُصَلِّ عَلَيَّ وَلْيَقُلْ ذَكَرَ اللهُ مَنْ ذَكَرَنِي بِخَيْرٍ

«Birinizin kulağı çınladığında beni ansın ve bana salât-ü selâm getirsin, sonra da şöyle desin: (Beni hayırla ananı Allah ansın!).»

İnsanların kulağı çınladığı zaman mutlaka onları birileri anıyor demektir. Onun için yukardaki duâyı okuduğunda, onların şerrinden emîn olur.

YILAN GÖRMEK

Yılan gördüğü zaman üç kere şu duâyı okur:

ÇEŞİTLİ MES'ELELER

اِنَّا نَسْئَلُكَ بِعَهْدِ نُوحٍ وَبِعَهْدِ سُلَيْمَانَ
بْنِ دَاوُدَ اَنْ لَا تُؤْذِينَا

«İnna nes'elüke bi ahdi Nuhin ve bi ahdi Süleymâne beni Dâvûde en latuzînâ.»

Bunu okuduktan sonra şâyet yılan yine de kaçmazsa, yâhûd yine gelirse o zaman onu Şer'an öldürmekte bir sakınca yoktur.

Resûlüllah (S.A.V.) Efendimiz buyurmuştur ki;

«Evde yılan görüldüğünde şöyle deyin: «Nuh'un ve Dâvûd oğlu Süleyman'ın ahdi sebebiyle bize ilişmemeni diliyoruz!) Bu dilekten sonra yine avdet ederse hemen onu öldürün!»

UNUTULANI HATIRLAMAK

Bir insan yazı yazarken bir şeyi unutup hatırlayamazsa kalemi kulağına tutar. Böyle yaparsa unuttuğu şeyi hatırlar. Hadîs-i şerîfde şöyle buyurulmuştur:

اِذَا كَتَبْتَ فَضَعْ قَلَمَكَ عَلَى اُذُنِكَ

«Yazdığın zaman kalemi kulağına koy. Bu, sana daha güzel hatırlatır!»

Yazı bittikten sonra üzerine toprak saçmak. Bu da dileğin yerine gelmesinde son derece elverişlidir. Peygamber Aleyhisselâm buyururlar ki:

اِذَا كَتَبَ اَحَدُكُمْ كِتَابًا فَلْيَتْرُبْهُ فَاِنَّهُ اَذْكَرُ لَكَ

«Biriniz bir mektup yazdığı zaman, onu topraklasın. Çünkü bu hâcetin görülmesinde daha başarı sağlayıcıdır!»

MEKTUBU MÜHÜRLEMEK

Mektubu mühürlemek:
Mektup yazıldıktan sonra mühürlenir. Hadîsde:

$$كَرَامَةُ الْكِتَابِ خَتْمُهُ$$

«Mektubun kerâmeti onu mühürlemektir!» buyurulmuştur.

HASTALARI TEDÂVİ ETMEK

Bu da İslâmî âdâb ve usûldendir. Nitekim Resûlüllah Sallellahu Aleyhi Vesellem Efendimiz şöyle buyurmuşlardır:

$$اِنَّ اللهَ اَنْزَلَ الدَّاءَ وَالدَّوَاءَ وَجَعَلَ لِكُلِّ دَاءٍ دَوَاءً فَتَدَاوَوْا وَلَا تَدَاوَوْا بِحَرَامٍ$$

«Allah hastalığı da devâsını da inzâl buyurmuştur. Her hastalığa bir ilâç kılmıştır. Öyleyse tedâvi olun, harâmla tedâvi olmayın!»

Şarap ve diğer sekir (keyf) verici içkiler, domuz eti ve benzeri haramlarla tedâvi olmaktan, Müslüman doktorun tavsiyesi dahi olsa, kaçınmak gerekir. Çünkü harâm olan şeyde ilâç yoktur! Nitekim Peygamber Aleyhisselâm şöyle buyurmuşlardır:

$$مَنْ تَدَاوَى بِحَرَامٍ لَمْ يَجْعَلِ اللهُ فِيهِ شِفَاءً$$

«Kim, harâmla tedâvi olursa, bilsin ki, Allah onda şifâ kılmamıştır.»

Her sekir verici içki de yarar sağlamamakta aynen şarâb gibidir. Şârab (yani harâm olan içki) yalnız üzümden yapılan şeye münhasır değildir.

Hadîs-i şerîfde şöyle buyurulmuştur:

$$\text{سَتَشْرَبُ أُمَّتِي مِنْ بَعْدِي الْخَمْرَ وَيُسَمُّونَهَا بِغَيْرِ اسْمِهَا يَكُونُ عَوْنُهُمْ عَلَى شُرْبِهِمْ أُمَرَاؤُهُمْ}$$

«Ümmetim benden sonra şârab içecekler ve ona başka bir ad verecekler. Emirleri şarâb içmelerinde yardımcı olacaktır.»

Diğer bir hadîsde bu şöylece açıklanmıştır:
«Buğdaydan şarâb yapılır, hurmadan şarâb yapılır, arpanın da şarâbı olur, kuru üzümün şarâbı olur, balın da şarâbı olur.» Yâni şarâb yalnız üzüm suyuna mahsûs değildir demektir bu...

İki kadının birbirleriyle cinsî temâs etmesi aynen zina gibidir. Nitekim bir hadîsde:

$$\text{سِحَاقُ النِّسَاءِ زِنَاءٌ بَيْنَهُنَّ}$$

«Kadınların sihakı (birbirleriyle cinsî sürtüşmesi) aralarındaki zinâdır» denilmiştir.

GÜNEŞTE OTURMAMAK

Güneşin altında oturmaktan da kaçınmak gerekir. Peygamber Aleyhisselâm'ın îkâzı:

$$\text{اِيَّاكُمْ وَالْجُلُوسَ فِي الشَّمْسِ فَاِنَّهَا تُبْلِي الثَّوْبَ وَتُنْتِنُ الرِّيحَ وَتُظْهِرُ الدَّاءَ الدَّفِينَ}$$

«Sakın güneşte oturmayınız! Çünkü o elbiseyi eskitir, tende çirkin koku peydah eder, içteki gizli hastalıkları hareket ettirip meydana çıkarır.»

GÖRME GÜCÜNÜ KUVVETLENDİRMEK:

Üç şey görme gücünü arttırır; bu üç şey hadîsde şöyle îzâh edilmiştir:

«Üç şey görme gücünü artırır: Yeşile bakmak, akar suya bakmak, güzel yüze bakmak...» Yalnız güzel yüze bakmaktan murad, harâm olmayan yüze bakmaktır.

Dünyada mutluluğun şu üç şeyle elde edileceğini, Resûlüllah Sallellahu Aleyhi Vesellem bildirmiştir.

$$ثَلَاثُ خِصَالٍ مِنْ سَعَادَةِ الْمَرْءِ الْمُسْلِمِ فِى الدُّنْيَا
اَلْجَارُ الصَّالِحُ وَالْمَسْكَنُ الْوَاسِعُ وَالْمَرْكَبُ الْهَنِىُّ$$

«Üç husûs: Dünyada Müslüman kişinin seâdetindendir: İyi komşu, geniş ev, rahat binek.»

TEDBİR ALMAK

Müslüman kişinin dâimâ ihtiyatlı ve tedbirli olması gerekir.

Hadîs-i şerîfde tedbir almanın önemi şöyle anlatılır:

$$اَلتَّدْبِيرُ نِصْفُ الْعَيْشِ وَالتَّوَدُّدُ نِصْفُ الْعَقْلِ
وَالْهَمُّ نِصْفُ الْهَرَمِ وَقِلَّةُ الْعِيَالِ نِصْفُ الْيَسَارِ$$

«Tedbir geçinmenin yarısıdır, muhabbet aklın yarısıdır, üzüntü ihtiyarlığın yarısıdır. Çoluk çocuğun azlığı kolay yaşayanların yarısıdır.»

FAİZ ALMAMAK

Paranın fâizinden şiddetle kaçınmalıdır. Hadîs-i şerîfde:

اَلرِّبَا سَبْعُونَ حَوْبًا اَيْسَرُهَا اَنْ يَنْكِحَ الرَّجُلُ اُمَّهُ

«Ribâ'nın yetmiş günâhı vardır. Bunların en aşağısı kişinin annesini nikâh etmesi gibidir.» diye buyurulmuştur.

SEVÂB KAZANANLAR

Yedi sınıf insanın kıyâmete kadar amel defterine sevâb yazılır. Onlar da şu hadîsde belirtilmiştir:

سَبْعٌ يَجْرِي لِلْعَبْدِ اَجْرُهُنَّ وَهُوَ فِي قَبْرِهِ بَعْدَ مَوْتِهِ مَنْ عَلَّمَ عِلْمًا اَوْ اَجْرَى نَهْرًا اَوْ حَفَرَ ا ْ غَرَسَ نَخْلًا اَوْ بَنَى مَسْجِدًا اَوْ وَرَّثَ مُصْحَفًا اَوْ تَرَكَ وَلَدًا يَسْتَغْفِرُ لَهُ بَعْدَ مَوْتِهِ

«Kul için yedi husûs vardır ki; ölümünden sonra kabrinde amel defterine sevâb yazılır. İlim öğretenler, su akıtanlar (çeşme yaptıranlar), kuyu kazanlar, ağaç dikenler, mescit yapanlar, Mushafı mîrâs bırakanlar, ölümünden sonra kendisine duâ edecek hayırlı evlâd bırakanlar.»

Kıyâmette yedi sınıf kimsenin arşın altında gölgelenecekleri şu hadîsde şöylece belirtilmiştir:

سَبْعَةٌ يُظِلُّهُمُ اللّٰهُ تَعَالَى فِي ظِلِّهِ يَوْمَ لَا ظِلَّ اِلَّا ظِلُّهُ اِمَامٌ عَادِلٌ وَشَابٌّ نَشَأَ فِي عِبَادَةِ اللّٰهِ وَرَجُلٌ قَلْبُهُ مُعَلَّقٌ بِالْمَسَاجِدِ وَرَجُلَانِ

تَحَابَّا فِي اللهِ اجْتَمَعَا عَلَيْهِ وَتَفَرَّقَا عَلَيْهِ وَرَجُلٌ دَعَتْهُ امْرَأَةٌ ذَاتُ مَنْصِبٍ وَجَمَالٍ فَقَالَ اِنِّي اَخَافُ اللهَ وَرَجُلٌ تَصَدَّقَ بِصَدَقَةٍ فَاَخْفَاهَا حَتَّى لَا يَعْلَمَ شِمَالُهُ مَا يُنْفِقُ يَمِينُهُ وَرَجُلٌ ذَكَرَ اللهَ خَالِيًا فَفَاضَتْ عَيْنَاهُ

«Yedi kişi vardır ki Allah onları kıyâmet gününde, kendi gölgesinden başka hiç bir gölgenin bulunmadığı anda, kendi gölgesinde gölgelendirecektir:

Âdil hükümdar... Allah'ın ibâdetinde büyüyen genç... Kalbi câmilere bağlı olan kişi... Allah için birbirlerini sevip o sevgide birleşen o sevgi ile ayrılan iki adam... Son derece güzel, ve mevki sâhibi olan bir kadının nefsine çağırıp da: (Ben Allah'tan korkarım!) diyen adam... Sağ elinin verdiğini sol eli bilmeyecek kadar gizli sadaka veren kişi... Yalnız başına tenha bir yerde Allah'ı zikredip de gözleri yaşla dolan kişi...»

KINA KULLANMAK

Kına kullanmak da İslâmi âdâbdandır.

Bu husûsta hadîs-i şerîfde şöyle buyurulmuştur:

عَلَيْكُمْ بِسَيِّدِ الْخِضَابِ الْحِنَّاءُ يُطَيِّبُ الْبَشَرَةَ وَيَزِيدُ فِي الْجِمَاعِ

Kuvvetlilik ve verimlilik bakımından en güzel ve üstün toprak siyah topraktır. Çünkü siyah toprak yağmur ve kar gibi şeyleri kabûl eder, rutûbeti korur, çok suya ihtiyacı olmaz, az su ile bile sulanabilir.

Çiçeklerin açık olması, otların da aynı cinsten olması toprağın şerefli bir toprak olduğunu gösterir.

Toprağın kötü ve yararsız olan kısmı sarı topraktır. içinde çeşitli otları bulunan, çiçekleri açmayan, yada kırmızı çiçekleri olandır.

Buğday ve arpa ne zaman biçilir?

Bu hububâtın biçilme vakti, henüz danelerinin içindeki süt kemâle ermiş olduğu vakittir. Bu şekli ile biçilirse, yararlı olur, kantara ağır gelir, tadı lezzetli olur, unu çok olur, ekin biçmenin en efdâl vakti, seher vaktidir. Çünkü seher vakti biçilirse ekin telef olmaktan korunur daneleri zâyi olmaz, buğday veya diğer hububâtın anbara konması, güneş doğmadan önce olmalıdır.

Güneş doğmadan önce zâhireyi anbara koymak, onu telef olmaktan korur.

Zâhirenin anbarda kokmaması için anbarın her iki tarafında delik açmak gerekir ki, o deliklerden hava girsin ve zâhirenin bozulmasını önlesin.

YEMEK, İÇMEK, GİYMEK

İnsanoğlu yemeğe, içmeğe ve giymeğe muhtaçtır.

Ne var ki mü'min olan kişi, bunları tahsil ederken mutlaka helâlinden tahsil etmesi gerekmektedir. Bu da ancak yukarıda arz ettiğimiz gibi helâl kazançla mümkün olur. Bu da şartına riâyet edilen alış-verişle mümkündür. Onun için biraz da ondan bahs edeceğiz. Bu husûsta da çok önemli mes'eleler vardır. İnsanoğlu çalışıp kazanmak, yâhût hibe ya da mirâs yolu ile elde ettiği helâl parayı,

Şer'î mes'eleleri bilmezse, bütün harcamalarını İslâmın ölçüsü dışında yaparsa, helâl olan parasını harâma dönüştürmüş olur. Onun için buna da çok dikkat etmek lâzımdır. Bunu bir örnekle anlatmaya çalışalım :

Meselâ, bir insan, bir şeyi satarken parasını belirsiz bir zamana tescil ederek ne zaman eline geçerse vermek, yâhud harman zamanında vermek kayd-ü şartı ile satarsa o alış veriş fâsid olur. Lâkin belirli bir süre tâyin edip veresiye satarsa böyle bir satışta hiç bir sakınca yoktur. **Yani vâdeli satışlar da câizdir.** Vâdesi gelmeden önce alacaklıdan para istenmez.

Tarla ve dükkânı kirâlamak, işçi çalıştırmak da böyledir. Yâni, bunlarda da belirli bir zaman tâyin etmek gerekir. Yâni bir ay veya bir sene gibi yapılan kontratlar muteberdir. İki senelik veya daha fazla senelik kontratlar da yapılabilir. Yeter ki vâdesi ve zamanı belli olsun.

Eğer belirli bir vakit zikredilmeyip de: (Beher aylığı beher seneliği şu kadar lira) dır diye, icâr ve isticâr olunursa, bir ay ve bir sene için icâr veya isticâr sâhihtir, diğer aylarda fâsiddir, muteber değildir.

Demek ki insanlar kirâya vermek kirâlamak gibi şeylere muhtaçtır.

Ayrıca yemek, içmek, giymek için de çalışmak ve alışveriş yapmak gibi husûslara da ihtıyacı vardır. Öyleyse alım-satım hakkında yirmi yedi mes'eleyi bilmesi ve ona göre davranması gerekir:

ALIM-SATIMDA DİKKAT EDİLMESİ GEREKEN HUSÛSLAR :

1 — **Alış-veriş yaparken haris olmamak.** Çünkü hırs, insandan hayâ perdesini, ve ar ve takvâsını kaldırır! Sonra hırs parayı da çoğaltmaz. Sonra Allah'ın taksim ettiği rızka rızâ göstermemek gibi sonuçlara iter. Bu çok kötü bir

huydur. Bu, ancak ölümü çok hatırlamakla bertaraf edilebilir. Çünkü ölümü çok hatırlamakta üç haslet vardır:

a) Tevbeye sarılmak,
b) İbâdet ve tâatî çoğaltmak,
c) Dünyada az bir şeye kanaat etmek..

2 — Alacağı malı kötülememek, satacağını da övmemek. Eğer bir kimse alacağı şeyi kötülerse ve satan kimseyi kötülemesi sebebiyle ucuz satmaya mecbûr ederse, bu alışverişte hem ta'zir hem de gabn-i fâhiş bulunduğundan, fâsiddir ve hırsızlıktır.

Satarken eğer malını överse, müşteri de onun övmesine aldanarak mala değerinden fazla bir şey öderse, bu alışveriş de fâsiddir, hem de zulümdür. Onun için her iki şekilde de gerek malı övmek, gerekse zem etmekten kaçınmak gerekir.

Eğer müşteri onun sözüne inanıp o şeyi almamışsa yine hârâmdır. Çünkü karşısındakini yalancı saymıştır.

3 — Alışverişte kat'iyen yemîn etmemek. Zirâ malını satmak ve müşteriyi inandırıp istediği Fiata bir şey satmak ümidi ile yemîn eden kişi, eğer o yaptığı yemînde yalancı ise yemîn-i gamûsu irtikâb etmiş olur ki, cezâsı cehennemdir.

Eğer yemînin de doğru ise, geçici ve adi olan dünyalık için Allah (C.C.)'ın yüce ismini vâsıta etmiş olur ki, bu da mezmûmdur.

4 — Alış-veriş mes'elesini öğrenmek. Çünkü çarşı-pazar gaflet yerleridir. Böyle yerlerde, şer'î mes'eleleri bilmeyenlerin davranışları kalb katılığına yol açabilirler.

5 **— Sattığı malın görülen ve görülmeyen ne kadar ayıp ve kusurları varsa müşteriye göstermek.** Çünkü bazı mallarda kusur bulunur. Bunu satan bilir fakat alan bilemez. Onun için müşteriye: (Arkadaş bu malımın şu ayıbı vardır, istersen al, istersen bırak) diyerek hatırlatması gerekir.

Eğer satıcı, kusurlu malını satarak müşteriyi aldatmak istediği halde, yanındakilerin gizlice o kusurları müşteriye söylemeleri gerekir. Eğer bu husûsda onlar da malın kusurunu söylemezlerse bayi gibi günâha girmiş olurlar. Çünkü masiyet karşısında susmak, ona rızâ göstermektir. Bu ise aynî hatâdır.

6 — Hıyânetten son derece kaçınmak. Meselâ, sattığı malın içerisine başka madde karıştırmak gibi husûslardan kaçınmak gerekir. Meselâ, sütçülerin süte su karıştırdıkları gibi.. Bu gibi hallerden kaçınmak gerekir.

Ölçerken tartarken de eksik ölçmemek ve noksan tartmamak gerekir.

7 — Menkûl eşyalarda değeri ne ise ona göre satmaktır. Fazla fâhiş fiat istememek gerekir. Değerinden aşağı olursa câizdir, fazla olursa fâhiştir. Ta'zir olmaksızın yalnız gâbn-i fâhiş (aşırı aldatma) alınan malın geriye verilmesini gerektirmezse de, yine zulümdür. Onun için Müslümana zulmetmekten kaçınmalıdır.

8 — **Gerek satarken ve gerekse alırken son derece dikkat edip aldanmamaya gayret etmek.** Çünkü her şeyde dikkat lâzımdır. Aldanıp da değerli malını değersiz yapmak doğru değildir. Fakat bir şeyin hakiki değerini bilen kişi, malını satarken, bir zenginin o satıcının fakîr olduğunu bilip de yardım amacıyla fazla ödemesinde, yâhûd fakîre sırf yardım etmek amacıyla değerinden aşağı ucuz vermesinde bir sakınca yoktur. Mühim olan malın değerini bilip bile bile aldanmamaktır. Hattâ gerek müşterinin ve gerekse satıcının insanların durumuna göre yâni, fakirlik ve zenginlik durumuna göre hareket etmesi övülünecek bir hususturr..

9 — İki kişi arasında alışveriş tamamlanıp bittikten sonra, müşteriye hiyânet, bayi'i korumak amacı ile satılan şeyin kıymetini artırmaktan kaçınmak..

Lâkin bir kimse malını değerinden noksan satarsa, gören kimsenin değerini artırmasında bir sakınca yoktur. Hatta bu, müşterinin zulme uğramasından, bayii de zarara sürüklenmesinden koruduğu için, müstehabtır.. Nitekim Allah (C.C.)'ın Resûlü Sallellahu Aleyhi Vesellem şöyle buyurmuşlardır:

اُنْصُرْ اَخَاكَ ظَالِمًا اَوْ مَظْلُومًا

«Kardeşine zâlim de olsa mazlûm da olsa yardım et!» Zalime yardım, onu zulümden alıkoymakla olur. Bu da böyle biline..

10 — İki kişi pazarlık yaparken gelip (Ben de alıcıyım!» diyerek onların pazarlığını bozmaktan kaçınmak. Bunda Resûlüllah (S.A.V.) Efendimizin büyük bir tehdidi vardır.

«Din kardeşinin alış verişi üzerine gitmek! (günâhtır)» buyurmuştur.

11 — Sattığı şeyi kesin bir satış olarak kabul etmekten kaçınmak. Çünkü herkes alış-veriş usûlünü bilmez, alıp gittikten sonra pişman olur, muhayyer olmadığı zaman, geriye vermeğe müktedir olamaz, bu sebeble ona zulmetmiş olur.

Onun için sattığı şeyi muhayyer satmak müstehabtır..

12 — Borçluyu sıkmamak. Bunun uzunca olan bahsi yetmiş altıncı bâbta geçmiştir.

13 — Alacaklısına eziyet etmemek. Yâni mümkünse vaktinden önce borcunu öder. Çünkü imkânı olup da vermemek bir nevi zulümdür. Hem:

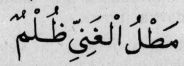

«Zenginin borcu uzatması zulümdür!» buyurulmuştur.

Bunun da genişce izah'ı Yetmişbeşinci Bâbda geçmiştir!..

14 — Para husûsunda satıcıyı aldatmamak. Yâni ona değerini kaybetmiş parayı vermemek...

5 — Haddinden fazla borç yapmaktan kaçınmak. Kim lüzûmu kadar borç yaparsa Melekler ona, kolaylıkla borcunu ödeyebilmesi için duâ ederler, diye yetmişbeşinci bâbta kaydedilmiştir.

16 — Ribâ (fâiz) veya benzeri şeylerden kaçınmak.

Birinden para, arpa, buğday ödünç olarak aldığında, şu kadar güne dek, diyerek müddet tahsil etmemek.. Eğer kâr için tâyin olunursa ribâdır, harâmdır. Para ve mal sâhibi dilediği zaman alır, müddet muteber değildir.. Çünkü bunlar ribevî mallardır. Bunun da genişce izâhı yetmişaltıncı bâbta geçmiştir.

17 — Hırsız, zâlim ve hazînede istihdam edilen kişi gibi şahıslardan sattıkları şeyi satın almaktan kaçınmak. Çünkü onların sattıkları şeyin çalınmış yâhûd gasb edilmiş olması ihtimâli mevcûddur. Onun için ihtiyâten almamak gerekir.

18 — Pazara gelen şeyi görür görmez yolda karşılayıp onu satın almaktan kaçınmak.

Çünkü bunda zarar vardır: Birincisi o şeyi satarsa fazla fiate satar, ikincisi anbara koyarsa, pahalılaşmasını bekler ki, her iki şekilde de Allah (C.C.)'ın kullarına karşı zulüm mülâhaza edilebilir.

19 — Kutu veya tulum içinde olan bir şeyi tarttığında, kutuyu veya tulumu tahminen bir okka veya iki okka olarak saymaktan da kaçınmak..

Çünkü asıl maksud olan yağ, bal veya peynirin gerçek mikdarı bilinmeyip mechul kaldığından fâsiddir. Amma o alacağı şeyi kutu ve tulum ile tartıp da içinde olan yağı veya balı boşalttıktan sonra darasını çıkarırlarsa câiz dir. Lâkin kutu ve tulum ile pazarlık edip tartarsa ve müşteri de buna râzı olursa sâhihdir. Satılan şeyin ve paranın miktar ve vasıfları mâlûm olduğu için, o şey tartıldıktan sonra, şu kutuda ve şu tulumda olan nesneyi şu kadar liraya aldım, sattım, diyerek akdi yenilemek lâzımdır.

20 — **Bakkala veya fırıncıya bir mikdar para verip,** (Ben bu paraya karşılık sonra senden ekmek veya yağ alırım) **demekten kaçınmak.** Bunda iki şekil vardır: Birisi, alacağı şeyin kıymetini ve fiatını kestirmektir. Halbu ki o müddet içinde fiat değişebilir. Ama aynı günde, verdiği paranın karşılığında malı teslim alırsa başka.. Çünkü toplu para verip de lüzûm ettikçe almakta, ilerideki fiatı bilinmemek vardır. Onun için böyle bir alışveriş doğru değil, fâsiddir. Diğer şekli de şöyledir: Meselâ, yüz lira verip senden bu akçanın bedeline lâzım oldukça prinç ve sâir şeyleri alırım, deyip kıymetini belirtmemektir ki, bu dahi yasaktır. Bu iki şeklin de yasak olması, paranın ödünç olarak verilmesinden ve alınan eşyanın fiatı biçilmeme sinden ileri gelmiştir. Amma parayı emânet olarak verip te, alınan şeyin her aldıkça kıymeti kat' olunursa câizdir

21 — **Bakkaldan, pazarlıksız bir şey almaktan kaçınmak.** Zirâ fiatı bilinmeyen şeyde teâti şeklinde alış-veriş yapmak câiz değildir. Teâti şekilde alışveriş şol şeydir ki, fiatı mâlûm ola.. Meselâ ekmeğin fiatı bir kuruş.. Bu belli olan bir husûs.. Onun için ayrıca pazarlık yapmak gerekmez, parayı verir alır ekmeği.. Şâyet fiatı mâlûm değilse, meselâ bir bakkaldan lâzım olan şeyleri alıp altı ay veya bir sene geçtikten sonra, hesaba bakılıp aldıkları şeylere fiat takdir edip o fiat üzerine akçasını (parasını) vermek Şer'î Şerîfe münâfidir.

Bu, malını telef edip de bilâhere kıymetini zâmin olmak gibi bir şeydir..

Böyle bir şey, alış-veriş hükmünden bil-külliye hariç sayılır. Şu halde aldığı şeyin, pazarlık sûretiyle fiatını tesbit ettikten sonra alınmasından daha iyi bir şey yoktur.

22 — İhtikârdan şiddetle kaçınmak.. Çünkü:

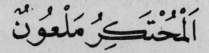

«Mühtekir, m.el'undur!» buyurulmuştur.

İhtikâr, halkın ihtiyacını zamanında râiç fiatla satmayıp, pahalılanması için malı bekletmek demektir. İşte bu çok çirkin şeye ihtikâr derler. Burada halkın zararı olduğu için, bu tür alışveriş kat'iyen yasaktır.

23 — Çocuğa bir şey satmaktan kaçınmak. Bunda iki husûs mülâhaza edilir:

a) Çocuğun aldığı şey, fındık, ceviz, sakız ve sâir, oyuncak gibi şeyler ise harâmdır. Çünkü velisi tarafından çocuğa böyle şeyleri almasına izin verilmemiştir.

Onun içindir ki velîden izin almadan çocuğun tasarrufu câiz değildir.

b) Sabinin aldığı şey, tuz, biber, sabun ve pirinç gibi zarûrî masraflardan olursa, câizdir ve muteberdir. Çünkü bu gibi alışveriş yapmak için, çocuğa velîsi tarafından izin verilmiştir..

24 — Kendi kasabasının zarûri ihtiyâclarını, başka köy ve kasabalara daha fazla fiatla satmaktan kaçınmak: Çünkü kendi kasabasını mahrum etmek doğru bir hareket tarzı değildir.

25 — Bir kimsenin bir kimsede bir kaç kilo buğday veya arpa alacağı olup O da, veresiye olarak o kimseye satmaktan kaçınmaktır. Çünkü bu, her ne kadar selem alışverişine benziyorsa da, selem alış-verişinde para, akid meclisinde teslim edilmezse selem alış-verişi fâsid olur. İşte az önceki mes'ele de buna benzediği için, câiz değildir.

26 — Kilo ve tartı ve sayı ile satılan şeylerde usûlüne aykırı hareket etmekten kaçınmak. Bunu kısaca şöyle bilebiliriz: Eğer bir şey kıymeti itibârı ile satılırsa, o şekil satılır: Gayr-i menkûl ve hayvanlar gibi...

Eğer mislî olursa tartı ile satılır: Sabun, tuz ve yağ gibi...

Eğer kiyemî olursa kile ile satılır: Buğday, arpa ve hurma gibi... Eğer adedi olursa aded ile satılır: Ceviz, limon ve yumurta gibi...

Bir şeyin kıyemî, mislî veya adedî olduğu yine şerî bilgilerle bilinir.

Şayet bir şeyin kıyemî, mislî veya adedî olduğu Şer'î Şerîfde beyân edilmemiş ise, o takdirde durum örf'e havâle edilir: Eğer kıymet ile satılmak müteâref ise kiyemîdir, kile ile satılmak müteâref ise kilevîdir, aded ile yâni sayı ile satılmak müetaref ise adedîdir. (yâni sayısal) dır. Kavun, karpuz ve kabak gibi, bir beldede tartı ile satılırsa veznîdir, aded ile satılırsa adedîdir. Kıymet ile satılırsa kıyemîdir..

Misliyâta gelince: Misliyâttan olan bir şey yine kendi cinsinden bir şey ile değişmek isteseler, buna yine alış-veriş denilir. Mesela bir batman yağı bir batman yağ ile, bir ölçek buğdayı bir ölçek buğday ile, mübâdele edildiğinde, eğer her iki taraf aynı ise yâni, müsâvî ise, sahihdir, helâldır; bir tarafı fazla diğer tarafı eksik ise, harâmdır, ribâdır. Ama cisminin hilâfı olursa zarar etmez câizdir. Beş okka sirke ile beş okka pekmezi mübâdele etmek gibi...

Tartı ile satılan bir şeyi ölçü ile satmak harâmdır. Princi ölçü ile satmak ve yâhûd ölçü ile borç vermek câiz olmaz, tartmak lâzımdır.

Bir şeyin pazarlığı yapılıp icâb ve kabûl tamamlandıktan sonra, eğer o şeyi kile ile satılan metah ise kileye vurmak, sayı ile satılan şeyi ise saymak, tartılan şeyden ise tartmak gerekir.

Bir şeyin pazarlığı yapılıp müşterinin veya vekilinin huzûrunda tartıldıktan yâhût sayıldıktan ya da kileye vurulduktan sonra tekrar tartmak gerekmez.

Pazarlıktan önce tartılmış ve ölçülmüş ise, tekrar tartmak veya ölçmek ya da saymak gerekir. Önceki tartma veya ölçme ya da sayma yeterli olmaz.

Eğer alış-veriş mücâzefe usûlü yâni, götürü pazarlık ile yapılmış ise, bunda iki yön vardır:

1 — O şeyin mikdarını ve kıymetini tâyin etme. Meselâ şu çuvaldaki pirinç altmış okkadır sana yüzelli liraya sattım, der. Bu şekildeki satış câizdir.

2 — Şu çuvalda altmış okka pirinç vardır, beher okkası üçer liradan yüz seksen liraya sattım, demektir ki bu şekildeki satış, o pirinci tartmadıkça helâl olmaz.

27 — Menkul olan şeyleri almadan önce, satmaktan kaçınmak.. Menkul eşya demek, bir yerden diğer yere nakl edilmesi mümkün olan şey demektir. Bu gibi şeyleri alıp sattıktan sonra kabzetmek yani bil-fiil almak gerekir. Eğer bil-fiil alınmazdan önce, başkasına satılırsa, câiz olmaz, fâsid olur. Ama satılan şey arsa ve bina gibi gayr-i menkul olursa, bil-fiil almadan önce satmak câizdir.

Ekmek ve sâir yiyecek şeyleri ödünç vermekten kaçınmak gerekir. Bu, insanlar arasında çokça cereyan etmektedir. Bir adamın evinde ekmek veya tuz bittiği zaman, gidip komşusundan almaktadır. Sonra bilâhere mislini iâde etmektedir. Bundaki hüküm şu: Eğer o aldığı ekmeğin tartısı ma'lum ise câizdir, eğer tartısı (Gramajı) bilinmiyor da tahmin üzere ise câiz değildir. Çünkü böyle tahmini alış veriş ribâya yol açar ki, günâhının büyüklüğü «Çeşitli mes'eleler» bâbında izâh edilmiştir. Bu gibi şeyleri almak icâb ettiği zaman, kendine hibe ettirmek, teberru veya tasadduk ettirmek sûretiyle mahzurattan kurtulmak mümkündür. Sonra kendisi de aynı şeyleri ona tasadduk ya da hibe eder. Böylece ödeşmiş olurlar. Çünkü tartı ile satılanlar tartarak, ölçü ile satılanlar ölçerek satılması gerekir.

Aynı cinsten olan şeyleri satarken yâhûd değiştirirken hem peşin yâni, al gülüm ver gülüm şeklinde, hem bir arada olurlarsa câizdir. Şayet veresiye ya da bir taraf fazla olursa harâmdır. Meselâ bir kimseden bir kile buğday alıp altı aydan sonra yine bir kile buğday vermek, yâhud bir kile buğday ile bir buçuk kile buğdayı peşin şekilde değişmek harâmdır.

Para bozdururken de ribâdan kaçınmak gerekir.

Para bozdurmak, cinsleri aynı olanlarda nakden ve bir tarafta fazla olmamak kayd-ü şartıyla câizdir. Yüz lira bütün verip de yüz lira bozuk almak gibi

Ama altın, gümüş gibi cinsleri muhtelif ise, o zaman bir tarafta fazlalık olmak câizdir. Her iki şekilde de alış-verişin peşin yapılması gerekmektedir.

Sarraf'tan ufak para alıp sonra gümüş gönderirse, yâhûd başka birini gönderip bozdurursa câiz değildir. Eğer gönderdiği kimseyi kendisine vekil yapmışsa başka. O takdirde câiz olur.

Bakkal veya kasabtan bir şey alırken gümüş veya altın verip aldığı şeyin miktarını mahsup edip üst tarafını almak câiz değildir. Çünkü bunda iki türlü mübâyaa vardır: Birisi önceki aldığı nesnedir, ikincisi ise gümüş veya altını bozdurmasıdır. Bu iki çeşit alış-veriş tek bir akit ile câiz olmaz. Onun için şöyle yapılmalıdır:

Önce gümüş veya altın parayı bozdurup eline aldıktan sonra aldığı şeyin parasını verir.. Aynı cinsten olan iki şeyi değişip, bir taraftan fazla para almak icâb ettiğinde, o şeyin yanına ayni cinsten olmayan bir miktar tuz veya yumurta gibi şeyleri katarak ve pazarlığın içine sokarak yapılırsa câiz olur.

Bülûğ çağına ermemiş çocukların kazançlarından ve paralarından da kaçınmak gerekir Fakat ana ve babaları fakîr ve çalışmaktan âciz olup zarûret ve ihtiyaçlarını bertaraf edecek mikdarı yemek câizdir. Hattâ bir çocuk bir havuzdan bir bardak su doldurup onu yine o havuza dökse, o havuzdan su içmek harâmdır. Yalnız sabinin velîsine o havuzdan bir bardak su verip, sabinin hakkında velîyi râzı ederse, yâhûd o havuzun suyunu tamamen akıtırlarsa câiz olur.

Çocuğa verilen hediyeyi yâhûd çalışmakla elde ettiği parayı yemek harâmdır. Hattâ ana babasının ihtiyaçları yoksa, onlara da harâmdır.

Mübâh olan nesnelerden her ne olursa olsun, çocuğun getirdiğini yemek, içmek, pişirmek, kullanmak harâmdır. Yalnız o çocuğun velîsinin izni ile ücreti kesinleşmiş ve ödenmiş ise câiz ve helâldir. Aksi halde ücretsiz herhangi bir çocuğu çalıştırmak harâmdır.

Bir adam diğer bir adama «Gel bugün bana, orak biç bende ilerde sana biçerim» demek, ya da '«Öküzlerini ver, çift süreyim, ilerde ben de sana öküzlerimi vereyim, çift sür» demek suretiyle yapılan muâmeleler harâmdır. İleride olacak şeyler veresiyedir, ribâdır, harâmdır. Çünkü ileride ne olacağını kişi kestiremez.

SORULAR :

Soru: Zarûret olmadan tütün yemek câiz midir?
Cevâb: Mekrûhdur. Eğer tedâvi için olursa câizdir.

SORULAR

Soru: Müslüman olan bir kişiye hangi lisanı öğretmek evlâdır?

Cevâb: Arapçayı öğretmek evlâdır. Çünkü mü'minlerin emîri Hattab oğlu Ömer (R.A.) şöyle demiştir:

«Arapçayı öğrenmelisiniz, Çünkü o mürüvvete delâlet eder, muhabbeti arttırır.»

Soru: Erkekler için dokuması ipek olan gömleği giymekte bir beis var mıdır?

Cevâb: Vardır.

Soru: İbrişimden seccâde üzerinde namaz kılmak ve ipekten mushaf kabı kullanmada bir sakınca var mıdır?

Cevâb: Yoktur.

Soru: Bal, zeytinyağı, yemek ve ekmek gibi şeyler necîslendiğinde bir çocuğa yâhûd eti yenen hayvanlara yedirmekte sakınca var mıdır?

Cevâb: Câiz değildir.

Soru: Müslüman hanımlar Müslüman olmıyan hanımlarla oturup kalkabilirler mi?

Cevâb: Onlar erkek gibidir.

Soru: Ahmet'le Hasan iddiâlı bir oyun oynuyorlar. Hasan Ahmedi yeniyor, ve ondan daha önce şart koştukları parayı alıyor. Şimdi Ahmed'in Hasan'a verdiği parayı zorla alması câiz midir?

Cevâb: Evet, câizdir. Çünkü para karşılığında olan her oyun kumardır, harâmdır.

Soru: Hıristiyanların paskalyalarında bazı zenginlere yumurta ve çörek hediye etmesinde sakınca var mıdır?

Cevâb: Kalben onlara iştirak etmemek kaydı şartıyla sakınca yoktur.

Soru: Müslümanların aleyhinde konuşmak harâmdır. Acaba gayr-i müslimlerin aleyhinde konuşmak da harâm mıdır?

Cevâb: Harâmdır.

Soru: Cenâze teşyi' ederken yüksek sesle Allah'ı zikretmek ve Kur'ân okumakta sakınca var mıdır?

Cevâb: Mekrûhdur.

Soru: Zeyd, Kurân-ı Azümüşşân'ı Fâtiha sûresi, Bakara sûresinden Fil Sûresine yâhûd İhlâs sûresine kadar okuduktan sonra ilerisini okuyup hatim duâsını etmek için Amr'ı vekîl edip yâni Amr'a okutup duâ ettirmiş olsa Şer'ân Zeyd Kur'ân-ı Azimüşşân'ı hatm etmiş olur mu?

Cevâb: Olmaz.

Soru: Bu sûrette hazır olan cemâat Kur'ân hatm-i meclisinde bulunanlara vaad edilen sevâba nâil olmuş olur mu?

Cevâb: Olmaz.

Soru: Namazın sonunda: (Sübhâne rabbike rabbil izzeti amma yasifun) demek evlâ mıdır?

Cevâb: (Sübhâne Rabbinâ rabbil izzeti ammâ yasifûn) demek evlâdır.

İşte bu kitabı Cenâb-ı Hakk (C.C.)'ın lütfûyla bu cümleyle tamamladım.

Ve selâmün alelmürselin. Velhamdülillâhirabbil âlemîn.

SON

İÇİNDEKİLER

Önsöz	3
İmânın âdâbı	9
İmânın anlamı	9
Mü'min ve Müslüman Kime Derler?	11
İmân ve İslâm Neye Derler?	11
Dil İle Neyi Söylemek Kalb İle Neye İnanmak Gerekir?	11
İ'tikâdda Mezhebin Kimdir?	12
Amelde İmâmın ve Mezhebin Kimdir?	
Bülûğ Çağına Varan Mükellef Mü'minin Uyması Gereken Şer'î Hükümler Kaçtır?	12
Şer'î Hükümlerin Delîlleri	12
Hangi Müslüman Daha Üstündür?	14
İslâm Hasletlerinin Hangisi Daha Üstündür?	14
İmân'ın Bekâsı İçin Okunacak Duâ	18
Küfürden Korunmak İçin Okunacak Duâ	19
Tahâret	21
Tahâretin âdâbı	21
Helâdan Çıkarken Okunacak Duâ	23
Abdest	25
Abdestin âdâbı	26
Abdestli Yatmanın Fazîleti	27
Abdest Üzerine Abdest Almanın Sevâbı	28
Abdest İçin Niyyet	28
Abdestte, Ağıza Su Alırken Okunacak Duâ	29
Abdestte, Buruna Su Verirken Okunacak Duâ	29
Abdestte, Yüz Yıkanırken Okunacak Duâ	30
Abdestte, Sağ Kolu Yıkarken Okunacak Duâ	30
Abdestte, Sol Kolu Yıkarken Okunacak Duâ	30
Abdestte, Başa Mesh Verirken Okunacak Duâ	31

F.: 37

Abdestte, Kulaklar Mesh Edilirken Okunacak Duâ	31
Abdestte, Boyun Mesh Edilirken Okunacak Duâ	32
Abdestte, Sağ Ayak Yıkanırken Okunacak Duâ	32
Abdestte, Sol Ayak Yıkanırken Okunacak Duâ	32
Bu Duâları Bilmiyen Kişi Ne Yapar?	33
Abdest Alındıktan Sonra Okunacak Duâ	33
Misvâk Âdâbı	40
Misvâğın Önemini Belirten Hadîs-i Şerîfler	41
Guslün Âdâbı	43
Câmi'ye Devâm Etme Âdâbı	45
Câmi'ye Devâm Edenlerin Dikkat Etmesi Gereken Husûslar	46
Safların Sık Olmasını Belirten Hadîs-i Şerîfler	51
Kıyâmet Gününde Allah'ın Himâyesinde Olacak Tâife	53
Evden Çıkarken Okunacak Duâ	53
Tahiyyet'ül Mescid Namazı	54
Mescide Girince Okunacak Duâ	55
Câmiden Çıkarken Okunacak Duâ	56
Ezân'ın Âdâbı	57
Ezân Sonunda Okunacak Duâ	58
Ezân İle Kamet Arasında Yapılacak Duâ	59
Namazın Âdâbı	61
Huşû ve Hudû	64
Münferiden Namaz Kılanın Niyyetleri	65
Nâfile Namaza Niyyet	70
İşrak Namazına Niyyet	70
Teheccüd Namazına Niyyet	70
Kuşluk Namazına Niyyet	71
Evvâbîn Namazına Niyyet	71
Cemâatle Kılınan Namazlarda Niyyet	72
Terâvih Namazına Niyyet	74
Cum'a Namazında Niyyet	75
Cenâze Namazına Niyyet	76
Ramazan Bayramı Namazına Niyyet	76
Kurban Bayramı Namazına Niyyet	77
Tavâf Namazına Niyyet	77

FİHRİST

Duânın Âdâbı	80
Duânın Kabûlü İçin Yapılması Gereken Şeyler	83
Yahûdî ve Nasrânîlere Duâ Etmek	100
Allah'(C.C.)ı Zikretmek	102
Peygamber Aleyhisselâm'a Tâbi Olmak	106
Peygamber Aleyhisselâm'a Salât ve Selâm Getirmek	110
Kur'ân Okumanın Âdâbı	115
Kur'ân-ı Kerîm Hatmedildiği Zaman Okunacak Duâ	130
İzzet Âyeti	130
Cesûr ve Heybetli Olmak İçin Okunacak Âyet-i Kerîme	131
Bütün Amellere Niyyet Etmenin Âdâbı	132
Cum'a Âdâbı	138
Cum'a Günü Yıkanmak	139
Cum'a Namazına Erken Gitmek	140
Tırnak Kesmek ve Etek Traşı Olmak	141
Orucun Âdâbı	144
Oruç Açarken Okunacak Duâ	149
Orucun Fazîleti	145
Bayramların Âdâbı	151
Bayram Geceleri Yıkanmak	152
Kurban Kesmenin Âdâbı	153
Kurban Kesmeye Niyyet	153
Kurban Keserken Okunacak Duâ	154
Kurban Kestikten Sonra Okunacak Duâ	155
Haccın Âdâbı	156
Haccın Fâideleri	157
Cennetin Kapıları	159
Hacca Gitmenin Âdâbı	160
Hacca Giderken Okunacak Duâ	163
Hacc Yolunda Okunacak Duâlar	164
Hacca Niyyet	168
Telbiye	169
Haccın Vâcibleri	169
Hacer-i Esved'i Selâmlarken Okunacak Duâ	172
Kâ'be'ye Girmenin Şartları ve Okunacak Duâlar	175

Kâ'be'nin Karşısında Okunacak Duâ	180
Mültezim-i Şerîfin Yanında Okunacak Duâ	182
Rükn-i Irakî'de Okunacak Duâ	183
Altın Oluğun Hizâsında Okunacak Duâ	183
Rükn-i Şâmî'de Okunacak Duâ	184
Rukn-i Yemânî'de Okunacak Duâ	185
Hacer-i Esved Yanında Okunacak Duâ	185
Makam-ı İbrâhim'de Okunacak Duâ	186
Zemzem İçtikten Sonra Okunacak Duâ	187
Sa'y'da Okunacak Niyyet ve Duâlar	188
Vakfe'de Okunacak Sûre ve Salâvatlar	192
Müzdelife'de Okunacak Duâ	193
Mina'da Okunacak Duâ	195
Kabir Ziyâret Etmenin Âdâbı	199
Âyete'l-Kürsi Okumak	202
Peygamberlerle Velîlerin Kabirlerini Ziyâret Etmenin Âdâbı	204
Eshâb-ı Kîram'ın Kabirleri	205
Mübârek Yerlerde Okunacak Duâlar	206
Cebel-i Kubeys	213
Ümmü Hânî'nin Evi	214
Hırâ Dağı	215
Mescid-i Hayf	215
Cebel-i Sevr	216
Peygamber (S.A.V.) Efendimizin Ma'nevi Huzûrlarında Okunacak Duâ	221
Peygamber Aleyhisselâm'ı Ziyâret Etmenin Fazîleti	235
Ziyâret Edilmesi Gereken Mescidler	231
Vedâ Duâsı	233
Harameyn'de Vefât Etmeyi Arzu Etmek	236
Dargınları Barıştırmak	237
Ana-Baba'ya İtâat Etmek	241
Ana-Baba'ya Hizmet Etmenin Fazîleti	242
Mânidar Bir Kıssa	248
Ana-Babayı İsimleri İle Çağırmamak	249
Ana-Baba'nın Ölümünden Sonra Dahi Onlara İkramda Bulunmak	251
Anne ve Baba'nın Evlâdına Karşı Muâmelesi	254
Çocuklarına San'at Öğretmek	255

FİHRİST

Çocuklarına Dâimâ Hayırlı Duâ Etmek	257
Çocuklara Bedduâda Bulunmamak	258
Hanımları Arasında Âdil Davranmak	259
Kocanın Hanımlarına Karşı Davranışı	262
Kocanın Hanımını Dövebileceği Hâller	262
Hanımlara Hoş Davranmak İçin Riâyeti Gerekli Husûslar	264
Kadınların Kocalarına Karşı Olan Davranışları	270
Sıla-i Rahm (Akraba İle İlgilenmek)	275
Köle ve Câriyesi İle Olan Davranışları	277
Köle ve Câriyenin Efendisine Karşı Davranışları	284
Komşu	285
Komşu Hakkında Riâyet Edilmesi Gereken Husûslar	286
Allah Tarafından Verilen Ni'metlere Şükretmek	291
Misâfire İkrâm Etmek	294
İkrâmın Âdâbı	295
Da'vete İcâbet Etmek	302
Musibet ve Belâya Uğrayanların Âdâbı	304
Hastanın Kaçınması Gereken Şeyler	310
Hasta Ziyâreti	312
Hasta Ziyâretinin Âdâbı	312
Musibet Ânında (İnnâ Lillâhi ve İnnâ Râciun) Demek	315
Başsağlığı Dilemek (Tâziye'de Bulunmak)	320
Hâlet-i Nezi'e Yakın Olan Hastanın Âdâbı	322
Can Çekişen Hastanın Yanında Bulunanların Âdâbı	323
Cenâze Namazının Âdâbı	327
Cenâze Namazı Nasıl Kılınır?	329
Cenâzeyi Teşyi Etmek	331
Cenâze Defretmenin Âdâbı	332
Cenâze Defnedilirken Riâyet Edilmesi Gereken Husûsla	332

Defínden Sonra Cenâze Sâhiplerinin Âdâbı	334
Komşuların Cenâze Sâhibine Karşı Davranışı	335
Cenâze İçin Mâtem Tutmak	337
Kabir Kazmak	338
Kabir Üzerine Bir Alâmet Koymak	339
Tevbe Etmenin Âdâbı	340
Tevbenin Şartı	342
Sadaka ve Diğer Faziletler	343
Sadaka Verirken Dikkat Edilecek Husûslar	346
Münâkaşa ve Karşılıklı Tartışmanın Âdâbı	351
Mübah Olan Şeyleri İşlemenin Âdâbı	352
Tevâzu (Alçakgönüllülük)	353
Bir Mü'min İle Dostluk ve Ahbablık Te'sis Etmenin Âdâbı	355
Arkadaş ve Dost Edinmenin Usûlü	358
İstişâre Etmenin Âdâbı	362
Evlenmenin Âdâbı	365
Evlilikteki Sorumluluklar	365
Evliliğin Yararları	367
Cimâ Ederken Dikkat Edilecek Husûslar	379
Akika Kurbanı	386
Akika Kurbanı Ne Zaman Kesilir?	387
Akika Kurbanı Kesilirken Okunacak Duâ	387
Çocuk Emzirmenin Âdâbı	389
Çocuğa Ad Koymanın Âdâbı	390
Emr-i bi-l-ma'rûf Nehyi An-il Münker'in Âdâbı	
(Şerîatın Emirlerini ve Yasaklarını Halka Bildirme)	394
Şerîatın Emir ve Yasaklarını Bildirmede Usûl	385
Mevki Sâhibi Olanların Âdâbı	400
Ulü'l-Emr'e İtâat	403
Kan Aldırmanın Âdâbı	407
Kan Aldırırken Dikkat Edilmesi Gereken Husûslar	407

FİHRİST

Erkeklerin Hamama Girme Âdâbı	413
Hamama Girmenin Âdâbı	414
Kadınların Hamama Girmesi	415
Traş Olmak	416
Tırnak Kesmek, Koltuk ve Etek Traşı Olmak	417
Sakal Traşı	418
Tırnak Kesmek	419
Tırnak Nasıl Kesilir?	420
Saç ve Sakal Boyamanın Âdâbı	421
Güzel Kokulu Yağlar Sürünmenin ve Sürme Çekmenin Âdâbı	424
Misk ve Diğer Kokuları Kullanma Âdâbı	426
Yüzük Kullanmanın Âdâbı	426
Selâm Vermenin Âdâbı	428
Selâmın Anlamı	430
Selâmda Riâyet Edilmesi Gereken Husûslar	430
Başkasının Evine Girme Âdâbı	433
Helâl Kazanç Elde Etmenin Âdâbı	434
Kazanç Kaç Yoldan Elde Edilir?	435
Helâl Kazancın Faydaları	436
Borçlanmanın Âdâbı	439
Borç Vermenin Âdâbı	442
Mü'min Olan Kimsenin Herhangi Bir Kimseye Dileğini Arzetmesi	446
Yolculuğa Çıkarken Okunacak Duâ	454
Gemiye Binilince Okunacak Duâ	456
Mü'minlerin Birbirileri İle Sohbet Etmelerinin Âdâbı	461
Meclisin Âdâbı	476
Konuşmanın Âdâbı	481
Yemek Yemenin Âdâbı	494
Etle Çorbayı Yemek	495
Bal Yemek	509

Bakla Yemek ... 511
Çörek Otu Yemek ... 511
Patlıcan Yemek ... 513
Kabak Yemek ... 513
Hastaya Bulamaç Yedirmek ... 514
Peynir İle Ceviz Yemek ... 514
Kuru Üzüm Yemek ... 514
Ayva Yemek ... 515
Nar Yemek ... 515
İncir Yemek ... 516
Kavun Yemek ... 516
Yumurta Yemek ... 518
Zeytinyağı İçmek ... 519
Hindiba Yemek ... 519
Helile Yemek ... 519
Sinâmeki ve Raziyâne Kullanmak ... 520
Çiğ Sarmısak Yemek ... 520

Su İçmenin Âdâbı ... 521

Elbise Giymenin Âdâbı ... 525

Ev Yapmanın Âdâbı ... 529

Evde Yapılması Gereken Bazı İşler ... 531

Uykunun Âdâbı ... 533

İstihâre ... 534
Yatma Şekli ... 534
Peygamber (S.A.V.) Efendimizi Rüyâda Görmek ... 536
El-Abheri Namazı ... 536
Rüyâ Kaç Kısımdır? ... 538
Seher Vaktinde Görülen Rüyâ ... 540
Rüyâ Tâbiri ... 541

Yol Yürümenin Âdâbı ... 542

Aşûre Gününün Âdâbı ... 545

Aşûre Günü Sadaka Vermek ... 547

ÇEŞİTLİ MES'ELELER ... 548

Suya ve Aynaya Bakmak ... 548
Güvercin Beslemek ... 550
Evde Beyaz Horoz Beslemek ... 549

FİHRİST

Koyun Beslemek	551
Geğirmek ve Aksırmak	551
Namaz Vaktini Beklemek	553
Falcıya İnanmamak	553
Kulak Çınlaması	554
Yılan Görmek	554
Unutulanı Hatırlamak	555
Mektubu Mühürlemek	556
Hastaları Tedâvi Etmek	556
Güneşte Oturmamak	557
Görme Gücünü Kuvvetlendirmek	558
Tedbir Almak	558
Fâiz Almamak	558
Sevâb Kazananlar	559
Kına Kullanmak	560
Yeni Ay Görülünce Okunacak Duâ	561
Ziraat	561
Buğday ve Arpa Ne Zaman Biçilir?	563
Yemek, İçmek, Giymek	563
Alım-Satımda Dikkat Edilmesi Gereken Hususlar	564
SORULAR	574

AKPINAR YAYINEVİ
TAKDİM EDER

Adres : Çatalçeşme Sokak No. : 21/1
Cağaloğlu — İstanbul

Telefon : 528 03 91
- İstanbul'un otomatik No : 9
- İstanbul'un il kodu : 1

* * *

İslâmî Eserlerde en iyi hizmeti vermeyi prensip edinen Yayınevimiz, Kitablarından bâzılarını siz kıymetli okurlarına gururla sunar.

Lütfen, kitapların fiyatlarını da ihtivâ eden Kitap Kataloğu'muzu isteyiniz.

* * *

- **KİTAPLARIMIZDAN BÂZILARI**

- **TİBYÂN TEFSÎRİ** / Kur'ân-ı Kerîm Meâli ve Tefsîri / Ayıntâbî Mehmed Efendi'nin yazdığı ve Ahmed Davudoğlu'nun sâdeleştirdiği 4 büyük ciltlik güzîde eser.

* * *

- **Nİ'MET-İ İSLÂM** / İslâm Fıkhı ve İlmihâli / Mehmed Zihnî Efendi'nin yazıp, M. Rahmi'nin sâdeleştirdiği yeri doldurulamayan eser. Büyük boy. 1167 sayfa, ciltli.

* * *

- **NEFEHAT'ÜL-ÜNS MİN HAZARATİ'L-KUDS**
/ Mukaddes Makamlardan Huzûr Nefesleri / Tabakât-ı Sûfiyye sahâsında yazılmış yegâne eser. Abdurrahman Câmî'nin bu eseri Abdulkadir Akçiçek tarafından tercüme edilmiştir. Büyük boy, 1136 sayfa, ciltli.

- **MİFTAH'ÜL-KULÛB** / Gönülleri Açan Kitap /
Muhammed Nurî Şemseddin Nakşibendî'nin yazdığı bu kitap, Abdulkadir Akçiçek tarafından tercüme edilmiştir.
Tasavvûfî yollar, İrşâd yolları, Öğütler, Salavât-ı şerîfeler, Duâlar ve Münâcaatların yer aldığı bu kitap, ayrıca Risâle-i Murakabe, Risâle-i Pendiye, Evrâd-ı Fethiye'yi de ihtivâ etmektedir. Büyük boy 672 sayfa, ciltli.

* * *

- **NECÂTÜ'L-MÜ'MİNÎN** / Mü'minlerin Kurtuluşu /
Muhammed Emin Efendi'nin bu eseri M. Rahmî tarafından sâdeleştirilmiştir. Büyük boy, 640 sayfa, ciltli.

* * *

- **ENVÂR'ÜL-ÂŞIKÎN** / Âşıkların Nûru /
Yazıcıoğlu Ahmed Bican Efendi'nin bu meşhur kitabı, M. Rahmi tarafından sâdeleştirilmiştir. Büyük boy, 688 sayfa, ciltli.

* * *

- **MÜZEKKİ'N-NÜFÛS** / Rûhlara Âb-ı Hayât /
Eşrefoğlu Rûmî'nin bu en güzel kitabı, Yaman Arıkan tarafından tercüme edilmiştir. Büyük boy, 544 sayfa, ciltli.

* * *

- **İSLÂM TARİHİ** / Mükemmel Tarih Kitabı /
Şehbenderzâde Filibeli Ahmed Hilmi Efendi'nin yeri doldurulamayan bu eseri M. Rahmi tarafından sâdeleştirilmiş, Ord. Prof. Dr. Hilmi Ziya Ülken'in takdîm yazısıyla sunulmuştur.
«Allah'ı İnkâr Mümkün müdür?» isimli kitabın da yer aldığı bu eser, ciltli büyük boy, 688 sayfadır.

* * *

- **AHLÂK ÖLÇÜLERİ** / Mizânü'l-Ahlâk /
  Hüccetü'l-İslâm İmâm Gazâli'nin ölmez eseri H. Ahmed Aslantürkoğlu'nun tercüme ettiği bu eser, ciltli, 384 büyük sayfadır.

  * * *

- **MENÂKIB-I ÇEHARYÂR-I GÜZÎN**
  / Dört Halifenin Menkıbeleri /
  Şemsüddin Sivâsî'nin bu eseri, H. Ahmed Aslantürkoğlu tarafından tercüme edilmiştir. Büyük boy, 592 sayfa, ciltli.

  * * *

- **MECMÂ'ÜL-ÂDÂB**
  Her Müslümanın mutlaka okuması gereken bu kitap, Sûfîzâde Seyyid Hasan Hulûsî Efendi tarafından yazılmış, Naim Erdoğan tarafından tercüme edilmiştir. Büyük boy, 640 sayfa, ciltli.

  * * *

- **ÂMENTÜ ŞERHİ**
  / Ferâidü'l-Fevâid fî Beyâni'l-Âkâid /
  Îmânın Esaslarının anlatıldığı bu kitap, Ahmed b. Muhammed Emin Kadızâde tarafından yazılmış, M. Rahmi tarafından sâdeleştirilmiştir. Lüks ciltli, 576 sayfa.

  * * *

- **MU'CİZÂTÜ'L-ENBİYÂ**
  / Peygamberlerin Mûcizeleri /
  Alay Müftüsü M. Şâkir Hoca'nın yazdığı bu güzide eser Abdülkadir Akçiçek tarafından sâdeleştirilmiştir. Lüks ciltli, 432 sayfa.

  * * *

- **ERMİŞLERİN BAHÇESİ** / Hadîkatü's-Suedâ /
Kerbelâ şehidlerinin destanı. Fuzûlî'nin bu eseri, M. Faruk Gürtunca tarafından sâdeleştirilmiştir.

* * *

- **Kur'ân-ı Kerîm'in Özellik ve Üstünlükleri
SÛRELERİN FAZÎLETLERİ**
Ali Turgut'un yazdığı bu kitapta, Kur'ân-ı Kerîm'in fazîletleri, muteber hadîs kitaplarından faydalanılarak, sûre sûre, âyet âyet anlatılmıştır. Karton kapaklı, 224 sayfa.

* * *

- **Tercemeli ve İzâhlı
TAM DUÂ KİTABI**
Her Müslümana lâzım bütün duâların yer aldığı bu kitapta, duâlar; metin, okunuş ve meâlleriyle birlikte yazılmıştır. Seyyid Muhtâr Yemenî'nin bu kitabını tavsiye ederiz. Karton kapaklı, 368 sayfa.

* * *

- **Gönüller Sultanı
YÂSÎN-İ ŞERÎF - TEBÂREKE - AMME**
Kabir ziyâreti, Mübîn Duâsı, Âyetü'l-Kürsî, Âmene'r-Resûlü, Hüve'llâhü'llezî ve okunması sevâb olan diğer duâlar. Karton kapaklı, 160 sayfa.

* * *

- **Suâlli - Cevâblı
KARABAŞ TECVÎDİ**
Abdurrahman Karabaş Efendi'nin yazdığı bu Tevcîd Kitabı, değişik bir tarzda ve kolay anlaşılır bir usülde, ilâveler yapılarak Nazmi Temelcan tarafından hazırlanmıştır. Metin ile birlikte, sarı kâğıt, 80 sayfa.

* * *

- **ALLAH (C.C.)'IN GAZABLARI**
Bu konuda yazılmış eserlerin en güzeli. 4 cilt bir arada.

- **Hz. MUHAMMED (S.A.V.)'İN HAYATI**
  Ahmed Cevdet Paşa'nın yazdığı bu kitap 540 sayfa olup, ciltlidir.

  * * *

- **SEYYİD BATTAL GAZİ**
  / Bizans'ı yerinden oynatan Kahraman /
  Bu kitap Eski Yazma Eserlerden M. Faruk Gürtunca tarafından derlenmiştir.
  Bu kitapta; Anadolu halkının yüzyıllardır dinlediği, okuduğu ve hakkında destanlar söylediği Halk Kahramanı BATTAL GAZİ'nin hayat hikâyesini ve maceralarını nefes nefese okuyacaksınız. Ciltli, 840 sayfa.

  * * *

- **Arapça - Farsça - Latince ve Türkçe Ansiklopedik ŞİFÂLI BİTKİLER VE HASTALIKLAR**
  Ülser'den Kanser'e her hastalığın şifalı bitkilerle tedavi şekli bu kitapta anlatılmıştır. Karton kapaklı, 512 sayfa. Ayrıca 16 sayfa kuşe kâğıda, çok renkli basılmış bitki resimleri. Ramazan Yıldız'ın bu kitabı emsallerinden üstündür.

  * * *

- **HÜCCET'ÜL-İSLÂM**
  / Eyyühe'l-Veled Tercümesi /
  Din ve Ahlâk Bilgisi. İmâm Gazâli'nin en çok okunan eseri. Karton kapaklı, 192 sayfa.

  * * *

- **BÜYÜK MIZRAKLI İLMİHÂL**
  / İslâm'ın Temel Kitabı /
  Bütün Müslümanlara hem mânevi, hem de uhrevî faydası olabilecek, ve aynı zamanda da kendilerine kuvvetli bir Din ve İmân şuuru verebilecek tarzda hazırlanan bu kitap Yaman Arıkan tarafından akıcı bir uslûbla kaleme alınmıştır. Karton kapaklı, 288 sayfa

  * * *

- **YUNUS EMRE**
/ Hayat Hikâyesi ve Şiirleri /
Selami Münir Yurdatap'ın hazırladığı bu eserde Yunus Emre'nin hayatını ve şiirlerini zevkle okuyacaksınız. Karton kapaklı, 240 sayfa.

* * *

- **HATEM'ÜL-ENBİYÂ**
/ SON PEYGAMBER /
Ahmed Cevdet Paşa'nın yazdığı bu kitapta Sevgili Peygamberimiz (S.A.V.)'in hayatını okuyacaksınız. Karton kapaklı, 542 sayfa.

* * *

- **KIYÂMET — ÂHİRET**
ÖLÜM VE SONRASI...
İnsanoğlunun en çok merak ettiği konulardan biri olan Kıyâmet — Âhiret ve Ölüm hakkında bütün soruların cevabını bulabileceğiniz en güzel eser. El-Ezher Üniversitesi mezunu Naim Erdoğan'ın yazdığı bu kitap, 280 sayfa, karton kapaklı.

* * *

- **Hz. ÂDEM İLE Hz. HAVVÂ**
Bu kitapta, Hz. Âdem ile Hz. Havvâ ve Nesillerinden gelen Peygamberlerin hayatlarını zevkle okuyacaksınız. Selami Münir'in yazdığı bu kitap 192 sayfa olup, karton kapaklıdır.

* * *

- **BUHÂRÎ'den SEÇME**
BİNBİR HADÎS-İ ŞERÎF
Dâniş Remzi Korok'un derlediği bu kitabı okuduktan sonra, Resûlullâh (S.A.V) Efendimizin ümmetine neler buyurduğunu öğrenecek ve halkiniz imânla dolacaktır. 208 sayfa, karton kapaklı.

* * *

- **BÜYÜK MEVLİDÜNNEBÎ**
  Süleyman Çelebi'nin Mevlid-i Şerif'i, İlâhi ve Kasideler, Mevlid Duâsı, karton kapaklı, 160 sayfa.

  * * *

- **KIRK SUAL VE
  Hz. MUHAMMED'İN NURLU SÖZLERİ**
  Fevzi Görgen'in hazırladığı bu kitabı herkese tavsiye ederiz. 128 sayfa, karton kapaklı.

  * * *

- **ALİ HAYDAR
  KUR'ÂN-I KERÎM ELİF BÂSI**
  Büyük boy, sarı kâğıtlı.

  * * *

- **YÂSÎN — TEBÂREKE — AMME**
  Büyük boy, sarı kâğıtlı.

  * * *

- **Mufassal, Tercümeli ve İzahlı
  BÜYÜK DUÂ MECMUÂSI**
  Her Müslümana lâzım olan duaların yer aldığı bu kitap 208 sayfa olup, karton kapaklıdır.

  * * *

- **YÂSÎN-İ ŞERÎF VE TEBÂREKE**
  Cep boyu bu kitapta, ayrıca her gün okunan duâlar vardır.